从进度到进步

解析金融科技项目管理

李曦寰◎著

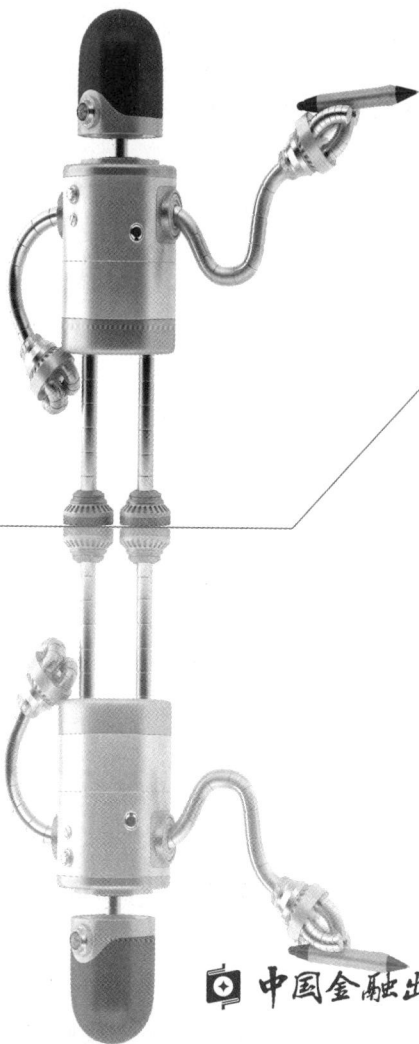

中国金融出版社

责任编辑：张智慧　王雪珂
责任校对：张志文
责任印制：丁淮宾

图书在版编目（CIP）数据

从进度到进步：解析金融科技项目管理/李曦寰著. —北京：中国金融出版社，2019.7

ISBN 978-7-5220-0106-7

Ⅰ.①从… Ⅱ.①李… Ⅲ.①金融—科学技术—项目管理 Ⅳ.①F830

中国版本图书馆CIP数据核字（2019）第087877号

从进度到进步：解析金融科技项目管理
Cong Jindu Dao Jinbu：Jiexi Jinrong Keji Xiangmu Guanli

出版
发行　中国金融出版社

社址　北京市丰台区益泽路2号
市场开发部　（010）63266347，63805472，63439533（传真）
网上书店　http://www.chinafph.com
　　　　　　（010）63286832，63365686（传真）
读者服务部　（010）66070833，62568380
邮编　100071
经销　新华书店
印刷　保利达印务有限公司
尺寸　169毫米×239毫米
印张　15
字数　212千
版次　2019年7月第1版
印次　2019年7月第1次印刷
定价　56.00元
ISBN 978-7-5220-0106-7
如出现印装错误本社负责调换　联系电话（010）63263947

躬行探索，管理创新

——金融科技项目管理的实践精神

项目管理是管理学的一个分支，顾名思义就是对项目进行管理的科学。我国的项目管理在过去多年比较偏重于造桥修路和房地产这些大型基础建设相关的行业，主要的目标是能够"多快好省"地完成任务；而项目管理作为一门科学在西方国家的覆盖面宽广很多，在不断探索科学高效管理的同时也更深入研究项目的设计和创新理念。从美国各大商学院的课程案例可以看出，项目管理（Project Management）和项目经理（Project Manager）几乎无处不在，从政府部门政策条例的执行到华尔街各大投资银行新型金融产品的开发，项目管理已经深入整合在企业治理的基本范畴，是西方企业管理的必要环节和职能之一。

金融科技又是我们这个时代的一个"热词"。在过去数十年，随着"支付宝""财付通"这些金融科技应用的不断出现，人工智能和区块链技术的日新月异，金融科技在我国的发展势头持续强劲。最近招商银行董事长李建红在香港发布2018年年报的时候表示，未来金融业最大的竞争并不是来自同业的竞争，而是来自于异业尤其是科技的发展，因此招行会持续加大金融科技的投入，这也是针对当前金融行业竞争形态的反应。然而，对于企业管理人员来说，金融是一个强监管行业，我国有关监管部门也反复强调金融科技"姓金"的监管要旨，如何在实践过程中平衡竞争和监管的关系，在利用最新科技和先进管理方法的同时改善企业自身的风险管理能力都是非常迫切的课题。

本书的出版非常有利于企业的管理人员了解金融科技的内涵和金融科技在西方企业的发展过程，同时也能够帮助我们的企业家理解科技尤其是信息科技相关的最佳实践和管理创新。

我认识这本书的作者李曦寰很多年了。曦寰有着二十多年的实际管理工作经历。从我国的支付宝到美国纽约证券交易所的核心交易引擎开发项目，曦寰用这本书与读者分享金融科技发展过程的同时，也通过大量相关案例厘清实践过程中成功和失败的原因，并佐证项目管理的相关原则和经验，非常难得，值得一读。

我国的企业家讲究文化相近、水乳交融的合作，这种基于儒家文化的核心价值在金融科技时代也面临一定挑战。传统的金融企业和新型的科技公司文化毕竟不同，有时候虽然有强烈的合作意愿，但文化差异导致团队的认知差异，要获得最终合作成功并不容易。这本书也从项目团队管理的角度一一对此作了分析，而且提出了一些新颖的看法和见解，这些见解应该对所有互联网相关企业和金融机构管理人员都具有借鉴意义。随着项目管理的方式不断深入，项目管理的范畴也在不断扩大。

管理学院的学生是未来的商界领袖，需要博采众长、融贯东西才能领导好企业在我们这样的全球化时代竞争合作。在金融科技迅速发展的中国，商界领袖也许未必需要成为人工智能和大数据的技术专家，但要了解这些技术的发展趋势以及对金融行业的影响，这样的认知很多时候需要实践探索才能有切身体会。陆游诗云"纸上得来终觉浅，绝知此事要躬行"，金融科技行业未来的发展需要大量知行合一、以行求知、能够带领团队在躬行探索中不断创新的商业领袖。期待曦寰的书以及更多类似的书籍出版，能为中国企业家和管理人员不断尝试、不断革新与冒险提供参考和指引。

陆雄文教授

复旦大学管理学院院长

二〇一九年五月六日

序　言

　　这不是一本学术专著。回顾过去二十多年金融行业的发展，我们可以明显看到科技的巨大影响力，互联网和移动应用的兴起彻底改变了普通用户和金融机构互动的场景和模式。从曼哈顿的华尔街到北京的金融街，传统银行和新型金融科技企业纷纷投入大量资源打造金融科技开发团队，研究推进下一个金融科技项目，追求在下一个季度报表中增加金融科技的含金量。然而，作为职业经理人，我们却并没有看到一本有助于了解如何高效地设计金融科技项目，如何发现并区别金融科技项目管理和传统项目管理的不同，同时能够提升我们对金融科技项目团队管理能力的实践用书。也许金融科技作为一个结合互联网的新型复合型行业，它的发展历史并不长，但人类对于项目管理的经验却有数千年，即使是现代意义下的项目管理也可以追溯到"二战"时期，项目管理的普遍原则适用于金融科技项目的同时也面临自身的更新和进化。可以说金融科技项目管理的核心来自经典的项目管理但需要增加一些新信息、新实践和新流程的描述和总结。

　　这也不是一本金融科技的信息汇总。无论是金融行业的资深高管还是新型科技企业的千禧一代，探索研究精神是职业经理人的基本职业素养。因此，这本书既没有过多研究人工智能、区块链、云计算、大数据这些新技术的具体科技特征，也没有过多罗列我国金融行业发展的指引文件和监管政策，这些案头工作留给读者根据行业发展方向和当前项目需求自己研究解决。这本书的重点在于金融科技项目的管理原则和一些最佳实践，结合个人的职业经验和反思，探索如何升华传统项目管理框架和内容以适合金融科技的行业特点和管理规律。不要求最全面的信息汇总,只探索最实用的实践方法。

这是一本全是"干货"的书。每一个金融科技项目的生命周期都有限,经理人也许未必有时间和精力阅读详细的背景资料和案例细节,但会对驱动项目的竞争本质和如何完成项目的合理流程感兴趣。因此,这本书里面的案例都是以近乎白描的方法回归简单朴素的事物本质,其层层递进的逻辑内涵应该比新闻综述更符合这本书读者的要求。

这是一个经理人写给其他经理人的实践总结和经验感悟。金融科技是一个变化多端的行业,这个行业的项目经理讲究纪律和效率,通常都具有金融行业的工作经验和科技行业的认知能力。项目管理作为西方企业管理的重要组成部分,已经有几十年的发展体系,以人为本、周密计划、按时推进、强力执行这些原则都是美国企业管理框架的基本组成部分,华尔街对金融科技项目的管理实践也是建立在这个框架下的。我国的科技巨头BATJ经过数十年的发展,在全面布局中国互联网行业的同时,也通过支付宝和微信等具有颠覆性的产品不断提升自身在金融科技行业的带宽和频谱。金融科技的职业经理人在激情澎湃、忘我工作的同时,更加要求自我提高而不是抱残守缺,更加注重互联互通而不是故步自封,更加追求战略、技术和管理的相辅相成、有机结合,在不断转型中实现自我价值。

这本书的写作过程得到了香港交易所众多领导和同事的支持和鼓励,狮子山下良师益友共同奋进,在此一并感谢!尤其要感谢我的师长复旦大学管理学院陆雄文院长为本书作序;古人说"非知之艰,行之惟艰",作为职业经理人唯有不畏艰险,开拓创新才能不断将道理付诸实践。

初次写作,只能力所能及,因此一定是错误难免,谬误不断,唯愿这本书有助于大家提高金融科技项目管理的能力,在这个最好的时代中不断共同进步!

李曦寰

2019年3月于香港

感　谢

For my parents, my sister and my two boys Kevin and Steven – From Schedule to Progress!

送给我的父母，姐姐和两个孩子Kevin and Steven，从进度到进步！

我非常希望能收到读者对这本书的反馈意见。请将你们的反馈意见发送到larryliwork@hotmail.com

李曦寰

香港交易所项目管理部主管

2019年3月

目　录

第四章　从进度到进步——如何推进金融科技项目……81

第五章　从瀑布到敏捷——如何管理金融科技项目的开发流程……97

第一章

金融科技和科技金融

金融科技的内涵

2016年2月，全球金融行业70多位重量级领袖人物齐聚瑞士达沃斯世界经济论坛研讨金融行业的发展趋势，话题从移动支付到电子钱包，从在线借贷到合规科技，从华尔街到支付宝，听上去更像一场硅谷科技新贵的聚会。这些行业领袖一致认为，科技创新不但影响着金融服务行业的运营方式，改变着很多多年来形成的工作流程，而且在过去的几年中，"金融科技（FinTech）就是金融服务企业的核心话题"。①近年来，金融科技作为一个时代风口的术语，不断出现在各类媒体上，提醒着我们这是当今社会的重要标签。对此，摩根大通银行的总裁吉米·戴蒙（Jamie Dimon）在2014年摩根大通银行的年报中提出著名的"硅谷来了"的报告，警示美国金融企业来自硅谷的科技企业正在对传统金融行业提出重要挑战。

---| 硅谷来了 |---

"那里有数百家初创企业，它们都有强大的技术和资本，都在创造很多新型另类有别于传统银行业的商业模式。例如，你们大家都听说过的借贷类企业，这些科技平台能够迅速地通过大数据计算出客户的信用度从而完成借贷过程。它们能够很好地解决客户的痛点，在几分钟内完成借贷，而不是像传统银行那样需要几个星期。我们必须认真对待这些新型企业，努力让我们的服务和它们一样具有竞争力。我们同时也需要在必要合理的领域和这些新

---

① 《华尔街日报》2016年2月3日，https://deloitte.wsj.com/cio/2016/02/03/davos-world-economic-forum-tackles-fintech/。

型金融科技企业合作。"①

吉米·戴蒙

究竟什么是金融科技？金融科技的内容和专有属性是什么？金融科技项目和传统意义上的项目究竟有什么不同？

第一个同时也是最大的问题是，无论科技界还是金融行业对金融科技这个名词本身就没有一致认同的内容定义。历史上，金融科技一词仅存在于金融机构（银行、保险公司、财富管理机构、投资银行等）的后台软件和系统中，主要用来说明金融机构计算机化的程度和研发中的金融商品，例如ATM；一直到20世纪90年代中期，随着网络时代的来临，人们通过将Finance Technology这两个英文单词合并成一个单词，FinTech一词才逐渐普及，其内容开始延伸扩展到金融领域中各种技术的创新②。金融科技公司则是一个利用科技直接或间接（通过传统金融机构合作）为客户提供金融服务，从而创造利润的公司③。近期的《华尔街日报》在报道有关金融科技公司申请联邦银行的新闻中提道，"Over the last decade, FinTechs–typically nonbank companies offering financial services online–have grown more prominent in lending and payments."在过去的10年里，金融科技公司——一般指并非银行但提供在线金融服务的公司——在借贷和支付领域成长非常迅速④。在2017年全球金融科技报告中，普华永道希望用一种更详细直观的方式去描述金融科技"基于手机的移动支付服务已经被证明是金融业向新兴市场和缺乏银行服务的人群渗透的行之有效的服务方式，这是一个估计高达30亿美元的市场。明天，你的银行家或者资产管理部门的服务经理会引导你通过人工智能和基于场景

---

① 摩根大通 2014 年报，https：//www.jpmorganchase.com/corporate/annual-report/2014/ar-solid-strategy.htm。

② 金融科技颠覆金融业的游戏规则 p1。

③ 小杰伊·D.威尔逊著《FinTech 定义未来商业价值》第 6 页。

④ 《华尔街日报》2018 年 10 月 8 日 "FinTech Charter Has No Early Takers as Lawsuit Looms"。

的大数据作出金融决定。新型的商业模式和新兴科技会逐渐减少在实际应用过程中的困扰并且降低成本。金融科技对金融市场的影响不断增强，其长期潜力更加重要"。[①]

我国权威的金融科技蓝皮书在梳理了重要国家和组织对金融科技的定义以后，发现重要国家和组织对金融科技主要持两种观点。一种观点认为金融科技的核心是各种能够影响金融活动的技术创新，其核心在于技术；另一种观点则认为金融科技不仅是技术创新或新兴技术，还包含利用这些技术创造出的产品、服务以及商业模式。[②]

虽然这些报道和解释角度各不相同，但有几个要素值得仔细推敲。第一，金融科技的目的是提供金融服务，而不是简单地为金融机构服务。听上去有点像绕口令，但这一点很重要，因为大型银行和金融机构本身拥有强大的技术团队，无论是服务器的采购维修还是网络的运营维护，虽然都是不可或缺的技术部门，但并不是这里所讨论的金融科技范畴。第二，金融科技的实现方式主要是在线服务，是为客户创造金融活动价值或者便利的过程，而不是仅仅对现有线下金融活动提供技术支持的过程。如果和最终客户无关，仅仅是把线下客户的申请表格扫描自动存档，虽然为金融机构简化了工作流程，提高了工作效率，但显然也不符合金融科技的实现方式。第三，本质上，金融科技必须实现金融活动的价值，无论是对机构客户还是对个人用户，此类科技必须能够在不同场景下和金融活动挂钩，并且最终实现货币或者财富的流动，否则这些科技虽然很酷，但也不是金融科技的范畴。典型的例子就是微信本身并不是金融科技而是社交科技应用，但是微信支付和基于微信的很多功能，例如微信红包就是金融科技，因为它们在各自不同场景下实现了金融资产的流动，为用户创造了金融价值。综上所述，本书也采用中国金融科技蓝皮书支持的第二种观点，即金融科技不仅包含新兴技术，也包

---

① PWC "Global FinTech Report 2017".
② 李扬、孙国锋主编，《中国金融科技发展报告 2018》。

含技术创新带来的新的金融产品、服务、商业模式；包括新型初创的金融科技企业在内的针对金融科技领域技术的应用共同构建了我们目前的金融科技新系统。

金融科技兴起的原因

金融科技的出现、发展、兴起和当前的时代具有紧密联系。最直接的原因就是随着千禧一代①消费者逐渐成为市场主体，他们对金融服务的消费方式和投资习惯与以往有很大不同。埃森哲咨询在2018年针对千禧一代做过专业调研，发布了著名报告*Millennials & Money*即《千禧一代和钱》，报告中指出，千禧一代和他们以后出生的Z世代消费者中，67%认为基本的投资建议应该来自计算机生成的建议（而不是人工分析师的建议），过去这一比例只有30%；63%的消费者认为通过（手机）移动平台直接和投资顾问联系是理所当然的，这一比例在婴儿潮一代中只占27%；甚至有62%的消费者希望投资顾问平台能够结合社交网络和社交情绪指数给出投资建议！②消费人群对科技的高度接受程度导致金融服务方式的科技化程度提高，金融科技大行其道、水到渠成。同时，自国际金融危机以来，越来越多的消费者对华尔街甚至商业银行集团本身开始持怀疑的态度。一方面银行数百年间形成的准入壁垒能够让银行在高科技时代仍然收取相对较高的手续费用；另一方面华尔街罔顾客户利益追求高风险、高回报，并且最终导致金融危机，这样的商业模式在消费者内心深处留下深深的阴影和极度的不信任。随着对传统银行和华尔街投行不信任度的不断加深，基于高科技的金融创新服务就受到消费者的青睐。这些创新的金融科技服务通常拥有新颖流畅的用户界面，让用户能够自己主导并且在移动平台上随时方便快捷地获取金融服务，而不需要通过

---

① 千禧一代通常指 1983—1994 年出生；Z 世代通常指 1995—1999 年出生。

② Accenture Consulting – Millennials & Money 2017.

收费高昂的中间人。这些金融科技平台针对的市场对象和消费者人群通常是年轻的千禧一代，这些并不是传统银行的主流用户，然而随着客户黏性不断增强，客户反馈逐渐成熟，更多的主流用户加入进来，金融科技对传统金融服务行业的颠覆性日益形成。根据咨询公司凯捷和猎头公司领英在2017年共同进行的一项问卷调查，新型初创的金融科技企业已经成为消费市场的主流之一，与客户的黏性日益增强；全球范围内有超过半数（50.2%）的消费者使用过至少一家非传统的金融科技企业提供的金融服务，包括银行、支付、保险和理财等内容，在亚太地区这一比例更是高达58.5%。[①]

从供给侧来看，大量新型的金融科技初创公司的出现给金融行业带来了巨大的挑战和机遇。这些初创公司得到了大量风险资本和大型技术公司在资金上的支持，创业的资金门槛和成本下降了很多，风险投资的支持同时意味着这些初创公司试错的空间和时间都扩大了，随之而来的是一个资本市场上对金融科技关注增强的风口，无形中进一步鼓励更多的初创公司加入这个创业浪潮中。根据咨询公司麦肯锡在2018年的数据分析，全球范围内对金融科技行业的风险投资自2011年以来每年增长率都在50%以上，并且在2018年达到308亿美元（见图1-1）。虽然很多这样的初创企业未必能够生存下来，但那些能够生存下来并且发展壮大的金融科技企业对传统银行具有深远的影响：一方面传统银行通过观察学习金融科技企业的行为，根据自身的行业积累努力寻找业务整合开拓的机会从而提高竞争力；另一方面大量技术先进、成长迅速但持续需要大量资本支持的金融科技企业，也为传统银行兼并收购提供了机会。

---

① 　Capgemini and LinkedIn – World FinTech Report 2017.

十亿美元

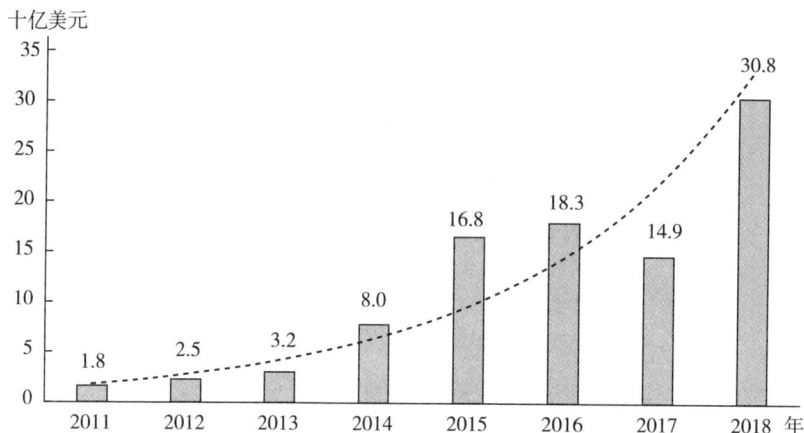

图1-1　全球风险资本持续投资金融科技

金融科技项目兴起的一个重要动因是2008年美国次贷危机造成的大规模经济衰退。在这次金融危机过程中，很多复杂的金融工具和金融作业过程被媒体不断分析研究，普通消费者对金融危机起因和发展的认知逐步加深，自主掌握个人金融活动的欲望不断增强，尤其是千禧一代对大型传统银行和华尔街的信任逐年下降，无形中催生了一个不同于传统银行业的新市场。同时，由于经济衰退导致大量金融行业专业人士失业，这些专业人士出于自身职业特长的考虑并不愿意转换行业，而是不断在金融行业内部流动；很多大型金融机构出于削减成本的需要，也更有动力展开一系列新的金融科技项目，从而使金融科技项目的人才资源如鱼得水，金融行业的边界也被不断地拓展，逐步形成更多的行业分支。这些市场细分的金融科技企业和传统银行有着千丝万缕的关系，互相增强竞争力合作发展的局面居多，直接和传统银行展开面对面竞争的案例很少。美国政府的金融监管机构为了刺激经济增长，出台了JOBS ACT，降低了包括金融科技在内的高科技行业的上市门槛，一方面使众多初创的小公司能够通过IPO迅速上市获得资本得以发展壮大；另一方面也使很多附属于传统金融企业的金融科技部门独立出来追求更加高速的资本化发展过程。这些金融科技的发展主要集中在能够迅速见效，在短时间内提高竞争力，获得投资人青睐的领域，例如支付、大数据、资管等。

中国的支付体系作为重要的金融基础设施,近年迅速成长。根据中国人民银行的数据统计,2017年,全国共办理非现金支付业务1 608.78亿笔,金额3 759.94万亿元,同比分别增长28.59%和1.97%;其中新兴支付业务继续保持快速增长,银行业金融机构共处理移动支付业务375.52亿笔,金额202.93万亿元,而非银行支付机构共发生网络支付业务2 867.47亿笔,金额143.26万亿元,同比分别增长74.95%和44.32%。[①]

——｜ 中国金融科技行业代表——蚂蚁金服和腾讯金融科技 ｜——

2004年诞生的支付宝,解决了中国电子商务早期买家和卖家间的信任问题,目前和全球本地钱包伙伴一起共同服务超过10亿的用户,已经从一个支付工具成长为家喻户晓的一站式生活服务平台。2014年10月,蚂蚁金服正式成立。蚂蚁金服以"为世界带来更多平等的机会"为使命,致力于通过科技创新能力,搭建一个开放、共享的信用体系和金融服务平台,为全球消费者和小微企业提供安全、便捷的普惠金融服务。[②]

作为蚂蚁金服的竞争对手,腾讯金融科技(FiT)是腾讯集团旗下为用

[①] 杨涛、贲圣林主编,《中国金融科技运行报告 2018》。
[②] 蚂蚁金服官网,https://www.antfin.com/introduction.htm。

户提供移动支付与金融服务的综合平台，前身为于2005年成立的腾讯财付通。腾讯金融科技以腾讯移动支付和金融应用为核心为用户提供金融科技服务，旗下包括移动支付类产品如手机充值、信用卡还款、腾讯乘车码、微信香港钱包、港菲汇款等；金融应用产品如腾讯理财通等；证券产品如腾讯自选股、腾讯微证券等；此外还有腾讯区块链、腾讯金融云等金融科技创新产品。[①]

与中国看似家常便饭的移动支付相比，美国人的生活还是以信用卡和支票为主，看起来就像是"石器时代"[②]。美国的支付费用极高，不过大多数中间费用都被发卡银行和Visa、MasterCard等巨头统治，直到近年来随着电子钱包贝宝（PayPal）和Apple Pay的出现才有所缓解。虽然贝宝还是不能绕过发卡银行，但是通过旗下的Venmo在以年轻用户为主的电子钱包市场增长显著。Venmo是一个提供P2P转账的手机应用，不过用户在每次转账时都要填写付款的理由，这让Venmo在年轻族群间受到欢迎，用户喜欢在收付款时也浏览一下朋友的动态，有趣、好笑的付款理由会引起模仿，从而提高Venmo处理的交易金额。Venmo被视为贝宝的增长金矿：拥有一群有钱又愿意花钱的用户，结合社群功能提高了用户的忠诚度。

美国金融科技企业 Venmo

Venmo是在2009年由美国宾州大学的Andrew Kortina和Iqram Magdon-Ismail这两位宿舍室友建立的小额支付手机应用服务。Venmo用户通过这个移动支付平台可以非常方便地互相汇款支付，Venmo的手机应用简单快捷而且方便有趣，当然前提是汇款方和收款方都必须生活在美国境内。Venmo的使用主

---

① 腾讯金融科技官网，https://www.fitgroup.com/fit.shtml。

② 高盛研究——从支付网络看美国移动支付的低渗透率，https://www.yicai.com/news/100031297.html。

要是针对日常生活中朋友之间的交易，用户可以通过信用卡和连接的银行账户预先存款进入Venmo账户，付给朋友的款项会从Venmo账户中自动扣除。当余额不足的时候，Venmo会从资金来源例如信用卡提领，完成转账。

Venmo在2009年推出，一开始通过Venmo进行现金转账不是即时的，而且转账后也可以取消。这与传统意义上的银行转账类似，Venmo的转账也需要1～3个工作日才能最终完成。2018年1月，Venmo即时转账上线，让用户能够在30分钟内把收到的资金存入相应的信用卡账户，不过对此服务Venmo公司需要收取1%的手续费，传统意义上的银行转账功能继续免费。

Venmo是美国千禧一代消费者最热衷的支付APP，其大多数拥护者也的确是千禧一代，2018年第一个季度，Venmo平台上的支付金额总量高达120亿美元！Venmo设计的初衷就是朋友间可以方便地请客，分摊餐厅账单、电影票甚至房租等。Venmo让用户在付款时附上自己的付款理由，同时可以将支付行为分享到社交网络，从而实现了支付+社交的功能。

自2012年著名科技巨头PayPal（贝宝）以8亿美元的代价收购Venmo以来，Venmo成为 PayPal旗下的一款移动支付服务且主打年轻人支付市场；随着Venmo用户数量和交易数量的不断上升，如今Venmo已经成为贝宝数字钱包组合中最有价值的一款产品，是美国金融科技企业的典范之一。[1][2]

科技金融的行业属性

千禧一代消费者对传统银行信任削弱的同时，对伴随他们成长的大型科技公司仍然信任有加，这些大型科技公司在不断深入影响千禧一代吃什么、

---

[1] 维基，https：//en.wikipedia.org/wiki/Venmo；https：//www.ifanr.com/805959。

[2] https：//www.businessinsider.com/facebook-messenger-venmo-pay-friends-2018-3#obviously-this-is-not-a-deciding-factor-but-i-would-be-remiss-if-i-failed-to-mention-whenever-you-make-a-transfer-through-facebook-payments-the-app-makes-it-rain-money-7.

玩什么、聊什么的同时也开始大规模布局金融行业的战略，也正是基于这种和千禧一代消费者共同成长、长期互动的关系基础。当这些大型科技公司（Technology）开始为客户提供金融服务（Financial Services），从转账到支付，从借贷到创业融资时，它们被称为TechFin，即为"科技金融"。可见金融科技和科技金融的主要区别在于原生公司的行业属性。从消费者的立场来看，选择金融行业的公司通过利用科技提供新型的金融服务还是选择科技行业的公司在金融领域的延伸业务，取决于信任程度和消费体验，用户从来不会照本宣科地寻求概念正确。不过这样的概念对于政府和监管机构却非常重要。大型科技公司（作为非金融机构）拥有大规模的客户资源和销售渠道，当它们开始提供金融服务就有可能需要接受相关机构的金融监管，科技金融风险也成为监管机构的一个新型系统风险。监管机构一般把资本准备金作为金融机构风险控制的重要考量因素，但是科技金融完全不同，它们自己不持有准备金，只关注（资金）流通，这是一个全新的监管问题[①]。

在全球范围内，各国金融监管机构对科技企业进入金融行业基本还是持比较积极的态度，一边引导科技企业参与制定新型科技的监管框架设立和试验，一边积极确认科技企业可以在现有监管体制下成为持有银行牌照的传统金融企业和新兴市场消费者之间的纽带，在简化监管流程的同时积极立法，显示监管机构对金融科技行业的关注和重视。这样相对友善包容的监管态度促进了传统银行和科技企业的合作，进一步催生了科技金融的创新和发展。

由于金融科技和科技金融的原生公司不同，但所属行业和管理模式相近，商业价值的实现过程也类似，项目管理必须同时考虑金融行业的商业特征和科技行业的技术要求，因此，本书所述的金融科技项目其实同时包括金融科技和科技金融这两个范畴，力图寻求在金融科技项目管理方面的共性和原则。

---

① 香港大学"Leading the World In FinTech"November 2018。

科技巨头的扩张——脸书支付

美国科技和社交网络巨头脸书（Facebook）显然并不希望在金融服务领域一直依赖第三方服务供应商像贝宝或者Venmo这样的潜在竞争对手。因此，在Venmo大行其道不久，脸书就在2015年推出了脸书支付；当用户在脸书Messenger聊天的时候，转账支付可以通过脸书支付完成而不再需要第三方服务。用户唯一需要做的就是将脸书Messenger和自己的信用卡设置连接，然后就可以很方便地一边聊天一边转账，而且没有额外收费。脸书在2017年将此功能扩展到支持聊天群的支付转账。

作为脸书聊天工具Facebook Messenger的一个重要金融功能，脸书支付仅仅是Messenger上面的一个美元符号\$。当用户按下这个符号，脸书会提示用户输入借记卡信息，不过用户并不需要输入传统意义上的银行账户信息，例如账户号码和转账银行的路由信息，同时脸书仅支持维萨（Visa）和万事达借记卡（MasterCard）。这里的关键问题是脸书并没有选择支持在美国更加广泛使用的信用卡，而是采用了借记卡作为转账解决方案的一部分，这样就避免了信用卡的额外收费问题，因为脸书的初衷就是不能让客户为了转账而支付额外的他们并不理解的费用。业界普遍认为脸书公司Messenger的发展方向很可能是借鉴甚至对标微信，从而逐渐成为涵盖支付、电子商务、打车等金融服务的手机服务平台。

脸书公司也毫不掩饰进军金融服务的战略"（既然已经）在脸书聊天Messenger上面聊钱，我们就希望让用户轻松地完成这个话题。用户不需要在不同的手机服务APP之间转换了"。①

金融科技主要发展方向

根据目前行业发展和消费者集中程度，金融科技的主要金融业务有如下

---

① https://techcrunch.com/2015/03/17/facebook-pay/.

五种：支付转账（尤其是第三方支付）、投顾资管、在线借贷、保险和金融平台。

支付转账在中国的金融科技领域发展迅速，交易规模持续增长。所谓第三方支付，是指一些和产品所在国家以及国内外各大银行签约，并具备一定实力和信誉保障的第三方独立机构提供的交易支持平台，再通过第三方将款项转至卖家账户。第三方支付采用支付结算方式，在当今全球经济中扮演着十分重要的角色。全球最大的第三方支付平台目前仍然是美国的贝宝（PayPal），但在中国国内著名的独立第三方支付平台是阿里巴巴旗下的支付宝和腾讯旗下的财付通。数据显示，中国第三方支付交易规模从2013—2016年复合增长率达到110.9%，并在2017年达到总额218.9万亿元人民币，其中移动支付部分超过80%，而支付宝的市场份额达到了55%，腾讯财付通市场份额为37%，其他支付企业的市场之和约为8%。[1][2]

支付转账

第三方支付机构作为收款方及付款方之间的支付桥梁，主要通过搭建支付平台，为收付款双方提供资金划转、资金清结算以及技术、安全保障服务。根据中国人民银行颁布的《非金融机构支付服务管理办法》，第三方支付业务包括网络支付、银行卡收单、预付卡发行和受理以及其他。前三者是第三方支付机构的基本业务，在该业务中第三方支付机构以向收付款双方收取手续费盈利。随着第三方支付机构服务丰富度的增加，第三方支付机构逐渐探索出其他业务模式，如利用数据资源开发大数据产品，提供精准营销等增值服务，以实现多样、灵活的盈利模式。2013年开始，智能手机以及4G网络的快速普及大大推动了移动支付市场的发展，一方面，部分互联网端的支付规模转移至移动端；另一方面，人们在线下扫码支付、NFC支付习惯的

---

① 宜人智库，2017—2018年中国支付行业研究报告。
② 艾瑞咨询，2019年中国第三方支付行业研究报告。

养成推动了移动支付规模大幅增长。到2017年，银行卡收单业务规模占比为32%，网络支付总规模占比为68%，其中移动支付的部分超过80%。[①]

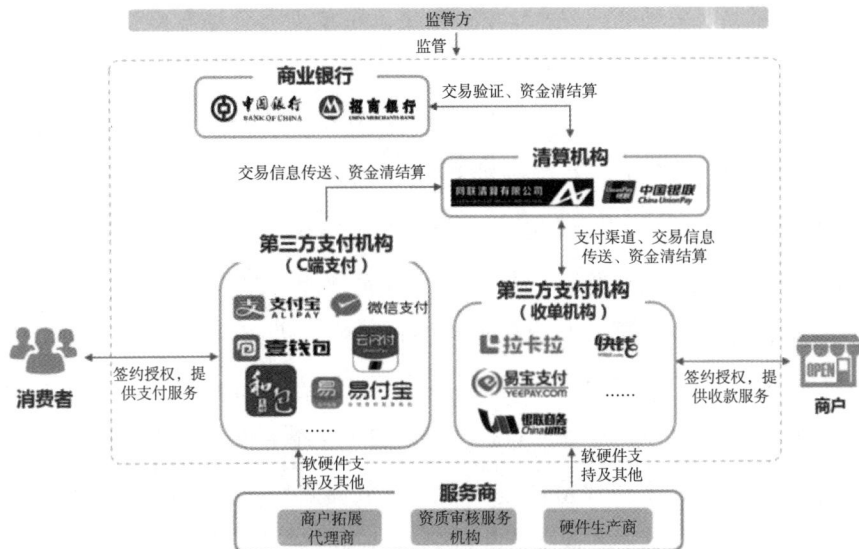

图1-2　2018年中国第三方支付市场产业链

美国支付类金融科技代表——Apple Pay

苹果公司在2014年底发布了基于NFC的手机支付功能"Apple Pay"；对于苹果手机iPhone用户而言，只需要通过iOS的APP应用钱包绑定银行卡（包括借记卡和信用卡），就可以进行线下和线上的支付。

在具体使用场景下，用户将iPhone设备靠近读卡器，然后使用指纹ID进行鉴定或者输入密码就可以进行支付，而且仍然会获得信用卡、借记卡所提供的点数回馈和权益。正如苹果公司总裁库克所说的，"Apple Pay"的主要作用并不是为了创造利润，直接通过手机支付是苹果iPhone用户所能够享受的一种功能。

[①] 艾瑞咨询，2019年中国第三方支付行业研究报告。

目前全球支持Apple Pay的商家数以千万计，用户数量每年成倍增长，每一个新增用户都必须拥有苹果手机；经过数年的发展，Apple Pay在全美国的非接触支付市场已经占据75%的市场份额，是苹果公司在金融科技服务领域的一个成功典范项目。

支付类金融科技并不是新的概念，传统的信用卡服务公司如维萨（Visa）和万事达（Master）都属于典型的金融科技公司，为最终客户提供支付服务，实现金融价值。美国作为全球金融服务最发达的国家，消费者在20世纪70年代就接受并且大量使用银行转账、借记卡、信用卡和ATM等金融科技服务[①]。不过支付服务作为科技项目的方式出现在各大金融公司的计划中却是最近20年的事情，主要推力来源于三个方面：在线购物和电子商务的大规模增长，手机供应商基于自身发展需要对手机硬件和服务功能的不断提升，消费者对于零现金概念的日益认可。在美国著名快递公司UPS的2017年度在线购物和电子商务年度报告中，美国消费者在线购物总量已经达到52%，超过线下比例，而且85%的消费者对包括支付在内的线上购物体验评价积极，而对线下购物体验评价积极的消费者只有65%。[②]对于千禧一代消费者来说，传统银行在各项金融服务中繁杂模糊的收费标准一向是消费痛点，因此金融科技公司在支付领域大受欢迎的另一个重要原因是清晰透明的收费标准和在手机应用上一目了然的费用清单。苹果公司推出的Apple Pay就是手机供应商推动支付类金融科技发展的重要案例，Apple Pay和类似的项目极大地推动了消费者通过手机平台方便、快捷、安全地消费支付，同时也降低了现金在支付过程中的应用，推动消费者认可零现金的消费场景。[③]

[①] https://en.wikipedia.org/wiki/Automated_teller_machine.

[②] https://pressroom.ups.com/mobile0c9a66/assets/pdf/pressroom/white%20paper/UPS_2017_POTOS_media%20executive%20summary_FINAL.pdf.

[③] https://36kr.com/p/5050138.html；https://support.apple.com/zh-cn/HT201469.

财富管理

财富管理（Wealth Management）是华尔街提供的最传统的金融服务之一。以著名的美林证券为例，在其母公司美国美洲银行（Bank of America）2017年年报中，美林证券作为集团的财富管理部门贡献了150亿美元的年收入，将近占整个集团收入的1/5；2017年底，美林证券拥有投资顾问19 238人，同比增长了3%。[①]不过，千禧一代对这样的传统财富管理模式并不热情，他们更喜欢在手机上完成开户、投资、财富管理信息的汇总，并且将这种类字化应用模式用图形表现出来。埃森哲公司在同样的《千禧一代和钱》的报告中发现，67%的千禧一代表示他们希望通过智能投资顾问解决基本的理财需求，而他们的父辈——婴儿潮一代希望通过智能投资顾问解决理财需求的比例只有30%[②]；千禧一代对智能投资顾问的需求催生大批的金融科技项目进入这一华尔街的传统领域，如果说支付转账是一种资金传输过程的创新应用，财富管理类的金融科技项目对金融行业的冲击更为强烈，而且大量新兴金融科技公司不断挑战华尔街数百年的财富管理模式，促使华尔街不得不把更多的注意力从高净值的富裕客户转移到原先并不被重视的普通中产投资者甚至大学生身上。[③]智能投资顾问的金融科技企业通常利用强大的算法进行分析计算，根据投资人的需求提供最佳投资组合，从而取代传统意义上的理财规划和投资顾问人员。

────┤ **美国智能投资顾问和财富管理——Acorns** ├────

"我们的任务是照顾新兴投资人，第一步就是给予他们微观投资的能力。"这是Acorns公司的宣言。作为美国一家新型的金融科技公司，Acorns的应用通过

---

① Bank of America 2017 年报。

② https：//www.accenture.com/us-en/insight-millennials-money-wealth-management.

③ https：//www.wsj.com/articles/blackrock-backs-a-startup-to-find-out-what-young-investors-want-1525868931；https：//www.acorns.com/about/.

收集消费零头的方式让用户从5美元开始投资理财，也就是"微观投资"。

Acorns应用很简单，用户在下载手机应用APP以后，只需要将借记卡或者信用卡与Acorns设置好，然后Acorns应用可以自动把每一笔消费以下一个整数记账，其产生的余额就可以开始投资理财。例如，用户花费8.75美元买了一份午餐，然后花费3.25美元买了一杯咖啡，下班后花30.02美元买了一件毛衣，Acorns的功能就是自动以下一个整数记账，从而为用户生成0.25+0.75+0.98=1.98美元的存款用于投资Acorns指定的基金组合。这些基金组合包括最受欢迎的Vanguard标普500指数追踪ETF、Vanguard小型企业指数、全球新兴经济体指数等ETF。不过这样的服务并不是免费的，Acorns对每个用户每月收取1美元的服务费。

2018年5月，《华尔街日报》报道著名金融集团黑石公司宣布领投Acorns公司最新一轮5 000万美元的融资，黑石集团希望能够通过入股Acorns这样的智能投顾理财平台获取千禧一代投资决策的第一手信息，了解信息时代的年轻投资人怎样选择投资的方向和时间。根据此轮融资的披露信息，业界认为Acorns的估值在7亿美元左右。虽然Acorns的成立时间很短，但作为一个拥有190万活跃用户和8亿美元管理资产总量的金融科技公司，这样的融资和估值水平说明华尔街对新兴的智能投顾理财服务的确颇感兴趣，智能投顾理财也正在成为金融科技领域继支付转账以后的又一个新热点。

与美国成熟的证券市场相比，我国证券市场尚不发达，市场参与者以个人投资者居多。不过国内的证券机构结合中国国情，积极开发金融科技在智能投顾方面的应用也颇有建树，招商银行的摩羯智投项目就是国内银行业在智能投顾方面的首次尝试。

招商银行摩羯智投

2016年12月6日，招商银行在深圳举办招行APP 5.0暨摩羯智投新闻发布会，宣布招商银行两款重磅新产品APP 5.0、摩羯智投正式上线。

为打造智能化的领先金融APP，此次招商银行APP 5.0主推摩羯智投、收支记录、收益报告和生物识别四大金融科技新功能，这也秉承了招商银行在实时互联、智能服务、自然交互领域的核心理念。此番招商银行APP 5.0暨摩羯智投的推出，不仅是招商银行运用FinTech（金融科技）技术的重大创新，也是招商银行APP对从工具到平台、从交易到咨询、从单向到互动、从封闭到开放策略的又一次重大突破。[①]

数据显示，摩羯智投平均收益率4.03%，表现优于上证指数和中证全债。而截至2017年7月，其资产配置规模突破50亿元，已经成为国内最大的智能投顾平台。[②]

在线借贷

在金融服务市场上，金融科技企业很多时候通常会通过网络，将资金的供求双方直接有效地连接起来，这样的功能和传统银行的借贷中介功能完全不同，因此金融科技业具有相当显著的"去金融中介化"（Disintermediation）[③]，在线借贷P2P融资就是金融科技业"去金融中介化"的典型服务类型。

在线借贷P2P全称为Peer-to-Peer借贷，能够让借款人和出资人在网络上完成借贷过程，一般借贷成本比传统银行低很多，但P2P公司自身通常并不参与借贷过程，而是提供网络平台撮合借贷双方完成交易。美国第一家上市的P2P借贷公司就是著名的Lending Club。[④]

---

① 招商银行官网，https://www.cmbchina.com/cmbinfo/news/newsinfo.aspx?guid=61a802d3-7fcd-4390-8aa0-213899bde228。

② 曹彤编著，《金融科技启示录》。

③ 金融科技颠覆金融业的游戏规则。

④ https://en.wikipedia.org/wiki/Lending_Club；https://www.lendingclub.com/.

——│ 美国金融科技在线借贷 P2P 代表——Lending Club │——

Lending Club作为美国第一家真正意义上的P2P在线借贷平台，成立于2006年并且于2014年成功在纽约证券交易所IPO上市，融资总额超过10亿美元，是当年最大的金融科技类IPO上市案。2015年的借贷交易总额高达160亿美元，当年营业收入5亿美元。Lending Club主要业务是让借款人（可以是个人或者企业）通过网络平台刊登贷款需求的金额和详细内容，一般这些贷款金额都很小，在1 000~4 000美元；然后Lending Club的智能系统会根据贷款人的信用历史、贷款金额、贷款和收入比例等信用条件确定这笔贷款的信用评级和推荐利率及费用，一般贷款期限为3年。同时投资人可以在同样的平台上浏览搜索并且根据自身需求选择贷款对象和金额，不过投资人必须接受Lending Club指定的利率，一般根据贷款人的信用评级会在6%~26%。最重要的当然是Lending Club对借贷双方都收取服务费，一般也是根据信用评级收取贷款金额的1%~5%。Lending Club自创建以来已经为超过250万消费者提供借贷类的金融服务，并且在2014年获得《经济学人》杂志颁布的消费产品类别的创新奖，是典型的FinTech P2P创新企业。

保险

金融科技行业不但介入支付、理财和借贷等商业银行和投资银行的业务范畴，近年来更是介入保险行业，通过科技手段为消费者提供保险服务。一方面因为美国的保险市场巨大，产品繁多；另一方面美国保险市场消费者对基于网络平台的保险产品需求日益强烈，美国金融科技领域也出现了众多专注于保险业的初创公司，著名健康保险企业Oscar就是其中的典型。[①]

---

① https://en.wikipedia.org/wiki/Oscar_Health；https://www.hioscar.com/ny.

────┤ **金融科技进入美国保险业——Oscar 健康** ├────

"我们的健康保险业务和别人不同——我们保险范围更大，麻烦更少，而且您的保费还能带来很多小惊喜。" Oscar健康手机应用的界面设计和网络用语的确更符合千禧一代的喜好，不过其核心业务还是为消费者在纽约州、新泽西州等地提供在线医疗保险，通过手机应用能够办理所有投保手续，同时还能够为投保人通过手机应用提供远程医生咨询服务。不过，根据彭博社2017年的报道，由于美国错综复杂的保险法规，Oscar健康虽然拥有十几万用户，其中大部分却都在纽约州，而且Oscar健康目前仍然处于亏损状态。

著名咨询公司德勤在2017年出版的金融科技行业发展报告《超越金融科技：重塑竞争的八种力量》①中指出，随着创新的科技工具在金融领域各个细分市场里面不断出现，消费者期待一站式金融科技服务，这样的金融科技服务平台能够在不同地域、不同领域、不同场景下为客户提供各种不同的电子化金融服务，最终这样的金融科技服务平台会成为金融服务销售和消费的主要方式。金融科技企业之间的竞争将更加激烈，最后具有竞争力能够胜出的只会是那些提供更健全的少数大型金融平台公司或者在产品细分领域做到极致的精品公司，虽然这些精品公司不得不接受消费者可能还是会喜欢大型金融科技平台公司的事实，因为这样的平台具有规模效应。

金融平台

在美国市场，大型金融科技平台公司的代表就是著名的亚马逊公司（Amazon）。

───────

① https：//www2.deloitte.com/content/dam/Deloitte/us/Documents/financial-services/us-fsi-beyond-fintech-eight-forces-that-are-shifting-the-competitive-landscape.pdf.

—————| **美国金融科技平台——亚马逊（Amazon）** |—————

  著名的亚马逊公司布局金融科技数十年，通过在同样的亚马逊平台上提供各种不同的金融产品，并且根据国际市场不断细分推出符合当地情况的金融服务，已经成为一家名副其实的金融科技平台。

  在电子支付领域，亚马逊公司的主要金融科技产品是亚马逊信用卡、亚马逊现金和亚马逊支付，这三者分别对标传统银行的信用卡、借记卡和苹果公司的Apple Pay服务，能够让亚马逊公司在并不具备银行资质的前提下进入传统银行的市场。亚马逊信用卡（Amazon Rewards Visa Signature Card）的发行银行是著名的摩根大通，不过消费者注册一旦获得批准就能够获得50美元的亚马逊礼品券，任何在亚马逊平台上的消费都能够获得3%的返现，高级客户还能享受更多的服务，而且每年没有任何年费。亚马逊现金是另一种产品，主要针对不具有借记卡或者信用卡的低端消费者，是亚马逊金融科技平台向下延伸的重要尝试。消费者只需要到亚马逊指定合作的线下商家，就可以扫描亚马逊账户的条形码将500美元现金（或者更少）存入亚马逊账户，而不需要任何信用卡或者银行卡。对于亚马逊现金，最重要的线下合作伙伴就是遍布全美的CVS连锁药房和7-11零售店，非常符合产品的用户画像。亚马逊支付Amazon Pay能够让客户通过亚马逊的支付平台在线上或者线下数以千计的商家完成消费，当然前提是客户的支付方式已经存储在自己的亚马逊账户里面，是典型的金融科技服务。

  亚马逊为自身平台上的商家提供账期已经多年，不过真正金融科技意义上的在线借贷产品是亚马逊小微企业借贷。根据CNBC的报道，亚马逊悄无声息地进入借贷市场，2017年为美国、日本和英国超过2万家小微企业提供了总额10亿美元的商业贷款，这些商户半数以上继续在亚马逊申请第2笔贷款。对于这些商家来说，能够通过亚马逊的金融平台迅速进入拥有3亿高质量最终用户的市场显然是选择亚马逊借贷的重要理由。

  亚马逊金融科技平台的最新扩张是保险。不过目前Amazon Protect（亚马逊保护）这个业务只在英国开展，原因很可能是亚马逊公司先在英国市场试水保险业务，待产品成熟再推向美国。亚马逊保护的实际保险公司是英国的Warranty Group，即伦敦通用保险公司，面向的市场主要是较为高端的产品保险，不过市场猜测亚马逊推出人寿保险和车保等传统保险产品只是时间问题。[①]

---

① https：//www.amazon.com/Amazon-Rewards-Visa-Signature-Card/dp/B007URFTYI；https：//www.cnbc.com/2017/06/16/amazon-plans-to-crush-small-business-lending.html. https：//www.amazon.co.uk/gp/help/customer/display.html/ref=hp_201819090_to_202011490_1?nodeId=202011490.

第二章

金融科技项目管理原则

经典项目管理原则和流程

2018年我带两个儿子去墨西哥坎昆度假，由于他们年龄、体能和兴趣都不同，因此我根据他们对坎昆的想往和期待制订了一个详细的计划。从酒店到景点的选择，驾车行驶路线的选择到主题乐园的活动内容都在这个度假计划中，整个假期每天都内容丰富，两个孩子每天也都能体验到符合自己兴趣爱好的节目。在回程的飞机上，作为这次度假项目的"用户"，孩子们都认为整个计划的制订和每天的执行都完美无缺，唯一不足的是没有考虑在热带地区需要增加更多吃冰淇淋的机会。

小到一次度假，大到买房买车，这些日常生活中的事情都需要我们在有限的时间和有限的环境内，利用自己能够掌握的有限资源，包括人力、物力、财力达到自己预先设定的目标。在经济和社会活动中也一样，从开发一个手机应用APP到开发一个大型房地产项目，这些任务都是"为创造一个特定的产品、服务或者成果而采取的临时性的努力"[1]，根据这样的定义，我们把这个实现过程称为项目。项目（Project）和运营（Operation）不同，项目是一个有头有尾、有始有终的过程，而运营是日常维持企业的商业活动进行的工作；项目的结束取决于交付的产品、服务或者成果的实现（或者项目被终止），运营的生命周期随着企业的存在而继续。顾名思义，项目管理是指对这样的实现过程进行管理，对象就是项目，其内涵一般是指"为达到项目目标，项目负责人和项目组织运用系统理论和方法，对项目进行全过程和全方位的策划、组织、控制、协调的总称，它已经成了一种新的管理方式"。[2]

对于现代科技项目来说，IT领域又具有自身的特点和属性，一方面IT系

---

[1]　Information Technology Project Management，7th Edition – Kathy Schwalbe.
[2]　肖祥银，从零开始学项目管理。

统在项目的运用中需要专业技能；另一方面IT提高了效率，同时也带来了更多的不确定性。因此，了解IT项目的属性有助于进一步理解IT项目管理的流程要点和管理原则。

• 时间有限原则

在商业活动领域所有的项目都应该是一次临时性的努力，虽然这样的临时性可长可短，从几年到几天，但不会无限期地继续下去。在IT领域，尤其是采取敏捷开发①的团队，项目的开始有具体的日期，但项目的结束并没有具体的日期，而是需要项目管理人员一方面根据项目的进度进行预测；另一方面根据项目的成果进行评估。如果项目的最终期限是确定的，如产品上线的时间或者监管政策开始执行的日期，那么项目团队有必要倒推出项目需要启动的日期。虽然项目的生命周期是有限的，但项目的成果，例如开发出的产品和解决方案等，却可以拥有更长期持久的生命周期，很多时候这样的生命周期的延长也是通过一个个临时性的项目来完成的。

• 目的明确原则

任何企业的人力、物力、财力资源都是有限的，对任何项目的投入都是为了达到一定的商业目标（或者社会公益目标，虽然长期来看这样的社会公益目标也可能是品牌战略的一部分）。对IT项目来说，这样的投入不仅包括项目团队的时间，还包括各种IT资产的运用，因此这样的努力必须具有明确的目的：开发产品，交付解决方案，整合不同系统，安装第三方的系统都是明确的目的。这样的目的不仅要包括特定的产品或者服务，也需要包括项目完成以后这些产品或者服务应该具有的具体特征或者符合预期的具体变化细节。

• 发起人和所有权明确原则

IT项目的实施过程中可能会涉及企业中很多不同的功能和人员，其中最重要的是项目的发起人或者称为担保人（Sponsor）。项目的发起人一般作为

---

① 敏捷开发在第五章有详细的阐述。

企业的高级管理人员，对项目的愿景和方向有清晰的看法，同时能够指出项目完成以后受益的企业部门或者客户群体，一般也对项目的预算和执行情况具有最终发言权。项目的所有权并不是项目需要运用或者需要改变的IT系统的所有权，这是两个不同的概念。IT系统的所有权通常归属于技术部门，项目的所有权很可能涉及多个部门，因此很多时候归属于其他部门甚至是企业高级管理层。缺乏明确的项目所有权或者项目发起人模棱两可的情况会给项目的开展带来很大的不确定性，是一种典型的项目风险。

- 资源明确原则

任何项目都需要资源，IT项目对资源的要求更高、更具体。企业内和项目有关的资源一般包括时间、预算、人员、场地、工具、技术系统等。一方面项目团队需要拥有明确的资源，拥有能够调用项目所需资源的权限；另一方面这些资源的有限性也约束着项目的范围和成果。

经典的项目管理流程包含五个过程：启动、规划、实施、收尾和评估，贯穿于项目的整个生命周期。

项目启动阶段包含项目起初的创意、涉及的领域、可行性研究等，尤其是项目具体目标的生成。这些内容组成了项目的基础和相应的约束条件，根据这些内容企业管理层和项目发起人开始组建项目团队，任命项目经理。

项目规划阶段一般是制订具体项目计划的过程，包括定义详细的目标、时间表、产品设计框架、质量要求等。项目经理同时开始根据项目规划组建项目团队，拟定团队的工作目标和任务。一个科学可行的项目规划是项目相关工作有序开展的前提，同时也是帮助项目团队掌控项目进程的有效工具。

项目的实施和执行阶段是整个项目生命周期中最关键的也是最具有不确定性的阶段。项目团队开始根据项目规划执行每一项任务，设计开发产品特征，测试调试系统性能，发布交付产品。传统的项目管理口号是按时按质完成。

随着新产品的上线或者系统的更新，项目团队宣布开发实施过程顺利完成，企业的管理层和发起人同意并且认可（或者更进一步赞赏）项目的完成。有时候，在项目进行过程中，由于项目内部的原因或者外部的不可控原因，企业的管理层和发起人也可能宣布项目终止，这两者都是项目收尾的明确标志。

最后，项目团队对项目作出综合评估，分享最佳实践，提出改善方法，收集客户反馈，为下一个项目做准备。

现代项目管理历史——曼哈顿项目

人类最早的项目管理也许可以追溯到公元前2 500多年埃及法老建设金字塔。考古研究发现胡夫大金字塔的每一面都有专职管理人员负责金字塔的建设和项目的按时完成，其中甚至包含一定程度的计划、实施和项目风险控制！[①]现代意义上的项目管理经典代表就是著名的曼哈顿计划[②]。

1942年，第二次世界大战期间，美国政府决定实施一项绝密的项目，研发并且生产核武器从而能够尽早结束战争，代号为"曼哈顿项目"。在实施项目的初期，美国军方意识到虽然整个项目团队拥有顶级的科学家、技术专家和忠于职守的军人，但他们通常既不具有必要的技能也没有愿望来管理这样大型的项目。最终领导曼哈顿项目并且走向成功的是莱斯利·格罗夫斯将军和罗伯特·奥本海默这两个天才的领导者，他们不但研发出原子弹提早结束了战争，而且在这个倾美国举国之力，跨越不同地域甚至国界的项目中形成了很多重要的项目管理理论和框架，为后世的项目管理奠定了基础。

对于如此庞大的项目，格罗夫斯认为项目领导者最重要的原则是制定每一步的目标而不是具体实施细节，事实上在当时的交通系统下，每一个项目小组的领导者也不可能随时随地和成员交流，在彼此极其信任的前提下，让每一个成员最大限度地发挥创造性解决问题而不是等待上级指示是最佳方法。

曼哈顿计划的时间限制是显而易见的，项目团队首次大规模使用甘特图

---

① A Brief History of Project Management – Jan 2010.

② Now It Can Be Told：The Story Of The Manhattan Project，1983 年出版。

用于体现和管理人力资源，任务内容和最后期限的关系。至今甘特图都是每一个项目经理的必修课。[①]

曼哈顿计划形成初期，学术界认为原子弹从理论上是可行的，但对具体建设实施的正确方式并没有达成共识，美国政府只能给项目团队提供近乎无限的人力、物力支持，唯一的要求是必须尽快完成项目。格罗夫斯和奥本海默的解决方案是同时运行四个不同的项目小组（三个小组专注于铀弹的开发，一个小组专注于钚弹的开发），并且让开发团队打破固有的开发方式，在只完成部分项目需求设计的同时开始（产品）研发和测试工作，唯一的原则是团队成员必须具有高度热情和强烈纪律性。这些历史经过80年的发展，其核心理念演变成了今天职业项目经理耳熟能详的"敏捷开发"。

项目管理铁三角约束模型

科技项目需要时间、人力、物力和科技等资源，在任何一个公司这些项目资源都不是无限的，在调用这些资源完成项目预期目标的同时，因为这些资源的有限性，它们同时也对项目的目标形成约束。对于营利性的公司来说，每一项资源都是有成本的，一旦确定了项目的目标范围，制订了项目计划，相应的资源要配属给对应的项目，成为项目成本的考量因素。在项目的实施阶段收到额外的要求就会需要额外的资源，可能是更多的时间也可能是更多的人手甚至是特定的第三方技术系统。对于现代企业尤其是高科技企业来说，人力成本日益上升，因此每一个项目的工时需求，尤其是对特定技能（如熟练的程序员）的工时需求成为项目预算的重点，同时也是项目范围的重要考量因素。

基于这些因素，经典项目管理理论得出了铁三角约束模型用于描述在有限的资源条件下如何有效地设计管理项目。项目团队拥有的时间、项目的

---

① 甘特图在第五章有较为详细的阐述。

预算（包括人力资源预算和财力资源预算）、项目所涵盖的产品范围三者构成了项目管理和决策的基本条件。根据已知的项目范围，项目团队确定资源预算和项目生命周期的时间，确保能够在有限的时间内运用有限的资源交付项目范围设定的产品特征。如果项目范围已知，但是项目团队并没有足够的资源预算和时间，那么项目团队可能无法展开工作或者不能按时按质完成任务。与此同时，如果项目的约定范围需要修改（通常情况下是扩大范围，增加产品特征而不是缩小），那么相应的约束条件也必须改变，否则这个项目的预期值和实际范围就不一致，通常的结果就是在约定的时间内无法达到目的或者预期的目的需要更多的资源配合。这三者"平衡共存"是开展项目的先决条件，如果一个因素需要延伸扩张，另一个因素也需要相应延伸，否则这个项目无法平衡运行。

例如，在项目的启动阶段确定项目的范围为S，项目的预算为B，项目的时间为T，项目团队在实施过程中收到通知，由于客户的需求发生了变化，项目的范围需要增加一倍成为2S；根据铁三角模型，项目经理此时需要分析2S规模的项目范围所需的时间增加和预算增加的情况。分析结果可能是预算和时间都需要大幅增加，也有可能只是其中一个条件需要微小调整，项目团队需要就此开会讨论作出决策：增加项目的预算和时间还是重新设计项目范围，力求能够形成新的铁三角平衡。很多时候，在项目的启动和策划阶段，项目的需求方如客户并不一定能够完整表达所有的需求，因此项目的初始范围很可能是不完美的；随着项目实施的不断深入，当客户不断完善需求并且清晰地表达对产品特征需求的细节，项目经理需要及时参考铁三角平衡原则考虑其他约束条件是否需要改变，而不是一厢情愿地同意所有的需求，因为如果相关资源和时间不足导致最后项目无法完成也许客户会更加失望。

金融科技项目管理原则和流程

当今的时代，金融科技作为一个行业在过去的10年时间里飞速发展，各种新兴的科技公司在不断革新并颠覆我们对金融行业的认知和理解的同时，也与传统银行、信贷公司、保险公司和华尔街展开了激烈的竞争。金融科技采用技术平台和数据分析而不是单纯的商业模式变化来进行创新，这样的创新体现在各种面向最终用户的金融科技产品，也体现在根据不同金融服务的场景搭建的软硬件技术系统，甚至也体现在传统银行的数字化转型和传统业务服务效率提高上。产品、场景和转型等主题不断催生了一个又一个金融科技项目，如何构思、策划、创建、推进、发布最终完成每一个金融科技项目是摆在职业项目经理面前的课题。金融科技的项目管理原则和传统项目管理相比又有哪些相似和不同的地方，完善自身基本项目管理知识架构的同时，项目经理更加关注如何高效地完成每一个金融科技项目，实现商业价值并且体现自我价值。

我国金融科技项目的供给侧和需求端

"虽然中国在传统金融服务领域的某些方面与其他发达市场相比可能还不够成熟，但中国正逐渐成为全球金融科技市场的领军者。"[①]我国金融科技项目的迅速发展不仅基于近年来中国经济的高速发展，也同时得益于网络信息技术的深入发展和消费者对新型科技的接受和使用。对于传统银行来说，通过基本产品和服务的规模性扩张进行缓慢稳定的成长已经无法适应高速发展变化的金融科技行业；面对未来发展方向作出一定意义上的承诺并且启动不连续的活动来发展和改进，通过这样的阶梯式成长带来适应市场的新产品和服务，新信息系统和新商业模式，这些成长的步骤就是商业项目。[②]对于BATJ等科技巨头来说，进入金融行业是企业级的战略价值实现过程，依据自身的科技优势打造并且实施金融科技项目是企业战略实现的手段。对于更多大量面向金融科技风口的初创企业来说，一方面需要对创新方案进行

---

① 安永和星展银行，中国金融科技强势崛起，2017 年 1 月。

② Russell D. Archibald，如何管理高科技项目：知识体系及实务。

快速开发、试错与推广；另一方面也需要和各类金融机构开展战略合作，这些金融科技项目也因此成为风险投资机构的关注热点，是这一波创新浪潮的特色。[①]如果把金融科技项目看成新经济的一个表现活跃的市场分支，其供给和需求都非常旺盛，因此金融科技项目的深度和广度仍然有巨大的发展空间，前景广阔。

供给侧：

1. 我国居民消费水平提升，消费升级加快，近年来服务型消费支出所占比例显著增长[②]

根据国家统计局2018年的统计结果，我国居民在交通通信、教育文化娱乐和医疗保健方面的支出占人均支出总额的比重分别为13.6%、11.4%和7.9%。这些都属于服务型消费领域，与金融服务关系密切。

2. 我国网络基础建设发展迅速，网民规模增加迅速

金融科技对网络基础设施的规模和性能都有较高的要求，银行和金融科技企业需要高速的宽带网络，手机用户需要高速的4G移动网络。根据中国互联网络信息中心2018年的统计，中国固定宽带用户平均下载速度19.01 Mbit/s，同比增长了59.8%；全国移动用户4G平均下载速度18.18 Mbit/s，同比增长了46.7%。网民规模继续增长，达到7.72亿人，互联网普及率达到55.8%，超过亚洲水平9.1个百分点。[③]

3. 传统银行数字化转型周期有利于金融科技发展

传统银行一方面改造核心系统，推进新型金融产品研发；另一方面也积极与BATJ科技巨头合作，在金融科技方面互相融合，推出一系列创新服务和产品。网上银行业务发展迅速，创新工具的使用和创新服务的推广相辅相成，与最终零售消费者和企业级用户的连接关系日益紧密。最新的数字化转型代表则是完全依赖金融科技（而不是通过设立固定的分支机构）的互联网

---

① 毕马威，中国领先金融科技50企业报告，2018年12月。

② 中国互联网金融年报2018。

③ 中国互联网金融年报2018。

银行的出现，我国目前已经出现4家互联网银行，这些银行的核心竞争力都是建立在科技创新和金融科技的探索使用上。[①]

4.大型金融科技枢纽的形成

以北京、上海、深圳、广州、杭州为代表的金融科技枢纽的出现，为金融科技发展提供了肥沃的土壤。这样的大型枢纽不但拥有成熟的基础设施，而且紧靠地区金融中心，汇集了企业家、科学家、技术开发人员、投资人、金融专业人员、金融机构、政府监管机构和近在咫尺的消费者，催生创新商业模型和技术手段的同时也通过和消费者的互动推动着传统金融机构的改革创新。这样的枢纽也不断吸引全国的金融科技人才，形成地区发展优势——互联网金融行业人才33%都集中在这四大枢纽城市，形成良性循环。[②]

需求端：

1.日渐成熟的消费者对新型金融科技产品的需求

最直接的需求来自中国消费者对金融科技服务的期望值不断上升。随着千禧一代逐渐成为消费市场的主流，手机应用和无处不在的银行服务已经成为默认金融服务的需求。在这些日渐成熟的消费者眼中，科技成果不是什么新颖独特的东西，也不是取代另一种信息渠道的选项，这些本来就是他们生活的世界的一部分。对金融行业的管理人员来说，整合科技产品是"银行业务的办理方式，是唯一的方式，没有互联网、智能手机、社交媒体和多点触控的日子，已经一去不复返了"。[③]

2.科技巨头的扩张和风险资本的关注提升金融科技项目的含金量

著名的科技巨头蚂蚁金服作为综合金融科技平台旗下拥有包括支付宝和余额宝等大型应用平台，也拥有网商银行等互联网银行，这些品牌和平台每天都积极发展金融科技技术，提升自身的金融业服务效率，创造实施的金融科技项目数不胜数。仅在2015年7月至2016年6月，中国金融科技行业的市场

① 中国金融科技发展报告2018。
② 2016年中国互联网金融人才白皮书。
③ 布莱特金，银行3.0移动互联时代的银行转型之道。

投资激增至88亿美元，占据该行业全球投资最大份额[1]，金融科技投资持续增长带动了大量新型金融科技创新模式的出现和发展。

3.金融监管的需求

中国金融监管机构对金融科技行业的发展从起初的包容支持到近些年的治理整顿，目前进入监管细化阶段。随着一系列监管领域的指导性、纲领性文件出台，我国金融科技的监管框架不断清晰，执法和合规工作也日益严格。这样的监管环境一方面增加了监管科技（RegTech）的需求，要求监管部门使用新型科技手段提高监管效率，掌握被监管者的合规情况；另一方面也需要中国的金融科技企业根据同样的原则提升自身风险管理和合规经营能力，以满足监管和业务发展需要。[2]

原则一：金融科技项目提高企业战略竞争力

作为金融服务行业的创新，金融科技对金融行业的传统企业和初创企业都带来了挑战和机遇，显然这两者面临的挑战和机遇各不相同。传统企业像花旗银行、Visa信用卡、富达基金等老牌金融企业一向把各自的品牌、业务规模和客户信任作为竞争优势，这样的竞争优势甚至还包括百年不变的监管体系和行业牌照壁垒。随着金融科技的到来，这些传统企业面临的挑战是如何迅速适应并且有效整合新型科技，同时继续保持自身固有的财务、监管和客户优势。传统银行、信贷公司、保险公司甚至华尔街在认可金融科技公司对自身业务冲击的同时，不断加大科技方面的投入，在积极打造自身科技能力的同时，一旦条件合适就会利用自身的规模优势和这些新兴金融科技公司展开合作，甚至收购小型初创金融科技公司，其目的只有一个，在飞速变化的市场面前提高自身竞争力。

---

[1] 安永和星展银行，中国金融科技强势崛起，2017年1月。

[2] 中国金融科技发展报告2018。

　　初创的金融科技企业架构简单而且紧凑，对客户的需求反应迅速，能够承担一定的试错成本不断尝试搭建符合客户要求的产品，通过不断优化客户体验拿下市场份额。然而随着这些初创企业的不断成长扩张，它们面临的挑战不仅来自自身成本上升和架构的复杂化，更多的时候是开始面对金融监管的要求和不断上升的基础建设投资。这些挑战又会促使初创企业不断重新审视行业版图，力求开拓传统金融企业忽视的市场细分，同时考虑与传统企业合作从而降低监管合规的成本，目的也是不断增强自身的竞争力。

　　金融科技的市场环境变化很快，一方面消费者的口味和需求变化很快，另一方面各类新兴科技的更新变化也很快。这两点决定了无论是金融行业的传统巨头还是初创的金融科技公司，在这个变化很快的市场中胜出的方式是积极适应，不断推出各种创新产品和服务，从而提高自身的战略竞争力。在研究金融科技项目特点之前，我们有必要先参考一下经典的商业竞争理论。

　　美国哈佛商学院教授迈克尔·波特在20世纪80年代创立了价值链和企业竞争优势的理论。波特理论的核心原则是企业的竞争优势来源于企业在设计、生产、营销、交付和支持产品等方面的诸多具体活动，这是企业价值链的集合。"在任何行业内，无论是国内还是国际市场，无论是制造业还是服务业，竞争的规则都体现在五种竞争力中：新进入者的威胁、替代产品或服务的威胁、买方的议价能力、供应商的议价能力以及现有竞争者之间的竞争。"[①]金融企业也不例外，每一个金融企业都有上下游关系，也都需要关注各自的成本优势，同时追求差异化战略从而取得竞争优势。从波特的竞争理论展开分析，虽然媒体热衷于用"颠覆"式创新等说法来形容目前金融科技企业和传统银行对的对比，其实金融科技是通过降低成本，增加用户体验的差异性，以更快和更加个性化的服务给客户或者消费者提供金融服务的企业，这在本质上仍然是竞争的结果；金融科技企业的项目和产品最终仍然是为了提高自身的竞争力，传统银行开发新型金融产品或者启动大型科技项目

---

　　① 迈克尔·波特，《竞争优势》。

甚至收购初创的金融科技企业也还是为了打造增强自身的价值链，从而最终提高营利能力。

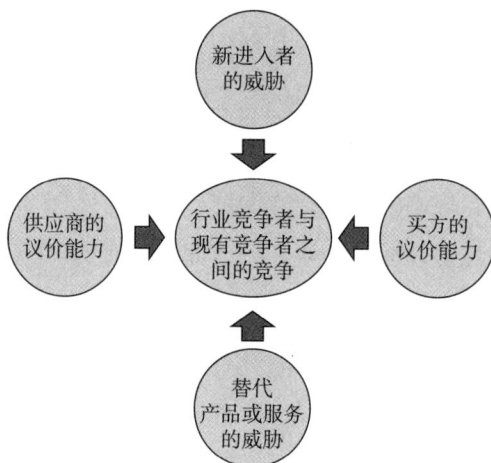

图 2-1　金融科技领域的竞争模型

每一家金融企业都面临同业竞争。大型传统银行通过不断强化自身的品牌和传承情怀吸引消费者，同时确保无所不在的分支机构能够为最终消费者提供方便的服务，这些都是提高自身竞争能力的体现。消费者作为买方，面对传统银行一般没有太大的议价能力，虽然银行也会不断地推销新产品促使消费者多开账户从而提高转换成本。随着金融科技的出现，这些传统的竞争关系发生了巨大的变化。对于传统银行来说，例如支付宝这样已经拥有海量消费者的支付平台的兴起是新进入者对银行和信用卡公司现有业务的威胁，同时也是对银行现有产品的替代，因此是对现有竞争力的强大威胁。对于很多本身不具备银行牌照的金融科技初创企业来说，传统银行又是供应商，这样的进入壁垒导致作为供应商的传统银行议价能力过于强大，严重影响了金融科技企业自身的竞争能力。与此同时，金融科技公司必须压低成本来吸引消费者，消费者作为买方，在市场上充斥各种金融服务的时候，当然可以耐心比价、比服务、比产品，这样的消费者行为无形中拉高了买方的议价能力，因此金融科技企业面对复杂的市场情况和多元化的竞争风险，需要一丝不苟地设计产品和服务，精准满足市场的需求，努力完成每一个项目从而提高自身的竞争生存能力。

────┤ 全球最大的货币基金──余额宝的竞争压力[①] ├────

蚂蚁金服的余额宝在2013年中开始启动，经过3年的发展到2016年以资产规模总量2 110亿美元，成为全球最大的货币市场基金（Money Market Fund），超过全球排名第2位的货币市场基金JP摩根资产管理基金规模的2倍有余！余额宝的资金和用户主要来自支付宝的海量用户，同时自动转账的功能可以让支付宝用户存储各自账户中的闲置资金，最重要的是在2017年余额宝的7天年化收益率高达4.02%，这样的高回报迅速吸引了大量投资者将每月收入的大部分存入余额宝。从金融科技的竞争角度来看，余额宝基本上完美地达到了所有的竞争力要求。

不过，到了2018年底，余额宝管理的市场基金资产规模缩减了将近1/3，降至1 670亿美元，原因是中国监管机构担心余额宝规模太大，可能会给中国金融行业带来系统性风险。2018年初余额宝将个人账户最高持有额度从原来的100万元降低至10万元，作为满足监管机构的自我限额；同时又取消了当日自动买入进一步限制基金规模的增长。不过，另一个更加直接的原因是竞争对手腾讯的入场：腾讯在2017年推出零钱通，让用户可以通过微信支付将零钱投资到类似余额宝的货币市场基金，腾讯零钱通上的货币市场基金收益率在2.84%~3.78%，一度略高于余额宝2.63%的年化收益率。据《华尔街日报》报道，腾讯推出相关产品后，蚂蚁金服员工和余额宝基金经理收到通知，最重要的是在2017年余额宝的七天年化收益率高达4.02%，高利率迅速吸引了大量投资者将每月收入的大部分存入余额宝。从金融科技的竞争角

---

① 华尔街日报，余额宝称霸全球货币基金市场监管压力显现，2017年9月18日。
　华尔街日报，余额宝资产规模去年缩减逾1/3，2019年2月1日。

度来看，余额宝让用户通过手机应用完成自动转账，有效地从传统银行手中获取了大量市场份额，在货币市场存款的竞争中取得优势。

2017年底，中国央行曾经在年度金融稳定报告中提到大型货币市场基金可能危及整个金融系统的稳定，由于投资人众多，一旦发生任何偿付问题都可能引发公众不满和抗压；同时，这些互联网货币市场基金虽然模仿银行账户的运作方式，但不必将部分资产留作准备金，不受针对银行的指标要求限制，对于这些情况，中国监管机构会一直密切关注并且将强化相关的监管细则。

从波特的核心竞争模型分析，进入金融科技这一新兴市场的科技企业的确具有相当程度的天然优势：一方面作为和传统银行互补互利的合作对象，传统银行作为供应商并不会过分强调自身的议价能力，相反还有可能提供相当的市场营销补贴；另一方面新兴金融科技产品作为新产品的出现弥补了市场空白，替代了一些比较落后的银行传统服务，对消费者具有相当大的吸引力。大规模引入风险投资的策略也使这些新兴企业能够制定高额的补贴，用廉价甚至免费的产品和服务迅速抢占市场。事实上，金融科技行业的发展也的确如此，消费者更多时候需要关注的是产品和服务的价值而不是和传统银行比较价格。

对于传统银行来说，如果金融科技不是完全的竞争对手而是合作伙伴，那么这样合作的战略意义是什么，开展金融科技项目是否真正能够提高自身的竞争力？西班牙银行BBVA的总裁董事长在欧洲央行发言指出："金融科技的出现对传统银行具有强烈的竞争意义，金融行业会逐渐适应，但是生存下来的银行必须能够提供最好的客户服务，具有最新的信息生态系统而且成功完成数字化转型，这样的银行是具有竞争力的，不过可能只有寥寥几家。"[1]这段发言很清楚地指明了金融科技项目能够提高传统银行竞争力的

---

① https://www.bbva.com/en/competition-fintech-companies-makes-us-better-stronger/.

三个方面。

1. 金融科技项目提高客户体验。无论是新型的初创企业还是传统银行，金融科技项目的开展和企业的客户应该有紧密的关系。对于传统银行来说，例如CRM客户关系管理系统有助于了解甚至观察客户的日常商业行为，让企业的相关部门有效地发现提高客户体验的渠道和方式，从而争夺市场份额增强竞争力。注意，这里的客户可能来自其他大型银行，但也可能是金融科技项目完成以后开发的新市场，甚至是金融科技合作伙伴的自身客户，这样的市场扩张和合作方式并不互相矛盾。

对于传统银行来说，在过去用户界面和操作流程等与用户体验有关的设计都是金融产品开发完成以后的工作，然而随着千禧一代成为金融消费市场的主流用户，传统银行和金融科技企业都感受到在用户体验方面竞争的压力——这样的压力来自诸如苹果公司和脸书等著名的消费者品牌，它们就是以杰出的用户体验见长。千禧一代的生活娱乐习惯不但影响这些著名品牌的设计，这些品牌也不断提高用户围绕自身产品的互动过程，它们的产品不但实用而且能够提高使用者的满意度——千禧一代期望金融科技产品也同样美观且具有娱乐性。

既然用户与品牌的互动发生了变化，那么品牌的设计开发也必须有助于提高金融服务的体验。金融科技的应用从一开始就要为设计投资，要建立一支有才华的企业内部设计团队并且定义明确的业务设计目标。例如，美国著名金融科技支付公司Square的第四位员工就是其"创意总监"。设计与工程的密切合作能够为用户提供流畅的体验，直接让用户对产品质量产生积极的认知和好感。[①]

2. 金融科技项目打造新型信息生态系统。传统银行的信息系统错综复杂，接口繁多，金融科技项目的设计应该有助于企业整合完善自身的信息生

[①]　The FinTech Book – The Financial Technology Handbook for Investors，Entrepreneurs and Visionaries - Susanne Chishti，Janos Barberis.

态系统，从而能够保持信息能力领先于现有竞争对手和潜在的新型金融科技企业。互相割裂，与现有其他系统缺乏联系的金融科技项目就不符合这一条原则，通常也会导致高昂的开发成本和后期额外的运维要求。

过去的几十年间，传统银行拥有金融服务市场的垄断地位，所有的金融产品和数据都完全掌握在银行手中，随着金融科技的出现，越来越多的新型企业和科技巨头开始提供金融服务，这些企业与传统银行系统之间的连接一般都是通过应用程序界面Application Programming Interface（API）实现的。如果银行要与这些企业合作（无论是作为供应商还是合作方），银行都需要投资开发可靠开放的API，系统互联在打造开放式银行，增强传统银行在金融科技方面竞争力的同时也带来了新的挑战。

表 2−1 开放式银行系统的利弊分析

开放式银行系统的机遇	开放式银行系统的挑战
创新能力的提高增加银行的竞争力	是否放弃对金融服务和数据从头至尾的掌控
API促成与新型科技企业合作	是否有用户隐私和数据安全方面的风险
提高最终用户整体体验	是否引入了与银行核心系统不匹配的架构
扩大银行服务的范围	是否增强了银行"去中间人化"的风险
拓展新业务的可能性	是否能够适应与此相关的业务模式

资料来源：凯捷咨询，Top 10 Trends in Retail Banking：2019。

3. 金融科技项目的设计针对或者部分针对金融行业的某个普遍痛点问题，解决方案或者改善思路具有行业共性，通常能够接受相当程度的外部协作。金融科技项目的创新需要具有一定程度的开放性，与外部供应商或者合作伙伴合作在分享自身的商业流程和知识积累的同时也能够迅速获取最新的技术平台和客户体验。

这些企业中的大部分，至少是面向机构客户或者投资银行领域的那些新型金融科技企业，并不是"为了颠覆现在的金融商业模式"而成立的，它们的初衷更多的是利用科技提高某种商业流程的运营效率。在麦肯锡2016年对

390家金融科技企业的一项调查中发现，目的是"颠覆"现有商业模式的只占11.5%，"去中间人化"的商业模式占21.1%，最多的企业初衷是"改善商业流程"，占到67.4%。[①]

原则二：金融科技项目的目标和产品驱动原则

无论是传统银行或者华尔街投行的科技部门，还是初创企业，在金融科技这个领域发展，都必须在有限的时间里创造出特定甚至是创新的产品或者服务，这正是"项目"的概念。与传统意义上的运营定义不同，项目是在特定的组织环境中采取的临时性的努力，带有很强的目的性和时间性。[②]经典项目管理理论认为，软件项目"可能是生产一种其细节由客户规定并负责证实的产品"，也有可能"是为了满足一定目标，比如组织亟待解决的问题"，分析项目的特征要识别项目是目标驱动还是产品驱动。[③]

举例来说，维护并且优化大型投行的数据中心并不能称为项目，因为这个工作既不是"临时"的努力，也不一定必须创造出"产品或者服务"；然而，为同样一家大型投行设计开发股票交易系统并且能够在数据中心安装上线就是一个典型的金融科技项目。这些项目的共同属性相当明显。首先，它们都具有明确的目的，办一件或者几件具体的事情得到具体的结果，为企业提供具体的价值，最终产生具体的效益。其次，临时性的时间属性，这是区别项目和运维的重要属性。对于任何项目来说，设计者都会提供一个明确的开始和结束的点，虽然这个开始和结束的点未必能够立刻精确到某一天或者某一刻，但这个努力过程是有具体时间性的，而不是随着企业的存在一直存续下去的流程。

最后，这些项目都需要资源，包括人力资源、网络资源、软硬件资源、预算、场地，很多时候还会用到外部资源如外包的软件供应商。这些资源可

[①]　FinTechs can help incumbents，not just disrupt them – McKinsey & Company，2016 年 7 月。

[②]　IT 项目管理 P3。

[③]　Software Project Management – Bob Hughes，Mike Cotterell.

能来源于同一个部门，例如开发部，也可能来源于不同的部门而需要大家分工协作共同完成。项目经理就是这个价值链条里面重要的环节，从最基本的确保项目能够按时按质地完成交货，到实现过程中金融产品和技术优势的整合协作，项目的价值很大程度上取决于项目经理的执行能力，而能否执行到位很可能就决定了金融科技企业是否能够实现承诺准时推出新产品。项目管理对金融科技企业的产品交付上线和长期有序发展至关重要。

识别金融科技项目的目的就需要明确哪些是可转移交给客户的产品，称为可交付物（Deliverable）。金融系统的层次繁多，在大型项目中，可交付物可能会有多个阶段的中间产品和技术产品，这样的层次结构是合理的而且是必须的，因为多层次的中间产品能够确保项目的产品结构逻辑严密，风险可控。在复杂的金融信息系统中，科技项目的设计如果过于庞大而且缺乏必要的中间产品和可交付物，这样的努力很可能事倍功半。牛津大学和麦肯锡咨询共同合作对5 400多个IT项目的调查显示，超过半数大型科技项目（大型指项目预算总额超过1 500万美元）最后平均超支45%，交付逾期7%，最重要的是最终这些大型科技项目实现的商业价值也比预期低56%。对此，牛津大学和麦肯锡咨询给出的最佳项目管理原则之一是"（必须）擅长实践各种关键项目管理流程，例如将开发交付流程缩短和严格的质量检测手段"。[①]

原则三：科技创新本身并不重要，产品上市时间很重要

当金融科技企业努力适应这样的竞争环境的同时，传统银行也在努力提高自身的竞争力。科技部门一向是银行研发预算的重点，根据咨询公司Celent的统计，美国和欧洲的大型银行每年信息技术的支出高达2 600亿美元，华尔街各大投行每一个财政年度的信息技术预算动辄都在10亿美元以上，"这些预算的增加的确是为了提高银行的竞争力，不过银行一般很难

[①] Delivering large-scale IT projects on time, on budget, and on value – Digital McKinsey, 2012年10月。

成为金融科技领域的技术创新来源，因为技术创新不是银行的核心目的，所以这些预算的绝大多数通常就是必须要做的事情而不是为了金融科技的创新"。[①]

表 2-2　　　　　　华尔街大型投行的年度信息技术预算（根据年报）

银行	预算额度
美国美洲银行	每年全球科技和运营预算160亿美元
花旗银行	每年将近80亿美元的科技预算，占总开支的20%以上
摩根大通	每年科技预算100亿美元
摩根士丹利	每年技术维护和创新预算40亿美元
全美第6大金融控股集团US Bancorp	每年技术运营15亿美元预算，科技创新预算12亿美元

金融科技的核心价值都会具有科技创新，然而作为金融科技项目，在科技创新和产品上市之间取得平衡并不是一件容易的事情，作为项目的领导者，关注点应该着重于如何将科技创新运用于金融科技项目的实践中，而不是过于纠结诸如人工智能AI或者区块链Blockchain这样的热词。仅仅为了取得科技创新的飞跃而没有足够的产品或者市场平台作为支撑的项目，在短时期内很难得到市场的青睐，也不符合金融科技项目的发展趋势。

项目的领导者应该着重考虑这些创新科技的实际能力和在项目中能够起到的关键作用。例如，将人工智能的物理感应和反馈能力运用到线下支付相关的金融产品中就是合理的科技创新运用。成功的项目属于那些能够准确判断并且通过科技创新解决金融生态系统中缺失的环节或者市场空白的项目，而项目的成功标准很多时候仍然不可避免地和企业盈利息息相关，而不是技术能力的整体飞跃。这样的项目发现阶段对金融科技项目尤其重要，创新产品在开发过程中往往需要不断增量改进设计和功能，项目团队有时候需要更多的时间确认这些设计和功能符合用户需求，而不是仅仅追求最新技术的应用，因为通常解

[①] https://www.bankrate.com/banking/jpm-big-banks-spend-billions-on-tech-but-theyre-still-laggards/.

决问题的方案虽然有很多，但产品上市时间却通常不是可选项。

最前沿的创新科技虽然令人激动，但通常具有很强的专业性，因此对于项目团队来说，难以准确预测实际应用过程中的复杂程度和需要的时间与资源。根据项目管理的经典铁三角约束模型，这就增加了项目的不确定性，同时也增加了项目商业需求范围的局限性。强有力的项目完成能力和具有规模效应的商业模式，通常比采用一两个最前沿的创新科技更重要。任何程度的科技创新，与现有金融系统的整合都需要时间和专业技能 "Know How"，因此项目团队中跨部门的技术"专家"之间的交流很重要。很多大型金融企业的核心系统年代已久，让两个不同时代的科技平台互联互通本身也是一项挑战，也应该在项目设计初期考虑进去。"金融科技项目的管理本身具有跨领域跨专业的特点，因此仅仅拥有某一方面专长的管理人员也许未必能够搞定，项目经理不但应该同时拥有多种技能，而且同时也能够找到包括IT、营销、商业发展和创新部门的不同专家咨询意见确保项目的顺利进行"。[①]

┤ 英国金融科技公司 Transfer Wise 并不热衷于区块链的应用 ├

CNBC电视台在2018年5月的专辑中采访了Transfer Wise，这家英国的金融科技公司创建于2010年，主要业务是欧洲的外汇转账服务，总部位于伦敦，拥有600名员工，目前估值高达16亿美元，而且已经连续两年盈利。

Transfer Wise能够让用户以低廉的费用实现在40多个国家之间的外汇转账，只收取当天银行间的汇率差价而不像传统外汇转账公司那样额外收取转账金额的5%～10%的手续费，因此在年轻消费者中大受欢迎，目前每个月超过200万名客户在Transfer的平台上进行的外汇交易总量超过10亿美元。

在访谈中，Transfer Wise的创始人兼董事长Taavet Hinrikus谈到科技创新尤其是区块链技术在转账和支付场景中的应用，"我们从很多人那儿听到这

个梦想很多次了。但是如果你真的深入了解，就会发现这一切毕竟有点纸上谈兵，在商业现实中真正使用区块链其实真的很难。我们研究过很多不同的区块链技术（如Ripple），但是至今也没有发现能够让我们更快、更便宜地实现我们商业模式的方法"，Hinrikus 指出的区块链技术之一的Ripple Technology，是一项谷歌公司支持的基于区块链技术的协议，主要作用是帮助银行让跨境支付更便捷；Ripple 协议的原生货币就是加密货币领域的代表——大名鼎鼎的瑞波币。[①]

原则四：金融科技项目的五种约束条件

区别于传统意义上的科技项目，金融科技项目的项目约束条件更多。除了项目管理最经典的铁三角定律，金融科技项目还要增加两个额外的约束条件，即质量和监管。金融科技项目，无论是支付还是交易，都不可避免和钱打交道，其中对于预期项目质量的要求不言而喻，稳定、安全、可靠、速度都是金融科技项目的先天要求。这些质量方面的指标可能来自客户的要求，也可能来自监管的要求，如果项目团队在现有框架的范围内，无法以有限的资源在限定的时间内达到这些质量要求，那么这个项目的设计就存在缺陷，具有很高的项目质量风险。

金融科技产品或者解决方案和一般科技产品相比，具有强烈的时效性和不可逆转性。时效性指金融产品对运行的系统表现要求一般相当高，交易系统的峰值表现一般要达到毫秒级（Microseconds），而且持续运行不出错的要求达到99%以上。由于金融科技系统复杂，上下游连接紧密，大量数据在不同的系统之间流转，一旦由于程序错误导致数据错误而不得不修复的过程是痛苦的，而且很可能代价高昂。根据这些特性，金融科技产品的质量无论

① CNBC 新闻，https://www.cnbc.com/2018/05/22/transferwise-2018-disruptor-50.html；财富新闻，http://fortune.com/2018/11/19/blockchain-ripple-transferwise/。

从商业需求还是非功能性的系统需求来看都要求很高；一旦项目范围扩大是否会导致质量风险上升就是项目经理必须面对的问题。同样道理，一旦质量相关的测试资源需求上升，也会立刻导致项目的预算上升，因此质量要求是金融科技项目管理的约束条件之一。

金融科技行业这个名称来自美国，在这个行业的自然发展过程中尤其是早期以技术创新为主的时代，美国政府和监管机构并没有过多介入，只是以一般高科技企业的基本准则来规范商业活动，因此早期的金融科技项目并没有太多监管要求的痕迹。在金融危机以后的10年里，金融科技发展迅速，开始直接开展借贷和投资顾问在这些监管严格的领域，虽然美国政府并没有特别的金融科技推动政策，但仍然依照相关法律和监管条例对这些直接借贷和投资顾问的产品及服务进行监管。只是因为金融科技企业已经在金融领域运营，这并不说明企业可以扩张到另一个相邻的领域，这两个领域可能法规不同，监管隶属机构也不同。因此确保运营合法、监管合规是金融科技项目管理的重要约束条件。

近年来，我国金融科技的监管逐步进入监管细化阶段。由于金融科技的业务发展很快，但普通老百姓的金融风险识别能力仍然较低，因此不同的金融科技产品鱼龙混杂，监管套利时有发生，甚至非法集资等违法金融活动频频出现。对此，我国相关监管机构对金融科技的整治力度不断加强，不但相继出台具有针对性的监管法规和整治文件，同时也对检查过程中存在问题的机构进行处置和整改。以支付类业务创新为例，中国人民银行2017年12月发布了《关于规范支付创新业务的通知》，要求各银行业和非银行支付机构在开展相关业务之前对合规性和安全性进行全面评估，并于业务开展前30日向央行提出书面报告。[①]对这些相关监管政策的熟悉了解并且准确无误地遵守是启动金融科技项目的前提，这些政策的时限要求和报批程序也成为项目开发的约束条件之一。

---

① 李扬、孙国锋主编，《中国金融科技发展报告 2018》。

原则五：随时竞争，随时合作

产品上市可能比科技创新更重要。金融科技项目很可能来源于一个绝佳的好主意或者具有颠覆意义的商业模式，不过金融市场的环境决定了再好的商业模式如果不能创造价值带来盈利，终究是一次有趣但昂贵的实验。一方面，千禧一代的口味变化多端，对于金融服务也一样，热点需求转换迅速；另一方面，初创型金融科技企业依赖的风投资本也面临更多的同业选择和更多中晚期的成熟企业。开发周期过长的金融科技项目很可能会错过消费热点和投资风口，因此随时确认市场环境的变化仍然有利于最终产品的实施，是金融科技项目的另一个关键原则，而不是一味追求大而全的商业模式。同样，依靠简单美观的用户界面和高额补贴获取用户的模式也许是一个不错的营销战略，但作为一个金融科技项目的原则也无法持久——传统银行和现有企业会轻易地利用自身既有优势展开竞争。

成功的金融科技项目的首要前提是用户即市场的需求和反馈，项目的领导者需要确保在项目早期就能够不断获取客户反馈和市场数据，这样的情报分析有利于确保项目团队的方向正确，同时如果有所偏差也能够及时修补——梦想是要有的，但如果方向变了至少需要早点醒过来。根据美国项目管理协会的调查，自国际金融危机以来，项目经理投入在项目初期用于需求发现、项目设计和计划、项目市场的针对性尽职调查的时间上升了40%，而且即使这样项目管理者也仍然强调时刻重新审视项目价值和市场风险的重要性。[①]

┤　摩根士丹利对智能投顾的回答——Access Investing　├

"只需要敲击键盘，您就能获得我们顶级投资顾问为您定制的详细投资计划。这是我们对智能投顾（Robo-Advisor）的回答，区别是这份计划来自

---

① 　PMI – "The Value of Project Management".

我们80年的专业经验。"——这段听上去仿佛来自又一家初创的金融科技企业的宣传稿，其实来自华尔街的顶级投行摩根士丹利财富管理项目"Access Investing"的主页。[①] 为了争夺年轻投资者的市场，摩根士丹利在2017年12月上线了自己的智能投顾服务，每位投资者的门槛仅为5 000美元，年费也仅为总资产的0.35%。相比之下，著名金融科技企业智能投顾的先锋Betterment虽然根本不设门槛但年费也需要总资产的0.25%。摩根士丹利所有的理财顾问都获得授权可以根据指引进一步提供优惠，竞争力提高的表现就是获取客户能力的增强——"Access Investing是我们理财顾问与早期客户建立关系扩大市场的一个好机会"，摩根士丹利的首席数字官哈桑告诉《华尔街日报》。[②]

竞争同时考虑合作。当前的金融行业生态系统是互相依赖、互相联通的，初创的金融科技企业在颠覆的同时也要考虑合作——一些最佳的金融科技创新产品和双赢项目都来自传统银行和新型金融科技企业间的合作。对于新型金融科技企业来说，与传统银行合作能够有效验证商业模式的优点和弱点，同时依靠传统银行对监管原则的熟悉迅速找到合适的市场切入点；传统银行强大的分销网络对于新型的金融科技企业也异常宝贵。对于传统银行来说，通过与新型金融科技企业的合作了解市场的痛点和存在的空白简单高效，外部合作伙伴的产品开发周期与银行自身的资源调配不会产生冲突，只是需要互相协调，因此也比单纯开发高效实用。

从技术创新的角度看，金融科技项目和其他科技项目类似也需要基建和网络，这些基础设施的合作伙伴能够简化初创企业的管理复杂程度，明确财务指标，因此也是合作的关键原则。对于开发团队本身的外包，项目团队需要考虑离岸外包的成本和技术能力，尤其如果需要用到比较前沿的技术，海外开发团队的成本估算要比较全面。

---

① https://www.morganstanley.com/what-we-do/wealth-management/access-investing/goals.

② https://www.wsj.com/articles/morgan-stanley-launches-robo-advice-service-1512396001.

第三章

从战略到计划
——如何制订金融科技项目计划

"每天低价是我们的战略，我们专注价格。"[1]显然，这是所有美国消费者都耳熟能详的沃尔玛的口号，每天低价也的确是沃尔玛的战略。"您的繁荣是我们的执着使命。我们专注于客户。我们呼吸着创新。我们让那些敢于追梦的人夺冠。"[2]这是美国著名金融科技公司Intuit的公司使命，Intuit拥有著名的TurboTax和Mint等让普通消费者都能够轻松管理个人开支、理财报税的商业软件。不同的公司有不同的战略，这样一句话的战略很多时候代表着公司长期的发展方向和商业价值，商业项目的开展最终必须为企业的战略服务，金融科技项目也不例外。

在过去的10年间，金融领域信息化和数字化的趋势不断加强，不仅因为千禧一代热衷于手机和移动金融带来的便利，也因为金融机构和初创企业都在复杂多变的市场中寻求解决方案，增加自身的核心竞争力。金融科技项目的发展主要集中在如下四个领域：支付、信贷、资管和证券。这些领域不但集中了最多的金融科技项目，也集中了最多的投资，包括风险投资和金融机构本身的投资。对于身处其中的项目经理来说，首要难题是如何正确理解把握这些战略考量并且据此写出具体项目计划。

什么是"可衡量的企业价值"（MOV）

金融科技项目的本质并不是推动最新科技的发展，而是将科技运用在金融领域从而提高客户体验，提高企业的盈利能力和竞争力。因此，传统银行和初创金融科技企业在金融科技领域的战略目标一般都会强调为客户提供价值服务，为企业长期繁荣奠定基础，或者是推动特定领域的金融服务方式，开发新市场从而使企业能够迅速扩张发展。对于金融科技的项目经理，了解目标企业的战略方向至关重要，因为项目的核心价值必须与战略方向一致，

---

[1]　https：//corporate.walmart.com/our-story/our-business.

[2]　https：//www.intuit.com/company/.

能够为这个战略方向服务，这是一个相辅相成的过程。

　　制定任何项目的第一步考量是清晰地确定该项目的"可衡量的企业价值"（Measurable Organizational Value，MOV）[1]，项目经理首先要理解项目的关键价值点，这些价值点如何与企业战略息息相关，这个项目的最终目标是什么，怎样定义并且衡量这个项目能够为企业带来的价值。金融科技的项目和普通运维不同，作为一个临时性但高投入的工作活动，企业的管理层通常在作出投资决策的同时也期待项目能够在可预见的将来带来回报。这种回报未必一定是直接与企业的盈利有关，例如降低风险的项目和力求监管合规的项目也对企业的生存发展起着决定性的作用。企业的财力、物力、人力资源都是有限的，如何确保当前的项目和企业战略保持一致，如何合理组织协调项目启动的先后顺序，把钱用在刀刃上？这样从上至下的项目在阐述和论证过程中需要提供具体的依据，确保项目的成功能够有助于企业的当前任务和长期愿景。对于新型敏捷型企业来说[2]，很多时候项目的产生是由下至上的，来自部门、小组甚至是个人的提议，这样的项目也应该能够提供MOV确认项目的成功标准和项目成功能够为企业带来的战略价值。

美国金融科技公司 Intuit 的战略 [3]

　　2017年美国金融科技公司推出了企业级战略"同一个Intuit生态系统"（One Intuit Ecosystem），一年后在2018年12月Intuit公司高管详细阐述了One Intuit Ecosystem中每一个项目的战略价值：

　　● 通过TurboTax Live连接报税人和税务专家。TurboTax Live是该公司推出的新产品，这是一个涵盖税务专家的网络，市场定位是占报税市场中60%的

---

①　Information Technology Project Management，7th Edition – Kathy Schwalbe.

②　敏捷型企业详见第五章。

③　https://intuitblog.com/powering-prosperity/creating-indispensable-connections-among-people-products-across-the-one-intuit-ecosystem/.

中高端客户群，这些客户目前都使用专业报税师。"在第一年，我们为网络内超过2 000多位税务专家创造了数百万美元的收入，让这个网络内的客户报税的信心指数上升了19个百分点，进一步深化了我们核心产品TurboTax的市场地位。"——用企业产品的实际表现和数据简洁明了地说明了该产品线的战略和目前的（成功）实施情况和绩效，这是一个教科书式的项目MOV模板。

• 打通QuickBooks和TurboTax，打造用户体验的无缝连接。通过连接企业内部不同产品，让不同客户之间"互相授粉"，中小型企业用户和自有职业者之间的市场逐渐扩大，实施结果是"在2018年报税季节，我们为每个自由职业者（即个体户）平均省税4 628美元，是这些客户平均年收入的8%，真正提高了这些勤奋工作人群的收入。"——阐述产品线延伸的战略和对应的市场细分，指出未来的业绩增长来自企业级客户。

• 通过数据共享和用户体验的提高打通银行和产品账户。建设产品线的API和用户界面的丰富，从而无缝嵌入其他金融机构的内容或者数据从而提高用户体验。"我们将给其他金融合作伙伴带来能够量化的价值，更多的高质量客户和更强的客户黏性。"又一次明确提到注重量化的绩效指标，虽然这一次并没有说明具体价值衡量的实际具体标准，但这样具有量化价值指引的科技创新目标的可信度更高。

2018年，标准普尔500指数下跌了大约6%，同期Intuit公司的股价上涨了25%，大大超出市场预期。①

如何分析"可衡量的企业价值"

首先，项目团队能够提供清晰直白的项目成功标准，这样的成功标准能

---

① https://www.fool.com/investing/2019/01/09/why-intuit-stock-jumped-25-in-2018.aspx.

够为项目的利益相关人员带来可以衡量的、与企业的战略相吻合的价值，能够为增强企业的竞争力作出贡献。这些成功标准包括项目的预算、时间表、系统表现指标、数据产生和分析的质量和效率等大量可以衡量的标准。例如，购买一套新型的客户管理CRM系统并且在年底之前完成安装——虽然听上去也清晰直白而且有时间表，但并不是"可衡量的企业价值"；通过新型的客户管理CRM系统降低客户问询回复时间50%——就更接近项目利益相关人对该项目的期望和企业的战略要求，因此比较合理的项目具有"可衡量的企业价值"。

腾讯集团公司策略摘要中的价值体现 [①]

"于2018年10月，我们公布启动新一轮整体战略升级，以提升我们内部资源运用及竞争优势，从而更好地把握新互联网时代出现的增长机遇。这次升级包括重组三个现有事业群〔移动互联网事业群（MIG）、网络媒体事业群（OMG）及社交网络事业群（SNG）〕，置入新组成的两个事业群〔平台与内容事业群（PCG）及云与智慧产业事业群（CSIG）〕，以及成立一条新业务线〔广告营销服务线（AMS）〕。鉴于用户对多媒体内容的需求日益增加及内容创作者对内容分发平台的需求也越来越大，我们在PCG内将数字内容服务与社交及其他高流量平台结合在一起。相信我们能够通过CSIG为传统行业的数字化转型提供先进的技术及能力，包括云计算、大数据、AI、安全以及基于位置的服务（LBS）。我们现正将广告业务并入企业发展事业群（CDG）的AMS内，以充分利用我们在社交、视频、新闻及信息媒体的综合资源，并为广告主创造更大价值。"腾讯集团在季报中描述了集团战略升级的具体内容，包括新成立的部门对市场的针对性和能够为客户创造的价值点，虽然没有量化的指标，但这些描述包含了业务板块和行业热点以

---

① 腾讯集团2018年第三季度业绩发布，https://www.tencent.com/zh-cn/articles/8003541542193986.pdf。

及未来盈利的增长方向，能够让听众迅速了解战略升级的价值所在。

其次，项目团队能够说明项目的实际价值，而且这样的价值符合提高企业竞争力的原则，值得为之投入资源和时间。实际价值的产生可以来自企业的商业部门和面向客户的技术部门，也可能来自内部管理部门或者后勤部门等平时"看不见"的部门。实际价值可能以市场份额的增加来衡量，也可能是通过客户的反馈来衡量，但一定不是通过开发团队的测试结果来衡量，因为再完美的测试结果也无法提高企业的核心竞争力。实际价值可能是量化的财务指标变化，也可能是暂时无法量化的新产品上线，但同样一定不是任何最新科技在该项目中的应用运行满意程度。

再次，项目团队能够验证项目对企业竞争力提高的实际价值而且和项目的利益相关人对如何验证的方式意见一致。作为一项创新的行业，金融科技项目的实际价值会通过新产品、新客户、新流程、新品牌等创新环节表现出来，项目团队可以考察项目成功地给这些创新环节带来实际价值。不过金融产品生态系统复杂、数据繁多，项目团队在项目初期需要和利益相关人关于如何验证项目结果达成一致。例如，同样的新型金融产品可以考察用户数量也可以考察每个用户的消费额增长，前者对标的MOV很可能是市场份额，后者对标的MOV很可能是财务指标；对于同样的项目，由于利益相关人的角度不同，预期的项目实际价值也不同，因此取得一致至关重要。

最后，项目团队应该列出项目MOV需要的全部指标清单。无论是可以量化的具体能够看得见、摸得着的指标还是不能量化但可以衡量的指标，都应该清晰地说明并且和所有项目团队成员和利益相关人沟通。这些指标通常也有对应的时间表，而不是孤立地存在，原因是这些MOV指标的时间表和项目完成的时间表未必完全一致——寄希望于新产品推出的第一天就达到市场份额的增长或者利润率的上升似乎都不是特别靠谱的想法。这些指标也应该能够转化为相应的团队表现指标，毕竟项目团队的表现决定了项目的成败——清晰完整地向团队成员说明项目的MOV指标，至少能够证明项目经理对项目的了解和掌握，有助于提高团队士气。

波特的竞争力模型能够帮助我们总览全局，正确地分析目标项目所对应的区间。根据竞争力模型，项目的MOV应该对标决定行业盈利能力的五种竞争力。[①]

1. 项目的MOV能够有效地帮助企业与现有行业竞争者之间的竞争。如果目标市场中的竞争者有限，那么随着项目的MOV实现，企业能够扩大自身的市场份额，竞争对手的市场份额应该降低。

2. 项目的MOV能够有效地帮助企业增强面对供应商的议价能力，从而提高企业自身的竞争力。如果上游供应商比较强势，通过实现项目的MOV能够让企业降低对供应商的集中依赖程度或者提高（数据）转换效率，这样的项目对企业的长期发展具有很强的战略意义。

3. 项目的MOV能够有效地帮助企业增强面对买方客户的议价能力，从而提高企业自身的竞争力。如果下游客户比较强势，产品的质量和价格是最敏感的议价筹码；如果项目的MOV能够大大降低生产成本或者提高利润率从而增强对买方的已经能力，那么项目的MOV可以直接通过相关财务指标体现出来。

4. 项目的MOV能够有效地帮助企业抵御新进入者的威胁，从而提高企业自身的竞争力。进入壁垒和品牌识别都是典型的企业竞争力，能够有效抵御新进入者的威胁；金融科技行业同时还面临数据信息的集中度和复杂度，拥有数据或者拥有金融数据的获取平台并建立"护城河"，都是针对新进入者的有效竞争手段。项目的MOV如果能够建立新的"护城河"显然有利于企业与潜在新进入者的竞争。

5. 项目的MOV能够有效地帮助企业面对替代产品或者服务的威胁，从而提高企业自身的竞争力。金融科技领域的创新很多时候以替代产品或者服

---

① 腾讯集团2018年第三季度业绩发布，https://www.tencent.com/zh-cn/articles/80035415421 93986.pdf.

务的方式出现，这样的竞争方式让现有的竞争者不得不努力提高自身产品的转换成本或者防止客户出现替代转向——项目的MOV如果能够在这些方面有所作为，并且通过相应的财务指标或者市场指标体现出来，这样的项目显然能够提高企业自身的竞争力。

华尔街作为金融行业竞争最为激烈的领域，各大投行之间对客户的竞争和空气一样存在于每一个楼层的每一个角落。摩根士丹利在2018年宣布GPS项目，简单明了地说明该项目的目的就是让每一个经纪人能够从其他竞争对手那里获取更多的客户。这样项目的MOV通常能够比较容易确立，因为衡量的方式清晰直接。是否能够为企业带来价值取决于项目实施以后是否让企业在和竞争对手的对抗中获益，衡量方式通常是某一相关领域的盈利增长（同时竞争对手在同样领域的减少）或者市场份额的增加（同时竞争对手市场份额的降低），这些财务数据通常比较容易量化。另一种方式是考察该项目是否有助于企业在与竞争对手的对抗中提高生产效率，用同样的资源能够获得事半功倍的效果，在成本增加不变或者增长低于行业水平的同时获得比较高的竞争力。[①]

───────┤　**摩根士丹利资管平台 GPS 项目的价值分析**　├───────

2018年摩根士丹利宣布新一代的投资顾问和资产管理平台"目标计划系统"（Goals Planning System，GPS）投入使用，这个拥有自主知识产权的金融科技平台能够为客户提供全面的家庭投资理财解决方案。"GPS平台连接您的家庭财富和人生目标，这个平台能够时刻向您提供目前家庭财富的增长情况，为您整合分散的家庭资产，制定资产增长战略，帮助您不断接近人生目标。"摩根士丹利的高管在行业会议上演示GPS项目的成功实施和客户的积极反馈，GPS平台的确界面简洁流畅，与华尔街过往数据堆砌的应用完全不

───────

① 摩根士丹利公告，https://www.morganstanley.com.

同，却与类似的金融科技平台风格相近。

然而，如果从项目经理而不是用户的角度仔细分析这个项目，提高最终用户反馈是否是真正的目的，如果不是，摩根士丹利的管理层会怎样衡量这个项目的价值，这个项目的MOV是什么？

在GPS系统上线的同时，摩根士丹利资管部门的投资人关系公告中提出"我们这里谈到的科技创新不仅仅是数字化的工具。我们正在全面改造如何接触获得客户然后将投资建议递送给客户的全面流程。这些创新系统能够让我们更有效地为客户度身定做资管解决方案，这是摩根士丹利资管的未来。"因此，这个GPS系统的真正价值是为投资顾问提供强大的科技金融平台从而能够提高竞争力，获取更多优质客户并且把现有客户的外部账户都整合进摩根士丹利的金融生态系统中；衡量标准很可能不是最终客户对GPS系统界面的满意程度，而是资管部门的市场份额和相关的财务指标。在华尔街，每一个项目都要能够提高竞争力，因为竞争就像空气一样存在。

行业竞争五力模型中的供应商议价能力一般针对比较强势或者处于垄断地位的供应商，因为这些供应商能够不断地提高价格，蚕食下游企业的利润从而降低下游企业的自身竞争力。同样是华尔街投行，在互相激烈竞争的同时不得不面对同一个上游供应商就是彭博社。出于相同的利益考虑，华尔街投行决定联盟起来共同开发自己的交流平台——Symphony，从而降低对于上游供应商彭博社的依赖，提高自身竞争力。这样项目的MOV也比较容易确立，因为衡量的方式已经确定就是上游供应商的客户数量减少或者是使用量降低，不过此类项目MOV的分析过程一般需要比较慎重，因为企业将面临转换成本，尤其是像彭博社终端机这样的多年行业垄断供应商。在过去多年的实际生产过程中，企业已经投入巨资研发学习与之配套的系统，这些转换成本都要在MOV的分析中体现出来，从而得出具体哪些力量限制了企业的竞争力或者盈利能力，从而确定项目的核心价值是能够抵消或者替代这些力量的。

⊢│　金融科技平台 Symphony 打破彭博的市场垄断地位　│⊣

2013年5月，《纽约时报》报道彭博社的新闻记者一直利用彭博社终端机的后台查看彭博终端机的用户记录和使用情况，从而获取用户信息进而能够抢先发布最新新闻。事情的起因很简单，一个彭博社记者为了打听高盛最近一笔重大交易亏损的新闻打电话给高盛询问与此交易有关的高管是否已经被炒鱿鱼，"因为他已经很久没有上彭博终端了……"消息一出，整个华尔街都震惊了，因为自己是彭博终端机的用户，自己的一举一动都在彭博社的记者监视之下！在媒体铺天盖地的声讨和监管机构的询问下，彭博社的总编Winkler向所有用户道歉："我们的客户是正确的……我们的记者不应该拥有访问客户私有信息的权限。我很抱歉他们这样做了，这个错误我们责无旁贷。"华尔街在愤怒之余审视交易信息和市场数据相关系统的供应商情况，却发现实际上有效的选择很少，因为每年收费24 000美元的彭博终端拥有超过32万用户包括交易员、分析师、经纪人还有公司的高管人员。正是因为这个用户社区，彭博的聊天功能Instant Bloomberg是华尔街从业人员事实上最重要的社交网络工具——在彭博终端上用Instant Bloomberg可以安全、合规地找到交易对象，用私信发出询价报价并且执行完成，这是一个垄断性的金融科技平台，虽然它极其昂贵而且还不能保证用户的信息隐私！

两年以后，在2015年高盛和摩根大通等华尔街投行宣布联手投资一家新型金融聊天平台——Symphony，Symphony不但定价低廉，而且技术开源、安全可靠，最重要的Symphony只是一家金融科技公司，并没有额外的新闻业务。经过数年的运营，Symphony目前已经拥有30万用户，行业私下估值超过10亿美元。也许Symphony当年作为一个项目的产生是出于对彭博新闻的愤怒，但最终Symphony的价值是撼动彭博作为金融信息供应商的垄断地位和给它带来年收入90亿美元的全球金融信息服务市场。[①]

---

① 　https：//www.nytimes.com/2013/05/13/business/media/bloomberg-admits-terminal-snooping.html；https：//www.cbinsights.com/research/report/bloomberg-terminal-disruption/.

买方的议价能力在支付领域显得尤为重要，因为作为个体消费者，张三和李四对于不同金融支付方式的转换成本很低，而作为企业却又很难立即衡量。借贷P2P领域的道理也类似，作为个体消费者，张三和李四的目标是借到钱，并不在乎从哪一个平台借钱，因此买方的议价能力事实上很高。作为此类金融科技项目，MOV的着眼点显然和供应商不同，分析买方实际需求，确保项目的最后成果产品或者服务能够与买方需求密切相关是此类项目成功的关键。

对于传统银行来说，金融科技催生的替代产品和服务是对银行核心竞争力的挑战威胁，同时也是自身发展的机遇，因此众多金融科技项目的产生是银行面临替代产品和服务作出的反应，此类项目的MOV也就与行业的变化密切相关。本章开始提到的Intuit公司著名的产品TurboTax就是典型的替代产品，TurboTax的出现使报税师这个职业本身面临消失，因为众多消费者可以用很低的成本自行报税。对于此类项目的MOV，如果是面临威胁的企业，很多时候自身革新调整产品定位和对抗新生替代产品对于衡量项目价值一样重要。

与替代产品相比，对于金融行业来说，新进入者对于行业现有企业的威胁要严重得多。这里面最经典的例子就是苹果公司通过Apple Pay进入金融行业，对信用卡公司提出前所未有的严峻挑战。

对于金融科技项目来说，对抗新进入者的项目一般会和本行业的行业壁垒有关，即通常意义上的"护城河"。现有企业的优势不但有规模效应和资本需求等传统意义上的壁垒，也有政府监管和政策方面的因素，任何对抗新进入者的项目，其MOV的重点在于如何提高壁垒，并且衡量项目实施以后的效果。

富有经验的专业项目经理会纵览全局，通过上面的竞争力模型分析确定目标项目和企业战略的一致性和迫切性。这样的项目MOV能够获得企业高层的认可，这样的项目能够为企业带来切实的价值，为下一步建立项目范围、确立实际目标做好准备。

我国传统银行成立金融科技公司应对金融科技挑战

在科技巨头和新型金融科技公司等"新金融"的共同挑战下，中国的传统银行转型调整的主题围绕着合作与竞争展开。作为持牌的传统银行仍然在品牌信用和一站式金融场景服务方面具有巨大优势，随着金融科技的发展，传统银行纷纷与科技巨头合作通过大型社交平台开拓新产品市场，通过大数据给客户进行精准画像力求合作共赢。近年来，传统银行加大了转型变革的力度，开始设立银行系金融科技子公司，通过科技赋能传统银行的金融服务，在与科技巨头合作的同时增强银行自身的竞争优势。[1]

表3-1 各金融科技子公司成立时间

传统银行	金融科技子公司	成立日期
平安银行	金融壹账通	2015年12月
兴业银行	兴业数字金融信息服务股份有限公司	2015年9月
招商银行	招银云创	2016年2月
光大银行	光大科技有限公司	2016年12月
建设银行	建信金融科技有限责任公司	2018年4月
民生银行	民生科技有限公司	2018年5月

对此战略，中国建设银行董事长田国立在2017年度业绩发布会上笑称："近年来传统银行一直备受金融科技公司的折磨，现在我们可以说，老银行也要颠覆它们了。"[2]传统银行设立金融科技公司一方面直面科技巨头的冲击，另一方面也的确是银行自身发展的需求。

那么项目的范围一般如何界定，金融科技项目的范围具有什么样的特点？项目范围管理是指对项目包括什么与不包括什么进行界定和控制的过程，确保团队和项目利益相关人在产品开发和产品使用过程中达成

---

① 北京商报"设立金融科技子公司成潮流民生银行入局"。

② https://www.huxiu.com/article/254801.html.

共识。[①]

首先，收集项目需求。项目经理可以从项目利益相关人开始调研，逐个采访了解项目的核心目标和商业需求，记录最终产品或者服务的特性和功能，根据这些特性和功能设立能够实现的目标。一般这个过程需要重复两轮调研，因为项目经理本人的背景和商业经验也有一个循序渐进的学习过程。项目的需求和项目产生的影响可能是同样的业务部门，也可能是不同的业务部门，项目经理调研的重点应该是和项目MOV直接相关的需求，这些需求一般也是项目利益相关人优先考虑的内容。

项目管理经典的商业需求分析工具是WBS（Work Breakdown Structure）——工作分解结构，项目经理对整个项目涉及的方方面面进行分组，创造出一个类似于组织结构图的图表方案来描述项目范围的大纲，然后交由产品经理对每一个方案和模块单独讨论并且写出该模块的产品需求文件。在实际操作过程中，一个很有效的方法是场景假设：假设项目已经完成，倒推整个业务流程的每一个步骤从而得出缺失的信息或者过于自信的前提假设。例如，假设银行要开发一个新产品用以获取资管方面的机构客户，相对于单刀直入地询问部门主管对该项目的需求大纲，也许可以试试假设这个项目已经完成，那么使用场景和工作流程是怎样实现的，客户端和产品的互动和银行内部各部门有何区别，不同场景下需要的数据来源于哪里，这些问题是部门主管每天都在处理而且非常熟悉的领域。

WBS 工作分解结构的方法和优点

WBS工作分解结构，顾名思义就是把工作按照一定的组织方式细分的过程，这是项目管理一个经典的工具，是项目初期制定进度，计算资源需求从而得出项目周期计划表的重要基础。WBS结构中最重要的两个基本概念是

---

① IT 项目管理 P135。

任务和工作包；任务描述了工作细分的具体信息，决定了整个商业需求的组织结构，工作包是最小的可执行任务并且能够直接分配到人产生可交付的结果。WBS结构能够帮助项目经理有效地制定商业需求的收集和理解过程，生成具体的工作包从而得出该项目商业需求的范围和需要的资源，为制定整个项目的项目计划打下坚实的基础。

对于金融科技项目来说，WBS工作方法的主要优点是能够让项目经理在并不完全熟悉商业流程的前提下，通过不断对复杂金融工作流程进行降解分析，逐步推导出项目需求的收集方式和流程，从而制定出"谁需要多少时间完成什么任务"这样的甘特图，最终设计出整个项目的商业需求收集和分析计划。在具体实践中，使用WBS工具较为显著的优点如下：

• 能够通过降解商业流程，迅速识别理顺整个流程中不同步骤的先后顺序以及这些步骤的实际商业用户。

• 能够通过整理实际商业用户得出业务需求的实际对象，这些对象人群就是收集业务需求的被采访对象。

• 能够通过分解技术架构了解本项目对技术系统和数据的需求，从而进一步确定技术部门和技术专家，这些人群就是技术需求的被采访对象。

• 能够通过整理商业用户和技术部门的组织架构得出项目的利益相关人和相关的企业高管，这些人群就是需要项目经理逐个采访收集高管层对项目的需求和远景规划。

• 能够系统性地制定并且给项目团队分配业务需求分析工作包，这些工作包能够在预期的时间内完成而且具有可交付的结果。这样标准化的工作方式同时也能确保每项任务都有相应完整的工作包，一般包括：识别采访对象，确定该项业务需求的收集方式，业务需求文档的生成，业务需求文档的分析整理和汇总，采访对象对业务需求文档的确认，与该项业务需求相关的技术文档等内容。

• 能够帮助辨认不同业务需求之间的相互关系，如果互相独立则可以考虑分配给不同团队成员同时推进，如果互相关联则需要确定业务需求收集的优先级和具体任务的细致程度。

WBS结构决定了每个工作包简明扼要，不需要详细列出实际的商业和技术规范。这些具体规范是下一步的工作，但是项目经理已经可以根据WBS清晰地了解商业和技术规范文档的工作量和大致所需的时间，从而进一步推导出开发团队的规模和所需的技能等关键项目信息。

使用WBS需要注意的一个要点是区分"开心路径"（Happy Path）和"完整描述"（Complete Picture）。"开心路径"通常是默认的商业流程路径，一般来说是用户（或者数据）按照默认路径完成整个商业流程，而且没有任何系统错误，这样基本的路径对于理解商业需求的大致范围非常有帮助，但却不是完整全面的。"完整描述"一般会比较详细地列出默认和所有可能的商业流程路径，包括系统出错的情况等。在收集金融科技项目商业需求的时候，一般可以从"开心路径"开始，最终的商业流程规范文档应该是"完整描述"。

对于金融服务行业来说，一对一的访谈式需求分析虽然耗时较长，但仍然是最直接、最有效的方式，尤其是在项目计划制订的早期，项目经理应该尽量创造宽松的环境让主要的项目利益相关人能够对项目的核心需求以及期待的核心目标畅所欲言。一对一的访谈同时能够要求被采访对象作出实时的回答，直达客户需求的痛点和亟待解决问题的顽症，而不是思前想后受制于公司内部的组织架构和人际关系考量。访谈结束以后，项目经理应该能够在当天迅速记录访谈内容并且整理成电子邮件发给采访对象作为电子文档从而确认需求的重点，这些邮件会成为项目范围的主要内容来源。群组讨论访谈也是需求分析经常采用的方式，有时候也称为焦点小组会议。群组讨论的优点是讨论流程比较高效，缺点是对于需求论证的结果取决于群组成员的专业背景和资历。因此，确保相关领域的专家能够参与讨论是群组讨论是否有效的重要保障。群组讨论在很多时候也会演变成头脑风暴，尤其是当群组成员都是项目的实际参与者或者利益相关人，而他们之间的资历背景和公司级别

相近的时候，头脑风暴是一种颇为有效的需求分析方法（见表3-2）。

表 3-2　　　　　　　　　　　　商业需求收集方式比较

业务需求收集方式	实时	耗时	环境	要点
头脑风暴会议	实时	较长	公开	参与者可以对业务需求的期待、想法、建议、批评、害怕、担忧等畅所欲言；项目经理能够获得较为完整的业务需求要点；项目团队能够在项目初期识别主要和次要的业务痛点和项目风险
一对一单独采访	实时	较长	不公开	深入详细了解业务需求；项目经理需要事先制定议程并且作详细记录；通常对项目利益相关人比较适用
文档分析	延时	灵活	公开	分析现有的商业需求文档或者类似项目的商业需求文档
清单列表	延时	较短	不公开	根据已知信息制定清单选项，从而了解商业需求的重点和优先级
Delphi方法	实时	较长	不公开	匿名头脑风暴，能够有效获得用户真实想法，避免权威用户主导商业需求
焦点小组	实时	较长	公开	针对特定商业需求的逻辑论证或者详细讨论
问卷调查	延时	灵活	公开	针对大量用户行之有效的商业需求收集方式

随着需求分析的深入，项目经理积累的会议记录逐渐增加，对于整个项目的战略全貌逐渐了解并且掌握，下一步就是确定与之对应的目标和能够交付的最终成果——项目计划。

如何建立完整可行的金融科技项目计划

完美的项目计划并不能保证项目的成功，但成功的项目一开始都会对最终目标有清晰的认知，包括这个项目的来龙去脉，项目利益相关人的期望，项目团队希望达到的目的，完成以后获得怎样的结果，这个项目需要解决什么问题，解决这些问题需要什么样的知识和技术等。项目的目标是根据用户需求分析推导出整个项目要达到的具体目的，这些目标一般都是基于项目最终成果的某些或者全部特性，而且是看得见、摸得着的，其效果是能够衡量的。项目的范围界定了做什么和不做什么，项目的需求确定了要解决的问题，项目的目标则锁定了最终成果。

经典的项目计划框架都是从项目团队的选定和建立开始的。在金融科技项目的初期，项目经理面对的项目团队问题通常会包括团队管理结构和团队的合作结构两个层面，由于项目团队的成员可能来自不同部门，拥有不同的技能和背景，在项目计划中应该明确项目团队的运作方式和内外合作流程。管理结构一般分为平面化的直接管理和小组式的间接管理两种，平面化的直接管理需要项目经理直接和每一位团队成员沟通打交道，但优点是能够掌握直接信息，如果团队成员较少而且都在同一个办公地点，这样的管理结构简洁高效。不过，如果团队成员较多而且分布在不同的办公地点，小组式的间接管理方案会比较合理，项目经理可以通过和每个组长沟通确定任务、了解进展。如果项目团队采用敏捷开发，那么基本可以确定采用小组式的间接管理结构，因为通常项目经理会和每个小组的专家沟通（如Scrum Master，很多时候称为敏捷专家）[①]。对于金融科技项目来说，很多时候项目团队包括内部开发人员和外包开发团队，原因是金融企业如传统银行并不一定掌握项目需要的技术，同时也未必需要掌握每一项先进的技术，外包的开发团队可以在短时间内有效填补金融企业在相关技术方面的空白，这就需要项目经理在项目计划中明确项目团队的合作机制——完全内部的开发团队主要关注点在于跨部门的合作流程，包括外包的开发团队主要关注点就需要明确内部和外部团队的合作沟通流程，由于牵涉供应商管理，这样的合作机制通常需要项目利益相关人和企业的相关管理层人员及法务部门审阅确认。

项目计划的下一步是分析识别并且发现项目的基础设施。金融科技项目的基础设施已经远不只是传统意义上的服务器和企业网络，基础设施的概念

---

① 敏捷开发流程在第五章会详细讨论。

本身也在不断更新变革。基建即服务是目前流行的基础设施架构，云计算作为基建平台不但能够降低单位服务器40%~50%的运营成本，还能够大幅提升项目启动的速度。[①]项目经理在项目计划中需要标明基础设施的边界、企业的内部服务器、企业的内部数据中心、企业的私有云基础架构和公共的云架构在项目未来的开发，测试和运行过程中都会带来不同的安装操作标准和响应速度。在中国最重要的公共云服务供应商就是阿里云了。

---| **阿里云疑似宕机故障 传多家互联网公司 APP 网站瘫痪** |---

2019年3月3日凌晨，阿里云疑似出现大规模故障情况。相当多的互联网应用、网站陷入瘫痪，众多程序员和运营、运维专员都不得不从被窝里爬起来去公司干活了。有网友称，疑似阿里云华北2部分机器故障，怀疑是磁盘问题，部分硬盘无法访问，凡是会读写故障盘的系统软件或服务程序，都会受到影响……[②]

作为企业级项目开发必不可少的基础设施，大量开源软件的使用和在线源程序存储的应用也应该标识清晰。在项目初期，项目经理也许不能了解确认完整的开发环境和开源软件的使用情况，但随着项目计划的建立，开发团队应该提供项目所需的软件环境清单，能够与后勤法务等相关部门协调预算，更重要的是确定新系统的技术框架和软件标准，这样才能确保未来开发流程的兼容顺畅。

下一步是初步分析目标产品的特征和性能。对于产品驱动的金融科技项目，项目经理需要和开发团队合作（如架构师）对可交付物进行降解分析，哪些部分是项目完成时交付给客户的事项，哪些部分是上线的模块，哪些部分是中间产品，哪些部分是系统应用接口。这些描述决定了产品的

---

① Leaders and laggards in enterprise cloud infrastructure adoption，麦肯锡 2016 年 10 月。

② http://tech.sina.com.cn/it/2019-03-03/doc-ihsxncvf9292124.shtml.

层次结构和开发逻辑过程，层次越细逻辑越强，产品的组件结构越清晰，项目经理越能够帮助开发团队创建任务和开发流程。这样的分析过程同时也帮助开发团队确立有效的开发方法，例如，当开发团队对商业需求了解得非常详细而且有足够把握能够在项目初期创建技术规范，那么瀑布式的开发流程是合理有效的。无论采取怎样的开发方法或者产品结构，项目经理仍然需要在每一个生成可交付物的关键里程碑阶段和项目利益相关人沟通确认产品符合项目的MOV，这个循环的过程有利于反复验证产品设计的准确性和完整性。

当开发任务逐渐清晰，项目经理就需要对每一个事项和活动进行估算，同时开始记录任务所需的资源和技能并且具体落实到团队成员。项目计划中必不可少的要素是项目路线图和进程表。根据任务的优先级和任务之间互相约束的关系，项目经理开始分配任务保证可用的人员和系统资源能够立刻开始工作。这时候也许应该同时考虑设计项目路线图和项目进程表，一方面能够对项目的起始和终点有一个大致的判断；另一方面也可以推导出项目不同阶段的逻辑顺序和资源配置情况，在项目计划书里面这只是一个大致的框架和概览，具体如何推进项目的进展将会在第四章详细讨论。

最后是生成文档并且发布项目计划。项目计划从管理的角度来看是项目团队对管理层和项目利益相关人的一种承诺，同时也是管理层和项目利益相关人对项目团队开始工作的认可。因此，一般项目经理需要和各方利益相关人反复沟通，明确开发的事项和风险，根据反馈意见作出相应调整以后再发布项目计划。

┤ 美国证监会的小盘股报价幅度变化试点（Tick Size）项目计划 ├

美国证监会SEC在2017年要求各大交易所共同试点扩大小盘股的股价变化幅度是否有助于提高市场流动性的项目，简称Tick Size Pilot。试点对象是市值低于30亿美元，当前收盘价至少有2美元，日均交易量低于100万股的美国上市股票。测试方法是将这些股票设定为四种不同的报价和交易机制——第一组每次报价的波动幅度为5美分，但交易价格的幅度变化仍然为1美分，第二组每次报价的波动幅度和交易价格的波动幅度都为5美分，但有额外限制（实际操作的法规要求更复杂，这里简化了），第三组每次报价的波动幅度和交易价格的波动幅度也都是5美分，但基本没有额外限制（实际操作的法规也很复杂，这里简化了），第四组的报价和交易波动幅度和现在一样都为1美分。

根据各大交易所交付的项目计划，美国证监会编制了整个Tick Size Pilot项目的计划，并且将此项目计划公布在官网上，项目计划的具体结构如下：[①]

- 前言
- 定义——包括所有与该项目有关的法律法规、专有名词、特殊称谓和简称的定义
- 有关机构——包括所有与该项目有关的监管机构和商业机构（美国的12家持牌交易所）的名称地址等
- 项目修订——包括项目的修改方式，与该项目相关的运营委员会等
- 政策法规和流程——包括项目的核心内容和对各交易所的要求
- 试点证券的标识——包括如何选择试点证券的具体量化指标和所依据的相关法规，实际操作和监控方法，与此项目相关的市场数据必须公开发布的流程
- 试点证券的分组——四个分组的具体描述和对机构及散户的交易方式，下单格式等细致的项目范围描述和具体案例分析解释
- 数据收集要求——监管方数据收集的范围、频率、敏感商业数据的收集方式和要求
- 试点项目的评估——包括评估方式、评估时间等

---

① https://www.sec.gov/rules/sro/nms/2015/34-74892-exa.pdf.

• 所有交易所代表的签名

• 附录——更加详细的范围和操作方式描述

金融科技项目是否需要预算管理

经典项目管理理论强调项目开始之前的成本估算，包括粗略项目事项和预算估计。"预算管理是项目计划的功能之一，包括项目团队需要执行的任务、需要的工时、任务的先后次序和所需资源。一般来说，这些资源是有成本的，在项目计划中这些任务和活动的成本列表应该是项目总预算的组成部分"。[①]这样的过程就需要列表描述进行设计、开发、测试、安装的实际所需的特殊工具、设备或者软件等所有要求。对于金融科技项目来说，收集这些信息不但费时费力，而且很可能无法根据项目的变化而不断更改，从而导致预算本身过时失效，或者更糟糕的情况是削减项目功能，甚至不断人为修改项目进程参数从而确保"项目开支在预算之内"。尤其是面对采用敏捷开发的项目团队，这样的预算过程"简直是一种财务工程游戏，无效但却需要项目经理95%的时间"[②]，金融科技项目是否需要预算管理是业界争论的话题之一。

• 关键不是成本，而是价值。确切地说，是计划中期望完成的任务是否在确定的时间内完成，而且结果令人满意，符合项目发展的要求。这是一种项目管理文化的改变，需要项目经理和团队成员之间互相信任、高度协作。项目经理并不是通过预先设定的成本数据去约束每一个项目任务，而是根据完成的结果衡量任务产生的价值，衡量的指标来自产出的价值而不是投入的成本，因此这样的管理方式也更加符合敏捷开发的原则。

• 粗略估算以后需要不断迭代更新估算。项目开始初期生成一个"有根

[①] Information Technology Project Management – Jack Marchewka.

[②] Agile Project Management – Jim Highsmith.

据的猜测"是可以接受，而且是值得鼓励的，至少说明项目团队对大致框架有所理解，虽然这样的预算一定不精确。随着粗略的计划不断细化，项目的任务不断清晰，项目经理需要不断和团队沟通，更新原有的猜测，增加新的估算，进行迭代式的预算更新。这样的预算更新一方面可以及时体现项目的进展（或者问题），另一方面可以说明项目已经产生的价值，能够让管理层和项目利益相关人及时作出必要的调整。

• 坚持项目预算的透明度。如果项目团队和企业管理层都不希望看到任何"意外"，那么最基本的一点就是对项目的任务和资源使用做到彼此透明，完全可见。计划中的项目任务可见度对于内部团队来说也许不是特别困难，一般加强沟通彼此信任即可，但对于外包或者远程支持的外部供应商来说，这样的透明度并不容易，需要项目经理和外部供应商坦诚交流，强调解决问题的及时性而不是拖延隐藏。

• 识别和评估预算增加的风险。有经验的项目经理一般会在初期粗略估算的基础上增加20%~50%的额外预算用来防范预算超支的风险。在项目进行过程中，仍然需要不断识别可能对项目预算总量产生影响的任务和资源，并且对其进行评估。评估的有效程度取决于项目团队的经验和技术能力，以及项目所处阶段的不确定性。

• 付账的同时要评审预算使用情况和剩余情况。每一次付账，无论是内部结算还是外部支出，都是评审预算使用情况的重要时间点——是否有任何特别因素导致开支急剧上升？合作方之间开支不均衡是否符合项目计划预期，还是由于其他原因？预算的剩余量是否能够支持项目完成？根据这些问题的答案调整项目计划，最终目的都是能够按时按质交付项目成果，这也是所有和项目预算有关的唯一要求。

创建金融科技项目计划的必备工具

• Ganntt Chart——甘特图

也许这是所有项目经理最熟悉的工具了。甘特图是一种典型的工作计划进度图，通过描述任务列表、时间刻度和执行人员的关系，并且以线段图形的方式标出，让项目经理能够直观地知道组成项目的具体任务，哪些任务在什么时间段要做，不同任务和执行人员之间的相互依赖关系及先后顺序。甘特图作为经典项目管理工具，能够突出生产管理中最重要的因素——时间，包括任务的起始时间，任务所需的工时，执行人员在不同时间所需完成的各项不同任务等。对于金融科技项目来说，甘特图有助于理解项目（或者系统）的复杂程度，描述完成项目的关键路径，增强管理层对项目完成的信心。大量金融企业都会有阶段性的业绩要求，如美国的上市公司必须要披露季度报表。管理层在积极推进大型项目的同时也要求项目经理能够提供比较"靠谱"的项目进度估算，这也正是甘特图作为项目管理工具的重要特点，虽然这样的进度估算不得不根据项目团队的实际进程进行更新，毕竟这样的列表有助于整理思路为管理层提供比较符合实际的项目时间框架。但是甘特图也具有相当的局限性，最重要的就是金融科技项目的可塑性很强，一般来说项目团队不得不在项目推进过程中根据对商业需求的理解不断加深对任务、工时和人员配置作出修正，从而导致甘特图一方面在不断细致化的过程中复杂无比，失去图形的直观性，另一方面各项任务的完成时间不断变化，导致不同版本的甘特图同时在管理团队中流通从而使甘特图的可信度降低。

近年来，随着金融科技项目规模的扩大和复杂程度的上升，项目的设计和管理过程中产生大量数据。金融科技项目的利益相关人和企业的管理层面对大量信息和多个大型项目产生的数据面临不小的管理挑战，其中一个难点就是如何在迅速理解复杂的商业需求条件下同时对最佳项目方案和项目计划作出判断和决策。数据图表化就是项目经理通过对项目的商业需求和技术规范不断研究理解以后用图形的方式向管理层演示系统功能和数据流向的意义及重要性的过程。[①]除甘特图以外，这一趋势也催生了大量新型软件将项目数据转换成图表，在美国项目图表化软件以每年9%的速度增长已经是一个

① Visualizing Complexity – Kevin Coleman 2017.

年销售总额70亿美元的新兴市场。

• RACI职责模型

RACI职责模型作为项目计划中的必备工具主要用来定义项目相关人员的角色和责任，让项目经理能够根据不同角色具体划分职责，从而推导出不同项目成员的相关任务。RACI模型的名称来自项目任务的四个不同职责英文首字母，分别是：

○ R=Responsible　执行人，负责执行并且完成任务。

○ A=Accountable　负责人，确认任务的内容并且能够批准同意任务完成结果。

○ C=Consulted　咨询人，拥有任务的实施过程或者方式所需的必要意见。

○ I=Informed　告知人，需要了解任务开始执行以及任务结果。

在金融科技项目中经常会出现商业需求的来源和最终用户不一致的情况，例如，银行的内部产品设计人员为特定零售商家设计出新款信用卡读取流程，信用卡数据格式来源于信用卡供应商，但最终用户是零售商家。在建立商业计划的过程中，项目经理需要针对同一件任务设计不同的子任务，而RACI模型能够帮助项目经理根据不同职责识别不同子任务的具体执行人。回到上面的例子，读取信用卡信息的任务至少需要三个子任务，分别是读取数据的模块由银行产品开发团队执行，确认数据的模块分别由银行的商业分析师和零售商家的商业分析师负责确认数据格式和传输结果。

• MoSCoW（莫斯科）优先级排序工具

这又是一个来源于四个英文首字母缩写的项目计划和管理工具。上面提到的金融科技项目中识别关键路径是项目计划中的关键环节，而识别关键路径的重要方法就是了解在每一个环节中不同任务的优先级，通过排序识别关键用户、关键节点、关键路径和关键任务。

○ M = Must Have　必须有的功能和必须做的任务，如果不能完成，那么整个产品或者系统无法使用。显然这些任务是关键路径上的关键环节，应该优先完成。

○ S = Should Have   应该有的功能和应该做的任务，一般指商业需求中明确要求的功能也许有不只一种实现方式，优先级较低。这类任务可能也是关键路径上的任务，但通常不需要立刻确认。

○ C = Could Have   可以有的功能，可以和本项目一起完成的任务。这些功能通常不是关键路径上的，优先级更低，即使不能完成也不会成为项目完成的障碍或者导致无法运营。通常这类任务是为了提高用户体验或者满意度，而不是核心商业需求。

○ W = Won't Have   最低优先级的任务，明确表示不会有。显然既不是关键路径，也不是核心需求的任务，单独列出来的原因是告诉项目的利益相关人这些功能不在该项目范围之内。

· 用斐波那契数列作为估算标尺

人们对事物的估算能力取决于熟悉程度。如果对问题的复杂度和关联性比较熟悉或者有类似的经验，那么一般对解决问题所需的时间和资源的估算也比较准确。例如，我们对从家里到每天经过的星巴克的时间是非常熟悉的，如果今天在星巴克隔壁新开了一家西饼屋，那么根据经验我们能够比较准确地估算出到西饼屋所需的时间。因此我们对未知事物的估算和推断来自我们的认知和经验，这些认知和经验就成为参照物体系。[1]在项目计划中比较流行的参照物体系逻辑是斐波那契数列（1，1，2，3，5，8，13，21…从第三项开始，每一项都等于前两项之和），用斐波那契数列估算任务所需的时间比较有效，因为随着数值不断上升，其中的间隔也越来越大。也就是说，用已知任务作为参照物（第一个数值"1"），随着任务复杂度增加或者预计所需时间增加，估算的准确性开始降低。在项目计划中，可以尝试用斐波那契数列的顺序作为逻辑参照体系，一方面能够量化未知任务所需的时间；另一方面也可以提前发现重点和难点从而作出相应准备，例如，在下一个时间盒周期中增加问题分析和专家讨论的任务，从而把大型未知任务降解

---

① Agile Estimating and Planning – Mike Cohn.

为一系列小型但估算相对准确的任务集群。

●项目计划清单

一份详细的项目计划应该能够让项目经理和管理层对项目范围有比较清晰的理解，认可这份计划和项目MOV的一致性，支持项目完成对企业的核心价值。

○项目的名字、宗旨、愿景和目的。这些原则性的内容是项目计划的基本要素，描述了项目基本内容和希望实现的价值。有时候，金融科技项目的名字会以英文缩写的方式组成一个容易识别的单词，非常巧妙地让企业高管记住这个项目的内涵。项目宗旨和愿景的描述应该保持一致，项目计划作为项目描述的正确和唯一来源，有助于内部和外部的沟通协调。

○项目的核心角色和职责，包括项目利益相关人、项目发起人、项目经理本人和项目管理委员会的成员，还有项目团队成员。如果项目涉及外包，需要确认外包团队的主要联系人和主要经理人。区别用户和客户——项目交付产品的使用者是用户，但产品的价值体现很大程度上来自客户的反馈。例如，为券商开发新一代的股票交易手机应用APP，最终用户是下载安装APP的使用人，但客户是券商公司，产品开发的价值取决于券商公司作为客户的反馈。

○可衡量的商业价值MOV。清晰、明确、简单易懂可以操作的MOV应该作为项目计划的基石指导项目的开发和推进过程。

○项目预算，可以是根据目前的认知和掌握的信息的粗略估算，也可以是第一阶段的项目预算以及以后项目预算的推导方式。

○项目范围和时间表。虽然在项目计划制订初期，项目范围和时间表未必确定而且也无法做到足够详细，但是作为项目计划的一部分，大致的项目启动和完成的时间及所涉及的系统和开发的产品描述，不但有助于项目利益相关人理解项目涵盖的内容，也是组建项目团队和组合技术能力的依据。

○项目的质量，风险控制和监管的原则要求。质量要求的原则取决于产品的MOV，风险控制可能是基于一定程度的假设和猜测，但风险控制框架体系的建立有助于项目团队在设计开发任务的同时设计风控和检测任务，监管和法务的原则要求能够确保项目在启动初期就符合相关法规，从而降低项目后期的合规风险和与之相关的修改所产生的机会成本。

---| **美国纽约证券交易所 Pillar 项目计划** |---

作为全球最大的股票交易所，美国纽约证券交易所在2015年宣布启动Pillar项目，并且将逐渐迁移旗下的所有交易市场至这个新的交易技术平台，扩充交易容量，促进新产品的推出，同时满足订单处理机制和风险管理不断提高的要求。根据监管要求，同时为了与市场参与者合作，纽交所将Pillar项目计划和商业规范细则公开发布在其官网（https://www.nyse.com/pillar）上，其主要内容涵盖了类似金融科技项目计划的所有核心要素。

• 项目介绍和主要目的

NYSE Pillar is our new integrated trading technology platform that will enable you to connect to all of our equities and options markets using a single specification. NYSE Pillar was designed to reduce complexity, while enhancing consistency, performance and resiliency.

定义了Pillar是纽交所新一代的交易技术平台，能够让客户使用同样的技术规范连接进入纽交所旗下的股票和期权市场。Pillar系统的设计初衷就是降低交易的复杂性，同时增强系统的一致性、系统表现和抗压弹性。整个阐述简单明了，但强调了客户需求，同时间接强调了一系列系统表现指标，说明项目的MOV和外部市场有关，技术指标很可能是重要的衡量标准。

• 项目阶段和完成情况

On July 24, 2017, NYSE American successfully launched a new market model on the NYSE Pillar platform. On August 21, 2017, NYSE Arca introduced new NYSE Pillar gateways, marking the harmonization of NYSE American and NYSE Arca technology platforms. On May 21, 2018, NYSE National（the former National Stock Exchange）reopened on the Pillar Platform.

一系列系统上线日期显示项目进行得有条不紊而且推进相当迅速。2017年

7月24日，纽交所的美国市场（美国板）成功上线Pillar系统，仅仅一个月以后的8月21日，纽交所的ARCA基金交易市场成功上线Pillar系统并且更新了网关系统，从而使美国市场和ARCA市场和谐相连。2018年5月21日，纽交所的全国市场（全国板，即原来的全国交易所，后被纽交所收购）直接在Pillar平台上重新启动开始交易。强调项目已经达到的里程碑日期，说明项目团队一方面对项目推进信心十足；另一方面向市场参与者暗示要参与测试确保系统的匹配性，同时还能够以官网发布的市场上线日期满足监管需求。

- 项目的核心价值

Once completely rolled out，the NYSE Pillar platform will enable you to connect to each of our markets – NYSE，NYSE American，NYSE Arca，NYSE Arca Options，NYSE American Options，NYSE National，Global OTC and NYSE Bonds – using a single specification and will include new gateways and matching engines.

当整个项目完成，客户将能够在纽交所的Pillar平台上用同样的技术规范同时连接进入纽交所旗下的所有市场交易——包括纽约证券交易所、纽约美国交易所、纽约ARCA基金交易所、纽约ARCA期权交易所、纽约美国期权交易所、纽约全国交易所、全球OTC交易所和纽约债券交易所——这些交易平台都会拥有新一代的系统网关和交易引擎。

再一次强调技术规范的统一性，并且列出纽交所旗下交易平台，一方面间接暗示了降低不同市场之间交易复杂性的重要性；另一方面间接暗示了作为市场老大对这样庞大的项目投资执行的底气和社会责任。

- 项目的进度表

Timeline

1. NYSE American migrated to Pillar Technology　July 24，2017

2. NYSE Arca migrated to Pillar Technology　August 21，2017

3. NYSE introduces B and C Securities on Pillar Technology　April 25，2018

4. NYSE National migrated to Pillar Technology　May 21，2018

5. NYSE Tape A Certification Testing Begins　January 14，2019

6. NYSE migration to Pillar gateways   2Q 2019

7. NYSE Tape A Pillar Production Shadow Testing Begins   April 8，2019

8. NYSE Tape A Symbol Migration Begins   July 15，2019

大巧不工。最有效的项目进度表就是直接在官网上公布每个市场实际上线时间。可以推断项目团队肯定有更加详细的内部里程碑时间表，但是在官网上公布项目进度表仍然显得底气十足，唯一的顾虑是一旦需要推迟上线，项目团队将不得不在官网列出具体故障的原因和解决方案。

● Gateway Latency（9：30 a.m.—4：00 p.m.）4Q 2018

Exchange	Protocol	p01	p50	p90	p99
NYSE American*	Binary	726	732	737	747
NYSE American*	FIX	737	750	765	791
NYSE Arca	Binary	25	32	44	178
NYSE Arca	FIX	39	47	55	88
NYSE National	Binary	22	27	32	47
NYSE National	FIX	34	40	45	81

* 700μ consists of speed bump applied to each roundtrip from gateway through matching engine.

交易网关的网络延迟技术数据。尤其指出美国板拥有700毫秒人造网络减速带。

● 项目的技术规范文件

● 项目的合规文件和监管批文

● 项目团队的联系方式

其他必要的相关信息和文件也都在官网上一一列出，确保发布的项目计划的完整性。

第四章

从进度到进步
——如何推进金融科技项目

奥巴马健保上线失败

2010年3月23日时任美国总统奥巴马签署了著名的健保法案，以法律的形式保证所有美国公民都拥有医疗保险计划，在这个著名的"奥巴马健保法案"中，美国政府的卫生部（Department of Health and Human Services）必须在2013年10月1日启动健保法案网站healthcare.gov，这个网站是国家级的健康保险计划交易所，主要功能是让美国居民能够方便地比较各类不同健保计划的价格，个人是否符合联邦政府的要求并且在线上申请加入。

经过3年的开发和测试，healthcare.gov在2013年10月1日准时上线，问题随之而来。由于网站流量太高（平均每秒25万用户同时在线），开通两小时以后网站崩溃。不过流量不是唯一的问题，大量用户吐槽像下拉菜单选项等很多基本功能和设计都没有完成，整个网站根本不能用，用户开始怀疑整个开发项目是否真的完成……

与此同时，大量保险公司也发现并且向政府抱怨注册用户的数据没能准确、完整、及时地传输到各自的保险处理系统……在上线的第一天最终完成整个流程递交健保申请的用户总数是6个人！

在强大的民意压力之下，奥巴马政府不得不展开详细调查。调查结果让美国联邦政府颜面扫地——作为一个项目预算高达9 400万美元的政府金融科技项目，美国卫生部作为主要项目管理部门竟然没有类似的金融科技项目管理经验，重要技术岗位长期空缺，主要项目管理团队经验不足，既不能有效预估该项目的工作量，也没有制订有效的产品功能开发计划，更没有积极主动跟进推动项目进展，大量时间都浪费在政府部门之间的官僚扯皮之中。最后，由于项目上线时间的最后期限已经制定，项目团队在重重压力之下竟然没有完成测试流程而同意网站上线！

经过大量的调查和技术故障排除以后，美国政府决定使用新的承包商（这一次硅谷的大型科技公司都积极参与投标），增加项目管理的投入。健保网站终于在当年12月底完成主要功能的开发测试并且重新上线，第一天同时在线人数高达120万人而且没有宕机（相比之下，阿里的整套电商交易平台在"双十一"期间每秒能处理17.18亿条用户请求[①]）。可是这时候法案规定的用户公开注册已经到期，奥巴马健保上线的法定预期目标无法完成，而项目的最终预算却达到17亿美元的天文数字！[②]

项目时间管理是项目经理永恒的挑战，是否能够按时完成项目，按照项目利益相关人的需求范围交付产品，最终成果是否达到了预期的目标，项目MOV是否增强了企业的竞争力，这些都是关系项目成败和项目经理职业生涯的核心要素。任何初级项目经理都知道制订项目计划、确定项目进度的重要性，不过问题是，一般把项目进度计划写下来总比完成每一个步骤推动项目进步容易得多。

经典的项目进度表

经典项目管理体系给出的项目时间管理概念就是确保项目按时完成所需的过程。根据这个过程，项目经理识别并且安排任务、分配资源、得出预计的工期、安排任务的先后次序、负责团队的互相协调。经过一系列的分析汇总之后，项目经理一般需要创建项目进度计划表，包括任务清单、里程碑清单和整个项目生命周期的时间跨度，然后向项目相关利益人汇报批准，项目团队开始运转。[③]

这样瀑布流式[④]的项目进度管理体系比较严格，一般来说也比较容易获得认可，在执行过程中通过使用一些基本的项目管理工具如Microsoft Project和管理技巧也能够不断推动项目团队执行任务，在预先估算的时间跨度里面完成项目，交出最终成果。

---

① 新华网，http://www.xinhuanet.com/tech/2018-11/13/c_1123707754.htm。

② 哈佛评论，https://rctom.hbs.org/submission/the-failed-launch-of-www-healthcare-gov/。

③ IT项目管理 P227。

④ 有关瀑布流和敏捷开发的话题会在第五章专门讨论。

如何设定金融科技项目的成功标准

项目经理面对大型复杂的项目，在和项目团队合作推动项目进展的时候都会面临一个两难困境——在项目初期项目经理既不了解项目的开发和技术环境，也无法预测可能会遇到的问题和"瓶颈"，但项目设计和管理很多重要的决策却都是在初期作出的；在项目后期项目经理已经对如何界定项目的成功标准明确理解，但这时候大部分工作都已经完成，留给项目经理作决策的选择余地却很有限。这是一个经典的项目成功标准悖论，"信息不足，决策依据有限；信息充足，决策选择有限"。

对金融科技项目而言，这个悖论的问题更加明显，项目经理面临的挑战是能够作出同时满足金融行业商业需求和项目技术要求的决策，项目的成功标准需要符合并且能够支持项目的MOV核心价值。金融科技项目的利益相关人包括内部和外部客户，项目的成功应该能够让这些客户受益，或者这些客户能够根据项目的结果创造商业价值；相反，如果一味追求项目建设本身的完美就不符合这样的原则，也无助于项目的最终成功完成。例如，在奥巴马健保计划项目中，按时完成项目看上去是成功标准的重点，但事实上美国卫生部的最终目标是美国居民能够登录使用健保计划的网站并且完成注册过程。因此，项目的成功标准重点是网站用户的具体流程和使用体验，而不是按时满足不同政府部门的书面要求。

感知即现实（Perception is Reality）是金融行业的一句行话，意思是客户的感知决定了现实的结果，其实是暗示了用户体验对项目成功的重要性。金融科技产品具有很大的可塑性，对于同样的商业需求可能有不同的解决方案，但不同的解决方案之间给用户带来的体验可能不同。项目的成功标准应该包括如何衡量不同解决方案给产品的最终用户带来的不同体验之间的区别，这样的产品是能够提高用户"感知"程度的。金融科技项目的客户无论是内部客户还是外部客户，对服务和技术支持的满意程度也都有相当高的要求。在推进项目过程中，项目经理应该充分考虑解决方案所要求的客户服务和技术支持条件，鼓励熟悉客户流程的商业分析师和拥有技术能力的开发人员充分合作，尽早通过产品原型或者早期模型与客户交流，了解客户对项目成功标准的直观看法，从而不断提高项目决策的精准度。[①]

可是问题来了，完美执行项目进度表里面每一个任务，即使在预先估算的时间跨度里面，都能够实现项目预设的MOV确保项目成功吗？对于金融科技项目，也许我们应该换一个思路，怎样推动项目不断进步，而不是仅仅简单完成进度表中的每一个步骤。

从进度到进步的动态项目状态报告

进度（Schedule）和进步（Progress）是两个有关但不同的概念，进度的定义是在预设的时间范围内完成预设的任务，进步需要考察项目的进展是否不断缩小当前状态和目标状态的距离。对于任何金融科技项目来说，在项目进度表创建的那一刻，考察项目状态是否进步的过程就开始了。

与其他行业不同，金融产品或者服务具有自身的特点，如精确性（Accuracy）、时效性（Timeliness）和不可逆性（Irreversibility）。金融科技项目的最终成果无论是一个面向最终用户的应用，还是一个内部监管系统，都会在某一程度上体现这些行业的特点。首先需要建立一个金融科技项目状态报告的系统，能够及时、完整、准确地提供当前的项目状态，能够方便快捷地为项目经理和项目利益相关人服务，但同时不会增加太多额外的管理成本。关键是这个系统还能够报告当前项目面临的问题，这样项目经理能够在问题出现的早期就开始分析解决。

●第一个问题是项目状态报告所需的信息收集和报告频率。项目计划中列出的任务和估算的时间是静态的，项目状态报告的信息应该是当前的，随

[①]　https://www.pmi.org/learning/library/revisiting-definition-project-success-6320.

着信息报告的增加，项目任务的描述和估算的时间逐渐动态化。哪些任务已经完成，哪些任务是当前项目团队的工作重点，哪些任务亟待细化分析，这是最基本的信息，也是最基本的项目状态报告元数据点。有些任务或者模块持续的时间较长，甚至从项目的启动就开始了，对这些任务需要收集当前状态和累积状态。任务集的RAG状态更新，RAG是英文单词"Red，Amber，Green"的简称，用这样过于简单的方式描述每一个任务集目前的状态能够快速概览项目全貌。如果任务进展一切顺利，那么用一个绿色的标签；如果任务已经开始产生延期完成或者复杂程度增加的状况，那么用一个橙色标签；如果任务已经超过计划工期和计划资源但仍然没有进展，那么用一个红色标签。项目经理如果面对的RAG状态报告显示某一个模块满屏都是红色标签，那么就是召开紧急会议，深入探讨该模块的问题或者团队成员表现的时候。问题汇总报告通常是项目经理比较感兴趣的内容，这个报告来自项目开发团队的管理人或者有经验的小组长，同时也来自上下游对接系统的主要负责人，有时候还包括最终用户的反馈，但内容一定是只谈问题——当前开发团队每个成员汇报面临的问题，上下游系统负责人沟通面临的问题，用户反馈中出现的问题；如果这个问题汇总报告只有寥寥几行，那么说明项目进展顺利；如果是长篇大论，那么项目经理需要深入调研了解。项目进展历史和预期报告集成了已经完成的任务和预期未来需要设计的模块及分配的任务集，这个报告能够提供较为完整的项目历史和目前项目团队对未来工作的预期，能够让项目经理有效地考量任务预期与实际完成之间的变更方差，提高未来估算的准确性和合理性。例如，如果外包团队在项目历史上完成任务的工时都会比原先预计所需的时间多一倍，也许以后类似的估算就需要增加一倍了；如果某个专家级开发人员被不同开发小组频繁调用，那么以后的计划就要考虑额外的等待时间，因为这个专家很有可能需要处理一些更紧急的任务。

• 项目状态报告的频率设定可以考虑两个基本原则：一是所有项目团队成员，包括外包团队，都认可这样的频率不会过于频繁；二是项目经理自己认可这样的频率能够提供足够的状态更新，能够帮助其获取足够的项目进展信息用以向企业管理层汇报。比较直接的方式是按照项目团队开发流程设定的时间盒确定项目状态报告时间点，在每一个开发周期结束的时候同时收集任务相关信息，如敏捷开发团队如果每一个冲刺（Sprint）周期是两周，那么项目状态报告是每两周冲刺完成的时候。根据设定的项目状态报告频率，项目经理可以考虑以同样或者更低的频率向企业管理层或者项目评审委员会这样的超级机构汇报项目进展情况，拥有实际数据支持的项目进展报告——无论项目是进步飞快还是停滞不前，有助于提高项目经理的可信度，同时获取企业管理层进一步的指示，从而作出相应的调整。如果项目状态报告是每两周，那么项目进展报告可以考虑每个月一次。

• 可交付物的特征库存报告和项目范围变更报告。仅仅描述任务的状态不仅比较抽象而且容易陷入既定思维，项目是否进步取决于当前的可交付物价值是否符合项目MOV，如果价值有限还有哪些重要的特征需要完成才能锁定项目MOV指明的核心价值，这就需要整理收集可交付物的特征库存报告和项目范围的变更情况。首先，既定的项目计划书里面会有原先设定的项目范围和与之对应的资源需求及工时需求，在项目推进的过程中客户或者项目团队会提出一系列的变更请求，增加、修改或者缩小原计划的产品特征（通常增加或者修改的可能性更大，而不是缩小），这些变更请求显示了项目范围的变化和与之对应的资源和工时的变化需求。通过不断追踪分析这些变更情况可以得出产品特征的库存，还有哪些特征需要交付，这些特征的优先级分别是什么，它们之间是否有先后互相依赖关系。这样的报告能够帮助项目经理判断未来项目的方向，并且估算出基本的资源需求和时间跨度。

证券交易系统毫无疑问需要准确、高速、稳定；客户管理系统当然需要能够实时更新；监管系统的数据流也许不需要实时但必须准确，否则企业将面临监管风险；面向零售客户的支付系统必须安全、简单易用，这些特性综合起来都是对金融产品和服务的要求，其中有些要求是行业准则，有些要求是监管需要，有些要求是客户经验的积累，但显然这些要求也是任何金融科技项目的需求。虽然这些需求可能和具体系统要执行的功能无关，但却能够直接导致项目的失败，正如同本章开始所述的美国欧巴马健保系统无法使用一样，给企业和项目的利益相关人造成严重损失。这些需求就是非功能性需求（Non-Functional Requirements），推动项目的进步就需要同时兼顾功能性需求和非功能性需求。

兼顾金融科技项目的非功能性需求

在项目计划的设计过程中，经过商业需求收集和分析，项目经理对整个项目的大致情况有所了解，项目计划中也详细描述了不同使用场景或者特定条件下整个系统的预计行为，这是功能性需求。金融科技项目的系统构架同时还会产生大量非功能性需求，而这些非功能性需求定义了系统是怎样表现的，这些需求一般和技术要求关系更加密切，但最终用户却未必了解其中的细节。对于项目经理来说，项目计划应该同时包括功能性的商业需求和非功能性的技术需求，开发团队在不断发布产品的功能性需求成果的同时，也能够推进非功能性需求的开发整合。

非功能性需求很多时候和系统的实际质量要素有关，举例如下：

（1）系统表现，包括日常的响应时间和峰值表现、压力测试等和系统性能有关的要求；

（2）灾难防护，备份、容量、存储等和系统运维有关的要求；

（3）合规、法务、审计、专利、知识产权等和法律有关的要求。

那么，除了非功能性需求，还有哪些重要因素影响项目进步呢？一般来说，在项目创建初期，项目经理对于计划内的任务理解相当明确，因为这些任务集合是完成项目的基本步骤，然而，事实上在项目推进的过程中会产生大量计划外的任务，这是让项目经理非常头疼的一件事。例如，一个重要的里程碑系统更新却在最后一刻叫停，因为在实际测试中发现需要和服务器运营商沟通提早（或者推迟）相关服务器操作系统的更新，这样的情况在创建项目进度计划的时候不但难以预测，而且会影响接下来的任务。在著名的运

维沙盘推演小说《凤凰计划》中有如下经典的桥段：[1]

---| **资源忙碌百分比** |---

等待时间取决于资源使用率。等待时间是忙碌时间百分比除以空闲时间百分比。也就是说，如果一个资源的忙碌时间是50%，那么它的空闲时间也是50%。等待时间就是50%除以50%，也就是1个单位时间。假设这个单位时间为1小时，则表示一个任务在处理前的排队等待时间是1小时。

如果一个资源90%的时间是忙碌的，等待时间就是90%除以10%，即9个小时。换言之，任务排队等待的时间，将是资源50%空闲时的9倍。

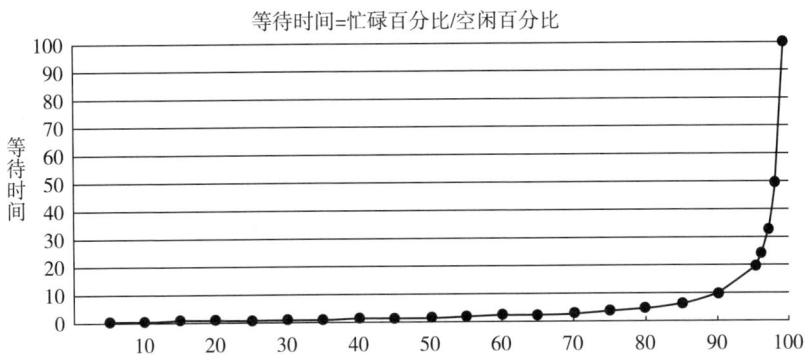

图 4-1　资源忙碌百分比

所见非所得

在实际操作过程中，还会碰到另一种情况影响金融科技项目的进步，简称为"所见非所得"。金融科技本身就是一项抽象的脑力工作，即使业务部门全心全意帮助项目团队创建了所有功能板块和业务流程，产品经理也的确都记录并且开发出产品细目，这也仅仅是业务部门相关项目团队人员自身对功能板块和业务流程的认知，每个人的认知都有所不同，每个人的理解方式

---

[1]　凤凰项目 P343。

不同会带来沟通方式和内容的不同。例如，一个经常发生的场景是业务部门的最终用户在看到里程碑产品演示以后表示虽然系统建设逻辑没问题，但和最终用户的一般使用习惯不符合。使用习惯是一个非常微妙但却能够直接拉远项目状态和MOV之间距离的问题，因为"所见"的只是个人认知，"所得"的却受制于开发条件，存在一定差距。

经典的项目进度计划只是很多单一任务的集合，面对复杂的金融科技项目，项目经理必须同时考虑非功能性需求，计划外的任务，同时控制"所见非所得"的情况，这些因素可以统称为项目成功的关键成功因素（Key Success Factors）。仔细研究这些因素能够有效地确保项目功能性任务完成的同时，每一个模块和每一个里程碑都让项目离最终成果更近了一步，每一个项目经理当然关心项目进度，但是优秀的项目经理更关心项目的整体进度。

辅助因素的认知

识别并且组织信息来源。在大型金融企业内部，组织架构复杂，信息渠道分散多变，作为金融科技项目的项目经理，在创建项目计划表期间，最重要的能力之一就是能够识别重要的信息来源，这些信息来源可能是项目团队也可能是其他部门如运维或者基建，甚至是销售和采购，或许这些信息目前根本不存在，但却对掌握项目状态和推进下一个里程碑至关重要。

一个优秀的项目经理能够考虑到如何获取这些信息，如何确认这些信息的价值，需要多少时间分析这些信息，如何将这些信息合理高效地送到项目开发团队手里并且作出相应对策。这些活动看起来抽象而且无法实际计算工期，但却有助于识别非功能性需求的主要环节，最终用户的偏好是否发生变化，项目所需的基建设施运维是否流畅等问题，有助于理解关键成功因素是否受到威胁。

识别并调整任务的依赖性和先决条件。在项目计划表里面，无论是用甘特图还是敏捷开发，都会出现不同任务之间的相互依赖排序问题，任务1必须先完成，任务2才能开始，开发人员张三只能先专注于任务1，而不能同时执行任务1到任务10，代码当然要先写出来才能被测试，等等。同样，这些对项目成功的关键因素也有依赖性，有些甚至是功能性任务的先决条件。例如，让项目团队组织开发人员和基建部门沟通了解操作系统的更新节奏就是每一个里程碑的先决条件，而且还能够和功能性开发任务并行。

计算关键路径。在项目计划表中，有一些任务是项目核心功能模块中的核心任务，这些任务连起来就是项目核心功能模块，完成这些任务就能够最早模拟出项目的核心流程，这个路径被称为关键路径（Critical Path）。关键路径的识别能够合理有效地分配专业资源，最大限度降低核心功能模块开发过程的不可预测性，如果关键路径上任务完成超时或者需要增加资源投入，项目经理能够很快作出反应。同样道理，与关键路径上的任务相关的辅助成功因素也应该排上日程，确保关键任务顺利按时完成。

增加缓冲。缓冲（Buffer）也是一个非常敏感的问题，因为在制订项目计划的时候，项目经理并不知道在缓冲工期内有哪些任务，甚至不知道在未来项目进展的过程中是否真的会用到缓冲。缓冲和休假任务（Vacation）不同，休假任务描述了具体的人力资源（一般是重要的不可替代的专业人员）按照预先同意的休假方案去度假的时间，有确切的人名、确切的起点和终点。缓冲是指完成任务可能需要的附加时间，仅仅是可能需要，没有确切的人名，但应该有确切的起点和终点。在实际操作过程中，尤其对于金融科技的大型项目，有时候需要对单个关键任务增加缓冲，有时候需要对里程碑增加缓冲，一般都会给整个项目的完成增加缓冲。缓冲的意义在于能够让项目经理有效地对冲由于估算不足产生的工期延误的风险。

估算项目持续时间，掌握项目推进力度

在多次的头脑风暴和一对一的访谈以后，项目经理也充分考虑了相关的关键成功因素，下一步就是根据项目所需的资源和任务的先后顺序，估算出项目完成需要的时间，毕竟在商言商，项目的利益相关人和项目团队都希望知道什么时候干什么，企业的高管层也希望知道什么时候项目能够完成。尤其对于金融科技项目，出于合规监管的需要，很多金融企业必须事先将项目方案向监管部门报备，其中也包括具体产品或者服务的上线时间，更多的情况是出于竞争和财报的考虑，企业高管需要提前和董事会甚至投资人直接沟通大型项目的启动和预期完成的时间。一方面可以让上下游企业做好相关准备；另一方面可以给投资人一个较为清晰的企业发展计划。

估算工期（Duration Estimation）是制订项目计划最重要的环节，怎样估算每一项任务所需的时间从而估算出整个项目完成所需要的时间，是每个项目经理都必须面对的挑战。先理顺一下几个相关但却不同的概念，单人人工量（Man Effort）、多人人工量（Men Effort）、工期（Duration）、日期（Date）。单人人工量指一个专业人员完成一个单项任务需要的时间；当某一项任务需要多人合作完成，项目经理既可以拆分该项任务然后分配给每一个专业人员从而得出单人人工量，也可以集合多人完成一个大任务直接得出多人人工量。工期则是完成一项或者一系列的任务所需的时间，既包括人工量，也包括不含人工量的任务（如休假任务），还包括缓冲，工期有时候也被称为日历工期（Calendar Duration），因为能非常直观地从日历上看出整个项目的进展情况。日期就是具体的某一天，可以是工作日也可能是周末，因为很多重要的系统更新必须在周末完成。

挑战随之而来，这些估算都是基于一个前提，即项目团队能够估计单项任务所需的时间和人力资源，万一项目团队无法估计或者给出过于悲观的估算，对于整个项目计划的制订都不是好消息。对于金融科技项目来说，一般有以下两种方法可以用来解决估算方面的问题。

金融科技项目工期估算过于悲观的解决方法

第一种方法是T恤衫方法。常识的解释就是如果对一个任务X不熟悉，无法估算，那么至少可以把这个任务和其他相关的任务互相比较；如果一个已知的任务经过项目团队讨论需要1周单人工作量，那么我们可以把1周定义为小号，2周定义为中号，3周定义为大号，4周以上定义为特大号。与这个已知任务相比较，任务X的人工量是小号、中号、大号还是特大号？这个讨论会更有意义，项目团队也能够作出相应的判断。

另一种方法是披萨店方法。常规的解释是假设制作一个披萨从揉面到烘烤需要1小时，我们不可能通过雇佣10个厨师把这个制作时间（工期）降低到6分钟。如果一个任务Y整个团队都不熟悉，无法估算，那么至少可以把任务Y的具体流程步骤分解，把抽象的任务转变为可以操作的小任务，然后再分配资源，重复几遍这样化整为零的分析一般有助于得出比较科学的估算，而不是简单通过增加人力资源的方法降低工期绝对值。

━━━━━━━━│ 众安保险的项目生命周期 │━━━━━━━━

中国第一家真正的互联网保险公司——众安保险，由蚂蚁金融、腾讯和平安集团等知名公司于 2013 年 11 月 6 日联合创立。迄今为止，众安已开发出 200 多种保险产品，为超过 5.5 亿客户服务。众安保险2017年9月在香港证券交易所IPO上市，当天市值超过110亿美元，是2017年度香港最大的IPO上市案。①

作为金融科技公司，众安保险针对互联网巨大的数据流量要求搭建了自己的保险核心业务系统，在2017年的"双十一"成功支持每秒3.2万笔记录的处理峰值，当天保单处理量达到3亿笔。最令人吃惊的是，众安保险的新产品上线实际最快速度是10天，这对于传统保险公司来讲是一件非常难以实现的目标。众安保险的整个工程师团队体系大约有1 500人，但从项目需求开始到开发再到测试和最后的发布，最快可以两周上线，甚至包括内部的备案和财务合作等。②

众安保险在项目管理方面的最佳实践包括：

- 选择使用云计算平台处理海量的数据从而满足互联网金融的商业需

━━━━━━━━━━━━━━

① https://en.wikipedia.org/wiki/ZhongAn；http://www.oliverwyman.cn/content/dam/oliver-wyman/asia-pacific/china/zh-cn/Publications/Technology_Drive_Value_Generation_in_Insurance_CN.pdf.

② "快！很快！非常快！"——众安保险上云经验谈，https://yq.aliyun.com/articles/603466。

求。项目开发团队专注产品的开发和测试，云计算（阿里云）供应商负责基建和维护。同时，项目团队和企业人事布局扁平化，大量的产品经理有自己负责的团队，提高协作效率的同时缩短产品上市所需的时间。

• 面对特殊场景如"双十一"这样的超大流量下所需要的产品特征，使用云计算平台的弹性架构，同时产品特征快速迭代交付，不同项目团队之间需要考虑的是怎样协作可以更加快速地交付产品。

• 保险行业的监管要求严格，众安保险把监管核心需求整合进了系统基建，其规模效应就体现在产品和项目的快速迭代发展，而不需要重复开发基本的监管方面的特征。根据众安保险公开披露的信息，目前的系统只用了5个月的时间就完成了符合监管要求的传统方式5年才能完成的"两地三中心"的备灾体系。

• 众安保险的项目开发生命周期如下：[①]

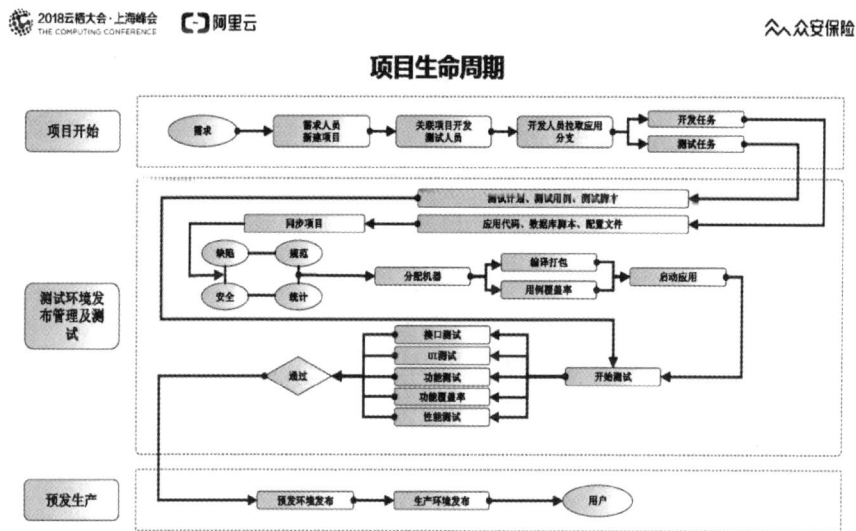

图4-2 众安保险项目开发生命周期

---

① 阿里云，https://yq.aliyun.com/articles/602764。

第五章

从瀑布到敏捷
——如何管理金融科技项目的开发流程

　　"金融科技公司具有独特的价值，已经在全球范围内建立了坚实的客户基础。根据我们的调研，全球50.2%的客户在银行、保险、支付或投资管理等金融服务行业至少使用一家非传统意义上的金融企业，在亚洲，这个比例高达58.5%。"[①]著名咨询公司凯捷在2017年全球金融科技报告中指出，我们正处于一个金融科技高速发展的时期，客户拥抱金融科技服务供应商，"很多传统银行业的高管虽然在一年前就谈到金融科技是巨大威胁和挑战，但他们觉得至少也需要三年时间才能看到金融科技业在全球范围内拿下重要市场份额……这一切都变化得太快了……也许金融科技公司还没有拿下更多的市场份额，但毫无疑问他们迅速发展填补着传统银行多年以来并不在意的很多细分市场空间。"

　　对于凯捷这份报告的解读，很多分析师指出，从实际商业的管理和运营来看，传统银行和金融企业受到来自新兴金融科技企业的挑战主要体现在两个方面，速度和"敏捷程度"。相对于传统银行，新兴的金融科技企业运转起来要快很多，灵活很多，对客户和市场的反应迅速及时。传统企业由于基建架构和陈旧的核心系统，在提高客户体验方面受到制约，如果要在这个变化的时代生存竞争，就必须变得更加"敏捷"。[②]

　　在金融科技开发的世界里，与敏捷相对的开发理念是"瀑布"。从20世纪中期开始，众多传统企业包括银行和金融企业的系统开发项目就是秉承项目周期模型SDLC，从策划、分析、设计到开发、测试，运维这样一个"瀑布"模型展开的。事实上，即便在今天，大量企业的项目流程依然遵循这样的模型，顺序分明，逻辑清晰；项目计划和任务分配明确，符合项目管理原则。

　　这样经典的系统开发模型在每一个步骤都要求产生具体的任务，在每一个阶段结束的时候也会留下大量的书面资料作为每一个里程碑的痕迹。瀑布

---

①　Capgemini World FinTech Report 2017.

②　How companies embrace Agile to meet the competition.

的流向向下，项目经理可以有效地检查任务完成情况和项目整体进度。对项目利益相关人来说，瀑布式项目开发流程的状态汇报一般也比较清晰，对项目的下一步走向也比较容易推导理解。瀑布式的开发过程本质上并没有逻辑缺陷，因此从20世纪70年代开始成为主流软件项目开发方式。由于这种线性顺次序的方式简单明了、管理方便，从严格意义上来说，瀑布式开发仍然是比较常见的项目开发周期方法。瀑布式开发的一个重要优点是，对项目开发周期的把控很严格，每一个里程碑的起始时间和完成时间都事先严格计划确定，可以有效地解决项目开发过程不断拖延的问题。由于瀑布式开发的每一个步骤都严格按计划实施，项目团队的成员能够很快通过阅读大量产品特性和实际需求文件明确各自的分工和需要完成的任务和工期长短。因此，整个开发过程的财务预算能够比较清晰准确，项目的产出和回报率一般能够通过计算得出，从而有效防止项目预算不足或超支风险。看上去一切都很完美，问题在于，金融科技行业变化太快，这里的项目拥有很大的不确定性，而瀑布式开发模型恰恰强调每一个步骤的确定性。

经典的瀑布式开发模型

自20世纪70年代以来，瀑布式开发模型作为主流的系统开发模型，按照软件开发周期（Software Development Life Cycle，SDLC）的逻辑顺序，强调开发过程必须遵循预先计划的需求、分析、设计、编程、测试的步骤顺序进行。这样的结构化开发模型中最重要的原则是，所有的需求包括商业需求和非功能性需求都必须在项目早期规范完成，开发团队和用户在项目初期交流商业需求，在开发完成后提交发布系统让用户测试验收。

然而，事实上很少时候项目团队能够保证在项目初期完成所有的商业需求的收集和分析，而且在项目进程中不会有需求方面的变动，而且用户也不能保证在项目初期就完整地表达所有需求，一旦用户需求发生任何变化，开发团队会显得无能为力，最终的产品或者解决方案通常只是反映了初期用户需求的一个方面。另一个问题是项目的MOV价值只有在整个开发过程完成以后才能和用户互相确认，如果项目预算庞大、周期漫长，那么在项目开发周期中企业无法从中获得收益。近年来，包括金融科技行业在内的大多数新兴行业更注重开发团队和用户的不断互动，而不只是项目初期的需求分析，因此瀑布式开发模型逐渐过时，取而代之的是敏捷式开发模型（Agile Development）。[①]

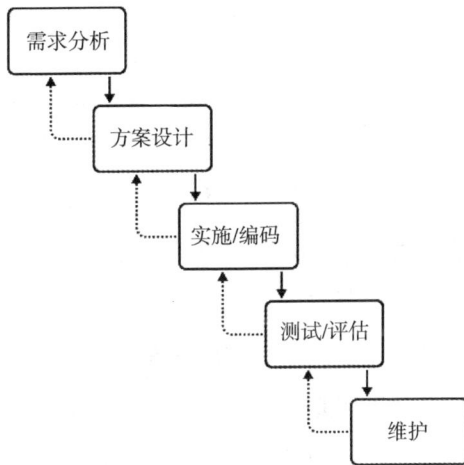

图 5-1　经典的瀑布式开发流程

从瀑布式的控制转换为敏捷式的价值实现

从古至今，在商业社会发展的进程中，有一件事亘古不变，那便是消费者的心理。消费者和客户真正想要的是体验。这种感觉可以是送礼物给朋友时的那种温暖，可以是购买和支付时的冲动，还可以是进行货币、贸易、货物交换的体验。在任何交易中都有一些令人难以置信的个人化的东西，消费

①　Information Technology Project Management – Jack Marchewka.

者购买的不是商品，而是一种经验，一种仪式。[①]正因为金融科技时代，客户尤其是个人用户处于食物链的顶端，大量金融科技项目的最终目的就是创造出符合客户不断变化的体验要求的金融产品，预测出目前甚至未来客户体验趋势的金融数据分析，提高金融机构与最终客户体验之间触点的精确性，所有这些目标都指向一个前提——项目的不确定性或者可塑性。对于这样的管理需求，项目团队需要在项目推进过程中迭代式推出成果，渐进式地不断实现商业价值，适应客户要求的变化，让整个项目管理重心从瀑布式的控制转换为敏捷式的价值实现。

传统的瀑布式项目管理还面临另一个问题，金融科技企业制定的战略或者项目愿景未必从一开始就非常清晰或者由于其颠覆意义未必能够马上获得监管部门认可。作为一个高速发展的行业，战略和愿景都会随着竞争环境、技术突破或者应用还有监管政策的变化而发生变化，对于大型项目来说，提前两年就锁定战略目标和预期的竞争力优势似乎并不现实。同样，大量初创型的金融科技企业自身成长迅速，在项目开发周期内企业的规模、架构和目标都已经发生了本质变化，因此迭代式推出成果，渐进式实现商业价值的开发流程更加灵活实际——项目的推进和企业的成长应该同步进行而不是互相成为羁绊。

敏捷开发的实施首先基于敏捷可塑的商业目标。这里的商业目标是指项目团队具体能够达到的目标，这些目标应该与项目的MOV紧密相关而且立竿见影。与传统的瀑布式开发模式不同，敏捷式开发的商业目标应该是建立在对未来一到两年的产品或者系统愿景上，而不是当前产品状态上，因此建立敏捷可塑的商业目标本身是一个具有一定探索性的过程，项目经理的分析流程可以综合考虑以下几个方面：

• 目标明确但解决方案一定不明确。敏捷开发项目启动初期，整个项目团队应该对项目的最终目标和能够实现的价值有统一的认识和团队认同感，

---

① FinTech：全球金融科技权威指南 P109。

但如何才能达到这个目标，解决方案的合理性和时间性等与"如何实现"有关的问题此时没有一致的答案，项目经理能够提供的只是一些设想和猜测。在项目进行过程中，项目团队通过产品的发布或者交付给客户的过程获得反馈，这些反馈中与项目解决方案相关的内容就会不断整合进来，随着反馈内容不断增加，项目最终的解决方案路径才会越发清晰起来。因此，客户反馈至关重要，寻求反馈并且根据反馈更新解决方案应该是项目中反复出现的阶段性目标。

•标识完成项目基建需求的同时标识创新需求。很多时候，项目经理可以领导团队以客户或者最终用户的角度看待面向未来整个系统的基建需求；创新的技术和流程也许需要新的基建设施作为技术平台或者新的技术人员作为产品支持，这些因素和一般的网络、硬件、数据一样重要，都应该被统一规划，同时确保创新需求的底层平台具有一定的延展性和规模性。软件及包括云计算在内的服务（SaaS）已经广泛运用于金融科技的核心系统中，成为基建的一部分。云计算的优势在于强大的规模经济使企业的IT基础设施商品化，因此项目开发团队可以专注于产品设计。云计算的灵活扩展潜力同时能够避免过度配置IT资源，提高项目预算和资源的使用效率，这样的基建创新很可能成为敏捷开发考量的一部分。

•分类项目特征中的核心模块、创新模块和辅助模块。商业目标中的核心模块可以考虑最小可行产品Minimum Viable Product（MVP），通过最小的开发努力和时间收集以最大限度展示对客户需求的了解和认知程度。MVP的开发目的是通过具体的努力验证原先对客户需求的猜测，通过早期原型产品的市场试验确认对产品的特征理解是准确的，因此能够降低后期的研发风险。这些特征应该优先考虑、优先开发，从而能够迅速获得客户反馈。如果创新模块本身具有特殊性和自带的安全性以及合规要求，那么项目经理必须及时汇总分析并且作出相关计划安排。任何创新模块也应该同样符合项目的MOV价值需求，最好能够在最小可行产品中有所体现，获得项目利益相关人的认可，而不是追求最新的前沿科技，敏捷开发从来就不是无目的、无计划地随心所欲地开发。金融行业人力资源成本高昂，同时对项目错误的容忍度极低，在任何项目的开始阶段对模块分类分析极其有意义，原因很简单，这时候项目开发团队还没有进入高速敏捷运转过程。

•分析产品（或者解决方案）的可塑性和延展性。既然面临很大的不确定性，那么无论整个项目团队多么努力，也很可能面临"这个世界变化太快"的问题。有些产品虽然在立项的时候创新需求和模块都逻辑严密且符合市场要求，但仍然在过程中面临不得不作出重大修改的风险；有些解决方案在项目中途忽然面临整合风险，因为上下游系统的改变不得不对项目架构进行重大修改；有些产品上线初始立刻面临运维难题、用户数、流量、速度都可能是"瓶颈"。作为项目经理，对产品的可塑性和延展性的考虑在敏捷开发的过程中更加重要。一般瀑布式开发项目，最终产品所有的要求都必须提前精密计划，项目完成的依据是达到这些要求；而敏捷开发项目的意义在于解决方案在项目进行过程中仍然可塑，可以作出调整，产品具有一定的延伸扩展性，如果不能达到这些目的，就失去了采用敏捷开发的重要依据。即使退一步来说，在产品发布上线以后产生的运维难题也能够在现有框架内及时修改完成而不是推翻重来。

•缩短产品实际推向市场的时间。对用户需求详细考虑，将实际推向市场的时间先后次序纳入项目MOV。金融科技产品都和时间密切相关，当前时代不断缩短产品实际推向市场的时间（Time to Market）已经成为基本共识。然而，作为项目经理的实际挑战是如何设计项目开发方式和流程，制定相关模块的优先级，不断迭代式地发布从而缩短产品实际推向市场的时间。具体考量通常来自两个方面：一是如何设计产品发布时间点，从而达到每一次产品发布都能够按照用户的需求优先级实现产品价值；二是如何优化开发流程，从而确保具有优先推向市场时间的模块也同时能够优先开发，包括与这些模块相关的辅助模块。

•团队成员和团队技能具有相当的可塑性。很难想象一个不具有可塑性的团队能够通过采用敏捷开发流程就能够产出可塑性的产品。项目经理需要关注的不仅仅是一般意义上的项目团队士气，更重要的是团队成员是否具有开放的眼界和求同存异的理念；同样，项目的利益相关人是否接受开诚布公以最终产品价值为基础的讨论。很多时候能够实现创新意义的模块可能会需要新技术或者新基建设施，甚至是和外部供应商合作，团队成员是否能够接受这样的模式也是需要仔细考虑分析的问题。

• 最后一点，也是最重要的一点，敏捷可塑的商业目标是否被项目的发起人、担保人和利益相关人所认可，这些项目的关键角色是否信赖这个开发流程，虽然敏捷开发流程会不断变化而且未必是可以重复的。高管的习惯性思维是可预测性和可重复性，对未知的不确定性会有所排斥，这就需要项目经理具有较高的情商和沟通能力，能够避免出现项目进展过程中的误解和混乱。

商业项目的目标为战略服务，决定战略竞争力的五种基本因素都应该是项目经理在选择敏捷开发流程时需要考量的。

如何运用敏捷式开发模型

首先，重新审视项目计划。选定敏捷开发流程，沟通的工作到位，具体展开项目的第一步就是重新审视项目计划——这是一件伴随所有项目经理职业生涯的工具。必须澄清的问题是，在任何情况下，没有计划的开发工作只能被视为一种在学校里面手工作业式的学院派努力，而不是商业项目行为，敏捷开发也不例外。与瀑布式的经典项目计划不同，在敏捷开发的流程下，项目计划看上去很不一样。项目计划不必也不能精确到每一项具体任务，因此也不必分配到每一个开发团队成员。项目计划的设定依据是最终产品的特征（Feature），而不是具体的需求（Requirements）。项目计划是迭加渐进式的（Iterative），用户可以期待频繁甚至是反复的演示和确认。项目的完成期限是未知的，但项目计划一般具有固定的时间盒（Time Box）。

敏捷开发原则强调互动而不是刻板的流程，但这个原则并不是说敏捷开发就不需要项目计划。敏捷开发原则同时强调产品的进化而不是一成不变的商业需求规范，但这个原则也不是说敏捷开发就不需要商业规范。一个能够准确描述项目全貌和产品模块的项目计划，能够帮助整个开发团队了解项目的架构和路线图，在开发过程中能够帮助团队根据商业需求的优先级或者产品特征的变化及时作出调整，这些调整不断加深团队对项目的认知和开发经验，项目经理能够不断对项目计划作出更新——这样动态的项目计划才是敏捷开发所需要的，而不是一成不变的、大而全的产品说明书。

扁平化的开发团队意味着每个成员拥有更多的创作空间。敏捷开发团队成员互相协作的能力较强，程序员和商业分析师互相交流频繁，对上下游的开发能力和期望值的理解也比较深刻。作为团队非正式的管理人员，项目经理一般会给予开发人员更多的发挥空间，注重产品特征的价值所在而不是过于细致地微观管理（Micromanage），当最终客户或者产品经理确认以后，仍然需要将这些产品细节整合统一到商业需求规范中，并且根据这些特征的价值更新项目计划。

设计时间盒一方面可以确保开发团队拥有足够的时间和空间完成一阶段的开发任务；另一方面可以确保项目开发过程中出现自然里程碑时间点，可以用来安排、演示和反馈，同时还可以降低失败的代价。任何项目都会出现一定程度上的失败，开发团队面临技术挑战，架构设计不合理，基建成本过高，等等。在传统瀑布式开发过程中这样的失败很可能在项目中后期才会出现，敏捷开发需要在早期发现问题并及时纠正。因此，项目计划中的模块排序很重要，一般建议在项目早期就推动开发团队尝试各个不同模块，如果有问题能够极早发现，如果有失误能够迅速失误，降低重复开发的风险。

每一个时间盒即开发周期也需要设置与之相应的目标和任务。在敏捷开发过程中，每一个开发周期都以时间盒的设定为准，因此也需要与这个时间盒相对应的目标和任务，这是整个项目计划的有机组成部分，也决定着当前开发周期的交付物是否支持项目核心价值的MOV。在每一个开发周期的进行过程中，项目经理要鼓励团队不断规划和分析这些阶段性的目标和任务，而不是在产品发布以后才记录产品特征。

从分配任务到确认特征。基于上面的项目计划设计原则，项目经理必须理解在敏捷开发流程中，项目的治理框架也在发生变化，从传统意义上的任务落实到人转变为特征落实到团队或者小组。一般来说，在项目启动初期项目团队只会对最终产品（或者解决方案）有一个大致的框架，需要在开发过程中作出一些假设，然后在项目进行过程中不断修正并完善这些假设。一种比较有效的方法是与架构团队合作，根据目前掌握的最终产品功能设计项目模块，从核心模块到辅助模块，从最小可行产品到产品具体特征，根据模块互相之间的依赖关系梳理开发顺序。另一种普遍采用的方法是"默认低级优先级"，即任何模块都是最低优先级，除非证明能够迅速给最终用户提供价值，或者是后序模块需要的底层模块。对于第二种方法，关键问题是项目计划本身也是必须可塑的，随着开发小组对相关产品特征理解的不断加深，一般小组长（或者Scrum Master）会逐渐分配具体开发任务落实到人。这些任务在项目计划制作的时候没有人能够预测，但在具体开发过程中还是会不断发生，如何追踪并且完成这些任务，需要项目经理和小组长不断沟通。敏捷项目开发流程需要最终用户积极参与产品的开发过程，积极参与就意味着花时间看不成型的产品演示，并且确认产品特征或者给出反馈意见，然而这一颇具常识的关键点也是难点，原因也很容易理解，开发团队是全职的，但最终用户还有自己的日常工作（Day Job）！因此第三点原则强调了迭加渐进式的流程，在项目计划中应该充分鼓励最终用户的参与，但不是每时每刻或者随叫随到，这样非常不利于建立项目团队和最终用户的沟通机制。正确的做法是在每一个时间盒结束的时候安排固定时间的演示和意见咨询会议，这样比较容易建立长效沟通机制，同时也能够反过来确保开发团队的每一步都能考虑到产品的功能和最终用户的感受体验。不过，需要指出的是，从最终用户的角度来说，反馈意见也不是"确认特征符合要求"而是"确认这是合理的特征",因为最终用户也在不断根据项目推进塑造最终产品真正需求,这是一个合作开发、共同完善的过程。

敏捷开发助力花旗银行打造手机应用 [①]

作为美国金融行业的传统支柱银行之一的花旗银行,在2018年对全美的银行手机应用用户开展了一项问卷调查,结果显示:

• 87%的用户仍然信任传统银行管理个人资产而不是新型非银行机构。

• 79%的用户希望能够通过同一个手机应用管理支票、存款、投资、理财等不同的金融资产,而不是各个不同的专业手机应用。

• 87%的用户希望能够通过同一个手机应用界面管理不同金融账户——包括不属于同一家金融机构或者银行的账户。

根据这些用户需求,花旗银行的金融科技项目团队(Citi FinTech)开发更新了花旗银行手机应用,最新的升级版本能够让用户:

• 在花旗银行手机应用界面上开设银行账户——整个流程只需几分钟,快捷方便,而且用户能够立刻开始使用新账户而不必等待借记卡邮寄到家。

• 360度用户金融信息——花旗银行成为第一家推出"交通枢纽式"手机应用的美国主流银行,能够让用户全面掌握所有金融账户的信息——包括花旗和其他银行的账户。用户通过这样的平台不仅能够随时查询账户信息,而且还能追踪消费情况和个人预算,不再需要其他额外的手机应用。

• 消费分析——花旗的手机应用还能够让用户分析自身的消费情况,分析每月的收支平衡、每周的消费目标、省钱的机会,从而掌握自身的财务健康情况。

• 付账单——根据用户要求,花旗的手机应用能够让用户清晰地查阅房屋抵押月供、学生贷款月供、健身房月费、在线电影等日常开支账单。即使

---

① 花旗银行官方发布,https://www.citigroup.com/citi/news/2018/180326b.htm。

用户不使用花旗银行的银行卡支付这些账单，用户也能够在花旗的手机应用里面一览无余，甚至还能看到这些开支是上升还是下降。

　　对此，花旗银行金融科技部主管Yolande Piazza认为，"了解今天用户的金融需求，倾听并且思考我们怎样才能帮助用户实现明天的金融目标，和用户一起打造（金融科技）的解决方案至关重要"。这些花旗银行的最新手机应用特征都是通过敏捷开发模式开发成功的；项目团队通过与2 500多个外部客户共同合作，从确认核心模块，优先开发目标，不断迭代的每两周的时间盒开发周期（Sprint），多次的研发和反复客户测试，最终能够在短短的7个月内完成项目开发，甚至还交付了大量的外部接口API，为将来更多更新的特征开发做好了准备。

　　对于花旗银行的金融科技项目团队（Citi FinTech①）来说，敏捷开发和迅速将下一代的手机银行应用推向市场本来就是这个团队的使命。

敏捷式开发在金融科技项目中的实际操作模型

　　拥有一个大方向正确、模块排序逻辑清晰、每一个开发阶段时间盒设定完成的敏捷开发项目计划以后，项目团队终于可以开始动手了。与瀑布式项目治理不同，项目经理的角色在敏捷开发中发生了很大的转变，因为不需要强调每一个任务落实到人，在项目管理的具体做法中，项目经理扮演着领导者和协调人的角色。

　　• 在项目的初始阶段，如第一个时间盒开发时段里，开发团队将根据现有的认知构建大致的产品设计蓝图。这样的蓝图可能是简单的模块链接示意图，也可能是比较具体的数据流向示意图，也可能是更具体一些的最终产品概念原型，这是一个令人心动的创作时段。作为项目经理，关键不在于参与

---

① 　https：//blog.citigroup.com/citi-fintech-amp-the-age-of-the-customer.

这样的创作中，而是引领开发团队探索这样的一个猜想的过程，并且与实际情况相验证。一方面项目经理需要鼓励引导开发团队创新求证最佳的产品设计方案；另一方面也要及时和最终用户以及项目利益相关人沟通验证，毕竟这样的猜想创作过程不会一蹴而就。

• 固定时间的开发团队例会，如每日站会（Daily Standup）。一般来说，每日站会并不是由项目经理来主持的，因为这个会议涉及更多开发层面的具体讨论，但项目经理应该尽量参与聆听并且记录要点，有助于掌握第一手信息，了解开发团队的进展和面临的挑战。

• 需求开发列表（Backlog）也许是项目经理能够全面了解产品特征和开发思路的最佳途径。随着开发团队对产品特征认知不断深入，开发小组的组长能够比较清晰地把复杂的流程分解为开发模块，进一步把开发模块分解为可操作的行动项目（Action Item），很多时候这些行动项目会自动按照优先级形成列表。通过仔细分析需求开发列表能够掌握开发进展的书面信息，工期和资源分配的流向等项目经理感兴趣的问题都可以在这里找到答案。

• 用户故事（User Story）取代了瀑布式开发流程中详细的用户需求文档，是一种较为精简但是有趣而且容易理解的用户需求描述。[1]在采集用户故事的过程中，项目经理需要掌握详细程度、描述的角度和技术的可行性这三点重要原则。对于开发团队来说，用户故事的详细程度间接决定了开发团队对于产品特征的认知程度，并已经据此作出初步工期估算，因此用户故事需要表述产品特征的大致使用流程或者数据流向，如果有必要可以通过描述最终用户在多个不同场景下设想的工作流程从而得出同一个用户故事在不同场景下的不同状态。正因为用户故事是基于最终用户需求的描述，在协助开发团队建立认知的时候需要确保描述的角度来自用户，而不是技术系统，很多时候和最终用户一起看图确认是一个比较有效的方法。用户故事必须符合项目的MOV，最终用户可能拥有远大的期望，但是开发团队应该及时和用

---

[1]　Agile Values，Principles and Practices P51.

户确认当前讨论的产品特征是可以在大家认可的技术框架下实行的，如果的确需要同时开发运用新的技术，那么这本身就是一个技术方面的用户故事应该分别讨论。

• 工期预估（Estimate）在敏捷开发里面的作用并不是为了告诉项目经理什么时候项目可以完成，而是开发团队估计在每一个时间盒阶段里面能够完成哪些具体开发任务的自我管理过程。如果是采用Scrum的开发团队，开发小组的组长和成员都有责任标识在当前阶段的开发任务及其所需时间，或者是开发任务的"点数"，从而推断出每一个任务相对其他任务的复杂难易程度。

敏捷开发同样具有软件系统生命周期（SDLC），只不过和瀑布式开发的线性顺序不同，敏捷开发更多是迭代增量的过程，因此在项目初始阶段不会生成大量事无巨细的文档。对于金融科技项目来说，这是一对比较敏感的矛盾，由于金融系统本身要求高度精确的系统参数，同时金融行业又面临高度的自律要求和监管法规，敏捷开发所要求的可塑性和缺乏规范化文档会给项目开展带来一定不利因素。

摩根大通的敏捷开发实践

著名的摩根大通银行是美国最大的银行集团，管理的资产总额超过2万亿美元，在全球拥有5 000多家分支机构，为数以百万计的客户提供从零售到投资的所有金融服务。近年来，随着金融科技的迅速发展，摩根大通发现其各个支行的交易总额在2012—2015年下降了1亿美元。[①]摩根大通的管理层分析认为，虽然对有砖有墙的支行的客户需求在下降，但客户和银行服务人员之间的沟通仍然非常重要，因此必须加大对在线网站和手机应用的投资力度，确保客户和银行服务人员从面对面地沟通顺利转型为在线沟通。

---

① 美国银行家，https://www.americanbanker.com/news/chases-website-redesign-focuses-on-customers-not-sales。

零售银行官网更新的重点是全新设计，用户喜欢的界面和"用户对话模块"，即在官网任何页面的顶部都能够弹出窗口，一方面通知用户是否有自身账户的最新提示；另一方面可以在不离开当前页面的情况下搜索关心的问题。

为了缩短新官网的上线时间，摩根大通的信息技术部门从传统的瀑布式开发流程转型到敏捷式开发流程——每三周的开发时间盒都能够交付一些具体的特征或者网站的具体改善，然后向项目利益相关人演示，得到反馈以后开展下一轮的开发。为了给项目团队足够的空间并且打造类似硅谷的文化氛围，摩根大通拿出曼哈顿总部大楼里面超过1万平方米的空间打造了700人的项目团队，其中甚至包括大量来自其他行业的数字化转型专家——这个项目的核心要求是关注客户需求而不是销售需求。作为传统银行，摩根大通的文化一向是销售、销售、销售，任何数字化的努力都不过是增加销售同时降低成本，把客服外包到印度的手段而已，不过这个项目不同。"数字化的客户其实登录银行次数更多，与银行的沟通更频繁，他们会产生更多的交易量"，摩根大通首席信息官James Young认为，这些新的官网特征有利于银行了解客户的消费习惯，从而能够使银行对未来趋势的预测更加准确——听上去和摩根大通的CEO吉米·戴蒙发表的"硅谷来了"演讲步调完全一致。

2015年7月，摩根大通的跨平台官网更新上线成功，在当年被多家独立科技杂志评为最佳移动银行应用平台，其注册用户总数也飙升到3 700万人。当然面对金融科技的挑战，整个集团的年度科技预算也上升到了令人羡慕的100亿美元。

敏捷开发的最佳实践——腾讯 TAPD 敏捷项目管理

腾讯作为哈佛商学院的案例教材，素来以超强的执行力出名。马化腾的名言（也是哈佛案例教材的内容）是 "In America，when you bring an idea to market, you usually have several months before competition pops up，allowing you to capture significant market share. In China，you can have hundreds of competitors within the first hours of going live. Ideas are not important in China—execution is." 翻译过来就是，在美国你把一个好主意推向市场以后，一般几个月以后类似的主意开始冒出来，但在这段时间里面你已经拿到了很多市场份额。在中国，好主意推向市场以后几小时就会出现几百个类似的竞争对手。在中国，有一个好主意不重要——能够执行才重要。①

　　腾讯公司项目管理的成功实践之一是著名的TAPD（Tencent Agile Product Development）开发模型。TAPD是源自腾讯的敏捷研发协作平台，提供贯穿敏捷研发生命周期的一站式服务。TAPD覆盖从产品概念形成、产品规划、需求分析、项目规划和跟踪、质量测试到构建发布、用户反馈跟踪的产品研发全生命周期，提供了灵活的可定制化应用和强大的集成能力，帮助研发团队有效地管理需求、资源、进度和质量，规范和改进产品研发过程，提高研发效率和产品质量。②

　　• 采用特征驱动开发FDD快速迭代，而不是过多地强调产品开发。很多时候，腾讯公司会向市场发布一些产品发布计划，比如产品的下一个迭代周期在什么时候发布，要发布哪些产品特性等，这个时候特征驱动开发可能止在进行而不是已经完成了。

　　• 强调MVP，做产品原型上的设计快速通过一个小型团体获得用户反馈。大量腾讯面向最终用户的产品一开始的原型MVP是在公司内部让自己的同事体验，然后再不断修正产品特征的。

　　• 强调时间盒和共同开发的概念。产品的每一次迭代都有明确的时间盒，迭代的计划会议中团队所有成员要和总监级别的高管一起确认任务计划，在固定的实际周期内实现不固定特性的周期。一般来说，从迭代特征的

---

　　① https://www.hbs.edu/faculty/Pages/item.aspx?num=53262.

　　② 腾讯云，https://cloud.tencent.com/product/tapd.

确认到设计、实现、测试到部署，在腾讯两周时间的时间盒居多。根据开发进程的代码走读和全员测试都是整个开发团队的工作。每日晨会的回顾和计划是一个检查进度，快速调整的形式，作为专注交流的科技公司，甚至连这样的晨会也有一个内部交流通信的软件而不需要真正站起来开晨会。

• 强调敏捷开发中计划的作用和不同计划的功能。计划的评估和优先级的确定由项目经理、用户代表和核心成员三方共同排序组合确定。在这样的敏捷开发流程中，腾讯甚至强调并行迭代，即多个版本并行，最大限度地发挥自由的效率。

腾讯旗下的富途证券作为券商行业的金融科技新贵，就是TAPD敏捷开发流程应用的实际案例。富途证券的市场是需要进行港股和美股交易的全球投资者，使用TAPD的目的是能够快速迭代，敏捷开发。[①]

• 建立客户端应用APP的需求池，产品经理能够与项目组通过评审确认产品特征的优先级，从而确认迭代的需求范围。这个需求池就是前面提到的商业需求分析中的产品特征库存，不过需求池的容量一般比较有限，而不仅包括特征，也包括bug和数据需求。

• 形成稳定的发布周期，规定特定的时间点，从而确定时间盒的容量。发布节奏清晰，需求收集期限严格，产品开发任务的分配和追踪就比较标准化，快速迭代得以实现。有限的时间盒容量也能够提高变更追溯的效率，项目经理可以比较轻松地找到在不同时间盒相关的需求变更历史，提高沟通效率。

富途证券的母公司富途控股2019年3月8日在美国纳斯达克交易所IPO上市，按开盘价计算，市值为17.77亿美元，其机构大股东为腾讯。[②]

---

① https://www.tapd.cn/official/case_example/1120106291001000888.
② 富途证券上市首日收涨27.67%报15.32美元，新浪香港2019年3月9日。

第六章

从权威到士气
——如何管理金融科技项目团队

────────────┤　**做有意义的工作，发展有意义的人际关系**　├────────────

　　"在我看来，一个管理者能够实现的最大成功就是组织其他人在没有你的情况下把事情做好，次好的情况是你自己能把事情做好，最糟糕的是连你自己都做不好。当我反思自己的职责时，我能看到，尽管我和桥水取得了很多惊人的成就，但我并没有取得最高水平的成功。"雷伊·达里奥的原则感人至深，在桥水基金这样成功的企业里面，作为创建了"纯粹阿尔法"基金并且在2010年全球股灾时期获得45%收益率的成功企业家，达里奥最头疼的事情是管理公司，确切地说，是管理其他人。

　　"我经常被问到桥水的人际关系更像一个家庭还是一个团队，像家庭意味着存在无条件的爱和永恒的关系，像团队则表明如果每个人的贡献越多，整个团队就越强。我会说，我希望桥水更像一个家族企业，家庭成员要么做到最好，要么出局。如果我有一个家族企业，而家庭成员做得不怎么样，我就会让他们离开，因为我相信这种局面既不利于家庭成员（因为从事不擅长的工作会妨碍个人发展和进步），也不利于公司（因为这会导致整个团队踌躇不前），这是一种严格的爱。"达里奥的团队管理原则是一种严格的爱。[①]

项目团队的非正式人事架构

　　任何一个现代化的企业组织一定都会有人事组织架构图，具体列出从董事会到各部门的负责人和业务架构，这个正式的人事组织架构图级别分明，上下级职称明确，公司的重要决策也的确通过这样的上下级关系传递。然而与此同时，在同样的现代化企业，也多多少少存在复杂的如

────────────

① 　原则 P80；P343。

蛛网一般的非正式人事关系，这样的人事关系多半和资历、经验、人脉、人际关系有关，非正式人事关系本质上并不一定存在上下级关系，也未必有明确的级别，但对于任何项目的推进却至关重要，企业越大，项目的战略意义越强，这样的非正式人事关系所起的作用越重要。正式的人事架构赋予各级管理人员权威，非正式的人事架构却在一定意义上关系到团队的士气。

作为项目经理，首要任务都是组建项目团队，问题来了，项目团队作为一个相对临时性的工作组是否应该具备正式的人事组织架构里面规定的权威和职责呢？

一个项目团队的形成不是简单地把一些人聚集到一起就能够开展工作的，一般来说，团队的发展分为五个阶段[①]。

塔克曼团队发展阶段模型

布鲁斯·塔克曼（Bruce Tuckman）是美国普林斯顿大学著名的教育心理学教授，在20世纪60年代创建了著名的团队动态理论，该理论中的团队发展阶段（Stages of Team Development）模型经常被用来辨识项目团队构建与发展的周期和关键性因素。

根据塔克曼的理论，团队发展的五个阶段是：组建期（Forming）、激荡期（Storming）、规范期（Norming）、执行期（Performing）和休整期（Adjourning）。所有五个阶段都是必须的、不可逾越的，团队在成长、迎接挑战、处理问题、发现方案、规划、处置结果等一系列过程中必然要经过上述五个阶段。

●组建期——项目团队的酝酿和形成，辨识团队的人际边界和任务范围；建立团队成员之间和团队领导者之间的关系。

---

① 维基百科，https://en.wikipedia.org/wiki/Tuckman%27s_stages_of_group_development；智库百科"团队发展阶段模型"。

●激荡期——项目团队成员面对其他成员的不同观点，展现出个人的性格特征，对团队的期望和不满等情绪开始表露，人际冲突和分化形成。

●规范期——项目团队形成各自身份识别，交流顺畅和谐，团队的价值和工作方法建立。

●执行期——项目团队成员对工作职责有清晰的理解，整个团队运行高效。

●休整期——项目完成，团队解散，团队成员对未来的不确定性上升，产生失落感。

贝尔宾团队角色和行为理论

英国剑桥大学的贝尔宾教授在20世纪80年代阐述了团队管理的精要，在于理解每个团队成员的角色和各自的行为，这被称为贝尔宾团队行为模型。在这个模型里面，每一个团队成员都要经历一个复杂的过程才能从简单的个体行为升华到团队成员行为，而这个过程又受到多种因素的影响和制约。每一个人的个性不同，有些人精神动力比较强大，能够根据思考的结果而不是仅仅根据个性选择行为方式，同时价值观和由此形成的主观能动性又会驱使个人选择符合团队角色的行为。显然行为过程会受到环境的制约，每一个团队成员的经验不同，学习进入并且掌握团队角色的能力也不同，最终每一个成员会在这些因素的影响下把自己的个性逐渐通过行为与团队其他成员互相融合，成为团队真正的一员，团队也真正得以成型。[①]

---

① 　Team Roles at Work；Meredith Belbin P30；智库百科"贝尔宾团队角色理论"。

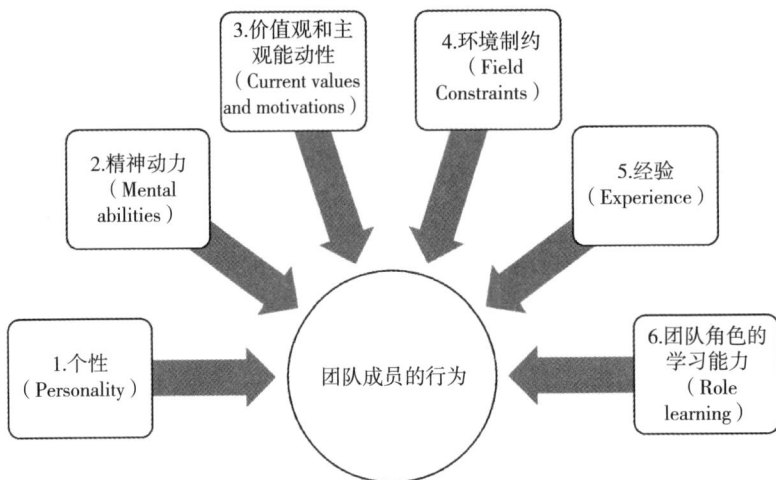

图 6-1　贝尔宾团队角色和行为理论模型

项目经理的非正式领导者角色

项目经理在项目团队里面起到非正式领导者的作用，在这样一个非正式的人事关系网络里面，通过管理项目团队推进项目进展直至完成项目周期。也许在正式的人事组织架构图里面，项目经理的确也是某些团队成员的上级，因此对这些团队成员拥有权威，但更多的情况是，项目经理并不具有权威，但却要影响并且领导整个团队完成项目。

对于复杂的金融科技项目来说，比项目团队建设更重要的是搞清楚项目的利益相关人（Stakeholder）。虽然项目团队完成任务推进项目进步，但是利益相关人才是真正与项目的最终目标关系密切的个人或者部门。同样的道理，在这样一种非正式的人事关系架构下，项目的利益相关人也未必和项目经理之间存在严格的上下级关系，但是作为项目的领导者，项目经理必须了解项目利益相关人的最终商业利益需求或者技术提升需求，并且与之保持沟通顺畅，因为项目利益相关人的最终利益未必和项目经理完全一致，很多时候某些利益相关人会因为项目失败而得利（或者保全既得利益）。

就像一个哑铃的两边，项目经理必须在并不一定具备组织权威的条件下同时能够有效地管理团队和项目利益相关人。

在项目经理能够具体展现领导能力之前，也许有必要建立一个所有项目利益相关人的矩阵图表。这样的矩阵应该能够对项目利益相关人作出具体的描述，由于项目经理在项目初期并不一定了解企业的组织架构，这样的列表本身就需要相当的努力和信息来源。一般认为，项目的主要发起人和担保人（Sponsors）应该能够给予项目经理足够的支持和信息来分析项目利益相关人。如图6-2描述了项目团队和利益相关人的关系，当然每个项目的利益关系都不相同。

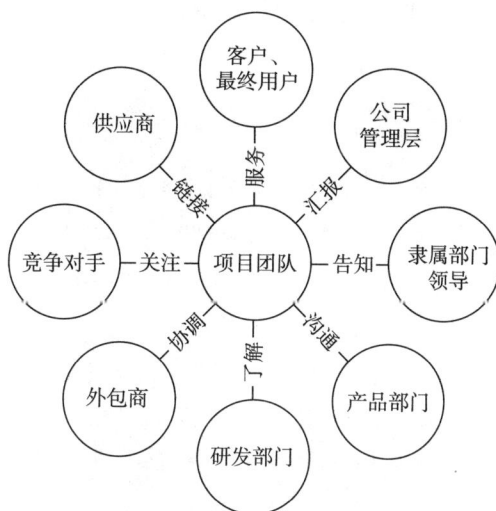

图6-2　项目团队和项目利益相关人的关系

这些是通常项目基本的信息，描述了对应角色在企业和这一项目中的位置。对于金融科技项目来说，除了这些部门和实际最终用户，还应该包括监管部门和法务部门，因为一般金融科技项目都会涉及对应的监管需求和法律框架，对于重大项目，这些部门的负责人很有可能需要签字批准，因此他们都是项目利益相关人。有必要指出，对于大型金融科技项目，项目利益相关人不仅限于企业内部和企业外部的重要承包商，企业的客户、企业的监管机构，甚至包括企业的竞争对手都是项目利益相关人，只不过这些外部利益相关人更应该在项目战略的层面上讨论，详见第一章。

有些项目利益相关人在企业里拥有批复职责和权力。回到企业人事架构，无论是银行还是初创型民企，在涉及预算批准或系统上线等变更情况下，一般都会有具体的批复流程。华尔街的投行在很多时候会成立一个委员会，由资深的高管一起讨论并且批复，这个委员会的成员就都是该项目的项目利益相关人。对于很多初创企业来说，这样冗长烦琐的过程也许被缩短到总裁的一句话，虽然流程不同，但批复的权威性都显而易见。对于项目经理来说，在项目初期制定如图6-3所示的模型，把尚且不熟悉的利益相关人分类标出有助于厘清利益相关人的权力和职责。

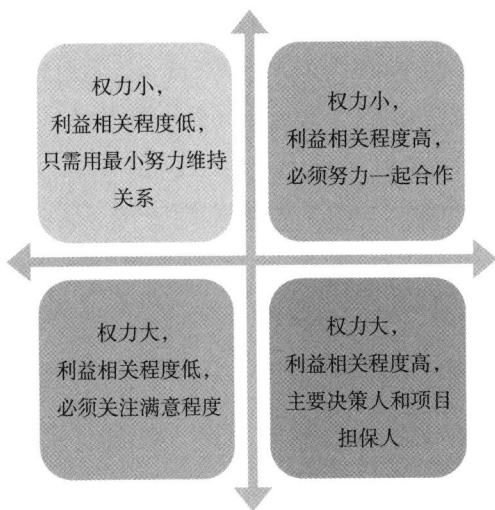

图6-3 项目利益相关人的权力和职责模型

项目利益相关人在企业里的无形影响力。相对于批复职责，很多时候企业的高管、资深从业人员、技术专家、核心最终用户基于资历、人际关系、技术专长对于企业的日常运作具有无形的影响力，虽然这样的影响力并不是来自上下级关系。在金融企业这样的无形影响力尤为重要，从积极的意义上来说，了解项目关系人的无形影响力有助于项目经理建立咨询沟通渠道，获得额外的信息来验证重要决定；从消极的意义上来说，忽视项目关系人的无形影响力会削弱相关决定的科学性和全面性。因此，把项目利益相关人的无形影响力写下来至关重要。

既然项目利益相关人具有无形影响力，同样，他们也会具有自身的利益考量。这样的利益考量有可能是基于项目利益相关人目前的职位和权力，更多的情况是可能基于项目实施过程中或者完成以后对于相关利益相关人未来的职位和权力的变化。例如，系统自动化会让原来必须人工操作的流程简化迅捷，但却不可避免地降低在这些人工操作部门的预算和开支，那么这些部门的负责人出于自身利益考量是否会对项目的社交和期限施加影响，就是项目经理不得不考虑的问题。因此，从项目管理的角度出发，这样的利益考量可以简单归纳为助力型利益和阻力型利益。当项目利益相关人的利益和项目的MOV一致或者互相推动，这样的利益是助力型。当项目利益相关人的利益和项目的MOV不一致甚至会受到损失，这样的利益是阻力型。当然，还有一种可能就是项目的利益相关人具有强大的无形影响力但只是秉公办事，项目的成败未必一定会对自身的利益有所帮助，但也不会有任何损失，这样的利益就是中性的，典型例子就是法务部。

项目的利益相关人之间协助或者制约的关系。这样的关系可能是基于上下级的权威关系，也可能是基于日常运作的权力制衡，但无论怎样，这样的协助制约关系对于理解项目利益相关人的目的和动机都非常重要。例如，也许系统自动化会降低人工操作部门的预算和开支，因此这个部门的负责人的利益可能是阻力型的，然而他的顶头上司作为企业的运营总监对于系统自动化却是全力支持推动，因此运营总监的利益是助力型的，他们之间的制约关系是基于上下级的权威。

最后，项目经理应该根据每一个项目利益相关人的职位、批复权力、无形影响力、利益类型和互相制约关系列表，得出如何能够正确应对的策略和较为理想的沟通方式，从而推进项目实施。

建立项目经理个人的领导风格和原则

搞清楚利益相关人的关系以后，项目经理的首要任务是建立个人的领导风格和原则，并且和项目团队成员明确沟通。建立领导风格并不是直接展示个人一贯的领导风格，每个项目的团队人员组成和驱动力都未必相同，很难应用同一种领导风格放之四海而皆准。传统银行的合规项目显然注重准确理解法规含义而不是自由发挥设计界面；外包团队更加注重合同和商业利益而不是甲方企业内部的企业文化。项目经理可以根据自己的领导能力和风格，经过修改应用的方式和程度，建立符合当前项目的领导原则。

• 身先士卒但有自知之明。作为项目团队的领导者，项目经理最重要的领导能力是能够身先士卒，这样的行为能够赢得团队成员的尊敬，而不是一味炫耀头衔和资历。在金融科技这样复杂程度较高的项目中，指望任何项目经理或者任何一个团队成员拥有与项目所有内容有关的所有知识显然并不现实，因此能够学习而且善于学习的领导者更加容易获得团队成员的认可。项目的进展不会一帆风顺，无论是商业需求沟通不畅还是开发团队的产品质量漏洞百出，这些常见的问题都是项目经理作为领导者经常面临的问题，情商高领导力强的项目经理能够做到就事论事而不是冲动地以个人感受作为分析推断的基础。

• 强调共同价值而不是机械跟随。优秀的项目经理能够通过打动人心的演讲给项目团队成员展现长期愿景和共同价值，在设计并且解释团队成员的功能作用的同时倾听个人需求和个人建议。

• 鼓励创新同时强调里程碑。创新的思维是科技类项目的基因，但设立里程碑能够确保项目的不断进步而不是盲目创新。项目团队成员必须拥有好奇探索的思维，但具体的创新过程需要灵活的合作——这些都是初创企业的创业精神的默认原则。项目经理应该不断反思现有流程，通过倾听团队成员的反馈改善现有流程，但原则是这样的改变能够有利于交付，有利于下一个里程碑的建立，有利于项目的完成。

在项目运行过程中，项目经理经常会面临两难困境的问题，合理但不同的原则导向会导致不同的决策，而很多时候这样的决策又很重要。

- 才华横溢还是恃才自傲。团队成员的才华是能够完成任务的能力，项目经理的判断标准来自对项目推进的作用——如果团队成员一味恃才自傲却不愿意交流贡献，那么这样的才华并不能成为项目团队的资产。对于这样的情况，一般项目团队管理理论的建议都是创建一个让有才华的团员感到安全、平和、公平的环境，倾听交流个人需求和建议，说明项目团队需要他们的才能但更需要他们的实际产出，同时要完全避免因为种族和性别等基本原因产生的偏见导向。

- 利益冲突。任何组织或者项目团队中都会出现一定程度的利益冲突的情况，有时候是基于人际关系和组织结构，有时候是项目价值和固有利益之间的冲突。无论是个人还是组织之间，项目经理的任何决策都不会也不能做到完全公平或者完全避免。最简单的是供应商在圣诞节送给上游开发团队丰厚的节日礼品，是否可能影响上游开发团队的设计决策？同样项目团队里面的重要岗位人员出于个人职业发展需要想调动到相邻部门，这样产生的资源缺口对项目进度的影响重要还是支持团队成员的个人发展重要？这些问题未必都是项目管理的范畴但又会直接影响到项目的推进。"在两难困境或者利益冲突中仅依赖一成不变的原则来作出合乎正道的决定似乎是不现实的，这里只能给出一些常识性的原则作为参考"[1]，关键还是项目经理自身的经验和阅历。

  ◦ 所有的决策前提是完整的事实，包括历史。即使这样，也不能保证大家都对决策满意。对于第一个例子，也许把这些礼品作为项目状态的一部分向团队公开，供应商也许每年都会送节日礼品，只是一般商务关系的维持，并不产生对项目推进或者质量要求的影响。对于第二个例子，也许要接受团队成员进进出出的事实，提早制订关键岗位人员和技能的备选计划，支持个人发展也许

---

[1]　Information Technology Project Management – Jack Marchewka.

能够让团队成员更加认可项目经理的职业精神和以人为本的管理原则。

○标识受到影响的利益相关人，标识可能产生的后果，并且努力沟通。对于第一个例子，如果这些礼品的确是因为供应商的交付物拖延或者质量不佳，那么这样的行为会对项目按时按质完成产生不利的影响，也许应该和供应商直接交涉。对于第二个例子，沟通的利益相关人不仅包括开发团队的产品经理，还包括相关人事部门，作为正式人事架构考虑的一部分，同时协调资源的补充或者整合。

如何领导金融科技项目团队

首先要建立项目团队资源管理框架，其次才是对项目团队成员的具体分析和管理。事实上，从项目经理进入项目的第一天，就开始和项目团队成员开始打交道，很多时候，项目经理并不能自由挑选心仪的人才组建项目团队，了解分析项目团队成员的特长和风格有助于建立更加高效的项目管理框架，激励团队成员，提高士气和生产效率。如果简单地根据项目团队所属部门，当然可以列表得出团队成员的职责和特长，优点是简单明了，缺点是过于死板。现在比较流行的做法是根据项目团队的功能列表，从而得出项目团队人力资源的分配情况。

从项目的功能来看，金融科技项目的团队一般会包括：

•开发人员。大型项目一般需要细分前台、后台、网络、数据库等基于项目解决方案实际需求所需要并且到位的开发人员。如果开发人员是外包的，那么应该能够职责到人，了解实际的外包开发团队成员和组织架构模式。如果开发人员不仅是离岸的，而且还是虚拟的，即分散于全球通过网络合作开发的团队，也应该具体标明。分散或者虚拟的开发团队一般能够降低开发成本，但却同时带来项目管理的额外挑战。

•最终用户。这是项目完成以后会直接或者间接使用最终产品或者服务的用户。在项目的整个生命周期内，包括项目经理在内的所有项目团队成员都应该了解最终用户的流程和习惯，从而确保项目的MOV能够确切实现。在敏捷式开发流程中，最终用户和开发人员的交流必不可少，随着商业需求变化的不断深入成熟，项目经理作为团队的领导者和最终用户的直接交流沟通更加重要。

• 商业分析师。这是作为一个职能一定会存在于金融科技项目团队中，但未必会有专人。有时候，最终用户就是商业分析师，能够直接起草产品技术规格细节，有效地与开发人员沟通；有时候，最终用户未必具有这样的专业技能，因此需要专业的商业分析师。商业分析师作为连接商业需求和技术开发的关键角色，在敏捷式开发流程中更加活跃，不但需要拥有并且消化理解具体需求，创作产品规范，同时还要根据技术团队的反馈更新解决方案，用更加合理实际的方法达到实现MOV的目的。

• 质检人员。这也是作为一个职能一定会存在于金融科技项目团队中，但未必会有专人的一个职能。很多时候，开发团队同时具有开发和质检的职能，一方面能够提高开发效率；另一方面能够降低开发人员和质检人员之间的沟通成本，是比较现代的开发模式。质量和风控的具体内容会在第七章讨论。

• 运维人员。虽然理论上开发人员也可以同时是运维人员，但在大型金融企业里，出于风控的考量，一般开发人员并不会具有操作生产系统的权限，系统的更新和维护是由运维人员完成的。系统更新和运维的具体内容会在第八章讨论。

• 上下游供应商。在复杂的金融生态系统里，基本没有企业能够避免和上下游供应商接触从而单独完成重大项目。金融科技项目中第三方供应商管理更多涉及质量和监管问题，为此美国财政部货币货币监理署①在2017年专门发布了27号文，详细解释美国监管机构对金融科技项目中第三方供应商管

---

① 美国货币监理署根据美国国家货币法授权成立，负责美国国民银行以及联邦注册的外资银行分支机构的监管。

理的要求。项目经理和供应商的管理关系在商业合作的基础上更重要的是风险控制和满足相应的监管要求。

美国货币监理署对金融科技项目第三方供应商管理的要求[①]

●金融行业第三方供应商的定义——美国的银行和任何其他公司以合同或者其他形式确定的商业合作关系，第三方供应商包括外包的产品和服务，也包括外包的咨询业务、网络和技术服务、支付处理服务和其他与银行承担法律责任的资料记录相关的商业服务。

●责任——银行的董事会负责与第三方供应商服务有关的管理和风险控制，包括制定政策和管理框架。这些管理和风险控制有关的决策必须有实际的数据指标作为依据。

●分类——监管机构要求银行对第三方供应商根据风险评估的结果进行分类，从"紧要"到"重要"到"非必须"到"豁免"。

●金融科技供应商——详细规定了金融科技供应商的定义和有关问题。

○金融科技供应商很可能是"紧要"的。

○根据项目需求，银行可以自己决定是否和财务信息不足的初创金融科技企业合作。

项目团队沟通风格。也许所有的项目经理都不得不承认，从项目的概念到设计，从项目的推进到汇报，很多挑战都源于如何把好的主意转变为实际可以操作的行动，也就是最老生常谈的行话"如何保持沟通顺畅"。在一般正式的人事架构下面，上下级的沟通通常比较直白而且比较标准化，毕竟在同一个部门很多事情是天天发生的，因此沟通的目的往往是说明和确认。然而在一个非正式的人事架构下面，项目团队成员之间的沟通很多时候比直

[①] 这份文件的详细内容参见美国货币监理署官网，https://www.occ.gov/news-issuances/bulletins/2017/bulletin-2017-21.html。

接的上下级之间的沟通含蓄很多，一方面这些话题对事不对人；另一方面成员之间的关系并没有清晰的上下级界限甚至未必是长期的（有些成员可能只会在项目的某一阶段参加）。对于开发人员来说，更多时候项目相关任务是一个创作过程而不是一个运营过程，同样的设想并不一定只有同一种开发思路，然而如果开发人员各执己见、各自为战，会导致生产效率的下降和质量管理的风险。金融科技项目团队一般都具有较高的教育水平和人文素质，但这并不一定能够保证团队成员之间的沟通顺畅。对于项目经理来说，掌握项目团队的沟通技巧，建立项目团队的沟通风格可以提高团队的士气，避免工作中的误解误判。

对于金融科技项目团队，项目经理本人最好拥有比较强的专业和技术背景。这并不是说项目经理需要知道如何去实行每一个任务（这也不切实际），但项目经理需要能够依据自身的专业背景分析工作流程推导出需要改变的地方，而不是要求团队成员不耐其烦地解释说明。因此，很多时候金融科技项目的项目经理的确需要掌握基本的金融知识和相关的科技技能。一个基于大数据的银行客户信息系统项目显然需要项目经理掌握基本的数据库技能；一个对冲基金的交易系统设计项目显然需要项目经理具有很强的证券交易方面的知识。很难想象每天让开发人员向项目经理解释最基本的概念和技术，不但打击士气而且不利于建立团队之间的信任关系。

对于大型金融科技项目，项目经理可以在项目初期制订一个沟通计划，包括沟通的类型、文本的细节程度、沟通的渠道、沟通对象和受众、沟通的频繁程度等。人和人之间的沟通基本是一门艺术，关键是如何做到团队成员感到"舒服"，既不会觉得被蒙在鼓里也不会觉得项目经理过于强势，这样的感觉是沟通计划的最终目的。[①]在项目初期，团队仍然处于组建期和激荡期，需要通过互相信任来增加团队的信心，因此面对面的会议和可能帮助团队成员建立良好的人际关系，同时通过肢体语言了解其他团队成员的个性和

---

① 软件项目管理，Bob Hughes & Mike Cotterell P210。

沟通风格。在项目中期的设计和分析阶段，每个团队成员逐渐进入角色更加关注各自的细节，这时候团队成员对沟通的需求发生了变化，虽然在重要节点和里程碑还是希望能够一起面对面讨论，但更多情况是需要一对一的沟通确认更新，或者远程视频共享屏幕等方式增加沟通的效率。到了项目的实现阶段，团队成员完全了解其他成员的角色，同时大量工作已经深入开展甚至接近完成，在项目的推进过程中也生成了大量文档，这时候就需要通过正式的电子邮件把文档分发给需要审阅确认批复的团队成员，沟通的目的更多是针对如何解决具体问题或者协调运维等，因此沟通的方式以焦点小组或者一对一讨论为主比较合理。

项目团队的例会一般是任何项目的标配沟通渠道之一。但是例会的方式、场地和频率却是重要的沟通技巧。对于瀑布式的开发团队来说，固定时间和地点面对面的正式会议虽然比较耗时，但却能够保证项目的范围和目标明确，规格说明的细节程度可以接受（因为如果不能接受就可以当场讨论并且重新设立细节程度标准）。对于分散团队来说，做到面对面的正式会议比较困难，但是项目经理可以利用视频会议等手段尽量让团队成员互相认识，能够观察到沟通的语气和肢体语言，很多时候根据这些细节，项目经理可以及时调整会议节奏。

表 6–1 　　　　　　　　　　大型项目的团队沟通类型

	同一地点	不同地点
同一时间	面对面会议 一对一采访，面试	电话 视频 电话会议
不同时间	公告板 开放式邮箱	电子邮件 语音邮件 短信 文档

项目经理需要在日常项目运作过程中仔细观察团队成员的工作方式。通常来说，对于金融科技这样的项目，无论是开发人员还是最终用户，只要有

时间还是很愿意多和项目经理交流看法的。项目经理在这样的正式与非正式的谈话中可以亲自了解任务是如何完成的，很多时候最重要的一手信息来源于非正式的交谈中。所以，亲赴前线而不是高高在上，是项目经理有效沟通的重要选项。

　　面对不同的沟通对象，项目经理选择的沟通方式和风格显然也会有所区别。对于开发和质检人员来说，明确直白注重细节是很重要的考量，很多时候对于技术细节显然书面沟通更有效，通过电邮的方式可以让开发人员有更多的时间理解信息的要点。对于项目利益相关人尤其是在当前项目周期具有很强影响力或者呈现阻力型利益驱动的项目关系人，项目经理需要注重实时的反馈和肢体语言，因此面对面地会谈就比较有效，同时注意信息传递的准确性和及时性，有时候要准备冲突管理方案。对于虚拟团队和外包团队，全面沟通确保信息流通顺畅包括电邮、电话、在线Skype等，如果团队位于不同时区，还需要注意选择一个双方都可以接受的沟通时间和方式作为例行沟通的首选模式。由于虚拟团队和外包团队沟通不顺畅带来的潜在问题和修复成本都会相对较高，项目经理需要尤其注意沟通的有效性和书面记录。

─│　通过梅耶斯—布里格性格类型分析了解团队成员个性[①]　│─

　　梅耶斯—布里格性格类型（MBTI）是一种判断个性倾向的常用工具，由美国心理学家梅耶斯在20世纪40年代创建，并且通过一项在超过5 500多名乔治华盛顿大学一年级本科生的实验过程中得到验证。梅耶斯—布里格性格指示包括4种性格衡量尺度：外向/内向；知觉/直觉；理性/感性；判断/感知。根据不同的组合可以基本得出16种个性分类，例如，项目团队中的信息系统开发人员如果是内向型的性格，大部分人都对此不觉得奇怪，虽然在所有的普通大众人群中内向型性格只占25%；项目团队中的开发人员大多数也属于理性以知觉

---

①　维基百科，https://en.wikipedia.org/wiki/Myers%E2%80%93Briggs_Type_Indicator。
IT项目管理，Kathy Schwalbe P278。

为主的性格，这些分析有助于项目经理改变对每个团队成员的沟通管理方式。例如，项目经理本人如果属于强直觉型个性而开发人员属于强知觉型个性，那么在讨论任务分配的时候就需要提供更为具体详细的任务说明。

项目团队激励方式

项目经理一般并不会具备对项目团队成员拥有升职或者年终奖金等人事任免和奖励权力，因为项目团队是一个非正式的人事框架，而升职和年终奖一般都是在正式的人事框架里面完成的。对于项目经理来说，团队激励机制不能也不会建立在简单的薪酬数字上面，但这并不是说激励机制的结果不会和薪酬数字有所关联甚至挂钩，项目团队激励机制的关键在于间接回报和个人提升。

• 人力资源平衡机制。开发团队通常会希望开发任务能够尽早明确，而且保持相对稳定，这样可以集中精力做研发而不是不停地在不同的话题之间不断跳跃转圈子。同时，开发团队成员也会希望从事自己熟悉的领域，这样能够尽早完成任务。有时候，开发团队希望能够得到项目经理的认可，尝试使用一些新技术完成同样的任务。这些场景都是项目经理需要思考并且通过项目计划不断平衡的过程，如果能够在同样的工期内达到目的显然能够提升团队士气，但如果一味追求生产效率忽视了团队在任务平衡方面的需求就可能损伤士气。

• 培训和更新。对于金融科技来说，新兴科技和商业模式日新月异，每一个认真的从业人员都会有自我培训和技能更新的想法，这样的培训和更新能够与时俱进，同时还为以后的升职做好铺垫。如果项目经理能够在日常的交谈和沟通中了解这些想法，并且在资源平衡的前提下为其提供机会，想其所想，就能大大提高相关团队成员的士气。一个简单的技巧就是设立影子任务，让比较年轻或者希望学习相关技能的团队成员跟随资历较深的团队成员完成任务，虽然增加了额外的人工量，但并不会延长工期，因为工期的预测来源于资深团队成员；至于额外的人工量，相信年轻的团队成员会投桃报李在其他任务上给予支持的。

•反馈机制。很多大型金融科技项目会包括一些长期任务，项目周期会从几周到几个月甚至跨年。对于很多团队成员来说，由于这个项目是当年的主要工作，那么本人的表现和项目的绩效就会直接或者至少间接影响当年的年终考评。对于项目经理来说，及时根据项目团队成员的表现向部门负责人进行反馈就是一项重要的激励机制。不过，这个反馈机制的建立需要慎重，如果有可能最好以数据支持，同时和部门主管预先协调，让团队成员了解反馈的侧重点和时间点，以达到事半功倍的效果。

•团建活动。前提是在整个项目的预算中预留了团建经费，关键是项目经理必须事先设立团建活动的目标，或者是了解每个团队成员的个人风格、学习能力，或者是促进团队成员互相了解增加信任和合作空间，目标明确以后设计团建活动才有意义。例如，集体登山可以了解团队成员的性格特点和个人风格，但需要事先确保所有团队成员的身体素质能够达到基本要求，否则就会变成一部分热衷于野外活动团队成员的派对。例如，密室逃脱不仅考验心理承受能力，而且有助于了解团队成员的实际动手能力，也是一种很有效的智力训练过程。

体现领导能力的五星模型

没有人生来就是好的领导，领导能力尤其是针对特定大型项目的领导能力都需要项目经理在日积月累的过程中发展积极的品质，是一个日臻完善的过程。作为一个优秀的项目经理，在金融科技项目中应该展现出来的领导能力可以用图6-4所示的五星图案归纳。[①]

---

① Information Technology Project Manage – Jack T. Marchewka P262.

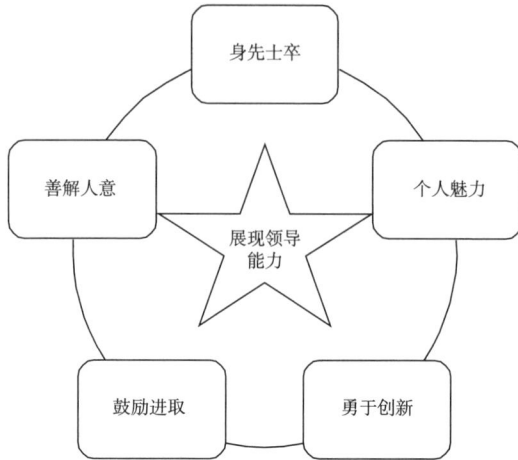

图 6-4　展现领导能力五星

• 身先士卒。如果项目工期紧、任务急，要求整个团队加班，所有的团队成员都会期待项目经理本人也一起加班，虽然项目经理此时此刻并不需要完成任何任务，但身先士卒是一项最基本也是最可贵的领导品质。身先士卒还体现在更多深层次的考量上，对于项目的MOV，项目经理是否真正理解透彻而且是否还具有过往经验，如果项目经理自己对此理解不足，说服其他团队成员就会显得力不从心。

• 善解人意。在项目初期能够有效地展现项目未来的远景，聚合团队成员的人气；在项目中期能够想人所想，看得懂技术规范也说得出技术要点；在项目里程碑能够鼓舞团队激励士气，这样善解人意的项目经理具有相当成熟的领导能力。

• 勇于创新。与项目团队成员不同，项目经理的日常工作经常需要设立流程制定框架，汇总汇报，这些管理型的任务在不同的企业文化中会产生繁文缛节的问题。作为项目经理如果能够挑战现有体制的弊端并且改革创新，这样的领导自然会得到团队成员的尊重。金融科技项目本身就是一个创新的过程，如果项目经理能够鼓励创新，而且勇于承担创新带来的风险，这样的领导有助于优化解决方案并且激励团队的创新精神。

•鼓励进取。在不停的项目任务中能够有效地鼓励团队寻求最佳方案并且付诸实施，而不是怨天尤人，一味要求延长工期或者增加人手。积极进取的企业家精神能够激励团队成员克服外部不利因素，即使团队面临暂时失败，作为领导者也应该根据失误评判机制作出公正的决定，而不是一味推卸责任。

•个人魅力。项目经理通常承担着额外的责任，给整个项目团队带来正能量。个人的口才、人生历练、情商高低都是个人魅力的重要指标，很难想象一个缺乏历练、木讷、情商较低的项目经理能够妥善处理团队成员关系，更不用说展现领导能力了。

金融科技初创公司的企业文化

作为WePay——一家典型的金融科技初创公司的首席运营官，Tina Hsiao同时拥有多个不同头衔，从风险控制到人事到会计管理。但福布斯评论到，Tina最让人信服的地方是在硅谷这个竞争激烈的地方，金融科技这个压力巨大的行业中创建展现出一种积极、广泛、多元而且严格的公司文化。"公司文化来自于领导者"，Tina关注公司聘请的每一个领导岗位的新员工，确保他们能够传达正确的公司文化。作为金融科技行业的企业，WePay清晰地要求每一个工程岗位的面试过程都包括编程测试，从而降低偏见同时初步识别个人才能；不同部门的绩效衡量方式不同，但都有量化指标衡量企业运营的质量，包括客户反馈的质量和每一笔交易的质量；企业管理层同时要求各部门仔细衡量审阅服务协议中的量化指标，从而不断提高服务水平。作为女性高管，Tina同时倡导产假和工作的平衡，公开讨论这样的话题有助于打造多元文化和激发员工的创造激情。

WePay 在2017年底被摩根大通银行以超过2.2亿美元收购，这是摩根大通第一笔重要的金融科技收购案。[1]

---

① 福布斯，2018 年 9 月，"This COO Is Changing FinTech Culture"，CNBC 2017 年 10 月 18 日 "JPMorgan buys fintech start-up WePay"。

如何缓和团队成员关系紧张

如果项目进展得顺风顺水，那么项目团队的表现当然可圈可点，如果由于团队表现不佳导致坏消息接踵而至，整个项目面临挑战，那么项目经理的领导能力也会面临考验。第一，怎样向项目利益相关人甚至企业的高管汇报坏消息；第二，怎样分析团队表现然后作出相应调整。如果对团队成员必须作出调整，那么项目经理怎样分析团队成员之间的关系，缓和紧张局面，解决问题？

── | 团队成员和项目阶段的和谐方案 | ──

1. 了解项目当前阶段必需的角色。很多时候，每一个团队成员的行为强项并不一定和当前项目阶段的需求一致，这时候项目经理要及时调整这样的错位，确保团队成员的个性与行为能够为推动项目进步服务。[①]

2. 寻求解决方案。很多时候项目遇到"瓶颈"是因为虽然目标清晰，但没有人知道如何解决，更多时候是承担寻求解决方案任务的团队成员并不适合。从个性分析上来说，思维活跃、循循善诱而且熟悉团队资源的资深成员比较适合承担这样的任务。

3. 制订具体计划。这个阶段的项目需求是将解决方案转变为可以具体执行的任务，制订这样的计划一般需要团队里面大局观比较强，善于权衡利弊的成员，但通常也需要参考专业技能较强的专家型成员的意见；一般的错位来源于专家型成员过于执着于某一个具体环节的实施，而不是通盘考虑最有效的计划实施方式。

4. 鼓励说服团队成员。项目进展过程中很常见的情景是方案和计划都有，但是需要具体任务执行者缺乏动力或者不愿意"多走一步路"。在这种情况下，项目经理需要让团队里面人缘好，对团队成员了解而且善于激励的

───────────

① Team Roles at Work；Meredith Belbin P100.

成员出场，力求说服其他成员努力调动起来完成当前任务。

5. 确保完成。在项目临门一脚的时候，最重要的不是大局观和权衡能力，也不是给其他成员鼓气，这时候的唯一要求就是一丝不苟地完成。任务承担人一般是具体操作人员，要求技能熟练、细心稳健，而不是拥有大局观能够权衡利弊的成员。如果一旦错配，项目经理应该能够及时调整确保万无一失。

发现潜质，求同存异

团队成员之间的人际关系紧张甚至失败的原因多种多样，个性、利益和过往历史可能都是原因。作为项目的领导者，项目经理采取的策略最好以公正实用为主：这样紧张的关系是否由于双方根本没有共同合作的意愿和基础？还是因为一方努力的结果不被对方认可？或者是因为双方对工作任务的目的和衡量标准不同，一方眼中的成就另一方觉得无关紧要或者丝毫不值得欣赏？第一步都是先思考一下关系紧张的事实情况。

作为团队的领导者，项目经理可以尝试和关系紧张的任何一方多方位接触，理解其对项目的看法和引发紧张情绪的关键点。也许在其他成员眼中的负面关键因素可以帮助项目经理理解紧张局面产生的缘由，甚至可以通过团队内的调度将负面因素转化为积极因素。举例来说，主要开发人员如果一直持有冷嘲热讽的态度，就很可能导致商业部门的用户和开发团队关系紧张，作为项目经理与其直接告诉开发人员保持职业素质，不如去了解冷嘲热讽背后的逻辑原因，也许可以增加商业需求的技术分析和论证过程，让开发人员有机会在早期讨论就解释预期解决方案中的技术难点，而不是等到技术规范完成以后不得不容忍不合理的开发工期和时限。

问题很可能更糟糕，不管怎样努力，关系紧张的双方没有缓和的迹象，而项目推进却刻不容缓，项目经理不得不向高层升级汇报，但在汇报之前最好想清楚哪一方是目前阶段可以被牺牲的角色，这样的价值评估能够让这次汇报有的放矢，也能够让高层作出有利于项目的判断和决策（而不是有利于个别部门的决策）。

马斯洛需求层次理论

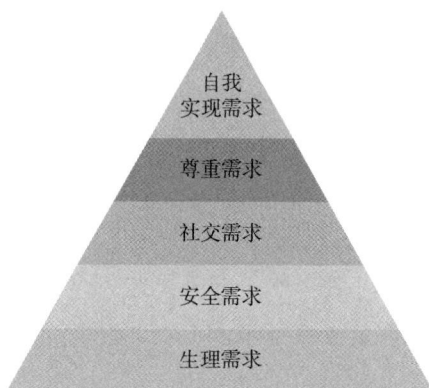

图 6-5　马斯洛需求层次理论

　　马斯洛的需求层次理论是美国心理学家亚伯拉罕·马斯洛在20世纪40年代提出的心理学理论。马斯洛研究了大量人类情感和模范人物的成长阶段，完整地阐述了人类动机推移的脉络，并且以金字塔图像呈现，基本需求最强的在金字塔底部。这样的分层结构仍然是社会学和管理培训的流行架构。[①]

　　马斯洛的需求层次架构有利于了解项目团队成员个人在实现自我精神方面的追求。每个成员的背景不同，适应的管理方法也不同，作为领导者寻找"最适合他们的管理方法，而为了找到最适合的策略，就必须站在完全客观的立场，没有任何先决条件，也不预设立场"[②]。

　　1. 生理需求（Physiological），维持生存

---

　　① 　维基百科，https://zh.wikipedia.org/wiki/%E9%9C%80%E6%B1%82%E5%B1%82%E6%AC%A1%E7%90%86%E8%AE%BA。

　　② 　人性管理经典，马斯洛 P116。

2. 安全需求（Safety Needs），受到保护与免于遭受威胁

3. 隶属与爱的需求（Belongingness and Love Needs），被人接纳、爱护、关注、鼓励及支持

4. 自尊需求（Self - Esteem Needs），获取并维护个人自尊心

5. 自我实现需求（Self - Actualization needs），对己对人对事物变化有所理解的需求；人生境界的需求，即个人所有需求或理想全部实现的需求

Capital One 的数字化转型

美国第一资本金融集团（Capital One）自2002年起就制定了"数字驱动的战略"，设置了首席数字官（CDO），平均每年尝试8万个以上的大数据实验分析。作为全球范围内运用大数据技术的先驱，美国第一资本金融集团数字战略的成功很大程度上归功于信息决策战略（Information-Based Strategy，IBS），即基于大数据分析，判断客户价值，并指导差异化的客户策略。IBS被广泛运用在客户获取、激活、产品组合管理及客户挽留四个方面，取得了巨大成功。

在数字化战略的推动下，Capital One银行在成立不到30年的时间内，从一家业务模式单一的信用卡公司迅速成长为全美资产排名前十的综合性商业银行。2016年，该银行亦率先通过Amazon.com的Alexa虚拟助理实现了语音控制的金融服务交易。如今该公司的首席信息官Rob Alexander正在监督转向开发运维的重大转移工作，以进一步加快软件创新的速度。

Alexander表示："银行业最后的赢家必须意识到消费者希望未来的银行以什么样的方式为他们提供服务，要实现这一目标，我们必须擅于创建软件。"为了实现数字化转型，Alexander把技术人员团队规模从2011年的2 500人扩展到9 000人，增加了数百人的软件工程师和人工智能专家，开发了一系列新产品，包括已经上线的智能机器人。

在《华尔街日报》的采访中，Alexander谈到如何像运营一家科技企业那样运营Capital One，"关键是如何能够吸引然后保留住我们需要的技术人才，而且还需要在数量上满足我们转型的需求。我们需要的人才包括软件工程师、数据工程师、机器学习和云端基建等热门领域，这是一项艰难的挑战，因为这些人在市场上供不应求。我们当然提供具有竞争力的薪酬包和福利，但更重要的是我们和硅谷的那些科技企业直接全面比较。我们的创始人仍然是企业的CEO，因此这里很多时候仍然像一个初创企业，我们一向尤其专注于为员工提供学习和增强技能的工作环境。"

金融科技行业的人才短缺困境

金融科技行业的人才短缺困境是一个全球性的行业难题。2017年Hays人力资源公司对欧洲900多家相关企业的问卷调查显示，61%的企业认为他们在过去的一年里面临中等到极端严重的人才短缺问题，其中最糟糕的问题是无法及时找到项目所需的技术人才，不但传统银行面临这个难题，即使飞速发展的金融科技初创企业也面临同样的问题。[1]

对于项目经理来说，这样的人才短缺意味着两件事：搭建符合条件的项目团队启动金融科技项目的过程会需要更多时间；留住目前项目团队里面的成员也是一项挑战。金融科技对于技术能力的需求不断增长，这些技术能力在金融科技行业之外也备受青睐，虽然金融行业的薪酬水平已经普遍较高，在技术能力的需求上仍然不得不和科技巨头以及其他硅谷的科技公司竞争，这不是一个简单的薪酬问题。正因为如此，项目经理的挑战未必一定来自人力成本预算不足，更有可能面对的是项目岗位空缺的问题。从市场分析，传

---

[1] Hays Financial Markets Survey，http://www.bankingexchange.com/management-topics/human-resources/item/7612-solving-fintech-skills-shortages.

统的被动招聘方式显然不是很有效，指望贴出招聘人员要求就会收到符合条件的应聘人似乎与事实有点脱节，比较流行的方式是积极主动寻找符合条件的人才，让项目团队参与到搭建团队的过程中，而不是等待人事部门的官方招聘流程。内部推荐仍然是最有效的方法之一，对于开发团队来说，寻找对项目感兴趣而且有能力一起合作的团队成员是双赢的过程，一般开发团队也非常乐意与项目经理共同努力搭建团队。另一种流行的方式是"众包"人才需求（Crowdsourcing），把所需的技能和要求在相关的社区看板上传播，让这个社区的志愿者互相推荐，不过前提是必须得到人事部门和法务部门的认可。留住团队人才是另一半挑战，由于项目经理在薪酬方面并没有太多的发言权，项目经理可以选择的方案是增加项目内培训的机会。一方面可以更好地提高项目团队的总体技能水平和增加备选资源的灵活性；另一方面也可以让团队成员获得自己本身岗位以外的技能增加未来职场的竞争力。未来的职场越发扁平，参与过大型项目的团队成员的眼界和洞察力都比完全专注运维的同事深刻，获得这些职场经验也是项目团队成员对项目经理领导能力的一种期待。

中国金融科技行业人才短缺问题

2018年7月，全球著名人力招聘公司米高蒲志（Michael Page）发布了专门面向中国金融科技人才市场的《2018年中国金融科技就业报告》——报告的结论是中国面临严重的金融科技专业人才短缺，92%的受访从业者预测金融科技行业未来前景光明，同时受访者认为高素质人才是推动这一行业持续成功的关键因素。然而，92%的受访金融科技企业发现中国目前正面临严重的金融科技专业人才短缺。

在上面Michael Page对中国金融科技人才的问卷调查中，几乎所有对象都认为金融科技行业在中国是人才短缺的朝阳行业，但对前景十分看好：

- 92%的金融科技行业雇主表示中国面临专业金融科技人才短缺的问题
- 38%的金融科技行业雇主认为金融科技企业发展的最关键因素是优质

的人才，认为最关键因素是政府支持性政策的有31%

• 51%的金融科技行业雇主认为大幅提高金融领域的工作效率和服务交付效率是金融科技在中国崛起的最大机遇之一

• 63%的金融科技行业从业人员年龄介于25~35岁

• 金融科技人才选择雇主的首要动机——29%是职业晋升路径，24%是企业文化，只有17%是薪资

• 最受金融科技人才欢迎的公司福利——55%的受访者认为是公司股票期权，其次53%认为是领导力发展机会，有50%认为是灵活的办公时间

与传统银行相比，我国金融科技行业的发展对从业者提出的技能和素质的要求更高。虽然无论是金融专业还是计算机专业的高校毕业生数量很大，金融业从业人员的数量也逐年大幅增长，但数量和质量上均呈现供不应求的特点。以2016年的数据为例，当年全国普通高校金融学类专业本科毕业生人数超过9万人，计算机类专业本科毕业生数超过19万人；当年的金融从业人员数量超过800万人，然而金融科技类的从业人员仅为互联网行业的1/10。[1]这种供求关系的不平衡主要原因是人才的滞后性，不仅是高校毕业生技能的培养需要时间，这些人才适应市场能够成为符合要求的复合型人才更需要时间和经验，而金融科技项目的团队成员显然不能都是刚刚走出校门的大学生。因此，以BATJ为代表的科技巨头纷纷建立各自的金融科技人才的培养体系，一方面增加企业自身的板凳厚度为未来的项目做好准备；另一方面投资员工培训体系完善职场提升的渠道，同时还培育员工的创新精神，进一步为将来的发展提供行业环境。

---

[1] 李扬等，中国金融科技发展报告。

表 6-2 各企业培训项目

企业	培训项目
腾讯	● 中层和基层干部培训的飞龙、潜龙、育龙项目 ● 技术人员的新攀登计划、飞跃计划、创意马拉松、魔鬼训练营等项目 ● 新人的毕业生回归日、腾讯达人等项目
百度	● 面向高管的融道班 ● 面向中坚人才的融智班 ● 面向专业人才的融英班
阿里巴巴	● 在职人才的对外技术交流平台、技术圈平台、技术百家讲坛、在职体系课程培训平台等 ● 新人入职的回炉培训、逐浪堂培训等

第七章

从质量到风控
——金融科技项目的质量管理要点

经典项目管理理论对质量的定义为："反映实体满足明确和隐含需求的能力特性总和或者一组固有特性满足要求的程度"。[①]这段经典定义的意思相当明确，项目的质量并不能过于简单地归纳于"好"还是"不好"，而需要取决于最后实体满足的程度，即是否达到预期的目的。反之，如果在项目的进行过程中偏离了这样的初衷，从而可能导致最终结果不能达到实体满足的程度，那么就说明项目的风险系数在上升，需要加以控制。对于金融科技行业来说，与一般的科技行业不同，在达到质量要求和风险控制以后，项目流程和结果的合规也是事实上实体满足要求的必须条件。对于"合规"的官方定义，中国银行业监督委员会是这样定义的："合规，是指使商业银行的经营活动与法律、规则和准则相一致"[②]。因此，成功的金融科技项目管理框架和实际操作需要在严格提高产品质量、控制流程和结果风险的同时，准确及时地确保整个项目与法律、规则和行业准则相一致，否则即使产品再出众也会使企业面临极大的法律和监管风险。

项目质量管理的起源

项目质量管理的起源来自工业时代大规模机器生产过程中降低废品和次品的需求。20世纪20年代，美国的工业生产还是以人工为主，劳动力密集型产业的一个重大挑战就是对最终产品质量的监控管理。由于在生产完成以后再进行质检往往耗时费力，一些美国工程师和管理人员开始尝试用更加科学简化的统计理论进行质量管理，并且尝试在生产过程中对流程进行监控。[③]日本同样对产品质量非常重视，日本人注重精益求精，追求极致和完美的精神被称为"工匠精神"，这是很多日本企业延续百年的秘诀。

---

① IT 项目管理 P224。

② http://www.cbrc.gov.cn/chinese/home/docDOC_ReadView/2835.html.

③ Information Technology Project Management – Jack Marchewka.

─────┤ **工匠精神不能作为金融科技质量的唯一原则** ├─────

工匠精神[①]是一种职业精神，工匠们喜欢不断雕琢自己的产品，不断改善自己的工艺，享受着产品在双手中升华的过程。工匠们对细节有很高的要求，追求完美和极致，对精品有执着的坚持和追求。他们对自己的出品几近苛刻，如果任凭质量不好的产品流通到市面上，这些日本工匠会将之看成一种耻辱，与收获多少金钱无关。在日语中"工匠"被称为Takumi，用一生的时间钻研，做好一件事在日本并不鲜见。

软件尤其是金融软件中的工匠精神并不多见，因为从根本上来说，软件的设计和编程是项目达到最终目的，实现MOV的一部分，把软件开发本身作为极致追求对金融科技项目来说是危险的。[②]最终用户并不热衷于了解软件设计的精美和运转完美无缺，他们更希望软件能够解决当前面临的问题。

根据不完全统计，日本科技工业中软件的平均问题数量（Bugs）要比美国软件工业低50%，其中由于用户需求导致软件问题的比例比美国同行要低40%，由于设计问题导致软件出错的比例要比美国同行低25%，然而日本的科技软件行业却在2000年以后将重心逐渐转移到了大型基建和工业零件而不是金融科技。[③]工匠精神并不能作为金融科技质量的唯一原则。

────────────────────────────────

然而，无论是20世纪的统计理论还是日本的工匠精神，这些质量管理模型对于金融科技项目来说不但不全面而且还有可能让项目团队无可适从。基于工业时代的统计质量管理体系无法适应金融科技项目对于产品质量苛求的同时对产品投放市场的时效性需求；而匠人精神过于追求完美的态度忽视了金融科技项目开发周期的限制和严格的成本控制。最重要的是，金融科技项目的最终目的是商业价值，质量管理的目的是确保商业价值的体现，而不是

────────────────────────────────

① 中国精细化管理研究所——日本工匠精神：一生专注做一事。

② Programming is not a craft – Dan North.

③ The Economics of Software Quality – Jones Capers P229.

一味追求至臻完美的产品本身。

金融科技项目的质量管理原则

经典的软件项目管理理论把项目质量管理总结为四个不断循环的环节：[1]

• 项目质量管理的计划，包括制定质量管理的标准、流程、指标和工具并且生成质量管理的指引文档

• 项目质量控制的检测，包括审查项目团队是否遵守项目质量管理的计划执行项目质量控制并且行之有效

• 项目质量控制的分析，包括收集、分析质量控制的结果并且确认是否符合设计要求

• 项目质量管理的不断完善，包括识别项目质量管理执行和分析过程中的最佳实践或者问题并且加以总结

在金融科技领域，项目利益相关人较多，产品的商业需求可能会不断变化，项目的MOV可能和企业的长期战略息息相关，因此项目团队对质量管理的理解和要求肯定也不尽相同。项目经理可以考虑领导团队一起创建并且遵循一些质量管理原则，有时候这些原则来自历史经验，有时候来自资深技术人员，关键是这些质量管理原则应该能够指导项目团队，确保项目流程和最终结果都符合实体需求。

原则一：关注核心用户的核心满足点

这里的核心用户可以是外界的最终用户，也当然可以是内部用户，对于核心用户的认知和理解是质量管理的基础。很多时候金融科技项目的产品设计复杂，系统内部逻辑严谨，但是核心用户也许接触使用的产品特性仅仅集

---

① Information Technology Project Manage – P235.

中于其中一个面甚至一个关键点，对于项目经理来说，整个项目的质量管理流程必须做到能够高度注重对核心满足点的打磨，确保从需求到开发都充分考虑核心用户的感受体验。

原则二：避免返工

对于金融科技产品的开发，质量管理应该是贯彻于整个开发流程中的，而不是依赖于完工以后的质检，金融行业的人力成本高昂，返工的代价又比一般软件开发产生更多的额外消耗，因此避免返工也是质量管理的重要原则。对于这个原则，经典的项目管理理论更进一步要求把项目本身的管理流程质量和产品及可交付物的质量并列，共同作为项目的质量衡量的一部分。[1]

原则三：不要因为同样的错误流程重复类似的问题

流程不仅包括实际开发流程，也包括用户需求的采集分析流程。如果发现质量问题，项目经理应该及时追根溯源，调查分析流程和产生问题的过程，一旦确认与开发流程有关，应该能够及时修改避免类似问题再次出现。

原则四：量化的质量管理框架往往更有效

无论是软件问题（Bug）还是最终用户容错的限度，量化的质量管理框架能够给项目开发团队带来更加简单容易做到的指标和目标，因此也能够帮助项目开发团队不断提高开发成功的机会。同时量化的质量管理框架也能增强项目利益相关人对目前开发进度和产品质量的了解，增加对项目完成的信心。

原则五：产品特性缺失或者MOV效果不明显也是质量问题

除显然的软件问题以外，对于项目MOV的偏失也是金融科技行业质量

---

[1] Effective Project Management, Traditional, Agile, Extreme – Robert K. Wysocki.

管理的重点原则。如果最终用户的核心需求在于产品特性，而开发团队交付的最终产品的特征不完整，这就是严重的质量管理问题。

金融科技系统的质量管理要点

根据这些基本原则，开发和质检团队（Quality Assurance）会设计测试脚本和测试方案，在开发的过程中，一些问题和漏洞会逐渐出现并且得到修补完善，下一步就是着重讨论和金融科技系统有关的质量管理要点。

• 数据是质量

无论是面对最终消费者还是作为企业内部商用系统的一部分，金融科技系统都需要强调数据在质量管理过程中的重要性。数据的准确性是基本要求，无论是支付系统还是券商系统，在开发过程中必须确保商业数据能够正确完整地从上游流转到下游系统。一般来说，项目经理应该能够出示整个系统的数据导向图，向项目利益相关人详细演示具体哪些数据从哪些上游系统流转到哪些下游系统。这样的数据导向图同时也能够帮助开发团队识别数据流向的完整过程，从而确保测试方案能够从数据角度覆盖整个系统生态。数据的及时性和全面性也是金融科技系统质量管理的关键要求。这里的及时性包括两点，一是真正的商业数据能够在预定的时间内及时流转；二是系统需要的元数据（Metadata）也必须能够在预定的时间内及时流转，根据系统架构的要求，下游系统需要的元数据可能和真正的商业数据一起传输，但也有可能是从其他辅助系统传输流转。例如，股票交易完成以后交易代码和成交数量从交易系统传输到清算系统，但与此同时，用来描述这笔交易的交易产生时间和配对完成的服务器代号，以及这笔交易的唯一主键（Primary Key），也需要及时从各种辅助系统传输流转。开发团队在测试方案设计和执行过程中要注意，很多时候使用脱敏数据开发，但是很可能会需要全真数据进行全面性测试，确保元数据和商业数据的生成和传输都测试成功。

●安全是质量

金融科技系统的安全性不言自明，对应的质量管理环节包括保密性、权限范围、对黑客攻击的抵御能力相关的设计和测试。这里的保密性是指包括商业数据和元数据在内的系统数据能够在整个传输过程中保证安全，一般需要确认物理环境的保密和系统环境的保密。物理环境就是系统所在的机房和数据中心应该有专门的保密条款和企业政策，系统环境就是软硬件系统模块都能够确保自身安全保密以及数据传输的安全保密。一个比较好的建议是设立企业的首席信息安全官（Chief Information Security Officer），从而建立信息安全框架作为所有项目的安全指引。仅仅加密确保数据传输的安全远远不够，更重要的是确保最终产品的权限范围设计符合要求，测试方案应该包括两个基本要点：确认用户身份和用户权限范围。用户身份的确认就是通常所说的用户自己提交的身份和用户实际身份的一致性；用户权限范围就是用户仅仅能够使用权限许可之下的模块或者数据。在实际测试过程中，应该考虑模糊测试，即通过杂乱无关的输入数据测试系统反应。抵御能力是任何金融科技系统质量安全方面最具有挑战的测试过程，尤其是对面向互联网最终用户的金融科技产品，每时每刻都会面临网络攻击和黑客入侵，如何防范降低系统受到攻击的可能性以及提高在受到攻击时的抵抗防御能力，是项目质量管理的重要任务和挑战。对于项目经理来说，最好能够提交完整的系统安全设计和测试方案，即能够让项目开发团队所有成员在开发产品特性的同时随时能够整合系统安全考量，同时也能够不断和项目利益相关人沟通确保系统安全得到足够理解和重视。最后，很多时候可以考虑使用第三方白帽黑客团队作为最终防御能力测试方案的一部分[①]，虽然会增加预算，但能够在不增加工期的前提下降低安全隐患。

---

① 每日经济新闻，2018 年 11 月 30 日。

万豪喜达屋酒店数据库信息外泄的警示

BBC 11月30日报道，全球最大的连锁酒店——万豪国际酒店集团（以下简称万豪）多达5亿人次的详细个人信息可能遭到泄露。万豪方面表示，一项集团内部的调查发现，自2014年以来，一名攻击者一直都能够访问该集团喜达屋（Starwood）部门的客户预订数据库，但公司在上周才发现这一问题。万豪在一份声明中表示："公司尚未完成在数据库中识别重复信息的工作，但认为这个数据库中包含了大约5亿人次预订喜达屋酒店客人的详细信息。"BBC报道中称，这5亿人次中，有大约3.27亿人次的包括姓名、邮寄地址、电话号码、电子邮件地址、护照号码、账户信息、出生日期、性别以及到达和离开酒店的信息已被泄露。万豪方面还补充，可能泄露的还包括加密的信用卡信息，且不能排除加密密匙同时被盗的可能性。"我们对这一事件的发生深感遗憾。万豪已向执法部门报告了这起事件，并将继续配合、支持他们的调查。我们也已将此事向监管部门进行了通报。"万豪酒店集团在一份声明中写道。万豪CEO阿恩·索伦森（Arne Sorenson）在声明中表示，该集团将向那些受到影响的客人发邮件。此外，为了向信息被泄露的客人提供更多信息，万豪已经搭建了一个网站，还将向其在美国和其他一些国家及地区的客人提供为期一年的欺诈识别服务。

另据NBC报道，此次万豪遭遇的数据泄露可能是史上规模最大的黑客入侵事件。2016年，雅虎约30亿个账户遭到黑客攻击。2015年早些时候，运动品牌安德玛（Under Armour Inc.）称约有1 500个公司旗下APP的账户信息被泄露。

资料显示，万豪集团在2016年3月曾斥资136亿美元收购喜达屋酒店及度假酒店国际集团，创造全球最大的连锁酒店。合并后公司将在全球拥有特许经营超过6 700家酒店，客房总数达110万间。

● 体验是质量

金融科技系统的最终目的是商业价值MOV的体现，理解并且不断优化用户体验是达到并且提高MOV的重要过程。从用户体验的角度来看，金融科技项目质量管理的核心包括界面使用的友好程度、产品特性的完整程度和整体的流畅程度。界面使用的友好程度很容易理解，如果是移动端的产品，那么用户能够很容易在手机上应用，如果是企业内部系统的一部分，那么项目的结果能够让内部用户更方便快捷准确地达到工作目的，对这些需求的测试都是项目质量管理的基本要求。产品特性的完整程度略有不同，金融科技产品系统复杂，很多时候产品的特性需要多个系统模块合作才能体现，因此对系统特性的测试包括各个不同模块的系统整合测试，甚至需要包括必须的人工互动环节。流畅程度主要标准是速度和稳定性，由于金融科技产品的时效性很强，系统在压力之下的表现通常要精确到秒甚至毫秒，如果系统表现不能达到预定要求，整个项目也就无法体现MOV。对于此项挑战，项目经理可以考虑增加预算开发自动测试脚本，通过长时间不间断地自动运行一系列指令测试出系统可以承受的压力极致，从而作出对应的决策。自动测试目前已经是整个金融科技行业必不可缺的质量管理工具。

自动化测试提高产品质量

在软件测试过程中，使用特制的软件（不是需要被测试的目标软件）来控制执行测试过程并且自动比对预期结果和实际测试结果的过程称为自动化测试。一般自动化测试能够通过计算机执行原来由人工完成的重复性高但是必须的正规测试流程，或者执行一些人工很难做到的测试流程，如高频率的输入和输出等。金融科技的项目输出的产品或者可交付物一般都有生命周期，很少会出现项目完成万事大吉的情况，因此自动化测试的脚本和流程会被不断重复使用。每一次的产品升级、系统整合、监管要求的更新等都需要相应的系统改动，用自动化测试完成基本模块的测试流程再进行有针对性的人工测试比较高效合理。

　•平衡企业的愿景和对质量管理的现实需求

　　对于金融科技项目的质量管理，最后还要考虑企业的愿景和对质量管理的实际需求，很多初创金融科技企业对项目的质量需求和大型投行肯定不同，项目经理对质量管理的把控显得尤为重要。作为专业的管理人员，项目经理容易陷入先入为主的怪圈，就是运用自己熟悉的项目计划和管理方式去管理初创企业的核心项目，最后往往事倍功半。对于初创企业的核心项目管理，项目经理可以借鉴创业者本身的一些重要思路，从最重要的实际商业实务出发，理解项目对于创业者的核心价值和最终目标，理解哪些产品特性对于最终用户是有价值的，而不是过分强调过于抽象的质量管理体系。具体做法可以参考"精益创业"里面反复提到的"我们要做的是集中精力，尽量把反馈循环流程的总时间缩减到最短，这就是驾驭新创企业的精髓所在……"①作为初创企业的管理人员，项目经理需要和开发团队并肩作战，第一个产品发布一定是不完美的，可以发现质量问题及时反馈，与项目利益相关人协调分析，及时作出决策。这样的决策可能是修改不关乎核心MOV的产品特性从而避免质量问题，也可能是重新划分项目实施阶段，在尽快上线获取商业价值的同时继续开发下一阶段产品，这样的"敏捷开发"思路就与传统企业完全不同，但却非常适用于初创企业项目的质量管理。对比上面的质量管理原则，也许这种开发流程具有相当大的风险，甚至违反了用户体验就是质量的原则，但作为项目经理最重要的恰恰是不能过于教条化，原因很简单：作为初创企业在不断创新的金融科技行业，项目利益相关人在项目初始假设的用户体验和产品特性也许并不准确或者并不完全，在开发和推向市场的过程中发现的产品特性的缺失也许并不构成质量问题，因为用户并不真的在乎这些特性，但这样的相对"低质量"的产品缺能够为企业赢得宝贵

---

　　①　精益创业（The Lean Startup）P056。

的时间和市场反馈的意见，为下一步开发打下坚实的基础，这也立刻成为项目相关的MOV。[①]

—| 从MVP到"现地现物"——借鉴日本企业的质量管理 |—

对于创新型企业来说，最重要的是把概念转变为产品，但这些新开发的产品很可能是实验性质的，这些实验的结果是让企业创建并提高可持续的商业模式。对于企业来说，测试过程中的信息比利润更重要，因为这些信息影响并塑造下一轮的想法和概念。

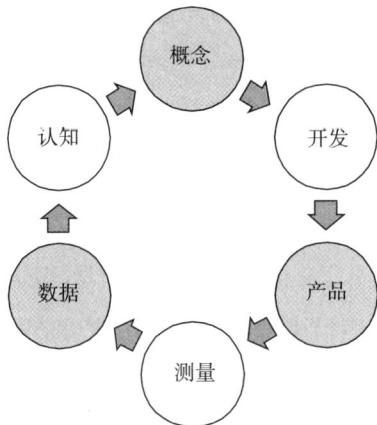

图7-1 从确立概念到提高认知的创新过程

有了概念，通常第一步要做的是一个最小可行产品（Minimum Viable Product，MVP），可以用最少的力气和最短的时间经历一次这个循环。当进入"测量"阶段时，要确认产品开发的努力给企业真正的发展，再完美的产品没人想要，即使再按时完成也无关紧要了。

为了能够收集第一手的数据，日本企业的管理层通常亲临第一线深入市场调研以便掌握第一手信息为下一步作出商业决定，这种做法称为"现地现

---

① 精益创业，Eric Ries P64。

物"，强调通过亲临现场实际操作了解市场对产品的实际反映，尽可能接近问题本质，客观高效地作出商业决定。这个词源于丰田汽车的精益管理，目的是在现场找到作业流程中或者系统存在的问题，不仅要了解产品的质量如何提高，也要找到流程如何进一步改善的方法。

金融科技项目风险管理的定义

与项目质量管理息息相关的是项目的风险管理，经典项目管理理论定义项目风险管理为"识别、分析、响应项目全生命周期内的风险，并最好地满足项目目标的科学与艺术"[1]。

在金融科技项目中，作为项目经理，项目风险管理就是通过设立风险管理计划，不断识别分析基于金融行业或者科技能力可能产生的已知或者未知的风险，然后通过不断监控反馈努力消除风险，使项目顺利完成，达到预期MOV的过程。

化未知为已知的约哈里窗口

2002年时任美国国防部部长拉姆斯·菲尔德在国会听证中说了下面这段话，作为他对地区局势风险理解的依据，这段话迅速走红整个网络，成为记者和政客茶余饭后的笑料。

"Reports that say that something hasn't happened are always interesting to me, because as we know, there are known knowns; there are things we know we know. We also know there are known unknowns; that is to say we know there are some things we do not know. But there are also unknown unknowns – the ones we don't know we don't know. And if one looks throughout the history of our country and other countries, it is

---

[1]　IT 项目管理 P316。

the latter category that tend to be the difficult ones."①

译文：我对任何针对未发生事件的汇报都感兴趣，因为我们知道，有已知的已知，就是说我们知道我们已经知道的情况。我们同时知道，有已知的未知，就是说我们知道这些是未知情况。但同时还有未知的未知情况——就是说我们不知道这些情况的存在。纵观历史，后者通常更难。

不过，对于职业项目经理来说，这段话的确有其合理性。对于任何项目的风险管理，的确需要探索未知的风险逐渐化未知为已知，然后才能分析并且生成对策化解风险。

拉姆斯·菲尔德的证词来源于心理学范畴的约哈里窗口（Johari Window），主要是用来解释每个人对于自身和他人关系认知程度的工具。②

已知风险、可预测风险和未知风险的监控和防范。在项目初期，项目经理对于开发团队内部的风险是了解的，对于项目外部金融行业的法律法规也是了解的，但这并不能说明这些潜在风险不会成为问题，因此需要对这些"已知"的风险列表，分析如何增强相对应的风险监控和解决能力。例如，开发团队相对经验欠缺成员的成果也许会需要团队经理或者资深的开发人员检查，同时也需要额外的测试时间，这是一个"已知"的会发生的风险，监控方式就是开发团队经理复查，风险的解决方式就是额外测试时间。又如，国家相关法律法规对目前项目生产的最终产品具有严格的监管，如果不符合监管要求产品将不能上线，这又是一个"已知"的会发生的风险，监控方式是商业部门要和法务部门合作确认相关法律法规的具体内容和对产品设计的额外需求。随着项目的推进，很多"未知"但可以"预测"的风险就开始显现，项目经理也许预料到在从原型产品开发到可以上线的过程中会产生产品速度欠佳或者表现不到位的风险，但同时并不知道详细的问题会出现在哪里，因此这样的可"预测"但具体"未知"的风险就成了此时风险管理的主

---

① 美国国防部存档，http://archive.defense.gov/Transcripts/Transcript.aspx?TranscriptID=2636。

② https://en.wikipedia.org/wiki/Johari_window.

要对象。这样的风险通常还是以项目开发团队内部风险为主，项目经理还是可以通过和开发团队沟通理顺风险的产生逻辑，从而确立对策。

最难以确认的风险来自项目外部，即"不可预测"的"未知"风险。这样的风险既不是项目经理或者项目利益相关人能够事先预料到的，也不是通过与项目开发团队沟通就能有效解决的。例如，最直接的就是突发的恶劣天气导致关键停电或者通勤之类的问题，开发团队无法工作显然就是一个难以预测的未知风险，或者某大型竞争对手忽然决定进入同样的市场竞争，项目团队不得不中断当前的工作，分析竞争对手的战略和产品特性。对于前者自然原因，一般的项目计划中都应该包括应急措施和灾难备份措施，对于后者外部竞争者带来的风险，一般会对项目进展产生较大威胁，需要项目经理和团队识别分析风险，考量如何应对，很多时候会对项目设计产生比较大的修改要求。

监管合规风险。随着金融科技行业的不断发展，独立的金融科技公司在推出创新产品的同时，也面临一个复杂的局面——由于这些金融科技公司的壮大极大地改变了金融行业的面貌，它们本身也越来越受到各国监管机构的关注。从移动支付到智能资管，这些新型金融科技服务和传统商业银行和投行的界限日益模糊。如何在管理产品质量的同时确保商业行为合法，监管合规就是一项重要的挑战。美国审计总署在2018年3月出版的调查报告中指出，金融科技产品风险和传统金融产品相比并没有什么区别，但现有的法律法规不足以对这些新型产品作出相应的规范，对此各大监管机构应该互相协调，对金融账户的总和风险加以监督控制，评估是否采取与其他国家监管机构类似的做法对金融科技行业进行监管。[①]对于金融科技项目经理来说，理解并且评估合规需求是项目运行的必要前提，反之如果对本行业的合规需求预计不足则是项目运行的重要风险。在全球主要发达经济体内部，金融行业的监管体制各有不同，积极理解监管体制从而确立风控的最佳实践，在追求产品特性创新的同时平衡质量和合规要求。

---

① https://www.gao.gov/products/GAO-18-254.

| 金融科技先锋罗宾汉证券进军银行业的"巨大失败" |

使用绿林好汉罗宾汉作为企业的名字并且立志挑战华尔街券商，这是一家从诞生之日就备受关注的金融科技公司。2013年12月罗宾汉证券在纽约成立，创始人Vladimir Tenev和Baiju Bhatt都是华尔街高频交易圈的老兵。罗宾汉证券成立30天就收到了10万顾客的申请，两个月以后创始人就收到了彭博社和CNBC电视台的采访邀请，原因是对于华尔街券商行业来说，罗宾汉证券的商业模式的确具有颠覆意义：使用罗宾汉证券的手机应用交易美国上市的股票和基金佣金为零——完全免费！因此，毫不奇怪罗宾汉证券80%的用户都是喜欢金融科技的千禧一代。2017年，罗宾汉证券接受了来自Josh Kushner（即特朗普总统的女婿库什纳的弟弟）的投资，《华尔街日报》估计罗宾汉证券的估值已经达到56亿美元。

2018年12月，雄心勃勃的罗宾汉证券完成了"现金管理项目"准备进军银行业——宣布罗宾汉证券的用户将能够在同样的平台上开设支票和存款账户，不但完全免费，而且保证年收益率3%！由于美联储将近十年的货币宽松政策，2018年美国银行业支票账户的平均年收益率大概是0.08%，罗宾汉证券支票账户的年收益率将是全国平均水平的30倍！然而，仅仅一天之后的12月14日，罗宾汉证券官网刊登了创始人的道歉信，"现金管理项目"也悄悄地从主页上消失了。

"昨天我们宣布将在2019年启动现金管理项目产品，对此我们一直兴奋无比。不过，我们认识到昨天的声明导致了一些混乱。作为持牌券商，我们受到严格监管并且对所有的沟通都有严格要求。我们计划紧密配合监管机构，重新改版产品和市场营销内容，包括产品名称，然后再重新启动现金管理项目。"

CNBC在12月17日发布的新闻称罗宾汉证券进军银行业的项目显然遭到"史诗般的失败"（Epic Fail），因为作为一家新型的金融科技企业，这个重要的项目竟然没有咨询过相关的监管机构。罗宾汉证券向客户宣称支票账户受到美国证券投资人保护公司SIPC的保护，这句话多少有点"文不对题"，因为通常支票账户受到的是美国联邦存款保险公司FDIC的保护。"我们对（这个项目）毫不知情，虽然现在有很严重的担忧（项目不合规），但我们没有任何机会和这家券商沟通，因为他们在项目上线之前从来没给我们打过一次电话，也没有和证监会沟通过"，SIPC的总裁Stephen Harbeck指出，"（暂时下线这个项目）是负责的选择，下一次他们就知道要先瞄准然后再开火了（aim before they shoot）"。[1]

如何控制金融科技项目的内部风险和外部风险

美国货币管理署在2018年12月发布的年度金融行业风险报告中指出，随着金融科技的日益流行，银行业推出了新产品和新的支付渠道，这些新科技在推广科技应用的同时也增加了银行业的风险头寸。[2]

具体来看，金融科技企业尤其是初创企业面临的风控要求可以分为外部风险的控制和内部风险的控制。外部风险来自宏观环境、市场竞争和监管机构的合规要求；内部风险主要集中在项目的设计和运营层面上。首先就是项目商业模型设计自身的未知缺陷。作为创新的产品或者新型的解决方案，金融科技项目的开发通常会基于一定的商业模型，这样的模型可能是数据分析模型，也可能是自动化的流程模型，然而随着项目开发的深入，海量数据的不断涌入和产品计算能力的增强，一些原先未知的缺陷逐渐凸显出来，成为项目推进的风险。如果不能够及时发现并且大大降低这些风险，从而弥补这样的缺陷，这样的项目有可能会给企业的盈利和商誉带来巨大损失。内部风险还可能来自金融产品的模型存在的缺陷或者第三方供应商相关的问题。项目经理的挑战是在兼顾外部风险和内部风险控制的同时推进项目进步，不断

---

[1]　CNBC 新闻，https://www.cnbc.com/2018/12/17/what-fintech-can-learn-from-robinhoods-epic-fail.html。

[2]　https://www.occ.gov/news-issuances/news-releases/2018/nr-occ-2018-131.html。

发现项目开发面临的风险，理解风险的急迫性和重要性同时制定对策解决或者降低风险。

• 大量金融机构在全球各主要经济体之间运作，金融科技的应用很多也是全球化的。全球的政治经济风险上升是首要的宏观外部风险。英国脱欧、特朗普当选美国总统等事件都会在不同程度上导致监管机构甚至监管法规的变革，由此产生的风险无论对传统银行还是初创的金融科技企业，都是需要时刻关注的问题。

• 监管机构和监管立法的复杂程度在加深，监管方向的不明朗性也在加强，对于大量新型金融科技企业来说，巴塞尔协议和多德—弗兰克法案这些昨天还与金融科技企业并无关系的法规也许明天就会引起市场关注。美国总统特朗普一再强调要重新审阅美国的金融监管体系，评价这些体系是否损害了美国企业的竞争力，这些言论都增加了金融科技企业判断监管方向的难度。

• 大量初创的金融科技企业对传统银行产生的竞争压力显而易见。在当前低利率低增长的环境下，传统银行并不会具有很大的规模优势，在市场竞争的压力下，传统银行是否会采取过于激进的策略通过运用类似的科技与金融科技初创企业在相同的领域展开竞争，从而导致银行系统的产品战略失衡，加大系统风险也是监管机构关注的外部风险。

• 监管机构在现有法规的框架下对金融科技的应用对市场公平的影响深表忧虑。人工智能和大数据的应用是否从本质上导致金融服务的借贷的不公平性，银行内部风控系统在这些科技应用的过程中维持有效还是对具有不同科技能力的顾客产生一定程度上的偏见，这样的偏见是否能够通过内部风控系统反映出来，都是美国货币总署在同样的报告中一再强调的内部风险。

• 随着大量金融科技初创企业的发展，越来越多的案例显示这些企业的主要创新金融产品集中在银行的客户获取和与手续费相关的价值链上，而不是银行使用自身资本为客户提供存贷款服务上。这样的商业模式导致传统银行的服务碎片化，内部风控机制也许根本无法控制下游外部合作企业的风险，这样的情况也是令监管机构相当担心的内部风险。

• 金融模型的广泛使用也是相当重要的内部风险。作为金融科技应用的一部分，大量传统银行对模型的依赖程度增强，一方面大数据的应用使金融模型的开发和测试更加高效；另一方面银行内部的风控系统却并没有因此变得更加有效，两者叠加在反常情况出现时，金融模型的运行风险不可忽视，正如摩根大通在著名的伦敦鲸事件中不但损失高达60亿美元，还不得不为此支付约8亿美元的罚金，并"史无前例地承认自己存在过失"。[①]

——│ 摩根大通风险管理失误，伦敦鲸事件导致巨额损失 │——

摩根大通伦敦首席投资办公室（Chief Investment Office，CIO）——官方职能是用以管理信贷资产组合所面临的利率、汇率等风险的风险对冲部门，业界普遍认为是摩根大通的自营部门。

2012年5月13日，摩根大通CEO吉米·戴蒙宣布，由于CIO的巨大敞口和交易策略失误，导致该行在近一个月中亏损约20亿美元，未来亏损面还可能进一步扩大，并公开就伦敦鲸事件对整个金融市场的恶劣影响向社会公众道歉。交易亏损消息公布后，5月11日，摩根大通股价暴跌9.3%，收报36.96美元，市值蒸发150亿美元。全球三大评级机构对此快速反应。惠誉声明将摩根大通评级从AA-级下调至A级，标准普尔也将摩根大通评级展望从"稳定"下调至"负面"，质疑其过于复杂的风险控制和避险策略存在缺陷。交易亏损引发了摩根大通的人事动荡，CIO掌门人伊娜·德鲁因此离职。该事件对欧美金融行业产生了一定的系统性影响。市场对银行风险内控缺失和规模巨大的金融衍生品交易敞口感到担忧，同时，亏损事件还触发了监管机构对银行高风险自营交易实施更加严格的监管。摩根大通采

[①]　纽约时报中文版，https://cn.nytimes.com/business/20130917/c17chase/。

用多个指标来计量和监控风险，而CIO部门用来监控市场风险的主要工具是VaR模型。2012年1月末，摩根大通针对SCP采用了新的VaR模型。在摩根大通，任何模型在应用前都需要得到模型验证组的同意。模型验证组注意到针对SCP采用的新VaR模型的重大缺陷，有条件地通过了该新模型。但模型验证组提出的条件在CIO巨亏之前再无人提及。邮件记录证明，CIO向模型验证人员施加了压力，加快了验证速度。模型验证时处于一个敏感的时间，当时公司VaR限额被CIO的VaR上涨所突破。公司CEO戴蒙批准临时上调VaR限额，但只给了半个月的时间。模型验证组受到各方面的压力，最终草草了事。后来事实证明，新模型的效果不佳，导致测算的结果出乎意料，摩根大通据此来执行投资策略时承担了超出预期的风险值。直到2012年5月初，VaR模型分析和执行错误才被发现，摩根大通又推翻新模型，重新采纳原来的模型。[①]

• 金融市场上对借贷和杠杆的使用从本质上来说是会带来信用风险的。对金融科技产品来说，这样的信用风险可能与项目本身的设计和开发并没有多少关联，但却和项目的前提和假设的市场行为有关。如果本项目是开发支付产品，那么前提就是付款人账上有钱或者借钱会还；如果本项目是开发金融机构之间的交易系统，那么这样的交易系统就必须和金融机构现有的信用系统和清算系统对接，否则这个项目就无法上线。在这些基本原则上拓宽思路，就可以理解如果金融科技产品需要和社交媒体平台对接，那么就需要增加系统中计算信用历史和消费习惯的模块，或者开发独立的估值模块，根据金融机构提供的质押品数据在交易之前计算如何估值等。项目经理应该了解相关的商业背景知识，能够和风控经理一起确保项目的设计和构架符合信用风险控制的要求。

---

① https://www.weivol.cn/2018/01/london-whale/.

┤ 诈骗率上升，Venmo 措手不及 [①] ├

2018年1月Venmo公司为了增加营收，推出一系列新功能——用户可以通过支付很少的手续费将存款从Venmo账户实时转账用以支付优步和其他几百家类似的新兴网络服务供应商，这项服务被称为"即刻转账"。始料未及的是，在这个新项目上线不久，Venmo就发现诈骗率急剧上升，因为这项服务让用户方便即时转账的同时也让恶意诈骗者更容易得手。更糟糕的是，为了防止损失扩大，Venmo公司不仅暂停了这项服务，而且还把数万个账户列入可疑账户加入黑名单，最后干脆暂停了在其官网上的支付转账服务，仅允许用户在手机应用上进行转账。这些应对措施虽然及时，但激怒了正常合法的用户，大量愤怒的投诉和留言塞满了公司客服信箱；与Venmo合作的银行也不得不重新审视这样的合作关系。据Venmo公司内部调查报告显示，当年第一季度Venmo的商业支付总额只有1 600万美元，不到预计的一半，主要由于诈骗损失几乎在1个月内上升了一倍，导致当年第一季度的营运损失达到4 000万美元，比预计高出40%！

《华尔街日报》评论道："Venmo的诈骗率上升难题显示出金融科技公司都面临的难题——如何为合法用户创新同时不让非法诈骗者更容易得手。银行和金融科技公司都不得不面对用户支付方式数字化的同时必须打击网络诈骗的难题。"

对于金融科技项目而言，监管合规风险是一项更加重要却难以衡量预测的风险。由于金融科技发展迅速，全球发达国家对于金融科技的监管范围开始扩大，具体合规要求也日益详细。一方面，消费者对于大型金融机构自身运营风险和对消费者保护不力的风险容忍度不断降低；另一方面，各国政府对通过金融创新手段避税等非法商业行为的打击不断增强，结果是各国监管

[①] 《华尔街日报》，2018年11月24日，Venmo Caught Off Guard by Fraudsters。

机构在过去10年内陆续出台各种合规要求和金融监管方面的法律，不断对大型银行和金融机构的运营增加监督和约束，对市场营销和信息采集之类的商业活动的规定也日益严格，而后者很多时候是金融科技企业的细分市场。这些合规要求对金融科技项目风控的影响是显而易见的：[1]必须在监管框架许可范围内优化财务结构，同时理解原则合规而不仅仅是字面意义的合规，最好还有合规自动化。与之相应的解决方案就是测试、测试再测试。金融科技项目的回溯测试不仅要包括现有的数据，还要包括杂乱无章的无效数据，不仅要包括目标市场的脱敏数据，还需要过去多年的实际数据以确保回溯测试的实际作用，这些都是质量控制的范畴。

与商业模型设计有关的内部风险还有自身免疫缺失的风险。现在的金融系统庞大且复杂，很少有任何产品能够独立存在，因此在与上下游互相对接的过程中要注意产品设计能够拥有一定程度的自身免疫能力。例如，如果上游系统是面向互联网最终用户的，那么一旦上游系统被黑客入侵，下游系统应该拥有相对独立的防止黑客继续入侵扩大战果的能力，有效阻止问题的蔓延也是风控面临的挑战。类似的情况是金融系统在商业架构上也是互相衔接紧密合作的，那么如果发生类似2008年的信用危机，目前的金融科技产品是否能够根据市场数据及时有效发现市场存在的风险并且提出预警？金融系统之间的关系越紧密，风险扩散蔓延的速度就越快，因此每个系统的设计团队都有责任做到及时发现风险，降低风险。

对于再强大完美的金融科技产品，最大的风险显然来自内部人员，最后一点就是对内部人员相关的风控问题。这里的内部运营风险包括欺诈、非法获取客户隐私资料、洗钱或者给非法组织融资等由于金融产品或者科技系统缺乏足够的运营控制（或者保护），从而产生的与内部人员有关的风险。[2]欧盟巴塞尔协议里面对此有详细的清单：

---

[1]　The Future of Bank Risk Management by McKinsey & Company.

[2]　What Every FinTech CEO Should Know About Risk Management.

• 内部欺诈——包括受贿在内的内部人员有意挪用金融资产、逃税，高估或者低估金融资产的行为；

• 与客户或者产品或者商业行为有关的实践问题——例如能够操纵市场、不正当交易、信托不当、账户挪用等；

• 执行、送达或者过程有关的管理问题——数据输入错误、会计记账错误、监管资料汇报不全等。

目前，各国政府和监管机构并没有就是否应该将金融科技企业和金融科技产品归属于符合传统意义上银行、证券、保险等金融机构有关的合规风险控制范围之内达成共识，但随着金融科技和传统金融机构的界限日益模糊，金融科技项目的合规要求日益严格是情理之中的事情。

金融科技企业风控三层防线

金融科技的初创企业崇尚创新，然而传统金融企业管理范畴的风控三层防线仍然是各国监管机构普遍认可的风控实践。①

• 第一道防线是产品的实际运行部门对风险的控制具有直接的、端到端的责任和义务。新型金融科技产品的开发和测试可以在同一个项目团队，但应该考虑由不同部门（属于不同项目利益相关人）的人员负责完成，尽管这样做有可能造成一定意义上的责任重叠；同样道理，很多企业会要求第二道防线的管理人员同时也承担产品的风险职责，加强第一道防线的力度。②

• 第二道防线是内部风控部门，包括监管合规、质检、项目管理等，这些部门对风险拥有监控和防范的责任，同时负责实施风险核查的任务。在项目的开发过程中，重视金融模型的开发和测试过程，尽量降低测试过程中人工修改的需要，回溯测试尽量自动完成，这样才能达到和监管原则相符的要

---

① Governance of risk – Chartered Institute of Internal Auditors，2015 年 12 月。

② 德勤咨询，The Future of risk in financial services，2017 年。

求。与实际运营部门紧密合作，在出现监管法规和客户需求改变的时候及时沟通，对产品特征进行"没有偏见"的更新和发布。

• 第三道防线是内部审计部门。一个独立的内部审计部门通过标准的风控流程对整个企业的产品质量和运行风险进行审计，得出企业风控的有效程度和需要改善的重点，并且向管理层汇报。作为内部审计部门，对企业最高层有风控战略建议的责任，根据审计结果需要及时提出数字化的工作流程更新建议或者是第三方供应商在项目推进过程中的表现评价等，对未来风险具有防范在先的洞察力。

千禧一代成为"忍者客户"的风险

NINJA "忍者客户"来自著名电影《华尔街2：金钱永不眠》，主人公高登·盖克在对千禧一代的大学生进行演讲时提出了NINJA，具有强烈的现实主义色彩："You are all pretty much screwed. You do not know it yet, but you are the NINJA generation. No Income，No Job，No Assets. You've got a lot to look forward to。"翻译成中文为："你们活得很糟糕，你们自己还不知道但是你们就是忍者一代。没有收入，没有工作，没有资产。你们的前景真是令人憧憬。"不过，成为这样的"忍者一代"并不妨碍千禧一代拥抱金融科技，尤其在数字化金融科技普及的中国。根据安永咨询和星展银行的一项联合调查，中国千禧一代在金融科技消费市场占比高达45%，这些"数字原生代"具有更高的金融风险容忍度和消费倾向，引领中国移动支付的普及，66%的"90后"通过移动设备购物，54%通过移动设备办理银行业务。[①]

---

① 安永、星展银行报告，中国金融科技强势崛起，2017年1月。

中国金融科技的风险和监管动向

过去几年，金融科技产业在中国的发展很大程度上得益于相对包容的监管环境，对于金融科技这样的新兴事物，"在起步阶段，监管环境是相对包容的，当时代表性的看法是，这些新的业态还处于发展的起步阶段，不知道它的边界和传统的业态在什么地方，所以相对比较宽松，这也就给了中国这些互联网金融主体一个相对宽松的探索机会。"①不过，随着过去两年在金融科技领域的一系列问题逐渐显露，监管部门对于这些领域的风险关注不断增加，监管力度不断增强。2015年7月，央行等九部门联合发布互联网金融监督领域纲领性文件《关于促进互联网金融健康发展的指导意见》，金融科技终于将告别野蛮生长的时代，步入正规发展、合法合规的时代。

中国监管的核心要素就是"穿透式监管"，"就是对金融业务和行为追根溯源，穿透金融产品的表面形态，从最初的资金来源到中间的种种环节，与最终资金投向连接起来。根据金融业务和行为的实质明确所应受到的监管法律法规。"②从金融科技项目的开发过程来看，不但产品设计和运行需要符合监管要求，资金的流向和结构也需要符合不断更新的监管要求，仔细研究各项专业法规政策是确保项目合规的前提。

表 7-1　　　　　　2015—2017 年我国金融科技相关的风险整治政策

发布时间	发布机构	文件名称	对应项目类别
2014年3月	中国人民银行	《关于手机支付业务开展的指导意见》	支付类项目
2015年1月	中国人民银行	《关于做好个人征信业务准备工作的通知》	平台类项目，网贷类项目；大数据收集类项目

---

① 巴曙松：2017 中国金融科技发展现状与趋势。
② 金融监管蓝皮书 2018，主编：胡滨，金融科技创新与监管模式的新挑战。

续表

发布时间	发布机构	文件名称	对应项目类别
2015年7月	中国人民银行、工信部等十部门	《关于促进互联网金融健康发展的指导意见》	互联网金融领域最具有纲领性的文件；适用所有金融科技项目
2015年7月	保监会	《互联网保险业务管理暂行办法》	保险科技类项目
2016年4月	教育部办公厅和中国银监会办公厅	《关于加强校园不良网络借贷风险防范和教育引导工作的通知》	网贷类项目
2016年8月	银监会、工信部、公安部和国家互联网信息办公室	《网络借贷信息中介机构业务活动管理暂行办法》	网贷P2P类项目
2016年10月	证监会、中宣部、国家发改委、国家信访局、最高人民法院、最高人民检察院15部门	《股权众筹风险专项整治工作实施方案》	众筹类项目
2017年2月	银监会	《网络借贷资金存管业务指引》	网贷类项目
2017年4月	互联网金融风险专项整治工作领导小组	《关于开展"现金贷"业务活动清理整顿工作的通知》《关于开展"现金贷"业务活动清理整顿工作的补充说明》	网贷类项目
2017年5月	央行等17个国家部门	《关于进一步做好互联网金融风险专项整治清理整顿工作的通知》	综合政策，适用所有金融科技项目
2017年6月	互联网金融风险专项整治工作领导小组	《关于对互联网平台与各类交易场所合作从事违法、违规业务开展清理整顿的通知》	综合类政策，所有金融科技项目
2017年11月	互联网金融风险专项整治工作领导小组	《关于立即暂停批设网络小贷公司的通知》	网贷类项目
2017年12月	互联网金融风险专项整治工作领导小组	《小额贷款公司网络小额贷款业务风险专项整治实施方案》	网贷类项目

资料来源：亿欧网，https：//www.iyiou.com/p/53421.html；中国金融科技发展报告2018，主编：李扬，孙国锋。

全球最大的个人信用数据库——中国人民银行征信中心

2008年中国人民银行在上海浦东新区注册成立了中国人民银行征信中心，专门负责企业和个人征信系统（金融信用信息基础数据库）的建设、运行和维护。2013年发布施行了《征信业管理条例》，明确了征信系统是由国家设立的金融信用信息基础数据库，目前该征信中心在全国31个省（市、区）和5个计划单列市设有征信分中心。截至2015年，中国征信中心已经成为全球规模最大的信用数据库，包括自然人8.6亿多人，企业和组织信息近2 068万户，接入了商业银行、农村信用社、信托公司、财务公司、汽车金融公司、小额贷款公司等各类放贷机构；征信系统的信息查询端口遍布全国各地的金融机构网点，信用信息服务网络覆盖全国。根据中国征信中心官网，目前该中心已经出台以下7条与金融征信有关的政策法规[1]，见表7-2。

表7-2 中国征信中心出台的法规政策

时间	政策法规
2014年1月	个人信用信息基础数据库管理暂行办法
2014年1月	银行信贷登记咨询管理办法
2014年1月	征信机构管理办法
2014年1月	征信业管理条例
2014年3月	中国人民银行关于使用融资租赁登记公示系统进行融资租赁交易查询的通知
2014年4月	最高人民法院关于审理融资租赁合同纠纷案件适用法律问题的解释
2017年1月	应收账款质押登记办法

不过，同样作为全球知名评级机构的惠誉评级指出，中国征信中心数据库虽然庞大，但仍然只覆盖了中国1/4的人口，而且只拥有过去10年的历史记录，P2P平台的信用信息和企业级的债券市场信息目前并没有汇总进入这个数据库。[2]不过，这并不影响中国征信中心作为金融科技的重要基建平台

---

① 中国征信中心官网，http://www.pbccrc.org.cn/zxzx/zhengcfg/list.shtml。

② 惠誉评级官网，https://www.fitchratings.com/site/pr/997017。

和监管平台，中国征信中心官网首页的声明用红色字体明确说明"征信中心未授权任何第三方应用程序（APP）提供个人信用报告查询服务"。[①]

[①]　中国征信中心官网，http://www.pbccrc.org.cn。

第八章

从更新到创新
——金融科技项目的沟通和运维管理要点

作为读者，也许有人对这本书的封面感兴趣，有人觉得序言不错，有人觉得某一个章节引人入胜，每一个人的直观感受不同，因此感兴趣的部分也不尽相同。同样道理，任何项目也是千人千面。项目利益相关人、项目团队、公司高管层甚至外部最终客户都因为各自的需求不同，对项目的进展和更新的要求也不同；作为项目经理，提供项目状态更新的计划和实施方法也不同，这是项目沟通管理的范畴。

金融科技项目沟通方式、原则和风格

经典的项目管理对于项目沟通管理有比较严格的定义，因为许多专家认为IT项目的成功，最大的威胁是沟通的失败。[①]很大程度上这样描述的目的在于强调项目经理的个人背景——科技项目尤其是创新型的金融科技项目需要项目经理本身具有比较强大的技术背景，这样才能最快地理解整个项目的核心技术需求和团队的技术能力。然而，目前的教育体制一般对理工科学生都强调培训技能而并不会把沟通能力作为技术背景毕业生的首要生存能力，因此很多项目经理会觉得沟通是一项难以理解和掌握的技术。

项目更新的沟通更是如此，如何与项目利益相关人沟通目前面临的挑战和必须作出的妥协，如何告诉项目团队改变开发策略增加产出，如何真正理解在一个项目里面不同人的思想和动机不是一件容易的事情，也不是看一本书（包括这本书）就能掌握的技能；经验和悟性是成为一个优秀的项目经理必须经历的积累过程。不过，有些基本原则和实施方式能够有效地帮助项目经理适当高效地形成自己的沟通框架，收集基本数据和信息，从而为提高判断力和沟通能力做好准备，最终有意识地形成自己的沟通风格。

任何项目的更新沟通都需要一个沟通计划，金融科技项目也不例外。项目沟通计划需要考量的要素包括沟通对象在项目中的角色，项目开展之前和

---

① Information Technology Project Management，7th Edition P291.

进展过程中具体状态更新的频率和时效等。一个比较有效的方法是不断质问自己沟通对象是谁，他们需要或者更加喜欢怎样的沟通方式，过去哪些时候他们对怎样的沟通方式能够迅速理解而且作出反馈，对哪些沟通方式并不以为然？这些问题有助于项目经理梳理出最有效的沟通渠道和方式，而不是盲目地"一刀切"用同样的沟通方式和不同的对象交流，因为"一刀切"式的沟通通常并不能达到预期的目的。对于企业高层和项目担保人来说，也许最关心的是进展和预算，整个项目的综合状态更新，目前是否遇到任何障碍，有什么问题需要解决等相对宏观的问题。因此，比较有效的沟通方式可以考虑正式的、预先设定的每周每月的更新会议。这样的会议应该有文本文件作为议程和书面记录，任何决定和建议也应该立即向其他项目成员公布确保执行。对于开发团队来说，也许他们更关心及时有效的反馈，"目前谁在干什么，下一步哪些事情很重要"等听上去比较口语化的及时更新也许比正规的会议更有用。这里有一个沟通策略问题，内向的开发团队技术人员也许不擅长正式的双向沟通，但不影响他们和项目经理以闲聊方式互相交流更新，甚至他们更喜欢坐在电脑前面一边说一边比划，这些口头沟通不但能够帮助项目经理掌握第一手信息，也有助于项目经理和开发团队人员建立更紧密的合作信任关系。

表 8-1   项目沟通计划矩阵

项目利益相关人	内部/外部	沟通频率	沟通方式	沟通重点	所需文档
项目担保人/企业高层管理人员	内部	不频繁——如月度会议	正式会议	项目预算、进展、里程碑、风险和问题等重大事项 正式批复——如项目启动和上线等	书面报告、书面记录
客户	外部	不频繁——如月度会议	正式会议、电话会议	项目进展、产品特征等客户关心的事项 正式确认——如产品技术规范和产品演示等	书面记录

续表

项目利益相关人	内部/外部	沟通频率	沟通方式	沟通重点	所需文档
开发团队	内部	频繁——如每周甚至每天	非正式会议、小组讨论、远程电话会议等	任务和分配人、具体技术问题、工期等具体内容	口头讨论、书面总结或者直接在开发工具中加注释等
企业监管和法务团队	内部	不频繁——项目初期或者必须的时候	正式会议	确认合规内容，演示产品合规模块等相关事项正式批复——如产品设计合规、产品上线等	书面报告、书面记录
上下游商业部门或者技术部门	内部	不频繁——项目初期或者必须的时候	非正式会议、小组讨论、远程电话会议等	产品线互相连接等设计架构相关内容正式确认——产品上线等内部日程协调事项	书面记录
行业监管部门	外部	不频繁——必须的时候	书面报告（如电子邮件或者正式信件）	产品设计和技术规范符合监管要求正式书面批复	书面记录

　　这个矩阵还可以按照具体项目的利益相关人不断继续下去，项目沟通的目的是在整个项目的生命周期中确保最佳的信息流，[①]为了做到这点，项目经理需要各种信息的更新。这样的更新有时候可以从开发工具和系统中获取，有时候需要通过个人努力分析了解或者团队讨论达成一致意见，这样的意见可以作为团队的事项评估结果和其他利益相关人沟通。

　　项目更新的沟通离不开实际指标作为佐证或者决策的依据。各种项目计划中预设的指标在项目进程中发生的变化的确是项目更新的重要参考，尤其在金融科技项目的领域，量化的项目指标变化能够更加直观高效地说明项目的进展情况，一般情况下也能够带来更多的说服力。项目指标可以用来衡量项目的核心商业价值MOV，商业需求的范围界定、项目计划、项目预算、

---

① Information Technology Project Management – Kathy Schwalbe.

项目资源管理、质量和风控等描述项目的关键要素。虽然每个项目都不同，项目指标的选择和设计也会不同，但有些原则值得统一考量。

●量化的项目指标能够更迅速地抓住观众的眼球，但项目沟通更新的关键不是数字本身，而是数字的比较。数字的比较能够有效地显示相关指标在过去的时段内产生的变化，图表的应用能够直观地表达相关主题的进展（或者缺乏进展），但需要注意保持元数据的一致性和观众的审美疲劳。保持元数据的一致性能够确保同样的指标在每一次例会的信息发布中出现，有利于信息比对。例如，项目的MOV如果用量化的图表方式体现，那么就需要小心设计选择最能够体现MOV的元数据——盈利的上升幅度和最终客户的使用人数显然不是两个相同的指标，虽然也许在当前项目下最终客户的人数上升有助于盈利上升。又如，项目计划中的工期和日程显然不是两个相同的指标，也许增加开发团队的人数能够增加产出，但一个开发人员花费两个月能够完成的任务未必能够在一个月内由两个人来完成。如果元数据的应用不恰当，很容易导致观众被误导认为只要增加资源就能够在更短的时间内达到目的，对此最形象的比喻是"你们美国人总想着让9名妇女同时怀孕，这样你就能在一个月里面生出宝宝！"[①]

●项目指标应该直观而且容易理解。艰涩的专业技术指标也许很精确，但如果其他项目利益相关人不能理解，那么这样的沟通就很容易事倍功半。同样道理，项目指标也应该是日常商业活动中经常提及的而且在类似项目中经常使用的，冷门罕见的指标应该尽量避免除非触及当前项目MOV的技术衡量标准，如果是这样，项目经理应该额外说明。由于金融科技相关的产品和系统具有较强的专业性，有时候必须使用行业术语和专业指标，这时候项目团队应该在第一次沟通会议中发布该指标的定义或者解释，以及该指标好还是不好的衡量体系。

●项目指标应该是相应客观而且能够反复使用的衡量标准。客观的指标

---

① https://en.wikiquote.org/wiki/Fred_Brooks.

很多时候来自系统生成的数据，如工时和任务的数量或者系统表现的速度等，一方面这样的指标比较有利于建立长期更新日志；另一方面也能够有效剔除人为因素。任何指标都应该是项目团队事先讨论过而且能够接受的。项目经理主观意志设立的指标可以作为个人的风控工具，但显然不是更新沟通的主要手段。

简单明了的项目沟通模板

不同项目利益相关人在整个项目的生命周期中参与程度不同，因此对项目沟通的要求也未必相同，项目经理在项目初期需要为将来的沟通事项准备模板，这样的模板能够节省时间不必在每次例会之前重新整理各种数据，同时能够有效确认项目利益相关人的期望值，在模板现有的数据和分析基础上再逐一回答项目利益相关人的问题。

• 项目基本情况的描述和汇总。这个部分应该包括项目的名称，简洁的项目描述，项目各个阶段的描述，项目团队的组成和所在地等内容。纲领性的项目宗旨、目标市场、竞争力优势等原则内容也应该在这里列出，而且这些内容不应该经常变动。对于项目利益相关人来说，这些纲领性的项目原则能够不断提示他们这个项目的重要性和迫切性；对于项目团队来说，这些原则像指南针一样指导团队的努力方向。如果项目集里面同时包括多个子项目，一般建议对每一个子项目的当前项目状态以RAG状态标识，迅速让利益相关人了解哪些子项目进展良好，哪些子项目需要额外的帮助。

• 项目具体进展的描述——大量图表和数据。项目进展最重要的目的是让利益相关人了解项目的实际进步，而不是完成了多少个任务。因此，项目经理最直接的方式是用甘特图描述每一个项目模块或者产品特征的内容和相关的开发任务，所需的资源和工时，该模块开发完成的预期时间，强调可交付物和下一个里程碑。如果项目的进度表和项目沟通例会的时间相近，当然可以汇报项目团队当月完成的产品特征和其中重要的难点任务和下个月的产品特征计划和难点。对于敏捷开发的团队来说，项目进展汇报强调的是当前的开发任务，可交付物和用户反馈的收集和分析，而不是过于关注预设下一个周期的任务。不过这并不是说项目团队因此就无须与相关利益相关人沟通下一步的设想，一个方法是列出项目需求的库存，每一项需求所对应的项目利益相关人和期望的可交付物，在沟通过程中逐渐了解各项需求的相对迫切性和先后顺序，虽然这些先后顺序也未必完全和开发团队的想法相吻合，但是至少这样的对话沟通可以帮助项目团队逐步确认下一个开发阶段的方向和主要任务，同时让利益相关人事先可以了解不同需求的复杂性并不相同，从而为开发团队提供相应的资源和协助。

• 项目需求和产品特征的描述。沟通的目的是双向的，在项目经理向利益相关人提供项目情况和当前进展的同时，利益相关人也应该作出相应的反馈。最重要的反馈是对当前进展和已经交付或者发布的产品的认可和建议。随着项目的推进，所有的利益相关人对项目团队的开发能力和交付速度也开始拥有感性的认识，对新产品或者新的特征在下一个周期所需的资源，时间和上下游的协调也能够比较了解。沟通例会中根据项目需求和产品特征，尤其是产品发布相关的协同就显得尤其重要，一方面项目经理和上下游团队协调目标产品的发布时间；另一方面上下游团队也需要同样描述各自的重要里程碑，确保项目之间的发布时间科学，产品特征能够及时生效。

• 项目的问题和风险沟通。没人喜欢意外，沟通例会是项目经理及时陈述项目遇到的问题和风险的场合。根据项目风险管理的框架和要求，项目经理在陈述已知的问题和不确定的风险同时，也需要陈述可能会产生的风险以及因此可能导致的项目计划的变更或者资源需求的增加或者减少。优秀的项目经理在演示分析问题和风险的同时，也能够提出相应的对策，甚至是几种不同对策的优劣对比和因此产生对竞争优势的影响，这样的沟通有助于项目团队的成功。

• 项目档案的清单。项目档案包括项目计划、商业需求清单、技术需求列表、项目交付物列表、会议纪要、项目绩效的汇报，项目团队的组成和变动等所有相关的文件。一般企业都会需要把相关的文件统一储存，这些档案是以后内部审计的主要材料来源。

————｜ 李开复：我最不喜欢的三种沟通习惯[①] ｜————

我在台湾长大，在美国读的大学，在美国科技公司工作，后又回国创业多年。我的交流方式也受到中西方文化的双重影响。我喜欢直截了当地沟通，但又不会因不管不顾直抒胸臆，伤害到对方。整体上，我可以接受、理解很多种沟通方式，但有三种人际沟通习惯是我认为需要改掉的。

一、拐弯抹角，打"太极拳"

有些人说话时故意拐弯抹角，等着别人来猜。这不但会让人不知所云，也会造成很多误会。另外，如果说话者直截了当，而听者却因此多心，以为说话者在"打太极"，也会造成非常大的误会。

例如，我曾经有位同事要出差，负责行政事务的人告诉他："你可以选择坐火车或者坐飞机。"他认为行政人员实际上是在暗示他坐火车，因为坐飞机太贵。其实，他的猜测纯粹是多余的、错误的。我们的沟通方式都是直截了当的，而他作为沟通中接受信息的一方，却在不知不觉间受到了"打太极"一类文化的迷惑。

这种不直接、互相试探的游戏危害极大，最后的结果只能是两败俱伤。相比之下，还是直来直去的沟通方式轻松一些。

二、当面不说，背后批评

某些人有了意见，却不愿直截了当地表达，反而在背后指手画脚。例如，在开会讨论问题的时候，如果某个人因为考虑到某些其他因素（如不愿反驳上级领导的意见），而在会议上不敢表达自己的观点，只知道唯唯诺诺，会后到了洗手间里再和别人说"其实我不同意他的观点"——这种戴着假面具工作的人不但不能坚持自己的观点，还会破坏公司内部的沟通和默

---

① 李开复，今日头条，https://www.toutiao.com/a6668174311964017165/。

契，对工作产生负面影响。

三、三角沟通

所谓"三角沟通"，就是两个当事人不直接讲，反而通过第三者来讲。例如，甲和乙吵架，第三者出于好意协调，告诉甲方"乙方承认错误了"，又告诉乙方"甲方过意不去"，最后，双方的误会反而更深了。从这个例子我们可以看出，善意的"三角沟通"都有可能造成误会，更不要说恶意地传话了。例如，微软曾有一个无聊的员工去怂恿他的一个同事申请自己老板下面的空缺职位，然后又跑到老板那里说"绝对不能雇用这个人"，结果，三方因此结怨，再不来往。所以，三角沟通是最没有效率、最可能发生风险的沟通方式。

开诚布公地沟通是团队合作中最重要的环节。人与人之间遮遮掩掩、言不由衷甚至挑拨是非的做法都会严重破坏团队中的工作氛围，阻碍团队成员间的正常交流，并最终导致项目或企业经营的失败。那种"拙于谋事，工于谋人"的做法，是最没有效率的行事方式。

希望大家能够做到开诚布公，敢于说"不"，这才是尊重自己、尊重事实的沟通准则。当然，在表达不同意见时，自己的态度应该是建设性的、有高度诚意的，而不是为了批评而批评。

金融科技系统更新和发布实践原则

系统更新和发布是项目更新的另一个重点环节，而且是具体操作环节。金融科技项目的系统更新比一般的软件更新发布需求更严格，很可能更频繁，更加自动化。这是由金融科技项目的技术本质决定的，项目经理安排好研发任务等待开发团队作出软硬件系统，然后再发布更新的模型既不敏捷也不精确，无法为实施项目MOV提供有效保障。就产品更新这个话题，科技类畅销书《凤凰项目——一个IT运维的传奇故事》在末尾部分总结道：

"技术已成为首要的价值创造过程，并已成为绝大多数公司获得客户的越来越重要的（而且常常是基础性的）一种手段。相比之下，需要几周乃至几个月的时间来部署软件的公司，在市场上处于非常不利的位置。"[①]

表 8-2　　　　　　　　　　　各公司相关情况

公司	部署频率	部署交付期	可靠性	客户响应
亚马逊	23 000次/天	分钟	高	高
谷歌	5 500次/天	分钟	高	高
网飞	500次/天	分钟	高	高
脸书	1次/天	小时	高	高
推特	3次/周	小时	高	高
普通企业	9个月1次	月或季度	低/中	低/中

资料来源：《凤凰项目——一个IT运维的传奇故事》。

置身于金融科技项目之中的项目经理，一方面会面对质量风控合规的要求；另一方面需要提高系统更新发布的速度和频率，同时还要考虑如何把系统更新的结果汇报给项目利益相关人作为项目的状态更新！具体实践中还是需要回归本质，在平衡产品质量和推进项目进步的同时，找到本项目的最佳实践方法。其实项目团队对于最佳实践方法的预期效果也集中在下面几个·领域，这些可以视为金融科技项目系统更新的操作原则。

•数据整合能力。我们已经讨论过金融科技的本质和金融数据密切相关，任何金融科技项目的成功都需要落实数据整合。这需要项目经理和开发团队密切合作，了解技术框架中数据流的来源和格式，增加或者简化数据流的优点和缺点，从而确保各种不同的原始数据能够完整、准确、准时整合在最终产品中，达到预期质量和效果。产品交付的同时也意味着相关数据流的交付，因此数据流相关的测试结果也应该作为产品交付物的一部分一起交由运营团队。产品发布和上线的过程也意味着数据整合上线，系统运行的完整

[①]　凤凰项目——一个IT运维的传奇故事，P328。

性和稳定性不仅取决于各项产品特征，也取决于相关金融数据是否能够从指定的上游系统及时、完整、高效地流转到下游系统。在产品上线以后，项目团队在协同运营团队监控产品性能表现的同时，也应该监控检测数据的实际表现，并且得出数据有关的生产性能指标，为未来升级做好准备。

· 系统维护能力。提高系统发布更新的前提就是增加系统发布的自动化能力，原则上可以考虑尽量缩小系统更新的目标范围，降低运维团队人工干预的步骤，从而做到先部署后上线。每一个系统都不相同，每一个运维团队的操作流程也不相同，在提高系统维护能力的过程中，项目经理往往需要运用灵活多变的策略和创新的看问题的角度。对于运维团队来说，适时和开发团队沟通开发进展，同时提出系统更新和产品发布时间方面的建议非常重要，不但能够协助开发团队了解并且降低运维风险，还能够确保运维团队自身的操作连贯和一致。项目经理还要充分考虑目标市场的接受能力，手机应用的市场显然和券商系统在运维方面的要求完全不同，因此对产品的技术支持需求也不同；合理安排产品更新发布以后的开发团队技术支持能力也是更新成功的关键因素。

· 自动化测试能力。金融科技系统对质量和风控的要求极高，这一点已经在上一章讨论过，因此，在提高系统更新速度和频率之前，先要夯实自动化的回归测试和压力测试环节，当然这又需要和开发团队沟通确定最佳策略和实际操作方法。回归测试是金融行业系统开发的标准要求，金融科技系统对错误和误差的容忍度极低，每一次系统更新都对系统功能和质量产生影响，因此自动化的回归测试基本是必备条件。压力测试更多是针对最终产品而言，尤其是面向最终外部用户的产品，无论是支付还是交易，都必须经过完整合理符合实际商业环境的压力测试，因此自动化的压力测试是提高金融科技系统发布更新频率的另一个必备条件。自动化压力测试的模板要随着产品特征的更新而更新，测试团队开发运用自动化测试的过程中产生的创新和改良也应该作为产品可交付物的一部分归入项目档案。

· 系统更新的验证和可追溯性能力。任何金融科技系统都会要求发布的系统更新模块或者代码能够被重复验证，任何新增或者改变的模块或者代码也需要能够追溯商业需求书面规范，如果不具备这些能力之前提高系统更新速度和频率会给运维团队带来很大压力，反而增加了系统运行风险。这些验证可以自主完成，也可以由第三方供应商完成。与此相关的还有独立的外部安全测试能力。强调独立的并不一定指第三方，同样的开发团队可以设计基于云计算平台的独立安全测试程序，当然在实际操作中很多时候的确使用第三方外包团队更有效，只是需要注意外包运营商的风险。

纳斯达克如何搞砸脸书 IPO 上市 ①

2012年5月18日，脸书公司在纳斯达克交易所IPO上市。作为美国资本市场当年最大的IPO上市案，从交易所到承销商都全力以赴，然而结果是纳斯达克IPO系统出现严重故障，导致投资人在原定交易开始时间过去30分钟之内都无法完成或者取消订单，大量愤怒的投资人和券商纷纷向美国证监会投诉，而当天脸书的股价较发行价下跌了29%，市值蒸发了300亿美元，损失巨大。经过几个月的调查，证监会最终公布结果，由于纳斯达克IPO系统的技术故障及处理不当导致投资人在脸书上市过程中遭受损失，纳斯达克被处罚1 000万美元，同时纳斯达克对IPO上市中蒙受损失的券商和投资人赔偿总额6 200万美元，责令整改IPO系统流程。

那么，当天到底发生了什么样的技术故障？

根据纳斯达克总裁格雷·菲尔德的证词，纳斯达克IPO系统虽然曾经成功应用于400起IPO，但其中有一个设计缺陷，作为核心系统模块的"IPO交

---

①　美国证监会文件，https：//www.sec.gov/news/press-release/2013-2013-95htm；https：//www.sec.gov/rules/sro/nasdaq/2015/34-75072.pdf；

How Facebook's IPO was bungled by Nasdaq's computers-https：//qz.com/88987/sec-documents-show-how-nasdaqs-computers-bungled-facebooks-ipo/；

解密 Facebook IPO 首日幕后：纳斯达克一片惊慌，http：//tech.sina.com.cn/i/2012-06-12/02167254974_2.shtml。

易撮合程序"必须计算目前买方和卖方交易订单的总数并且和"核心交易引擎"核对，然而在脸书上市当天大量投资人在IPO开始交易的最后一刻取消订单，导致"IPO交易撮合程序"出现阻塞，从而不断报错无法完成核对，"核心交易引擎"当然也就无法让脸书的股票开始交易。这一问题的出现立刻导致市场投资人信心受到打击，大量取消订单砸向纳斯达克更加恶化了这个系统故障，导致交易开始时间不断推迟。最后，纳斯达克的技术人员最终将脸书交易转换到另一个同样的"核心交易引擎"，这样就可以跳过这个可恶的核对环节，这样的做法虽然让脸书交易开始进行，却放出了另一个恶魔问题，纳斯达克作为交易所自己在那一刻就接过了持有大量头寸，而且还是做空脸书的头寸（因为这些订单无法取消），随着脸书股价一路下滑，纳斯达克莫名其妙地获得了大约1 080万美元的盈利……整个故障过程不但严重激怒了脸书公司和承销商，更是触犯了不少监管条例，导致美国证监会对纳斯达克展开数月的调查，并且开出了金融历史上罕见的罚款和整改处罚。

在5月18日当天股市收盘的时候，美国证监会主席玛丽·夏皮罗（Mary Schapiro）打电话给格雷·菲尔德（Robert Greifeld），希望能够听到当天估值的具体解释，可惜电话没有打通，因为格雷·菲尔德此时在和脸书高管一起参加完远程敲钟仪式以后正在从硅谷飞回纽约的航班上，而且手机也被打爆了，甚至不知道美国证监会的主席正在到处找他！恢复联系以后，美国证监会的官员冷静地要求"SEC希望知道今天早上每一分钟发生的事情"以及是否有任何纳斯达克管理层封锁系统故障的消息，是否给市场提供了足够的信息，SEC要求调档格雷·菲尔德和其他纳斯达克管理层的电话记录和电子邮件了解所有相关信息！

随着调查结束，格雷·菲尔德复盘了故障全过程后指出："纳斯达克未能做好充分准备，应对脸书股票开始交易前几小时投资人纷纷取消订单的意外状况，大量测试并未模拟因取消订单导致交易量上升的状况，我们缺乏足够的应对，我们在过程中缺乏必要的判断力。"不过他也认为，这种冲击是暂时的，随着时间的推移，投资人的信心会恢复。

而结果是，投资人的信心并没有恢复。自从脸书上市以后直至今日，美国和全球其他地区的大型科技公司到美国IPO上市都选择了纳斯达克的同城竞争对手——纽约证券交易所。

金融科技项目从更新到创新的飞跃

金融领域对创新可谓又爱又恨。一方面创新是金融企业的本能，从华尔街到次级债券无一不是金融创新的结果；另一方面科技创新又催动了很多新型金融企业的诞生，传统金融行业企业在担心被这些创新企业颠覆的同时，又不约而同地和这些科技企业合作创新。金融科技就是在这样的互相竞争、互相合作的环境下改变着金融行业的生态，金融行业的管理人员也在这样的行业生态下学习如何执行管理不同技术要求的新型金融科技项目，如何在新创的业务模式和多变的客户需求之间平衡发展，如何做到从现有系统的发布更新飞跃到未来产品的开发创新！

┤ 纳斯达克和花旗银行合作推出基于区块链技术的支付方案 ├

脸书上市的失败并没有降低纳斯达克科技创新的热情，5年以后的2017年5月，纳斯达克宣布和花旗银行一起推出基于区块链技术的整体支付解决方案，可直接进行支付处理，并通过使用分布式分类账传输支付指令从而自动对账。根据纳斯达克的新闻发布，双方已经完成了一些基于区块链技术的综合支付交易，其中包括花旗通过CitiConnect区块链技术连接平台与纳斯达克融资框架Linq平台之间自动连接处理跨境付款。这表明，这种"银行机构解决方案"利用API技术，将区块链技术与花旗全球金融网络紧密结合起来。

双方基于区块链技术合作的优点包括：

私人证券公司的无缝端到端交易流程。使用CitiConnect®for Blockchain和WorldLink®支付服务，花旗的跨境多币种支付服务，直接从纳斯达克的Linq平台获得全球支付。提高运营效率和易于协调，实时查看区块链分类账上的付款交易活动。

纳斯达克首席执行官阿德纳·弗里德曼（Adena Friedman）表示："这种新的基于区块链技术的支付能力标志着全球金融业的一个里程碑，代表着区块链技术商业应用的重要时刻。通过有效整合区块链技术和全球金融体系，我们可以实现更大的运营透明度和清算简化，我们与花旗和Chain合作伙伴合作，并期待着深化我们的合作，扩大这一产品。"[1]

项目经理面临创新的两难困境

创新，作为一项使命，对于项目经理而言又恰恰很难。金融企业的行业特征决定了大量金融科技项目必须在很有限的时间内完成，项目经理思考的关键往往都是如何在有限的时间内按计划推进完成项目达到MOV的预计效果；创新的想法、技术和创造力本身都不是能够用时间衡量的，作为项目经理如何鼓励任何团队成员用极其有限的项目时间去做无法用时间衡量的创新实验呢？与此同时，作为高级管理人员，负责金融科技的项目经理也深知"创新或者死亡"这条标语对企业长期发展的深刻意义，太多的企业在故步自封，丧失创新和创意的增长以后被新型企业颠覆，每一个企业的管理人员都有责任创新，包括金融科技项目的项目经理。

---

[1] 纳斯达克，https://www.nasdaq.com/article/nasdaq-and-citi-announce-pioneering-blockchain-and-global-banking-integration-cm792544；

商用里程碑：花旗与纳斯达克联合推出区块链支付系统，https://m.sohu.com/n/494776659/?wscrid=95360_5。

颠覆式创新的定义 [①]

这里有必要先界定一下颠覆式创新的定义，根据其原作者哈佛大学教授 Clayton Christensen 阐述并总结的含义："颠覆"通常描述了小型企业虽然缺乏资源但能够成功挑战现有企业的过程，尤其是当现有企业关注需求最高（同时也是带来最多利润的）的高端客户，并且不断推出针对这些客户的产品和服务，这些产品和服务已经超过了中低端客户的需求。新型企业通过为这些被忽视的大众客户提供廉价但基本相当的产品和服务迅速占领市场进而蚕食高端市场。当现有企业领悟并且开启和新型企业相似的创新项目力图保住市场优势的时候，颠覆力量已经形成。

用"颠覆式创新"来描述一个固定时间点上某一个产品或者服务是一种误导，"颠覆式创新"是产品或者服务进化的过程。很多创新，无论是否具有颠覆意义，都是从一个小规模的实验开始的。创新者更注重模式的正确，而不是产品创新的本身。因此当创新者开始有所成就的时候，他们是从市场的边缘（低端市场或者新开发的市场）逐渐向市场的主流扩张，同时不断蚕食市场统治者的市场份额和利润率。这个过程需要时间，在此期间市场统治者也在不断创新以保护现有的市场份额。

创新原则——细节创新

项目经理如果开口闭口就是创新，那么项目利益相关人和企业高层领导也许既不以为然，同时还有些害怕这些说辞是拖延项目的借口。这样的直觉并没有什么不对，不过它是建立在一个普遍认知，即创新就是大型新鲜有趣改变世界的新点子上的——这个认知未必准确。虽然创新的确可以造就苹果公司这样的划时代的企业，从而彻底改变多个行业的市场生态，更多时候创

[①]　What is Disruptive Innovation，哈佛评论，2015 年 12 月。

新是很多微小细节的产品改造，或者是细微但和过去不同的产品细节，甚至是具体实现这些细节的项目开发过程的改善。

细节上的创新型实验和实施比较容易纳入项目计划。作为项目经理，一般不需要花很多时间和精力仔细研究细节上创新的具体过程，更重要的是确保这些创新符合项目MOV的要求。细节上的创新更容易激发项目团队成员的自发创新精神，而不是作为一项不得不完成的任务，很多时候这些创新本身能够为项目团队成员带来立竿见影的效果，提高工作效率。

细节上的创新成本较低，比大规模创新产品开发或者专职的创新实验室都更加容易纳入项目预算，因此也更容易推进实施。重点是这样的细节创新一般不会需要专职的工程师团队，项目团队成员可能只需要较少的预算就可以开始创新试验。

细节上的创新比较容易衡量。细节上的创新价值一般会在项目中立刻得到体现，一方面能够在项目周期内迅速得到实施；另一方面能够有效提高团队士气增加项目的人气指数。在项目完成以后，在该项目周期中得到的创新成果能够得到市场或者最终用户的肯定，从而能够为类似相关项目提供技术支持甚至是直接使用，这种细节上的创新价值更高，是一种企业级的创新应用原则。

——| 澳大利亚证券交易所 ASX 使用区块链技术取代现有的股票结算过程 [①] |——

证券交易所传统的股票交易过程中瓶颈之一就是股票交易成功以后的结算过程需要比较强大的市场基建计算排解能力。很多时候如果基础计算能力不够，会导致股票交易完成以后清算过程的延迟，虽然最终结果没有什么问题但是耗时较长，因此很多时候券商、交易所和托管银行纷纷采用各自不同

---

① 区块链技术在证券领域的应用与监管研究——上海证券交易所；

澳大利亚证券交易所 ASX，https://www.asx.com.au/services/chess-replacement.htm。

的清算系统获取交易数据，缺乏统一的技术标准，而且也导致不同市场参与者之间的纠错排解过程成本高昂但效率低下。

澳大利亚证券交易所ASX在清算系统CHESS的升级过程中引入了区块链技术，通过与美国数字资产（Digital Asset）公司的合作成功开发了基于分布式记账系统用于记录并管理股票交易的清算和结算。这个平台通过使用分布式账本技术实现了跨多个市场参与者之间金融市场数据和流程的互助化。该平台同时还维持了机密性和扩展性——这两者对市场基础设施都非常重要。澳大利亚证券交易所的雄心壮志不止于此，最终这个平台能够和监管机构打通，这样市场参与者就可以在交易所平台上一站式完成包括"客户尽职了解"（KYC）和反洗钱等监管需求。最终，澳大利亚交易所能够成为所有清算和结算有关的"交易事实的溯源"（Source of Truth），让所有市场参与者独立完成核对，而不再需要纠错排解。

ASX总经理兼CEO多米尼克—史提芬（Dominic Stevens）在一份声明中表示：

"我们认为使用分布式账本技术替换CHESS将使我们的客户能够开发新的服务并降低他们的成本，这将把澳大利亚置于金融市场创新的前沿。尽管我们还有很多工作要完成，不过今天的公告是我们在这场旅行中的一个重大里程碑。"

创新原则——以人为本

项目中的创新并不是单纯地研发R&D，这两者的本质区别是项目团队成员必须面对时间、项目范围和预算等项目基本框架的约束，也就是通常所说的"日常工作"，因此项目团队成员会把创新归于8小时以外的事情。项目经理的思路恰恰相反，创新的目的是给最终用户创造价值，创新的过程需要项目团队的智慧和贡献，因此所有创新都基于以人为本的原则。

从最终用户的角度来说，产品的特征和功能都要能够解决问题，金融科技产品更是如此。例如，对于支付类的产品来说，最终用户的需求是安全简单、快捷支付，而手机只是解决方案的一部分。因此仔细研究最终用户的需求重点，并且考虑用创新的方式设计实施解决方案从而达到目的，是优秀的项目经理的职业素养的体现。

从项目团队的角度来看，循序渐进在可接受的范围内具有一定容错空间的项目管理方式，显然比不断分配任务同时不断提醒"时间紧，任务急"的方式更容易激发团队成员的创新精神。项目经理在有限的时间内可以和团队中才华横溢的专家级人员多交流碰撞，理解他们（不同于寻常）的思路然后寻找共同点，同时给他们分配职责在确保大方向的同时避免过于纠结具体实施方式，这样的领导风格能够最大限度地激发创新精神。

在项目领导层面，与项目利益相关人和企业高管层的沟通也非常重要，与其假设"时间紧，任务急"，不如阐述相关创新内容的具体设计思路和项目计划。金融科技企业的高管层从来都是担心"不确定性"（Uncertainty），关键是如何让他们看到项目延伸的创新产品能够带来的竞争力提高，同时项目经理仍然能够提出切实可行的项目计划在预算规定的时间内达到现有的目的，这样的沟通能力也是优秀项目经理的综合能力的体现。

———| 金融科技在资本市场的创新趋势和相关风险 |———

波士顿咨询BCG在2016年的金融科技趋势报告中总结了金融科技在资本市场的三波创新浪潮，分别是20世纪80—90年代出现的数据和风控创新；2000年到国际金融危机爆发之前的电子交易创新；2008年国际金融危机以后十年的推动型创新。

尤其需要指出的是，与前两次自然有机的创新浪潮不同，我们目前所处的第三次创新浪潮在很大程度上是华尔街投行推动的结果。随着大量新型科技如云计算和人工智能的出现和实际应用，华尔街和新型科技公司的合作日益流行，一方面能够迅速借助新型科技解决当前面临的市场需求；另一方面可以较低成本满足日益上升的监管要求。近两年来，二线和三线的中小型投行明显增加了金融科技的投入，主要关注点是交易前的信息分析和交易后的结算清算。

从科技企业的角度来看，最受关注的金融服务领域除了上面提到的分布式记账管理交易后结算的项目，还有大量类似的监管类项目，RegTech即监管科技已经成为金融科技的一个重要分支，客户信息的确认和交易监控等都是这个领域的热门话题。另一个热门领域是机器学习/人工智能的定义和实际应用，主要体现在通过大量数据分析迅速得出交易信号从而提高交易效率的过程。①

在金融科技项目的具体实施过程中，成功整合创新实践面临的风险主要体现在项目管理的方式和日益复杂的项目支持体系上，虽然传统意义上所有项目的风险也都会在金融科技项目的创新实践中体现出来并且需要及时解决。

对于已经识别创新亮点并且列入项目计划的创新管理，项目经理的技术认知能力很重要，依赖于过去的经验或者简单的"故事"描述作出对创新内容相关的决策并且全力推进具有相当大的风险。反之亦如此，过于关注技术创新的优势而忽略了与项目本质目的的关联，也会导致创新目的含糊不清从而失去项目利益相关人的信任。重视并且身体力行创新精神的同时确保创新内容具有相关的管理方式和约束框架是未来项目成功的关键。

创新需要大量的技术支持，尤其是最新前沿科技的使用会产生大量的供应商管理问题，传统意义上的预算、时间和范围仍然是确保供应商技术支持的有效管理方式，不过面临创新内容，很多时候系统整合和具体实证过程也异常关键。具体实证通常并不是传统项目管理的范围，但对于创新技术项目经理有必要亲身了解证明该技术可以和现有生态系统整合，能够在设定的项目周期内产生收益，为项目顺利完成起到预期的作用。

---

① 波士顿咨询，2018年金融科技白皮书（FinTech in Capital Markets 2018）。

中国科技巨头主导金融创新

一对中国年轻游客来到美国纽约世界金融中心（World Financial Center）的著名景点冬宫（Winter Garden），简单地扫描了一下手机就购买了咖啡和蛋糕，因为商家的收银台上面贴着所有中国游客都再熟悉不过的支付宝条形码——在享受全球美食的同时，他们也享受着中国科技巨头给用户在全球范围带来的金融科技便利。

我国金融科技近年来发展迅速，在支付和贷款等重要领域金融科技的使用和对传统银行的颠覆程度超过美国和欧洲。与美国和欧洲通过大型金融机构驱动的发展模式不同，我国的金融科技创新主要由包括BATJ（百度、阿里、腾讯、京东）在内的科技巨头推动，而且这些科技巨头仍然处于主导地位。支付宝、微信支付、百度金融通过不断打造强化用户体验，更好的收益和更低的费用（或者是免费）迅速抢占消费市场，已经成为大型金融平台——科技巨头主导着中国金融科技的生态系统。[①]

了解我国金融科技生态系统的形成原因有助于理解金融科技项目管理中创新的意义和面临的挑战。中国拥有全球最大的互联网用户市场，互联网用户总数超过美国和欧洲的总和。然而长期以来，由于缺乏统一的征信系统，中国的商家并没有像美国一样拥有对消费者的信用了解，因此拥有强大数据资源的科技巨头迅速填补了这一市场空白。由于缺乏信用历史，中国消费者和商家普遍依赖借记卡和现金进行消费和交易，基于社交软件大数据的金融科技产品巧妙地将消费者和商家通过支付宝和微信等平台连接起来，跳过信用卡时代直接进入数字化的金融支付时代。中国的小微企业历来也不是银行贷款的主要客户，原因也是缺乏信用或者有效抵押品，同样基于大数据的网络P2P贷款平台能够直接连接贷款的供需双方，根据以往双方在社交平台上

---

① 安永：2016 年全球消费银行业务调查。

的买卖交易历史，通过算法确定贷款利率，有效地解决了这个难题。大型科技巨头BATJ拥有海量的用户社交数据就掌握了金融科技发展的资源，能够不断分析中国消费者的需求从而推出符合市场的产品，进一步垂直延伸各自的金融科技生态系统。

"无现金"的数字化金融时代

2017年7月31日，在微信智慧工坊PRO版"无现金日"活动专场上，腾讯、中国人民大学重阳金融研究院、知名调研机构益普索共同发布了《2017智慧生活指数报告》（以下简称《报告》），从城市、行业、用户维度，首次通过大数据和用户调研相结合的方式全面呈现智慧生活全景图。

针对智慧生活的现状，《报告》衡量了全国324个主要城市的智慧生活发展和普及状况，同时，也以6 595个用户样本为调研基础，对移动支付带来的智慧生活习惯进行了详细的呈现。调研结果显示，银行卡、手机支付等非现金的支付方式作为智慧生活习惯可以在生活场景中广泛使用。

移动支付已融入吃喝玩乐、旅游出行、缴费就医、政务办事等日常生活的方方面面。微信支付作为移动支付的代表，其大数据成为报告的主要样本。

《报告》显示，在用户日常消费习惯调查中，有40%的人出门带现金少于100元；52%的人月均消费里仅20%用现金；超过70%的人表示，只能用现金支付时才会使用现金，100元现金可以使用超过一星期；84%的人表示"不带钱、只带手机出门"可以很"淡定"。[①]

2013年以来，大量独立的金融科技公司成立，主要集中在P2P、金融信息服务和智能投顾等领域。其中，P2P公司高达1 300多家，融资总额超过

---

① 腾讯科技，http://tech.qq.com/a/20170731/021651.htm。

1 800亿元人民币。[①]这些新型的金融科技企业一方面和BATJ科技巨头合作引流加速市场扩张，另一方面也为传统银行提供风控并且拓展市场的服务。颇具代表性的中国金融科技50强榜单在2018年公布。根据毕马威咨询公司的统计，在入围的57家企业（包括50家非上市企业和7家上市企业）中，有22家属于"大数据与金融智能类"专业领域，8家属于"借贷、消费与金融场景类"企业，大数据也成为大多数上榜企业的核心技术。[②]联系前文所述的"颠覆式创新"是一个过程，一个产品和服务不断进化，从市场边缘成为市场主流的过程；中国金融科技产业的发展，无论是支付宝还是P2P网贷，都完美地展现了科技力量对金融创新的巨大推动作用和颠覆式创新带来的巨大市场变革。包括项目经理在内的企业管理人员，需要思考的不是解决某一个具体问题或是创新某一个具体产品，而是如何着重建立一种基于纪律性，符合项目进展和个人发展的创新团队文化。

打造金融科技项目中的创新文化

既然创新不是针对某一特定产品特征或者具体解决方案，那么怎样才能把创新文化融合进项目管理框架，确保项目管理作为企业治理的一部分，能够扶持创新而不是阻碍或者挫伤创新的积极性？

• 创新过程具有不确定性，项目的价值和目标是确定而且可以衡量的

这句话的含义就是，项目经理和企业的领导层应该鼓励项目团队成员的创新追求，因此也必须能够接受这样的创新追求具有不确定性，而且完全可以失败。但是有两个前提，第一，这样的创新是符合项目整体价值的；第二，创新不确定或者失败的结果是探索成功的步骤而不是无能的表现，更不是漫无目的地浪费时间。哈佛大学教授Gary Pisano把这点总

---

① 中国金融科技企业数据库。
② 毕马威，中国 2018 领先金融科技企业 50 名单。

结为"允许失败，但不允许无能"（Tolerance for failure but not tolerance for incompetance）①。作为项目经理，在实践过程中，可以把创新步骤和过程作为一个子任务，要求团队成员提供创新追求的计划，谁在什么时候做什么，什么时候可以完成，经典的项目管理体系并不会因为创新追求而过时。事实上，这样的计划能够帮助团队成员不断总结创新的成果，在积极探索的同时对项目进步作出贡献。

• 以人为本鼓励创新，同时也必须坦诚相见避免人浮于事

创新文化需要开放的企业文化，项目经理如果一味追求绩效和进展，显然无法同时引导项目团队成员探索创新。创新文化的基础就是团队成员能够比较自由地表达对目标事项的看法和想法，甚至合理的辩论，这样的氛围有助于团队成员拓宽思路因此能够鼓励创新。然而金融科技项目的时间紧、任务急、资源和人力成本极高，很难想象这个领域的项目经理能够承受无休无止的专业辩论，更多时候是点到为止的提议和殊途同归的建议，最重要的是避免项目团队出现有人拼命干活，不断交付，有人异想天开只愿意创新不愿意生产的极端情况。一旦出现，管理层应该审视职责和任务分配情况，及时作出调整。

• 创新需要团队协作，因此必须量力而行

创新过程需要时间，时间又是项目生命周期中最重要的因素之一，因此创新步骤所需要消耗的其实需要团队协作补助。听上去有些不合理，但创新的过程显然不是所有成员一起合作创新（这样的模式更像大学的实验室），当部分团队成员创新的同时，其他团队成员实际上的生产过程并没有停止。量力而行的含义是探索创新的努力艰难而且充满不确定性，因此需要鼓励该领域具有专长或者经验丰富的开发或者测试人员尝试创新，而不是既不具有相关技能也无法因为额外状况作出相应改变的初级人员，否则就是一种管理失败。

---

① 哈佛评论，2019 年 1 月，https：//hbr.org/2019/01/the-hard-truth-about-innovative-cultures。

　　总之，金融科技项目的创新需要建立既定原则，并且保持与之相关的纪律性，这样的创新能够不断加强在相关领域的认知，积累经验，即使创新的最终结果未必成功，这样的过程也值得支持和称赞。

第九章

金融科技项目经理的职场发展前景

⎯| 一个不存在"项目"、不需要"管理"的未来职场？ |⎯

世界经济论坛在召开2019年达沃斯会议之前，于2018年9月发布了"2018年未来就业报告"。报告指出我们熟悉的职场正在加速转型，主动管理型的职业机会正在减少，新型的就业市场正在形成。"转型的推动力来自四个方面：随处可见的高速移动网络、人工智能、大数据分析的广泛使用和云技术。这些因素将在2018—2022年主导商业发展"，同时推动职场的转型。根据领英的统计分析，包括金融服务业在内的大部分行业，"项目经理"作为一种职业的需求量正在迅速下降，在信息通信科技行业甚至是下降速度最快的工作！[①]

金融科技行业的技术开发环境也在经历重要的转型，千禧一代开始进入职场，从小就玩苹果手机打着游戏长大的他们并不喜欢被"管理"，他们更愿意根据自己的风格和节奏工作，而不是整天被提醒要关注甘特图和项目进度表。与此同时，越来越多的企业发现新型金融应用开发完成上线运行并不是项目的结束而是产品的开始，事实上，也许项目根本就不会结束，因为如果结束开发周期、解散开发团队，岂不是意味着无法接受客户反馈，无法更新，无法发布，无法创新了吗？那简直是直接扼杀了企业的竞争力，金融科技项目永远都不应该"完成"，我们需要的不是"项目"而是"产品"。

这样的辩论的焦点在于"项目经理"这个职业头衔的定义和范围。传统的项目经理职责包括制订项目计划，分析商业需求，组织推进项目进度然后最终完成项目，达到预定的目的，为最终用户提供项目计划中所设定的产品特征或者解决方案——这样的以完成众多预先可以设定框架的项目为职业目的的项目经理的确已经面临危机，因为我们面临越来越复杂的金融生态系统，需要面对越来越难以预料的变化，任何预设的条件可能都无法保证最终

---

　　① 世界经济论坛，2018年未来就业报告，https://cn.weforum.org/reports/future-of-jobs-2018。

结果能够适应未来的挑战，再好的计划也无异于刻舟求剑。

职业头衔是一个职场的热门话题，为了吸引千禧一代的注意力，很多新型职业头衔层出不穷：据《华尔街日报》报道，1877年创立的金融服务公司OneAmerica公开招聘"数据争夺战士"；而类似"客服忍者"和"摇滚明星销售员"等新奇无比的头衔在各大求职网站中出现的频率不断上升，也许有一天大家可以自定义自己的头衔，只要这样做能够激发创造力！[①]

对于金融企业来说，比各类新奇的头衔更重要的是能够为各个部门找到合乎条件的技术人才，能够积极有效地为企业创造价值才是关键。为此，各大银行的技术投入不断增加。根据IDC的统计，2018年美国科技投入排名前十的公司，金融企业就占四位，年度科技投入总额达到309亿美元！

那么问题来了，金融企业是通过什么样的职业岗位将这些技术投入转化为商业价值的？一方面，传统意义的项目经理并没有在一夜间消失，只是随着职场的沉淀积累更加资深，能够承担更多职责，同时管理更多项目，因此金融企业不需要招收更多的项目经理；另一方面，更重要的是，众多新型职场头衔开始涌现，如"产品线牵头人""开发团队协调大师""数字化转型领袖"等，他们的职责是帮助金融企业设计开发、管理开发过程，增加企业的长期竞争力，这些项目经理的基本原则并没有被抛弃，头衔的改变只是职场进化的自然过程。

随着传统金融企业同时面临同业竞争和新型金融科技企业的竞争，企业的管理层必须在合理的预算下"少花钱多办事"。金融企业在复杂的现有技术环境下要实现新型数字化的转型，不但要在下一个财报季节到来之前完成新系统的设计和团队的准备工作，而且最好能够拿出具有说服力的日期让投资人相信这样的转型指日可待——听上去和我们熟悉的项目计划一样，没错，这样的企业需求也没有消失，缺乏的是能够合理运用各种管理工具迅速达到目的的专业人才，至于他们的头衔是否叫"项目经理"也许并不重要！

---

① https://www.wsj.com/articles/who-wants-to-be-a-ninja-job-titles-get-a-rebranding-1542204005.

项目管理要求的敏捷转型

头衔的改变和岗位定义的争论背后是金融科技企业对项目管理架构转型的期望。这样的期望来自企业高层，来自客户，也来自底层项目团队员工。金融科技企业的高层期望项目团队能够更加敏捷地交付产品为客户提供价值，客户和外部供应商的期望是项目团队能够更顺畅地沟通合作共赢，底层员工的期望是能够在一个更加扁平灵活创新的项目团队里面做有意义的事情。过去的项目管理注重的是稳定和按照预期的要求达到预设的目的，因此对项目经理的要求是管控任务，完美执行；现在的金融科技生态系统比以往任何时候都复杂多变，这样的环境对项目经理提出了新的要求，也许微观层面的任务执行仍然重要，但宏观层面的指导能力和解决问题的洞察力更重要。

• 项目团队的结构在转型，从大而全的垂直产品线项目团队转变为小、快、灵的敏捷开发团队。华尔街各大投行不断进行IT部门重组就是这样转型的最好范例。早在10年前，摩根士丹利的项目管理部门就意识到大量内部IT项目失败，虽然在项目的需求和执行方面缺乏共同点，但过于大而全的项目团队通常会雄心勃勃，全力以赴推进项目以证明自身的能力，但过于激进的目标并没有给最终用户立即带来任何好处，反而不断因为文化差异产生摩擦，当项目最终不得不缩小规模甚至取消的时候，一起失去的通常还有这些项目代理人。[①]现在的金融科技生态环境需要的项目团队是多元的，互联互通的，小型快速反应团队，这样的团队具有很强的执行力，能够通过不断发布项目交付物和进展更新，迅速给最终用户赋能；即使面临项目调整甚至失败也能够快速灵活地转变方向，因为项目经理被赋予的职责已经不是执行预先设定的任务，而是根据商业和技术需求为最终用户提供端到端的解决方案，实现商业价值。

---

① Thirteen easy steps to implement project management into a financial firm – Thomas A. Tarnow, Morgan Stanley.

● 项目管理的焦点在转型，从按时按质完成任务到不断实现价值。项目经理的经典教科书里面从项目管理铁三角到质量管理，其焦点都在按时按质完成任务，这样的基本功对项目经理来说依然很重要，然而在金融科技环境里，要不断实现价值，项目经理解决问题的洞察力更加重要，或者说这是区分初级项目经理和高级项目经理的关键。首先，项目经理需要的是商业模式层面上的思维和设计理念，通过和最终用户不断交流提升对商业流程和技术工具在已知和未知的项目设计中的特点和作用，从而建立敏锐的洞察力。其次，项目经理需要亲身体验，而不是教条式地依赖最终用户传达需求。一个优秀的项目经理能够亲自观察商业流程，使用最终用户掌握的工具或者技术系统，学习并且发现其中的不足或者缺点，对项目团队开发出的原型产品能够观察甚至试用，从而确保商业价值的实现是一个有机过程。

● 项目资源的配备在转型，从组织结构上的隶属关系转变为开放平台的配对关系。对于传统金融企业来说，经过多次IT部门的重组，项目团队中的商业分析师、开发人员和质检测试人员很可能隶属于一个平台部门，而不是受任何商业部门的垂直领导。对于新型初创金融科技企业来说，这些开发团队本来就是共享资源，任何项目都可以灵活多变地在短时间内配对组成团队。对于项目经理来说，依赖完整团队按部就班地完成项目已经是昨天的模型，未来的模型是根据自身敏锐的洞察力，了解目标商业部门或者最终用户的实际痛点，主动设计项目；根据项目的范围和质量要求，在企业平台内寻找所需的资源，这是一个项目管理框架进化的过程。

高盛 IT 部门大规模转型之路 [①]

Don Duet： "我们拥有复杂的技术环境，包括超过4 000个至关重要的应

---

① Banking on the Cloud - Don Duet, global head of the technology division at Goldman Sachs, discusses the evolution of the firm's digital strategy and its use of cloud infrastructure and technologies.——麦肯锡 2016 年 4 月。

用和系统。其中有些系统只有一到两个软件，有些系统需要几千个软件一起小心翼翼地合作才能正常运转。我们想极大地提高工程师和开发人员的工作体验——就是说让他们能够更简单地开发和测试应用程序。

"几年前我们对高盛的科技部门进行了一次大规模很有意义的重组。过去我们是垂直架构，每个团队负责公司业务的不同板块。我们想更加敏捷，就像初创企业那样能够在几个月内就从零到产品上线，而且不需要什么资本项目投资。为了转型成功，我们需要成立一个技术平台，把不同部门的很多人都转型成不同的角色。这个团队技术平台能够均匀地支持来自全公司不同部门的需求，开发并且交付核心基于云计算的应用程序和数据相关的服务。现在大多数开发人员都属于不同的项目团队，这些团队都和商业部门紧密相关，我们更容易找到从概念到产品的能力了。

"我们在全球都有分支，在技术部门大概有9 000名工程师，这个规模的确具有挑战性，但同时也是我们重要的资产。我们知道技术人员的市场竞争有多激烈，所以我们要确保员工的价值实现有迹可循，这里的员工参与令人兴奋的创新过程，每个人都应该意识到自己会直接影响高盛的商业运营。"

金融科技企业的人才需求和挑战

在这个时代生存竞争的金融企业属于那些能够迅速识别新市场、新机遇和新挑战的企业。这些企业的管理层具有一定的前瞻性，因此能够有的放矢地推出符合市场需求的产品，同时提供强大高效的客户服务。这与以往的传统企业运作方式完全不同，因此这些金融企业需要听得懂颠覆性科技，管得了千禧一代，能够真正交付，具有实战经验的管理人才。项目经理不但要领导团队，还要管理科技专家以及将最新技术融合统一到项目应用中去的经理型人才——美国管理协会在采访了469位人事经理以后得出结论，金融企业需要的是对金融知识和新型技术同样理解深刻的专业人才去领导管理专业复杂的项目，这些领导型人才甚至负责招聘搭建培训团队！[①]

首先，金融企业面临的最终用户是复杂多变的千禧一代。这些用户在喜欢手机应用和数据分析的同时也喜欢尝试新产品和新型的金融服务，并没有婴儿潮消费者对商家品牌的认可和黏性。因此，对于金融企业来说，不断推出新产品或者现有产品的新特征，新玩法就显得非常重要。这些最终用户喜欢把金融产品和苹果公司的产品或者谷歌公司的服务相比较，而且也期待商家提供类似的服务，让他们能够用极其低廉甚至免费的方式享受过去高门槛的金融服务。因此，项目经理需要对自己作出相应的转型要求，从被动执行转为主动创造，让自己变得对商业环境更敏感，让自己的工作方式更加敏捷。项目经理对商业模式的认知是建立在自己本身的知识体系上的，很难想象一个不接触千禧一代用户的项目经理能够理解针对千禧一代用户的金融科技系统。即使这样的认知有限（有时候的确很难跟上千禧一代的口味变化），也需要保持极度开放的头脑，而不是简单采用被动接受的方式开始执行。具体来说，坚持确定性不如拥抱新发现是最重要的敏捷思路，金融科技的确定性在于价值而不是项目范围。如果有必要，可以使讨论节奏慢下来，厘清思路，寻找新发现中的逻辑合理性，同时承认自己对未知事物的确敬畏，重新整理问题找到项目的关键点。

其次，监管环境在不断变化。根据普华永道2017年的统计，由于全球各经济体不同的法律制度和纷繁复杂的监管机构，美国金融企业每年用于应付监管的成本高达40亿美元，[②]因为大量的合规工作仍然必须由人工完成。对于大型成熟金融企业来说，这样的监管环境要求企业增加在监管合规科技方面的投入，加速合规数字化的进程，因此与合规科技有关的金融科技项目迅速增加，其主要的商业价值在于迅速提高合规工作效率的同时能够降低运营成本。对于初创型金融企业来说，复杂且成本高昂的合规准入门槛意味着

---

① 未来的项目经理，美国项目管理学会 2018 年报告。

② PWC Redrawing the lines：FinTech's growing influence on Financial Services 2017.

和现有持牌照金融企业合作或者寻找目前不被监管的新型领域，无论哪一种情况都对企业间的技术合作提出了更高的要求，对产品的设计和发布更加严格。如果采用外包的合规作业供应商，那么企业必须设定相应的管理人员与其协调，确保企业的合规需求得到满足而商业利益不被稀释。金融企业严格的合规和监管要求也意味着金融科技企业从初创到IPO上市必须经历成熟和发展，上市之路要求企业管理层在大量中短期财务指标和不断开发创新的长期产品策略之间寻找平衡，这也是企业成长的必由之路。项目经理承担着项目的领导职能，需要打破常规，一方面与主管的监管部门合作互动而不是照本宣科，确保对新型监管法规的理解做到原则合规而不是书本合规；另一方面需要和上下游供应商合作确保合规监管在整个数据流的周期中都认真执行到位。对此，很多初创企业选择与业界大佬合作，聆听他们的建议和意见，用大佬们的经验弥补对监管理解的不足。

———｜ 摩根士丹利前总裁麦晋桁指导初创金融科技企业 ｜———

2012年离开花旗集团CEO职务的潘伟迪（Vikram Pandit），过去几年就投资了一系列的纽约金融科技公司，包括网贷交易技术分析平台Orchard Platform、网络贷款追踪公司PeerIQ、P2P助学借贷平台CommonBond等。另一华尔街传奇人物，摩根士丹利前全球主席兼行政总裁麦晋桁（John Mack）也热衷于投资数码货币与金融新创公司。

PeerIQ创办人兼行政总裁Ram Ahluwalia对于麦晋桁的支持特别感激。"如果没有麦晋桁，就没有PeerIQ。"成立于2014年的PeerIQ是一家专注于借贷行业数据分析的公司，为机构投资者提供P2P借贷市场风险分析、管理与评估的信息工具。它也是全球金融科技企业种子轮最高额度融资纪录的保持者，2017年8月又得到1 200万美元的A轮融资。

走进PeerIQ位于曼克顿24街的办公室，氛围与矽谷科技新创公司十分类似。偌大的厨房里，有取之不尽的坚果、巧克力等零食，冰箱里有顶级咖啡、啤酒、果汁任君取用。所有隔间都是透明玻璃，视线丝毫不受阻碍。办公桌还经过特别挑高到吧台高度，员工可以站着写程式，或是坐上灵活的旋转高脚椅办公。

"我们是一家科技公司，80%~90%的员工都是工程师，"Ram Ahluwalia 笃定地表示。他之前在美林证券工作，了解了银行的需求与市场机会后，决定投入P2P借贷市场的风险分析。

PeerIQ是他第一次创业，但过程比想象中顺利。"我永远忘不了第一次与麦晋桁的会议，"Ram Ahluwalia回忆道，在他初次与这位华尔街大佬见面，心中充满戒慎恐惧，没想到麦晋桁听完简报后大为赞赏。

"你需要什么资源？我立刻帮你联络！"麦晋桁豪爽地说，而且就在Ram Ahluwalia面前拿起电话拨给他熟识的金融界大佬，帮双方牵线认识。也因为麦晋桁的支持，PeerIQ陆续得到美国证监会前主席赫斯特（Hearst）的风投基金和麦格理集团（Macquarie Group）等重量级人士与机构的投资，业务也迅速扩充，现在已经发展成为一家有32位员工的中型金融新创公司。[①]

项目经理的薪酬风向标

根据国际著名高端猎头公司华德士（Robert Walters）2018年的问卷调查，在金融科技发达的亚洲地区，金融服务行业项目管理类的职位薪酬并没有发生太大的变化，不过也没有上升，以香港地区8年工作经验以上的"项目经理"职位为例，平均年薪在85万~130万港元，仍然高于大部分类似工作经验的纯技术或者纯运营的职位。虽然像"敏捷传道者"和"产品专家"这样的职位增加了很多而且年薪也上升到了72万~100万港元的

---

① 商业周刊2018年1月，《借助金融科技，曾受金融海啸重创的纽约重获新生》。

范畴。①

　　根据美国项目管理学院2017年的问卷调查，中国项目经理的薪酬包中位数为年收入20万元人民币，但绝大多数受访者认为自己在未来一年内会得到10%~14.9%的涨幅。不太有利的消息是作为高端职位，项目管理总监的薪酬包中位数也只有22.5万元人民币；同期美国项目管理总监的薪酬包中位数达到14万美元。好消息是中国项目经理的从业时间大多数都在15年以下，美国同行的从业时间大多数都在15年以上甚至59%的受访者已经工作了20年以上，而且绝大多数美国项目经理都认为自己在未来一年的薪酬涨幅不会超过4%！②

　　在金融科技高速发展的过程中，企业无论是从市场需求、客户分析的角度还是监管合作的角度，都需要合理及时地设计完成项目，也依然需要具有商业背景和专业知识的经理去协调推进这些项目，只是不会过于钟情"项目经理"这个具有强烈主观色彩的头衔名称而已。职场生态的变化在淘汰机械作业的"昨天的项目经理"的同时，也在塑造对"未来的商业领导者"的背景和技能要求，先进科技在替代很多人工作业的同时也需要新型的人工管理。

未来"商业领导者"的职业素养要求

　　职场的事情从来都没有这么简单。千禧一代认为企业如果要长期成功，那么高管层首先要具有和年轻员工打交道的"软实力"，例如，人际交流能力，自信和执着的追求，道德高尚富有正义感还有批判性思考；管理层并不以为然，对于员工的要求一如既往，技术能力仍然排在社交能力和批判性思

---

①　Robert Walters Greater China & South East Asia Salary Survey 2018.

②　PMI，https：//www.pmi.org/-/media/pmi/documents/public/pdf/learning/salary-survey-10th-edition.pdf.

考能力的前面。[①]

　　避免过于执着于教条的开发流程和模式，做到能够根据商业需求使用不同的开发工具和模式为企业创造价值。金融企业的产品开发流程充满了大量的创新因素，也具有很大的不确定性，从上至下的WBS商业需求分析在很多时候既不完美也不现实，取而代之的是根据有限的需求信息迅速作出产品原型然后迭代式地继续开发。金融企业的人力成本高昂，越早知道产品的漏洞和错误对未来的开发越有利，试验型的产品原型往往比完整的项目计划更能够直观体现问题的关键所在。

　　同样道理，对于具有严格财务指标或者在有限时间内必须做到合规达标的企业来说，过于一厢情愿地进行敏捷开发会产生重点不清的问题，产品特征如果不能解决企业现阶段的问题，那么这个产品的生存本身就是问题。因此，项目的领导者要做到合理运用不同的开发流程，在计划中推进，在推进中不断继续计划的动态持续产品发布。

　　金融技术领域大量以千禧一代为主的技术团队偏好敏捷开发流程，喜欢自我管理并且独立解决问题，喜欢尝试不同的策略用创新的方式完成开发。不过，这样的工作风格并不说明以千禧一代为主的技术团队就不需要其他经理型的领导者帮助他们排除开发过程中的阻碍，或者协调与其他部门或者外部供应商的互相依赖关系，他们需要的是服务型领导——善于倾听，能够和技术团队交流，理解团队的开发需求并且具有个人魅力，激励团队探索的新型领导。这样的项目领导者肯定不会时时把握项目的进度并且督促团队按时完成任务，相反，他们更加善于运用自己的专业知识和数据分析发现开发的"瓶颈"或者未来需要的资源，他们不会把时间和精力花在用放大镜观察具体开发任务上，他们会用望远镜展望未来。

---

　　① 　德勤，"Aspire to lead in Industry 4.0? Hone your soft skills"。

---| **"敏捷型"金融科技企业** [①] |---

2018年1月著名咨询公司麦肯锡综合了来自金融、管理、运维、营销等方面全球超过50位专家的调研，总结出了未来的"敏捷型"企业的五大特征。

表 9-1　　　　　　　　　　　**"敏捷型"企业的五大特征**

	特征
战略	与"机器型"企业不同，新型的"敏捷型"企业里的团队都需要共同的价值观和远景，对市场机会和资源调配基本都能够达成共识，而不是根据高管层的指挥棒机械运作
架构	与"机器型"企业不同，新型的"敏捷型"企业的正式人事架构会显得很扁平，更多依赖直接的产品或者项目层面的交流实现管理目的，会具有大量内部和外部的合作关系以及根据不同中短期目标设立的细胞团队网络
流程	决策流程迅速但迭加，项目流程标准而且能够在早期预判失败从而降低机会成本
团队	服务型领导为主的社区化团队，具有创业精神但同时流动性很强
技术	高速进化的技术架构和系统内容，创新的技术应用实践

中国金融科技行业项目经理的挑战和机遇

金融科技的广泛定义是指那些可以提升传统金融服务效率，改变以致颠覆传统金融服务的科技创新，金融科技公司是一个利用科技直接或者间接（通过与传统金融机构合作）为客户提供金融服务，从而创造利润的公司。[②]金融科技与国内的"互联网金融"既有区别又有联系，"互联网金融"主要是从场景、模式角度描述，而金融科技主要是从技术进步的角度描述。2016年以来金融科技的受关注度显著提高，从中长期来看，国内的"互联网

---

① 麦肯锡 2018 年 1 月，"敏捷型"企业的五大特征。
② 小杰伊·D.威尔逊著，王勇，段炼等译，《金融科技》。

金融"概念可能逐步趋近并融入金融科技的概念体系。[①]

项目（Project）是"为创造或者改进特定的产品、服务或者系统而采取的临时性的努力"[②]，项目管理是指"在项目活动中运用专门的知识、技能、工具和技术，以满足项目需求"。项目经理不仅要努力实现项目的范围、时间、成本和质量目标，还必须协调整个项目过程，以满足项目参与者或受到项目活动影响的人们的需求和预期。[③]

现在我们试图把这些定义综合起来，从而得出金融科技项目经理的职业画像。这个职业需要的是拥有金融知识和包括互联网在内的信息技术背景，能够创造或者改进现有金融产品、服务或者系统，并且在有限的时间和资源范围内满足客户的需求和预期的复合型人才。这些项目经理是能够理解并且熟练运用各种开发流程，将包括大数据、人工智能、区块链、云计算等高新科技应用到实际金融服务的场景中，并且为客户实现价值的企业高级管理人员。无论是需要转型拥抱金融科技的中国传统银行，还是新型初创金融科技企业，都需要通过这样的管理人员创建并且推动完成金融科技相关的项目，提高企业的外部竞争力，同时提高企业内部对高新科技和金融场景的整合开发管理能力。

站在中国项目经理人的角度上看，这个新兴的职业似乎非常令人兴奋，能够参与甚至一手打造大型金融科技项目本身就是让所有项目经理引以为傲的成就，在中国这个全球金融科技发展最快的市场大展身手不但回报丰厚而且是职业发展的重大机遇。事实也的确如此，从市场的供给侧和需求端分析，中国金融科技类的管理人才缺口很大，而随着金融科技发展的不断深入对资深项目管理人员的需求不断增加，结果此类人才薪酬不断上扬。不过，这种缺口的存在也有其重要原因，符合所有条件成为具有金融科技实战经验的经理人不但需要就业时间的磨炼，还需要丰富不同的职场转换积累和不同行业的经验，这些都是金融科技项目经理面临的挑战。

---

① 杨涛，贲圣林主编，《中国金融科技运行报告 2018》。

② Information Technology Project Management – Jack Marchewka.

③ 凯西·施瓦尔贝著，《IT 项目管理》。

中国金融科技项目经理的供给侧分析

根据2018年金融科技蓝皮书报告，与传统金融行业相比，互联网金融行业的发展对其从业者的能力和素质提出了更高的要求，这使互联网金融人才的缺口进一步加大。[①]从基层来看，中国金融科技人才市场的主要供给来源是应届高校毕业生和职场转职人员，并没有特定的专业培养机构。与美国不同，我国的大学教育和专业设置尚没有完全市场化，在过去很多年中并没有"金融科技"专业，也无法立刻培养出符合市场要求的人才。即使在全球金融中心的香港，第一个"金融科技学"本科课程也直到2017年才由香港中文大学推出——"中大金融科技课程主任陈南教授说：'这是全港第一个关于金融科技的课程，课程旨在传授学生坚实的基础知识，增强运用创新科技于金融服务的能力，并为业界培育新一代领袖和创业精英，以支持香港成为国际金融科技中心。'"[②]与此同时，我国大学生仍然倾向于学习理论为主，实践能力普遍较弱，无法满足金融科技企业发展的实际需要，因此应届毕业生显然无法满足市场需求，中国金融科技人才包括项目经理的主要来源其实是转职人员，即具有相当经验跨行业"跳槽"的中高端人才。

根据安永咨询2016年的报告："中国有760万金融服务工作者，提供了强大的人才基础，人才库目前涵盖了50万以上的金融精英（如受过高等教育、有海外工作背景和金融服务相关经验的人才）和1万人以上的金融科技精英。源源不断的科技人才源自国际科技巨头和STEM（科学、技术、工程和数学）专业名列世界前茅的大学，并伴随着20%在国外有相关工作经验的留学生学成归来而进一步增强。"[③]这里很清楚地说明了真正的金融科技供给来源和数量。

另一个非常重要的人才来源就是中国科技巨头BATJ基于自身的发展需

---

① 李扬、孙国锋主编，《中国金融科技发展报告 2018》。

② 香港中文大学课程编号 FTECN，http://admission.cuhk.edu.hk/tc/programmes/FTECN.html。

③ 安永咨询，中英金融科技：释放的机遇。

要，对金融科技人才的在职培养，然而由于BATJ自身的规模和企业文化，这样的人才培养能够准确地填补市场需求，缓解了供不应求的局面。

表9-2　　　　　　　中国科技巨头BATJ金融科技人才的在职培训

学院	简介
百度金融学院	2016年12月成立的百度金融学院是百度引进国内顶尖金融学府、业界大咖等师资力量，为百度金融全体员工进行高端、系统化的金融科技培训机构。①发展目标：培养数十个互金领域独当一面的领军人物、培训数百个既懂金融又懂管理的专业经理、储备数千个融汇贯通、技术过硬的专业人才。立志成为金融科技领域的黄埔军校
阿里巴巴人才培养平台	实习生培养：阿里巴巴与众多高校和科研机构等建立了联合培养，设立了全球Research Talent、Engineer intern等专门项目，培养复合型人才 阿里巴巴全球研究人才计划（Alibaba Global Research Talent，AGRT）：是一个主要面向海内外顶尖高校博士生、硕士生和本科生的实习生项目。自启动以来，项目吸引了来自斯坦福大学、加州大学伯克利分校、卡内基·梅隆大学、香港科技大学、清华大学、北京大学等多所高校的数百名学生 阿里巴巴博士后科研工作站：是阿里重要的人才培养平台，是产学研合作的学术共建平台。现有阿里巴巴云计算（北京）有限公司博士后科研工作站和阿里巴巴（中国）有限公司博士后科研工作站，分别隶属于北京市和浙江省人才管理中心 技术大学专注于为阿里巴巴的数万工程师提供学习和成长的平台，其使命是成为工程师学习的伙伴，目标是传承阿里工程师文化，提供工程师视野和能力升级的保障，促进技术组织的活力与发展，将阿里巴巴打造成一个科技学习型组织②
腾讯学院	2007年8月，腾讯学院正式成立，标志着腾讯员工培训发展工作进入新的里程碑。从成立到现在，腾讯学院以成为互联网行业最受尊敬的企业大学为愿景，通过开展各类课程与培训，努力成为腾讯员工的成长顾问与业务团队的发展伙伴，为腾讯的现在培养人才，更为腾讯的明天培养人才③
京东大学电商学院	京东大学电商学院是京东集团为了助力院校向电商行业输送具有岗位实操技能的院校毕业生而设立的校企合作官方培训部门。通过不断传递京东品牌、品质、品商的理念，围绕"市场需求为导向，能力培养为中心"，结合前沿电商运作模式及热点业务群体、整合互动线上线下资源，与院校建立长期合作关系，实现优势互补、资源共享、互惠互利、共同发展④

注：① 百度百科，https://baike.baidu.com/item/%E7%99%BE%E5%BA%A6%E9%87%91%E8%9E%8D%E5%AD%A6%E9%99%A2。

② https://102.alibaba.com/research/talent/。

③ https://hr.tencent.com/workInTencent.php。

④ https://xueyuan.jd.com/。

中国金融科技的发展集中在北上广深等一线城市，因为只有这些城市才拥有金融知识和技术能力的高端人才储备。根据领英2016年的报告，虽然金融科技行业人才最多集中在上海，北京其次，分别为12.4%和8.0%，但所占比例都没有传统的金融行业或者互联网行业高，说明金融科技在杭州、广州、成都等其他城市的发展和人才储备已经开始逐渐成熟。一方面上海、北京的资源优势和政策优势显而易见，另一方面一线城市的金融人才成本居高不下已经是不争的事实，从科技开发的角度来看，也许企业总部所在地已经开始呈现分散的特征。①

中国金融科技行业的项目经理的另一个重要来源是金融行业或者科技企业内部的项目经理，这些经理人熟悉金融场景或者技术市场需求，同时也具有项目管理的基本技能，可以在较短的时间内转型进入角色。不过根据美国项目管理协会在过去5年对中国数千名项目经理的问卷调查，虽然中国项目经理的数量和薪酬待遇都增长很快，但一些重要的项目管理技能的供给依然严重不足。②

• 项目群和项目组合的管理人员比例和薪酬在2017年都上升很快，一方面说明各行业都在细分项目规模，从一个大型基建型项目降解为前台、后台等子项目，符合项目管理发展趋势；另一方面说明中国项目经理必须具有同时管理不同项目和多个关联项目的能力。

• 敏捷开发、迭代开发或者精益开发相关的项目经理薪酬在2017年上升很快，尤其是6年工作经验的初级项目经理平均年薪酬包达到24.5万元人民币，比行业平均值高了20%。

• 具有15年以上工作经验（不完全需要项目管理经验）的项目经理薪酬在2017年上升很快，但20年以上工作经验就不再有更高的涨幅，说明市场供给缺口最大，企业也愿意为此付出溢价的是拥有10~15年工作经验，年龄在32~40岁的项目经理人。

• 高端职位的薪酬水平也出现同样的趋势，传统银行的IT基建或者应用

---

① 2016年中国互联网金融人才白皮书，领英中国。

② Earning Power：Project Management Salary Survey 10th Edition – Detailed Findings - China.

开发部门总监平均年薪酬包达到72万元人民币[①]，而金融科技方面总监级的项目和产品管理职位年薪酬包总额达到150万元人民币，与一般银行的区域金融中心总经理相当。[②]

如果从供给端分析，给立志成为中国金融科技行业的项目经理提出职业发展建议，那么最重要的仍然是拥有实际工作经验：科技背景的人才可以通过BATJ内部培训教程努力把自身锻炼成符合市场需求的职业经理人，传统行业的项目经理可以通过自学技术辅以10年以上的工作经验，最好是项目管理经验。从专业素养的角度分析，虽然大学的正规本科教育仍然是基础，但能够掌握多种开发方式并且在实战中熟练运用的项目经理仍然能够获得青睐，这些也都是自我职业提升的要求。

中国金融科技项目经理的需求端分析

中国金融科技项目经理的需求来自两个方面：传统银行对科技项目管理的转型需求和新型金融科技初创企业自身扩张的需求。过去，传统银行和金融机构以产品、利率、地理位置和分布网络为中心展开竞争，但现在这些传统银行面临的情况是移动业务能力、网银支持能力、用户界面友好程度以及处理日常问题的能力对客户是否选择这家银行的影响越来越大，在这个高度联通的时代，要留住客户取决于是否能够提供全方位的服务。[③]这样的要求衍生出了大量科技项目，也许这些科技项目现阶段还处于内部运维模式，但未来也许会成为银行金融科技战略的重要实施平台，这些项目不仅需要内部信息科技人才，也需要具有金融科技视野的管理人才。

根据毕马威咨询2018年中国银行业调查报告，近年来中国传统银行从直面互联网金融的冲击转向利用互联网思维打造数字化生态圈。自2015年起，建设银行、兴业银行、平安银行、招商银行、光大银行及民生银行等相继设

① 摩根麦肯立，2018银行与金融服务薪酬指南。
② 科锐国际，2019人才市场洞察及薪酬指南。
③ 布莱特·金著，银行3.0——移动互联时代的银行转型之道。

立了银行系金融科技子公司，推动银行不断创新，"银行系金融科技子公司的成立潮正在来临，银行设立独立的金融科技子公司将是必然趋势"。[1]传统银行布局金融系科技子公司和互联网科技巨头在对科技人才的需求上相比区别并不大，都集中在大数据、云计算、AI、区块链等领域，不同的是有些重点技术涉及银行的战略核心竞争力，因此必须通过自主开发而不是合作的方式完成。有些重大项目涉及新型技术体系，事先也无法完全预知人才的需求状况，需要根据项目的推进和发展不断建立团队。与基础金融业务不同，银行在金融科技方面的扩张主要挑战不是资本，而是对高质量人才的需求。

——————| 2018 年中国银行业调查报告：
银行科技公司运营管理提升方向和关键举措[2] |———————

经营好银行科技公司需进行根本管理理念的转变，紧跟数字化发展方向并采用技术业务管理模式，进行运营管理模型设计再造。建立管理服务基本价值链，整合科技公司内部业务全生命周期管理流程和资源，包括客户管理、机会管理、风险合规管理、资源合同管理、项目创建与成本管理、项目财务与绩效管理等。基本价值链向下，以项目管理和人员管理作为公司日常管理的两大基本着手点，对项目和人员设定数字化标签，实现在业务中的统一管理和灵活调度，同时通过项目财务成本信息跟踪以及绩效评价机制，构建科学适用的全流程内部闭环管理模型。

公司项目与资源管理

在公司范围内对项目科学分配企业的资源，保证企业资源效率达到最优化，确保项目的绩效水平控制在企业的财务和资源能力之内，提高项目组合的整体效率，降低公司整体投入成本。项目与资源分级分类，在多项目环境下进行内部项目分类分级管理，促进人力资源整体利用效率有效提高，实现

---

① 毕马威咨询，2018 年中国银行业调查报告。
② 毕马威咨询，2018 年中国银行业调查报告。

企业总体经济效益的最大化，人力资源全管理计划。建立项目人力资源选择计划管理机制，提升人力资源时间管理效率，增大人员工作饱和度，节省人力资源协调调用时间成本，避免发生多强度复用和闲置的极端情况。

这样人才的需求本身也在迫使传统银行和金融机构改变运营架构，从原来传统的前、中、后台垂直岗位管理模式转型为商业需求为主的业务导向型运营体系。IT部门仍然会继续确保核心系统和传统业务相关的系统稳定，但金融科技相关的团队会逐渐增加成为独立的科技业务单元，根据市场变化和用户需求自主设计项目，高效运用现有人力资源，在有限的时间内完成项目达到商业目的，这种形式的项目组对项目经理的需求显而易见。

普华永道咨询在2018年对中国金融科技企业进行调研，调研对象中约七成为传统金融机构，约三成为金融科技公司，大部分为企业的中高层决策或管理人员。在金融科技人才需求方面，52%的受访者认为招聘和保留金融科技人才存在一定困难，尤其随着公司员工规模的扩大，一方面对复合型人才的要求快速增加，而这部分人才在市场上尤为稀缺；另一方面在高度不确定性的业务环境中，团队协作、工作分配、机制磨合等也带来了内部管理压力，增大了员工的流失风险。比较有意思的是，受访者在强调看重同时拥有技术开发和金融行业经历的复合型金融科技人才的同时，并没有过多强调金融科技人才的创新能力。[①]

项目总结和自我提高建议

• 项目总结和自我评审

专业的项目经理应该把每一个项目作为专业来完成。从每一个项目开始的那一刻，每一个团队成员和利益相关人都会问，这个项目能成功吗，这

---

① 普华永道，2018年中国金融科技调查报告。

个项目的具体意义在哪里，这个团队是否合适，这是人们的惯性思维。如果想成为一个优秀的项目经理，就需要把这些问题都记录下来，既作为对项目的反馈，也作为和项目利益相关人的反馈前提。随着项目的进行，不可避免地会对项目团队或者项目范围作出调整和改变，有人离职，有人加入，有新的产品特征，也有不合理需要调整的产品特征，项目经理对这些变动发生的上下文和时间也都应该记录下来。项目完成以后，一个优秀的项目经理会主动整理项目总结报告需要的具体材料和数据，其中就包括上述内容和相关决策，项目总结报告一般需要涵盖以下内容：

　　○评审项目最终交付物集合是否实现预先制定的项目核心价值MOV。如果实现，最后衡量的结果和项目启动前的预期是否有所不同；如果没有完全实现，主要原因是什么，是否有后续项目。

　　○评审项目计划、项目预算、项目范围、项目质量、项目沟通等项目管理的要点在整个项目生命周期中执行的情况，尤其是最佳实践的总结。这些最佳实践不但帮助项目团队反思哪些决策是对的，哪些决策还可以更好，同时也帮助项目经理积累经验，不断提高在同一个企业组织范围内项目管理的能力和信任度。

　　○产品和服务反馈。最终用户的反馈，市场的意见和建议都是项目团队宝贵的学习资源。对从简单的用户界面反馈到复杂的数据流监控实施结果进行分析，汇总并向企业高层提出后续项目的设计建议是项目经理成为领导者的必修之路。

　　○项目团队表现的评审。对每一位项目团队成员作出合理的评价不是一个容易的过程，项目经理需要提前做好充足的材料准备，客观公正地评价并且分享作为项目团队同事的个人看法，在一张一弛之间保持有效沟通，同时传达了必须要传达的信息。需要注意的是，既然是项目总结，所有的个人表现反馈也应该基于该项目的周期和相关事项，尽量使用一对一讨论的方式而避免使用结论性的评价。

　　○收集文件归档并且准备相关审计流程。对于大型企业或者上市公司来说，大型内部项目完成以后可能需要相应的内部审计，这也是风险控制的最后一道防线。如果是第三方的外部审计，项目经理可能还需要专门对此作出时间和必要的财务预算。当然，所有审计中提出的问题和答案也是项目的重要信息和未来的最佳实践。

• 有意识地建立领导风格

项目经理自我提高最简单、最重要的一条原则就是有意识地管理更多的项目，当然前提是力所能及，同时确有合力。各种不同的项目能够帮助项目经理扩大视野，增加对不同部门不同职能的认知，而识别新的项目并且主动参与能够建立一种积极向上的个人风格。在这样一个敏捷的金融科技时代，只有积极的领导风格才会赢得尊敬，被动而且过于依赖企业组织架构赋予的权力绝不是长远之计。在班组式的项目团队中，每一个团队成员都可能承担多种角色，是否愿意踏出自己的舒适区去帮助其他同事，在快节奏的工作环境中是否会看到价值链的存在而不是一叶障目，这些都是项目经理体现领导力、获得团队成员认可、建立企业内部人脉的机会。对此，麦肯锡咨询总结为——在崇尚敏捷开发的企业内，领导者聚焦于引导和支持，而不是指挥和微观管理。[①]

• 有意识地提高解决问题能力

金融科技项目充满了不确定性，每一个问题的产生在带给项目团队额外任务的同时，也带给项目经理证明自身解决问题能力的机会。解决问题的能力不等同于决策，前者更注重能够通过梳理问题、分析关键、运用常识和专业知识看清问题的症结所在，然后才是决策。最小如项目团队成员之间的意见不合，或者供应商反复延期，项目经理如果能够通过逻辑分析搞清楚这些表面症结后面的真正原因，然后再提出解决问题的方案，那么这样的解决问题的能力是现代企业需要的领导力。结果和业绩是从企业层面上证明项目

---

① Leading agile transformation：The new capabilities leaders need to build 21st-century organizations – McKinsey & Company，2018 年 10 月。

经理具有领导潜力的重要因素，一个人畜无害但业绩平平的项目经理显然不如一个工作高效成果显著的项目经理，证明自身价值本身也彰显解决问题的能力。

• 不断学习并且善于学习监管政策

中国金融科技行业发展飞快，但仍然属于严格监管的行业，同时监管层次复杂，很多时候虽然解决问题的方法不止一个，但能够有效实行的方案可能也不会很多。作为项目的领导者，项目经理唯一不断充实自己知识储备和技术背景的方法就是不断学习，只有不断了解监管的方向和细则才能为项目团队提供高效的监管方面的建议。对于很多拥有较强技术背景的项目经理来说，善于学习相关的监管政策、专用术语，主管部门的监督导向这些内容能够提升自身和项目团队的合规水平，完善自身的项目管理技能，为未来的项目发展提前做好准备。

结语

这个世界上没有最好的产品，只有不断提高的竞争力

　　2015年，哈佛大学著名教授迈克尔·波特在美国项目管理协会发表了著名演讲"Aligning Strategy & Project Management"[1]，提出了"这个世界上不存在绝对最好的产品，或者最好的系统，或者最好的管理架构，企业间互相竞争也绝对不只有降价，关键是怎样为客户提供独特的价值，企业的战略是一个价值实现的过程；项目管理是企业管理的核心部分，是创造新事物并且改造这个世界的超级有效的方法。这些项目的专业管理人员的职责是能够交付和短期、长期战略对齐的产品或者项目，而且使这些项目能够实现商业价值，这也是这些专业管理人员表现的评判标准"。[2]波特在其另一本著作《重塑战略》的序言中引用《哈佛商业评论》总编辑Adi Ignatius的话，"无论文化与技术如何变迁，人性始终不变，而管理的本质终究是人的发展与成长。这就是管理智慧可以超越时代的原因所在"。[3]

　　中国金融科技行业近年来飞速发展，金融科技既是传统金融行业的新进竞争者，也是科技巨头扩张进入金融行业的自主创新过程。从广泛使用的手机支付到运用大数据对金融企业用户进行多维度分析，从全球最大的货币市场基金到运用区块链作为交易后清算的主要方式，科技和金融构成的生态关系日趋紧密，金融科技相关的项目越发丰富，中国已经抢占了全球金融科技创新和应用的中心位置。[4]中国金融科技生态的发展速度、成熟程度和规模都已经超过西方成熟市场。致力于金融科技项目管理的经理人不但要掌握相关科技的核心要素并且能够熟练管理其开发流程，同时还需要利用这些技术推动金融生产力的发展。每一个项目的设计、开发和完成都是科学管理、仔细实施的结果，众多项目的成功铸就了企业在金融科技方面的战略成就。希望这本书能够对中国的项目经理人在金融科技管理的探索之路上有所帮助，对中国金融企业的管理层了解金融科技项目管理的逻辑有所帮助，对所有项

①　https://sternspeakers.com/speakers/michael-e-porter/.

②　波特的演讲视频，https://www.youtube.com/watch?v=CKcSzH1SvCk。

③　迈克尔·波特等著，《重塑战略》。

④　安永咨询，中国金融科技强势崛起2016。

目团队成员提高工作效率、管理水平和监管合规有所帮助。这也是作者自勉的写作宗旨。

本丛书出版得到以下研究机构经费资助：

嘉应学院客家研究院

梅州市客家研究院

广东省客家文化研究基地—嘉应学院客家研究院

广东省非物质文化遗产研究基地—嘉应学院客家研究院

理论粤军·广东地方特色文化研究基地—客家文化研究基地

广东省粤台客家文化传承与发展协同创新中心—嘉应学院客家研究院

广东省普通高校人文社会科学省市共建重点研究基地—嘉应学院客家研究院

客家学研究丛书

第三辑

西婆罗洲华人公司
史料辑录

周云水　林　峰　编著

暨南大学出版社
JINAN UNIVERSITY PRESS

中国·广州

图书在版编目（CIP）数据

西婆罗洲华人公司史料辑录/周云水，林峰编著. —广州：暨南大学出版社，2018.4
（客家学研究丛书. 第三辑）
ISBN 978 - 7 - 5668 - 2152 - 2

Ⅰ.①西…　Ⅱ.①周…②林…　Ⅲ.①华人经济—经济史—史料—加里曼丹岛　Ⅳ.①F133.078

中国版本图书馆 CIP 数据核字（2017）第 222230 号

西婆罗洲华人公司史料辑录
XIPOLUOZHOU HUAREN GONGSI SHILIAO JILU
编著者：周云水　林　峰

出 版 人：徐义雄
策划编辑：李　艺
责任编辑：李　艺
责任校对：刘雨婷　李林达
责任印制：汤慧君　周一丹

出版发行：暨南大学出版社（510630）
电　　话：总编室（8620）85221601
　　　　　营销部（8620）85225284　85228291　85228292（邮购）
传　　真：（8620）85221583（办公室）　85223774（营销部）
网　　址：http：//www. jnupress. com
排　　版：广州市天河星辰文化发展部照排中心
印　　刷：佛山市浩文彩色印刷有限公司
开　　本：787mm×960mm　1/16
印　　张：18.25
字　　数：320 千
版　　次：2018 年 4 月第 1 版
印　　次：2018 年 4 月第 1 次
定　　价：58.00 元

总　序

　　客家文化以其语言、民俗、音乐、建筑等方面的独特性，尤其是客家人在海内外社会经济发展中的突出贡献，引起了历史学、人类学、民俗学和语言学等诸多学科领域内学者的关注。而随着西方人文学科理论和研究方法在20世纪初传入我国，客家历史与文化研究也逐渐进入科学规范的研究行列，并相继出现了一批具有开创性的研究成果。1933年，罗香林《客家研究导论》的出版，标志着客家研究进入了现代学术研究的范畴。20世纪80年代以来，著作、论文等研究成果的推陈出新，也在呼吁学界能够设立专门的学科并规范客家研究的科学范式。

　　作为国内较早成立的专门从事客家研究的机构，嘉应学院客家研究院用二十五载的岁月，换来了客家研究成果在数量上空前的增长，率先成为客家学研究的重要阵地，也引起了国内外学术界的高度关注。但若从质的维度来看，当前的客家研究还面临一系列有待思考及解决的问题：客家学研究的主题有哪些？哪些有意义，哪些纯粹是臆测？这些主题产生的背景是什么？它们是如何通过社会与历史的双重作用，而产生某些政治、经济乃至文化权力的诉求与争议的？当代客家研究如何紧密结合地方社会发展的需要，又如何与国内外其他学科对话与交流？诸如此类的疑惑，需要从理论探索、田野实践和学科交叉等层面努力，以理论对话和案例实证作为手段，真正实现跨区域和多学科的协同创新。

一、触前沿：客家学研究的理论探索

　　当前的客家学研究主要分布在人文社会科学的诸多学科范围之内，所以开展卓有成效的客家研究自然需要敢于接触不同学科领域的学术理论。比如，社会学科先后出现过福柯的权力理论、布尔迪厄的实践理论、吉登斯的结构化理论、鲍曼的风险社会理论、哈贝马斯的沟通行动理论、卢曼

的系统理论、科尔曼的理性选择理论和亚历山大的文化社会学理论。① 社会科学研究经常需要涉及的热点议题，在客家研究中同样不可回避，比如社会资本、新阶层、互联网、公共领域、情感与身体、时间与空间、社会转型和世界主义。② 再比如，社会学关于移民研究的推拉理论、人类学对族群研究的认同与边界理论以及社会转型与文化变迁的机制，都可以具体应用到客家研究上，并形成理论对话而提升客家研究的高度。在研究方法上，人文社会科学提倡的建模、机制与话语分析、文化与理论自觉等前沿手段，③ 都可以遵循"拿来主义"的原则为客家研究所用。

可以说，客家研究要上升为独具特色的独立学科，首先要解决的便是理论对话和科学研究的范式问题。客家学作为一门融会了众多社会人文学科的综合性学科，既不是客家史，也不是客家地区政治、经济、文化等内容的汇编或整合，而是一门以民族学基础理论为基础，又比民族学具有更多独特特征、丰富内容的学科。④ 不可否认的是，客家研究具有自身独特的学术传统，但要形成自身的理论构架和研究方法，若离开历史学、文献学、考古学、人类学、语言学、社会学、民俗学等诸多学科理论的支撑，显然就是痴人说梦。要在这方面取得成绩，则非要长期冷静、刻苦、踏实、认真潜心研究不可。如若神不守舍、心动意摇，就会跑调走板、贻笑大方。在不少人汲汲于功名、切切于利益、念念于职位的当今，专注于客家研究的我们似乎有些另类。不过，不管是学者应有的社会良知与独立人格，还是人文学科秉持的历史责任与独立思考的精神，都激励我们坚持实事求是的原则，在触碰前沿理论上不断探索，以积累学科发展所需的坚实理论。

要做到这一点，就得潜下心来大量阅读国内外学术名著，了解前沿理论的学术进路和迁移运用，使客家研究能够进入国际学术研究对话的行列。

---

① Demeulenaere P., *Analytical Sociology and Social Mechanisms*, Cambridge：Cambridge University Press，2011.

② Turner J. H. ed.，*Handbook of Sociological Theory*，New York：Kluwer Academic Publishers，2001.

③ Jaccard J. & Jacoby J.，*Theory Construction and Model-building skills*，New York：Guilford Press，2010.

④ 吴泽：《建立客家学刍议》，载吴泽主编：《客家学研究》（第 2 辑），上海：上海人民出版社，1990 年。

二、接地气：客家研究的田野工作

学科发展需要理论的建设与支撑，更离不开学科研究对象的深入和扩展，而进入客家人生活的区域开展田野工作，借助从书斋到田野再回到书斋的螺旋式上升的研究路径，客家研究才能做到"既仰望星空又能接地气"，才能厚积薄发。

人类学推崇的田野工作要求研究者通过田野方法收集经验材料的主体，客观描述所发现的任何事情并分析发现结果。[①]田野工作的目标要界定并收集到自己足以真正控制严格的经验材料，所以需要充分发挥参与观察、深度访谈和问卷调查的手段。从学科建设和学科发展的角度，客家族群的分布和文化多元特征，决定了客家研究对田野调查的依赖性。这就要求研究者深入客家乡村聚落，采用参与观察、个别访谈、开座谈会、问卷调查等方法调查客家民俗节庆、方言、歌谣等，收集有关客家地区民间历史与文化丰富性及多样性的资料。

而在客家文献资料采集方面，田野工作的精神同样适用。一方面，文献资料可以增加研究者对客家文化的理解，而且还可以对研究者的学术敏感和问题意识产生积极影响；另一方面，田野工作既增加了文献资料的来源，又能提供给研究者重要的历史感和文化体验，也使得文献的解读可以更加符合地方社会的历史与现实。譬如，到图书馆、档案馆等公藏机构及民间广泛收集对客家文化、客家音乐、客家方言等有所记载的正史、地方志、文集、族谱及已有的研究成果等。田野调查需要入村进户，因此从具有深厚文化传统的客家古村落入手，无疑可以取得事半功倍的效果。

在客家地区开展田野调查，需要点面结合才能形成质量上乘的多点民族志。20 世纪 90 年代，法国人类学家劳格文与广东嘉应大学（2000 年改名为嘉应学院）、韶关大学（2000 年改名为韶关学院）、福建省社会科学院、赣南师范学院、赣州市博物馆等单位合作，开展"客家传统社会"的系列研究。他在长达十多年的时间里，辗转于粤东、闽西、赣南、粤北等地，深入乡镇村落，从事客家文化的田野调查。到 2006 年，这些田野调查的成果汇集出版了总计 30 余册的"客家传统社会"丛书，不仅集中地描述客家地区传统民俗与经济，还具体地描述了传统宗族社会的形成、发展

003

---

① 托马斯·许兰德·埃里克森著，周云水、吴攀龙、陈靖云译：《什么是人类学》，北京：北京大学出版社，2013 年，第 65 – 67 页。

和具体运作及其社会影响。

2013 年以来，嘉应学院客家研究院选择了多个历史悠久、文化底蕴深厚的古村落，以研究项目的形式开展田野作业，要求研究人员采用参与观察、深度访谈、文献追踪等方法，对村落居民的源流、宗族、民间信仰、习俗等民间社会与文化的形成与变迁进行深入的分析和研究，形成对乡村聚落历史文化发展与变迁的总体认识。在对客家地区文化进行个案分析与研究的基础上，再进行跨区域、跨族群的文化比较研究，揭示客家文化的区域特征，进而梳理客家社会变迁和文化发展过程。

闽粤赣是客家聚居的核心区域，很多风俗习惯都能够找到相似的元素。就每年的元宵习俗而言，江西赣州宁都有添丁炮、石城有灯彩，而到了广东的兴宁和和平县，这一习俗则演变为"响丁"，花灯也成了寄托客家民众淳朴愿望的符号。所以，要弄清楚相似的客家习俗背后有何不同的行动逻辑，就必须用跨区域的视角来分析。这一源自田野的事例足以表明田野调查对客家学研究的重要性。

无论是主张客家学学科建设应包括客家历史学、客家方言学、客家家族文化、客家文艺、客家风俗礼仪文化、客家食疗文化、客家宗教文化、华侨文化等，① 还是认为客家学的学科体系要由客家学导论、客家民系学、客家历史学、客家方言学、客家文化人类学、客家民俗学、客家民间文学、客家学研究发展史等八个科目为基础来构建，② 客家研究都无法回避研究对象的固有特征——客家人的迁徙流动而导致的文化离散性，所以在田野调查时更强调追踪研究和村落回访③。只有夯实田野工作的存量，文献资料的采集才可能溢出其增量的效益。

三、求创新：客家研究的学科交叉

学问的创新本不是一件易事，需要独上高楼，不怕衣带渐宽，耐得孤独寂寞，一往无前地上下求索。客家研究更是如此，研究者需要甘居边缘、乐于淡泊、自守宁静的治学态度——默默地做自己感兴趣的学问，与两三同好商量旧学、切磋疑义、增益新知。

---

① 张应斌：《21 世纪的客家研究——关于客家学的理论建构》，《嘉应大学学报》1996 年第 4 期。

② 凌双匡：《建立客家学的构想》，《客家大观园》1994 年创刊号。

③ 科塔克著，周云水译：《文化人类学——欣赏文化差异》，北京：中国人民大学出版社，2012 年，第 457－459 页。

客家研究要创新，就需要综合历史学、人类学、语言学、音乐学、社会学等学科理论和方法，对客家民俗、客家方言、客家音乐等进行综合分析和研究，以学科交叉合作的研究方式，形成对客家族群全面的、客观的总体认识。

客家族群作为中华民族共同体的一个重要支系，在其形成和发展过程中融合多个山区民族的文化，形成独具特色的文化体系。建立客家学学科，科学地揭示客家族群的个性和特殊性，可以加深和丰富对中华民族的认识。用客家人独特的历史、民俗、方言、音乐等本土素材，形成客家学体系并进一步建构客家学学科，将有助于促进中国人文社会科学本土化的发展，从而为中国人文社会科学的发展和繁荣作出应有的贡献。客家人遍布海内外 80 多个国家和地区，客家华侨华人 1 000 余万，每年召开一次世界性的客属恳亲大会，在全世界华人中具有重要影响。粤东梅州是全国四大侨乡之一，历史遗存颇多，文化积淀深厚，华侨成为影响客家社会历史和文化发展的重要因素。建立客家学学科，将进一步拓宽华侨华人研究领域，有助于华侨华人与侨乡研究的深入发展。

在当前客家学研究成果积淀日益丰厚、客家研究日益受到社会各界重视的情况下，总结以往研究成果，形成客家学学科理论和方法，构建客家学学科体系，成为目前客家学界非常紧迫而又十分重要的任务。

嘉应学院客家研究院敢啃硬骨头，在总结以往研究成果的基础上，完成目前学科建设条件已初步具备的客家文化学、客家语言文字学、客家音乐学等的论证和编纂，初步建构客家学体系的分支学科。具体而言，客家文化学探讨客家文化的历史、现状和未来并揭示其发生、发展规律，分析客家族群的物质文化、制度文化和精神文化的产生、发展过程及其特征。客家语言文字学探讨客家方言的语音、词汇、语法、文字等的特征，展示客家语言文字的具体内容及其社会意义。客家音乐学探讨客家山歌、汉剧、舞蹈等的发生、发展及其特征，揭示客家音乐的具体内容和社会意义。

客家族群是汉民族的一个支系，研究时既要注意到汉文化、中华文化的普遍性，又要注意到客家文化的独特性，体现客家文化多元一体的属性。客家学研究的对象，决定客家学是一门融合历史学、民俗学、方言学、音乐学、社会学等众多社会人文学科的综合性学科。如何形成跨学科的客家学研究理论与方法，是客家研究必须突破的重要问题。唯有明确客家学研究的基本概念、理论和方法，通过广泛的田野调查和深入的个案研

究，广泛收集关于客家文化、客家方言、客家音乐等各种资料，从多角度进行学科交叉合作的分析和研究，才能实现创新和发展。

嘉应学院地处海内外最大的客家人聚居地，具有开展客家学研究得天独厚的地缘优势。1989 年，嘉应学院的前身嘉应大学率先在全国建立了专门性的校级客家研究机构——客家研究所。2006 年 4 月，以客家研究所为基础，组建了嘉应学院客家研究院、梅州市客家研究院。因研究成果突出、社会影响大，2006 年 11 月，客家研究院被广东省社会科学界联合会评为"广东省客家文化研究基地"；2007 年 6 月，被广东省教育厅评为"广东省普通高校人文社会科学省市共建重点研究基地"。之后其又被广东省委宣传部、广东省社会科学院评为"广东地方特色文化研究基地——客家文化研究基地"，被广东省文化厅评为"广东省非物质文化遗产研究基地"，被广东省教育厅评为"广东省粤台客家文化传承与发展协同创新中心"；还经国家民政部门批准，在国家一级学会"中国人类学民族学研究会"下成立了"客家学专业委员会"。

2009 年 8 月，在昆明召开的第 16 届国际人类学大会上，客家研究院成功组织"解读客家历史与文化：文化人类学的视野"专题研讨会，初步奠定了客家研究国际化的基础。2012 年 12 月，客家研究院召开了"客家文化多样性与客家学理论体系建构国际学术研究会"，基本确立了客家学学科建设的基本途径和主要方法。另外，1990 年以来，嘉应学院客家研究院坚持每年出版两期《客家研究辑刊》（现已出版 45 期），不仅刊载具有理论对话和新视角的论文，也为未经雕琢的田野报告提供发表和交流的平台。自 1994 年以来，客家研究院承担国家社会科学基金项目 2 项，广东省哲学社会科学规划项目等 20 余项，出版《客家源流探奥》① 等著作 50 余部，其中邱国锋等的著作《兴宁市总体发展战略规划研究》② 获广东省哲学社会科学优秀成果一等奖，肖文评的专著《白墟乡的故事——地域史脉络下的乡村建构》③ 获广东省哲学社会科学优秀成果二等奖，房学嘉的专著《粤东客家生态与民俗研究》④ 获广东省哲学社会科学优秀成果三等奖。

---

① 房学嘉：《客家源流探奥》，广州：广东高等教育出版社，1994 年。

② 邱国锋等主编：《兴宁市总体发展战略规划研究》，广州：广东教育出版社，2010 年。

③ 肖文评：《白墟乡的故事——地域史脉络下的乡村建构》，北京：生活·读书·新知三联书店，2011 年。

④ 房学嘉：《粤东客家生态与民俗研究》，广州：华南理工大学出版社，2009 年。

深厚的研究成果积淀，为客家学学科建设奠定了坚实的理论基础。经过几代人的不懈努力，嘉应学院的客家研究已经具备了在国际学术圈交流的能力，这离不开多学科理论对话的实践和田野调查经验的积累。

　　客家学研究丛书的出版，既是客家研究在前述立足田野与理论对话"俯仰之间"兼顾理论与实践的继续前行，也是嘉应学院客家学研究朝着国际化目标迈出的坚实步伐。"星星之火，可以燎原"，这套丛书包括学术研究专著、田调报告、教材、译著、资料整理等，体现了客家学学科建设的不同学术旨趣和理论关怀。古人云，"不积跬步，无以至千里；不积小流，无以成江海"，我们愿意从点滴做起。希望丛书的出版，能引起国内外客家学界对客家学学科体系建设的关注，促进客家学研究的科学化发展。

嘉应学院校长兼客家研究院院长　邱国锋教授、博士
于 2014 年 8 月 30 日

自　序

　　对于西婆罗洲的华人公司，国外的研究资料显然要比国内学术界更丰富。至1852年《海国图志》增补之前的中文资料都属记录性的史料，《海国图志》开始有论说性文字，这亦是真正意义上的学术研究的开端。在梳理西婆罗洲华人公司史料及其相关研究文献时，我们对那些很难找到原文的、散布在各篇文章中的资料也进行了辑录。如果把《芳翁懿行像赞》和《海录》两份资料确定为18世纪晚期的作品，那么罗芳伯及兰芳公司的研究则几乎与其同时开始，其间差不多有两百多年的时间跨度。在这个过程中，中、荷、英、美、日等国的数代历史学家进行了接力式的研究，取得了一定的成果，但是还有很多问题没有得到解决，同时新的问题又不断出现，原因之一是研究者缺乏系统地关注史料或资料完整性的精神，因而编制汇编是有必要的。

　　华人公司是有自己的史料编辑的，但都在战争中被自己的武装力量或荷方毁掉了。因此现在研究的依据并不是华人公司的一手资料，而主要来源于后人的追述。故而从资料的起源处，就有不可靠和多方杂说的情况发生。其中最明显的是人名说法各异，比如罗芳伯的称呼就有七八个之多。社会人类学研究的名家田汝康先生也把"郑宏"误为"郑宏任"了。另外大多数研究者将兰芳公司从西婆罗洲众公司中独立出来研究。高延提到了"福佬人"；罗香林避开了史堪克讨论过的"半山客"，而"半山客"只在袁冰凌的文章中出现过。令人遗憾的是，迄今仍然没有人认真对待过这些与兰芳公司同时存在的其他华人群体。

　　问题之一是从历史记录的最初阶段，就已不能反映历史的全貌。如吴元盛的史料不完整，如谢清高《海录》只记载了兰芳公司，没有记载其他公司。问题之二是孤证。有些史料只出现过一次，只有一个来源，无法考证是对是错。例如林凤超提出兰芳公司有自己的以"兰芳"为号的纪元，但没有其他资料可以证明这种说法的正误。我们只能通过间接的史料猜测，这可能是林凤超编造的，但也没有直接史料证明确无此事。问题之三是根据自己的政治观点或基于时势的不便等考虑，对史料进行删改，甚或

是造假。如《海国图志》引《东西洋考每月统记传》时就将罗芳伯称国王一事改掉了。田汝康就曾认为罗香林掌握的史料存在被捏造、删改的问题。辛亥革命前后的史家则把高举"皇清"旗号的兰芳公司整个改造为反清义士的集合。

总的来说，目前对西婆罗洲华人公司历史的研究中存在的最大问题，是对记录西婆罗洲华人历史的资料掌握不全，历史事实还不太清楚。除了罗香林曾经搜集过西婆罗洲华人公司史料，陈达通过实地考察得到一些口碑资料之外，大多数专家受到高延、施好古等19世纪80年代作家的影响，认为西婆罗洲华人公司资料已然被毁弃殆尽，可能就不再进行最基础的资料搜集工作，特别是忽视了对19世纪早期外文资料的钩沉、整理工作。仅凭两百年来中国历代专家的著作，即使是相对详细、清晰的西婆罗洲华人公司编年史也不足以编制出来，更妄论对人物、政治、经济、社会等领域开展系统和专门的研究。

其一，对原始资料不重视。表现之一是没有人去挖掘西婆罗洲华人公司历史资料的宝库，仅袁冰凌在荷兰莱顿大学图书馆看到过的资料就有一百多份，还只是"公司战争"这一历史阶段的材料，这些资料目前基本还未得到利用。

正是因为对历史事实、历史细节掌握得不够，因而很多人只能以简单的议论来代替叙述，甚至是无依据地议论，人为地制造话题来妄加讨论。这必然导致注重历史事实的文章偏少，评论、阐释型的文章较多，很多人只凭点滴材料进行推演，这显然是盲人摸象式的研究方法。譬如，西方专家都承认华人公司是共和国，国内有些专家却持反对意见，不过两者都认为华人公司是存在民主政治形式的，但这种民主政治的具体流程怎样，却没有一个人能说得清楚。迄今为止，除了说公司领导人是由公司的男性成员选举产生和罢免之外，我们始终看不到一份介绍华人公司的选举类型的实录性材料，比如其选举是使用纸质选票还是数豆子之类的方式。

其二，反映当时事实的史料主要存在于19世纪的外文资料中，中文资料从一开始的《海录》《兰芳公司历代年册》（以下简称"年册"）就比较简单，参考性远远不如外文资料。另外，资料集中研究兰芳公司，对和顺公司、三条沟公司关注不够。

很多专家的研究都涉及西婆罗洲华人史，但都不以其为着力点，只有一两篇文章，其中集中了较大精力深入研究的可能只是罗香林一人。因而也只有罗香林的研究才谈得上专著而非专文，田汝康、袁冰凌（有一部英文专著，还没有译成中文）等人的研究成果都只能说是专文，而罗香林的专著也只研究了兰芳公司，对于和顺公司、三条沟公司的探讨几乎没有展开。

其三，对很多历史事实都没有研究清楚。如西婆罗洲华人公司领导下的人口数量，江醒东文中说"随着公司的发展，南来的华侨人数亦逐年有所增加，据估计当时定居在金矿区的达九万人"，这个当时是指公司初创的 18 世纪 70 年代，还是指他所说的三大华侨公司并立的 1822 年，抑或是指西婆罗洲公司最盛的某个阶段，江醒东之文没有说明。如厄尔哪一年到访西婆罗洲，江醒东文中也没有明确说出，看注解就知道，原因在于江醒东的材料是从田汝康文中转引的，田汝康文中没有说，他也就跟着弄不清楚了，江醒东并没有看过厄尔的书。田汝康说目前尚无材料说明最初的华人与西婆罗洲马来酋长立约租让土地采金的情况和条件如何，他也只能以 1812 年韩特的调查报告来说明 19 世纪初期的情况，更早的罗芳伯、谢结伯时代的史事从他开始直到今天都没有人能说得清，或查得到资料。

其四，对外文资料的翻译工作不重视，没有静下心来翻译外国人的研究成果。如费特（Veth）的著作有一千多页，用荷兰文写成，田汝康利用过费特的资料，此外似乎只有袁冰凌一人懂得荷文，除了这两位之外的其他研究者，都只能从田先生的文章中转用，而不能直接从费特的著作中找到新材料。厄尔《东洋》一文有三章计两万多字的内容记述了他亲眼所见的 1834 年和顺公司及其他西婆罗洲华人之事，自 1837 年出版后，一直没有中文译本，田汝康直接看过该书，翌年江醒东文中就只从田汝康文中转引了。1996 年袁冰凌从厄尔原版书中引用过，但也只是摘抄了不到数百字的论述而已。

百多年前的外文资料或可解释成因为时间久远，现在很难找到，而得不到利用，但对当代外国专家的研究成果同样重视不够或未去利用，则不合情理。当前，英语教育普及，实际产生的作用却很难在学者中看到，这或许是与国外联系渠道不够畅通所致，一些当代外国专家的论文、专著都未能译成中文，没有被中国学者所利用。如易仲廷文反映 20 世纪 60 年代以来，英语系国家中有一系列研究西婆罗洲钱币的文章出现，但看中国报刊中竟没有系统研究西婆罗洲华人公司钱币的文章，更谈不上对上述外国专著的利用了。

其五，对源头资料不重视，后出的文章往往从前人的文章中转摘资料。如 1959 年江醒东文就只有一条材料是自己找到的，其他的外文资料全部从田汝康文中转引。这种情况在外国研究者中也能看到，霍普金斯（James R. Hipkins）的《婆罗洲华人史》关于中国二十五史中的资料都是

引自田汝康或霍尔的书中，这或许是因为他不懂中文。但高延、施好古的资料，他也没有去查两者的原文，只从帕赛尔的《东南亚的中国人》中引用，难道他还不懂荷兰文？但是同样用英文写的厄尔的《东洋》，都没有从原文中引用任何一条资料，全部抽自田汝康、巴巴拉·沃德、罗香林已经发表过的文章。这种研究态度应当被认为是不严谨的，只能算资料转引之类的成果，在可信度上自然也就打了折扣。

在国内学术界，这种不仔细研读原始资料的态度，越到晚近的学者越为明显，有些甚至犯了低级的学术错误。如 2009 年发表的《客家人的大伯公》一文所引用的材料，较早的为 1943 年温雄飞、1961 年罗香林、1976 年荣抚天、1985 年温广益的文章，其他 20 份资料全是在 1992 年以后的。如在讨论兰芳公司后期领导人时，引用了 1976 年荣抚天的论文，但是大段摘录的竟是 1914 年林凤超的文字，林凤超的《坤甸历史》不难找，该文所引用过的材料在罗香林著作中就有，但很遗憾作者没有去考证。

其六，将一些文艺性质的小说、戏剧材料当作史料来利用。如张永和《罗芳伯传》为传记小说，李强辉的相关论述也属此类，或许张、李二人当初并没有"创造历史"的用意在其中，但经过相互转抄使用之后，往往有人将其中的故事、演义当作真实的历史。在有些人的文章中，罗芳伯考察英国政体、下南洋的路线都成了这种"层层堆积"起来的新史料了。

西婆罗洲华人史研究的中文原始资料就只有《海录》《年册》《坤甸历史》等，更多的资料还在荷文、英文中。不考虑研究的出发点和目的，只论所用资料的完备性和完整性，前代学者的工作可以说没有做好，所得结论推测性较强、资料性不够。西婆罗洲华人史研究有待进一步深入。

其七，只是一味地引用前人的文章，而不考虑所引用资料的可靠性。如前面所提《客家人的大伯公》引用了赵池凹的关于兰芳公司政制建构的资料，而这些资料是没有出处的。作者引用日本人高木桂藏"兰达克河、曼德尔河流域合计 14 家公司，合成一家（兰芳）公司"的说法，对照《年册》和罗香林、袁冰凌的说法，这个说法显然是错误的。

本次汇辑竭尽所能，对罗芳伯和兰芳公司的资料进行了搜集，历时十五年，既搜寻了互联网线上资源，也包括线下的图书馆藏资料，数量达到 60 多份。

如果我们按时间先后对所有资料进行排列，就可以从中看到研究的继承沿袭情况，从而更加明了资料的引用情况。翻译的资料，尽量找到原著出版的时间，以其为定位列入。实在找不到原著时间的，则按翻译时间列入。另外，我们对各资料进行了初步的考证、辨析、注释。

　　到目前为止，我们把能看到的 60 多份相关研究资料，大致分为一手源发性资料和二手转述评论性资料。据目前掌握的情况，找不到其之前据引情况的资料和亲身调查得到的资料可以定为一手资料，其中还包括从外文翻译过来的、又无中文佐证的资料。

　　我们之所以如此大费周章地搜集整理史料，第一是要极尽可能地将罗芳伯和兰芳公司的全貌展现出来；第二是考证纠谬，将分散在各材料中的错误一一指正，以正视听；第三是对那些目前暂时无力考订的史料，加以排比罗列，为读者自行理解处理提供便利。对于篇幅较大的史料，我们采用摘录和归纳的方式，对于篇幅较短的短文，则采用资料辑存全文刊载、校正和注释的方式处理。

　　全书史料写于不同时期，人名、地名的译名也有差异，为了保持史料的原貌，本书未作统一处理。比如"南吧哇""喃吧哇"，"坤甸""昆甸"，"沙捞越""沙劳越""砂劳越"，"蒙脱拉度""蒙脱拉多""蒙托拉罗"，"打劳鹿""打唠鹿"等。特此说明，以免读者阅读时产生困惑。人名、地名和参考引用文献如有必要单独说明，尽量在文中予以注释。此外，本书按文章、书籍出现的时间先后排列资料，不按公司建立前的历史、公司史、公司结束后的历史三部分的体例编辑外文资料，若无全书译本，则采用中国专家的摘译。我们秉承不断钻研的精神和海纳百川的胸怀，愿意接受学术界同仁的批评指正，为海外尤其是东南亚华侨华人社会工商业发展的历史研究提供可信的史料。回想两百年前粤东北客家山区的先贤"系条裤带下南洋"的大无畏精神，我们甘愿在不断纠正错误的进步和提高中，细心聆听先辈在异国他乡创业的精彩故事。

　　作为编者，我们本着尽善尽美的态度搜集和整理西婆罗洲华人尤其是客家先贤创业拓展的历史资料，古语云"精诚所至，金石为开"，我们相信学术界的同仁以及文史爱好者肯定可以基于这些史料开展更多创新性的研究。这不但能为广东华侨史的拓展提供历史事实，而且能为我国的 21 世纪海上丝绸之路建设提供新的视角。

编　者

2017 年 12 月

目　录

Contents

001

芳翁懿行像赞①

翁居为愚西邻，未由一晤翁范②，心甚歉然。犹得于③耳熟之下，缕悉④高躅⑤。爰不揣固陋，窃效珥笔⑥以扬徽⑦云：

缅彼⑧哲人，芝兰其气，景兹良士，松筠其操。幼负歧嶷⑨，悬弧⑩早矢⑪四方之志；长而贤达，树望不愧千里之驹。敦伦以孝友为先，接物惟刚直是务。英风遍被⑫乎中外，义问⑬广乎于遐迩。泽润江河，沛波光于亲故⑭；诺重金石，耀丈夫之须眉。经霜雪者数十年，亭亭挺秀；历险夷

---

① 传世的郑如埙此文，有两个版本。一是罗香林著《罗芳伯所建婆罗洲坤甸兰芳大总制考》中的插图，题为"坤甸王罗芳伯遗像"。另一个登载于肖肇川《罗芳伯传略》中，题为"芳翁懿行像赞"。罗香林、肖肇川都说得自罗芳伯后人，但考虑到此文作于清朝，题为"坤甸王"的可能性不大，应以肖版为准。

② 范，仪表风度。

③ 得于，肖本作"得以"。

④ 缕悉，详细地得知。

⑤ 高躅，崇高的品行。

⑥ 珥笔，史家之笔。

⑦ 扬徽，宣扬美德。

⑧ 肖本误"彼"为"比"。

⑨ 歧嶷，幼年聪慧。

⑩ 悬弧，古人生子，则悬木弓于门左。此处取年幼之意。

⑪ 矢，立誓、坚定之意。

⑫ 遍被，肖本作"遍著"。

⑬ 义问，美好的声誉。

⑭ 罗芳伯等建立的兰芳公司位于西婆罗洲最大的河流卡普阿斯河畔。他因河中鳄鱼吃人，仿效韩愈作《祭鳄鱼文》驱之。

者千百境，岳岳怀方①。业创贤劳，克勤克俭，家承令器②，肯构肯堂③。欣翁之卓立兮，迪④光于前⑤；卜⑥翁之锡祉⑦兮，克昌厥后。行将北阙⑧荣旌⑨，藉藉⑩乎实大声宏⑪，予乃叶⑫德音⑬而载赓⑭。

芳翁懿行⑮像赞　眷弟⑯郑如壎⑰拜撰⑱

---

① 岳岳，有地位尊贵之意；怀方，指胸襟方正。

② 令器，优秀的人才。

③ 罗芳伯在原籍有一子名罗子增。肯堂肯构，语出《尚书·大诰》："若考作室，既厎法，厥子乃弗肯堂，矧肯构？"孔安国释为"以作室喻治也，父已致法，子乃不肯为堂基，况肯构立屋乎？"后因以"肯堂肯构"或"肯构肯堂"比喻子能继承父业。

④ 迪，导、开导。

⑤ 于前，肖本作"以前"。

⑥ 卜，推算、预测之意。

⑦ 锡，赐也；祉，福气。

⑧ 北阙，《汉书·高帝纪下》："萧何治未央宫，立东阙、北阙、前殿、武库、太仓。"颜师古注："未央宫虽南向，而上书、奏事、谒见之徒皆诣北阙。"后来多用为朝廷或宫禁的别称。此处指清廷。

⑨ 荣旌，《兰芳公司历代年册》提到："罗太哥初意，欲平定海疆，合为一属，每岁朝贡本朝，如安南、暹罗称外藩焉。"罗芳伯或曾与清廷联系，并得到过旌表。

⑩ 藉藉，形容名声盛大。

⑪ 实大声宏，内质宏大而名誉响亮。

⑫ 叶，通"协"，协同、共同。

⑬ 德音，有二义，一指美好的声誉，一指皇帝的诏书。

⑭ 载赓，词源自《尚书·益稷》："乃赓载歌曰：'元首明哉，股肱良哉，庶事康哉。'"载字无实义，赓有接续、继续之意。郑文连用"北阙""荣旌""德音""载赓"四个与帝王相关的词汇，应当据之认为罗芳伯确与清廷有过某种接触。只是因为史料缺失，尚未能找到旁证。

⑮ 懿行，美好、善良的品行。罗本无此句。

⑯ 眷弟，旧时同辈姻亲之间的谦称。

⑰ 郑如壎为乾隆三十六年（1771）辛卯科乡试举人，住石扇堡东部之中心约，与大岭罗氏有姻亲关系。郑自称眷弟，与罗芳伯为同辈。郑1771年中举，已然成年，而罗芳伯于1772年34岁时下南洋，则两人年龄相差不了多少，基本上可断定为同代之人。

⑱ 罗芳伯生于1738年，卒于1795年。按中国人的惯例，不到50岁不当称翁，故像赞撰定时间上限不当早于1788年。"荣旌"之事若为芳伯亲受，则像赞的时间下限不晚于1795年；如若"荣旌"发生于芳伯身后，则应以郑如壎之逝年为时间下限。

【编者考证】

在目前所知的与罗芳伯相关的中文资料中，以此文为最早。此文的另一意义是"制造"了一个至今未能解决的问题，即兰芳公司或罗芳伯是否朝贡过清朝。兰芳公司甚至西婆罗洲绝大多数的华人公司并不反清，这是毫无疑问的。陆续现世的西婆罗洲华人留辫的照片可以支撑此论点。辛亥革命前后，出于反清的需要，将罗芳伯等人塑造为反清革命义士形象，显然违背了历史事实。或许正是因此，一些兰芳公司与清朝联系的史料就此隐没了。参考资料包括：罗香林《罗芳伯所建婆罗洲坤甸兰芳大总制考》；李欣祥《罗芳伯及东万律兰芳政权研究》；温仲和《嘉应州志》；《兰芳公司历代年册》；田汝康《十八世纪末期至十九世纪末期西加里曼丹的华侨公司组织》；高浪舟提供的肖肇川《罗芳伯传略》影印件（由罗芳伯后人罗福生所藏复印本翻拍而来）；高延《婆罗洲华人公司制度》等。

罗吉维恩《航行记》①

1721 年，罗吉维恩到加里曼丹岛，认为好望角航线发现以前，中国人就控制了全岛的全部商业，在马辰、三发、喃吧哇等地贸易。在葡萄牙人发现绕过好望角到东印度的航线之前，华人已经把持了这个海岛的一切贸易。由于欧洲人不愿意到那里定居，大部分地区都在华人的掌控之下。他们所定居的地区，除了马辰以外，还包括喃吧哇、直耶（Teya）、万喇和三发。他们在这些地区进行大规模的贸易，给当地居民提供丝绸、印尼棉布、白洋布。总之，举凡中国和日本的制品，皆应有尽有。②

寄外子③元盛④
郑云娘⑤

自君判袂⑥数归期，寂寞年华望里依。
短枕泪垂流水远，深闺梦入万山迟。
孤鸿飞断云千叠，杜宇啼残月一枝。
最是无情窗外柳，画眉人去故丝丝。

【编者考证】

据冯承钧先生的考证，谢清高于 1797 年归国。谢氏所著《海录》提

---

① 罗吉维恩：《航行记》，见赫里斯：《航行总汇》（第 1 卷），第 307 – 308 页。江醒东文转引田汝康文。

② 张清江译：《婆罗洲史》，引自帕赛尔：《东南亚的中国人》，转引田汝康文。

③ 外子，旧时妻称夫为外子，夫称妻为内子。

④ 元盛，即吴元盛。广东嘉应州下半图葵岭乡（今梅县城东镇葵岭村）人，在西婆罗洲喃吧哇聚众采金，后应罗芳伯之招，结为兄弟，助罗芳伯平定四方，战功卓著。1785 年，攻克戴燕国，自立为王。

⑤ 郑云娘，吴元盛同乡，爱慕元盛的英雄气概而私奔成婚。两人感情和谐。吴元盛下南洋后，郑云娘即削发为尼，不再嫁人。嘉庆二十四年（1819）病卒。云娘知书能诗，著有《香南雪北集》，有钞本传世，存诗词 28 首。此诗即其一。

⑥ 判袂，分决，指分别、分离。

及吴元盛身后之事，则吴元盛卒年不晚于是岁。兰芳公司众首领与大陆故乡的联系渠道相当通畅，由此推断吴元盛与郑云娘之联系应当存在。故此诗所作之时间当不晚于 1797 年。主要参考资料包括：谢清高《海录》；温雄飞《南洋华侨通史》；罗香林《西婆罗洲罗芳伯等所建兰芳共和国考》；南洋报社编《南洋年鉴》；梁启超《中国殖民八大伟人传》；高延《婆罗洲华人公司制度》等。

谢清高^①《海录》

咕哒国

咕哒国疑即古志所称爪哇^②也。在尖笔兰山^③东南。海中别起一大山，逶迤东南，长数千里，十数国环之。或谓之息力大山^④，此其西北一国也。由尖笔兰东南行，顺风约二、三日可到。王居埠头，有荷兰番镇守。由埠头买小舟，沿西北海顺风约一日到山狗王^⑤，为粤人贸易、耕种之所。由此登陆，东南行一日到三划^⑥，又名打喇鹿^⑦。其山多金，内山有名喇喇

① 谢清高（1765—1821 年），嘉应州金盘堡（今梅县丙村镇）人，少年时跟随商人出海贸易，遇风暴落水后为洋船救起，1783 年后跟随外商游历世界 14 年，通多国语言。1797 年 32 岁时归国，定居于澳门，因目盲不能经商，以替人口译为生。嘉应州举人杨炳南在澳门游历时，遇到同乡谢清高，将谢清高口述的经行四海的经历记录整理成《海录》一书，1820 年刊行。但是所载西婆罗洲华人公司史事发生应定时为他归国的 1797 年之前。咕哒国唯见于《海录》和后出的魏源《海国图志》，不见于谢清高之前的其他资料，或为误记。理由有二：其一是《海录》言其位于淡美兰群岛东南、三发西北，而西婆罗洲华人公司力量所及最北不过三发；其二是 1814 年前，荷兰人只占据了坤甸和三发两地。有人以勒木库坦岛当之，就把它从大陆移到海中去了，也不正确。

② 爪哇，即今爪哇岛。《海录》此说可能因爪哇人也生活于西婆罗洲的缘故。

③ 即今加里曼丹岛西北的淡美兰群岛。

④ 又作息力山、无来由息力大山、失力大山、文莱大山、文来大山。泛指加里曼丹岛上的伊兰、卡普阿斯、斯赫瓦内、木勒诸山脉。或谓为 seribu seratu 的省译，马来语意为一千一百山。按《海录》此条推测，应指今日印尼西加里曼丹省与马来西亚沙捞越州的天然交界卡普阿斯胡卢山脉（Kapuas Hulu）。

⑤ Singkawang，也有译为辛卡旺的，华人一般称之为山口洋。

⑥ Sambas，三划的译法，见于陈达的《浪迹十年》，通常译为三发。

⑦ 此处谢清高有误，打喇鹿（打劳鹿）与三发为两个不同的地名。当时华人变称蒙脱拉多（Montrado）为打喇鹿，也有省称为鹿邑大港的，其是和顺联盟的"首都"所在。

者①，有名息邦者②，又有乌落③，及新泥黎④各名，皆产金。而息邦金为佳，皆咕哒所辖地。

吧萨国

吧萨国一名南吧哇⑤，在咕哒东南，沿海顺风约日余可到。地不产金，中华人居此者唯以耕种为生。所辖地有名松柏港者，产沙藤极佳，亦有荷兰番镇守。

昆甸国

昆甸国⑥，在吧萨东南，沿海顺风约日余可到。海口有荷兰番镇守，洋船俱湾泊于此。由此买小舟入内港，行五里许，分为南北二河，国王都其中⑦。由北河东北行，约一日到万喇⑧港口，万喇水自东南⑨来会之。又行一日到东万力⑩，其东北数十里为沙喇蛮⑪，皆华人淘金之所。乾隆中，有粤人罗方伯者，贸易于此。其人豪侠，善技击，颇得众人心。是时尝有土番窃发，商贾不安其生，方伯屡率众平之。又鳄鱼暴虐，为害居民，王不能制。方伯为坛于海旁，陈列牺牲，取韩昌黎祭文宣读而焚之⑫，鳄鱼遁去。华夷敬畏，尊为客长⑬。死而祀之，至今血食不衰云。⑭

---

① Laras，有拉腊、唠唠、拉让等不同的译法。

② Sepang，或译为昔邦。

③ Boedok，一般译为乌乐。

④ Seminis，一般译为西宜宜，是三条沟公司总厅所在地。

⑤ Mampawa，今译曼帕瓦。

⑥ Pontianak，一般写作坤甸，今译庞迪纳克。

⑦ 地名为"王府肚"，是马来人苏丹的驻地。

⑧ Landak，一般译为万那。

⑨ 应是从东北来。

⑩ Mandor，又译为芒多，兰芳公司总厅所在之地。

⑪ Senama，在兰达河上游艺机和尼乌（Niut）山一带。《海录》述罗芳伯事过于简略，可参看《兰芳公司历代年册》。Sanggau，一般译为桑高、上侯、昔加罗。

⑫ 罗芳伯能文，实际是"仿韩昌黎"，作《祭鳄鱼文》。

⑬ 客长，《海录·明呀喇》条有谢清高自注——"客长，客商之长也"。由此可见，此处之客，非客家人之意也，当为中国人之意。南洋各埠，华人所在皆有客长，可见应为首领之意，类同于今日所说的"侨领"，并非罗芳伯专有之称号也。

⑭ 不仅谢清高之时如此，即至今日，罗芳伯仍被西婆罗洲华人视为保护神。

万喇国①

万喇国在昆甸东山中，由昆甸北河入万喇港口，舟行八九日可至，山多钻石，亦有荷兰番镇守。

戴燕国②

戴燕国在昆甸东南。由昆甸南河自东南，溯泇而上，约七八日至双文肚，即戴燕所辖地，又行数日至国都。乾隆末，戴燕国王暴乱，粤人吴元盛③因民不悦，刺而杀之，国人奉以为主，华夷皆取决焉。元盛死，子幼，妻袭其位，至今犹存。

卸敖国④

卸敖国在戴燕东南。由戴燕内河逆流而上，约七八日可至。

新当国⑤

新当国在卸敖东南。由卸敖至此，亦由内河行约五六日程。闻由此再上，将至息力山顶，有野人，皆鸟首人身云。自戴燕至山顶皆产金，山愈高，金亦愈佳。特道远，至彼者鲜，故其金岁不多得。自咕哒至万喇，连山相属，陆路通行。闽粤到此淘金沙、钻石及贸易耕种者常有数万人。戴燕、卸敖、新当各国亦有数百人，皆任意往来，不分疆域。唯视本年所居何处，则将应纳丁口税饷交该处客长，转输荷兰而已。其洋船凳头金⑥亦荷兰征收。本国王只听荷兰给发，不敢私征客商也。华人居此，多娶妻生育，传至数世者。其妇女淫乱，不知廉耻，唯衣服、饮食稍学中国云。……其女无嫁中华人者，以不食猪肉，恐乱其教者也。所穿沙郎水幔，贫者以布，富者用中国丝绸，织为文彩，以精细单薄为贵。……山中狪子⑦极盛，唯各据一方，不敢逾越。稍有迁徙，辄相残灭。故虽强盛而

---

① 鲁葆如认为是末拉威（Malawi），而非前文提到的万那。
② Tajan，或作 Dai-yan，在卡普阿斯河上游。
③ 吴元盛事见温雄飞《南洋华侨通史》。
④ Sanggəv，一般译为桑高、上侯、昔加罗。
⑤ Sintang，一般译为新董、新钉、存笃。
⑥ 或即厄尔所说的抵境税、离岸税。
⑦ 即 Dayak，达雅克人。

见无来由①、荷兰及中华人皆畏惧，不敢与争，恐大兵动，无所逃遁。中华人初到彼，所娶妻妾皆猁子女。其后生齿日繁，始自相婚配，鲜有以黎女为妻矣。

【编者考证】

与《芳翁懿行像赞》《寄外子元盛》一样，《海录》也"制造"了一些让人费解的谜题。谢清高游历西婆罗洲的时间下限是他归国的1797年，罗芳伯去世也只在两年之前。为何书中只提到了兰芳公司，却没有提到势力更为庞大的大港、三条沟等公司？这还是在他践履过被英国人称为"华人首都"打劳鹿的土地的前提之下。就此一点，我倾向于认为谢清高并未到过西婆罗洲，他的记录或许还是来自海客水手们的口耳相传。欧洲方面的资料表明，荷兰殖民者在1790年代初期就放弃了西婆罗洲，退回爪哇岛，1818年才卷土重来。由此而言，《海录》所记西婆罗洲荷兰人所在皆有，两者必有一误。

本节参考资料包括：魏源《海国图志》；厄尔《东洋》；陈达《浪迹十年》；陈佳荣等《古代南海地名汇释》；《兰芳公司历代年册》；鲁葆如《荷印华侨经济志》；温雄飞《南洋华侨通史》；斯蒂芬·兰西曼著，潘先仍译《十六世纪至十九世纪中叶西方殖民主义者侵略婆罗洲的活动》等。

《海录》究竟是不是谢清高航海的回忆录，我们一直持怀疑态度。旧说清高18岁时出国，32岁返回，出海14年。在18世纪晚期，以14年时间将亚、欧、美、非四洲环游一遍的可能性不可谓无，但将所有的国家都无一例外地考察一遍，而且是以登船务工的"打工者"身份，按常理推测，这种可能性微乎其微。编者倾向于将《海录》一书视为谢清高因居澳门、通外语之便，摘记报章或海客水手的谈话而成的资料集。《海录》所记之事，是谢清高亲至南洋所见，还是据口耳相传所得，尚不能完全确定。

① Melayu，今译马来。

郭实猎《波罗大洲总论》^①

波罗为诸洲之至大，长二千二百五十里，阔一千八百六十里。其山内有大湖，并多江沟渠，沉茫山林，以木头可作船建屋，莫胜其盛也。产物又繁絮，又各样在其洲，有狒如人之豪贵。胡椒、檀香、安息香、冰片、燕窝、海参、乌木、藤、金沙、铅、锡、窝宅、金刚宝石。内山之土番为蛮，食人肉、饮人血，不守五伦。海滨居之民，是武吉^②兼马莱酉民^③，武吉者布国觅利勤劳。但其马莱酉懒惰，为海贼。夫各族、各党、各州有其头目，头目者遵国王之命，因帝君之多，不可守平安焉。常时相斗打仗，甚是九死一生之际。荷兰已久开新蕃地者，建炮台城等，南方是马神，西方是本地阿妠、三瓦城等，但其官只包海边。广东省几万人已往本地阿妠地方开金山，就探金沙。因恐那土番之利害，可设族党头目，如地君管治其民，打仗结盟，犹国王一然^④。每年有广东一二船只，往其大洲贸易发财。唐人若肯开此大洲之荒地总统，其利益甚大矣。盖波罗洲比台湾山十分更贵，莫说出白糖、米等货甚足，就是各等宝贝之物。恁般大地方，可养几百万饥民，运出货物，利及国家。

摘自《东西洋每月统计传》

波罗为诸岛之至大，长二千二百五十里，阔一千八百六十里。其山内有大湖，并多江沟渠，沉茫山林，其木可造船建屋。产物又繁盛，又各样

---

① 该书全名为《东西洋考每月统记传》，是中国境内最早的中文期刊，编制时间是 1833 年至 1838 年。编辑者主要是郭实猎，笔名爱汉者，即郭士利，亦作郭士立。可能是为了与张燮的《东西洋考》相区别，林则徐在引用此书时简称其为《每月统记传》，魏源在《海国图志》中沿用。《波罗大洲总论》记在道光癸巳年中，即 1834 年。Borneo，即婆罗洲岛。

② Bugis，或译为布吉。南洋分布较广的一个民族。

③ Melayu，今天一般译为马来人。

④ 此条或可证罗芳伯称王。

在其洲：胡椒、檀香、安息香、冰片、燕窝、海参、乌木、藤、金沙、铅、锡、窝宅、金刚宝石。除山内之土蛮，食人肉、饮人血，不守五伦。其海滨居民，是武吉兼马莱西，则渐知教化矣。武吉者遍住各国，觅利勤劳。其马莱西良者懒惰，恶者为海贼，各族、各党、各州有其头目，头目各遵土君之命，时相斗战，九死一生。荷兰已久开新蕃地，建炮台城池，南方是马神，西方是阿娜、三瓦城等，但只管海边，不及山内。广东几万人往此州之阿娜地方开金山，探金沙。因恐土番之狠，设族党头目，如土酋管治其民。每年有广东一二船只往其洲贸易发财。唐人若肯开此大洲之荒地而总统之，其利益甚大。盖波罗比台湾山十分更贵，不但出白糖、米谷等货甚足，且具各等宝贝。如许大地方，可养几百万饥民，运出货物，利及国家。

摘自《海国图志》

【编者考证】

可能是外国人编制期刊的缘故，《东西洋考每月统记传》原文有些文字讹误和不合理之处，《海国图志》引用时作了较大改动，不适合校正。故一并列出。

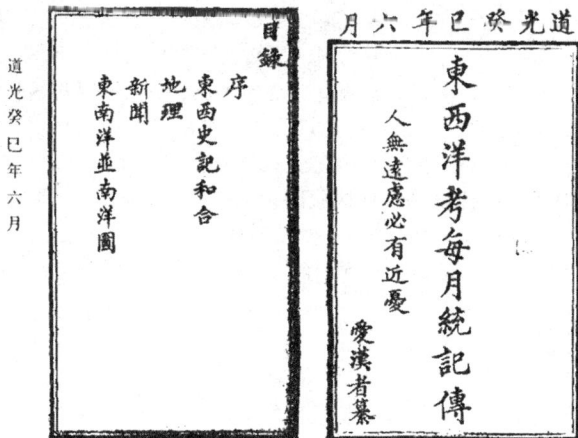

《万国地理全图集》^① 所见婆罗洲史料

　　婆罗岛北极出地自五度半至南极四度半，偏东自一百零九度至一百十八度，广袤方圆七十八万七千方里。内有广湖林树，产金沙、锡、红铅、金刚石、沙藤、胡椒、苏木，沿海居民乃芜来由^②、芜吉^③等族类，搭草寮。土蛮^④食人之肉，若要娶女，预先埋伏私杀邻乡人等，将首献新妇而后行房。各乡里常互相抱恨报仇，虽此等狠心，却与外国交接温良也。汉人自古以来与此洲交易，嘉应州人进山开矿，穿山开道，自立国家^⑤，择其长老者称为公司^⑥，限一年二年办国政^⑦。每年广州、潮州船数只到港，开行贸易。其西边则荷兰国人开港口，在三入、本田、万执马生^⑧等处。

---

　　① 《小方壶斋舆地丛钞再补编》第十二帙辑有《万国地理全图集》，作者记为"阙名"；《海国图志》引书有两种情况，一是如"陈伦炯《海国闻见录》"般，作者、书名齐备。一种只记书名，未提到作者。按逻辑推测，后一种情况说明魏源实不知该书作者是谁。《万国地理全图集》即是如此。李赛考证作者是郭实猎，写作时间是1838年。郭士利（Gtzlaff），或译为郭实猎，德国路德宗传教士，后入英国教会，终生为英国服务。曾在爪哇岛传教，后到中国沿海活动。有人称之为"牧师和强盗、江湖郎中和天才、慈善家和骗子的综合体"。他以传教士的身份，一边从事鸦片走私活动，一边从事间谍活动，同时不断著书立说，扩大影响，推动了英国发动鸦片战争侵华。

　　② 芜来由，今译巫来由。

　　③ 芜吉，指武吉斯人。

　　④ 当指达雅克人。

　　⑤ 西婆罗洲著名的华人公司一般指和顺、兰芳、三条沟三者。其中兰芳公司为嘉应州客家人组织。当时的英国、荷兰都有人称这些公司为"共和国"。

　　⑥ 此处郭士利、厄尔等外国人都有错误。公司是华人政治、经济组织的称号，其领导人有大哥、尾哥等称号。

　　⑦ 兰芳及其他华人国家，除戴燕国为世袭君主制外，都是共和制。各级领导人都实行国民公推制度，无任期的限制，在位时间的长短，完全取决于国民的意志。

　　⑧ 此处三地当为三发、坤甸、班贾尔马辰之异译。

但因岛之大半旷野，并无田亩①，海贼劫掠②，生意微矣。

【编者考证】

以上文字据《海国图志》卷十二和《小方壶斋舆地丛钞再补编》第十二帙之《万国地理全图集》，校正无误。

有关郭士利的情况，可以参考李赛：《新教传教士郭实猎在浙江》，文见：http：//www.doc88.com/p-507548818179.html.

---

① 西婆罗洲华人以采金为主业，但也能种植。19世纪后，有的公司甚至完全转业种植水稻，由此奠定了今日当地农业的基础。

② 当时荷兰人只能据守河口，番人不仅人口少，生产力也极为低下，只能以海盗活动为全民族和整个国家的基本产业。

韩特《婆罗洲或加里曼丹岛概况》

1820 年，韩特（J. Hunt）发表《婆罗洲或加里曼丹岛概况——1812 年韩特先生和莱弗士贤爵士间的通讯》①。田汝康在他的论文中引用过，在田文注解部分中可见到韩特此书有 1820 年、1802 年、1816 年第 2 卷第 3 期三个刊期。江醒东文中提到《厦门大学南洋研究集刊》1958 年有译文。朱杰勤文从布赛尔《东南亚的中国人》转引 1812 年致爪哇副总督莱佛士函，述文莱城的情况。

【资料辑存】

（1）（远在 1520 年华侨便已大规模出现在加里曼丹岛，华侨与祖国间的商业来往给当地的）"土地、城市和王族添加了光辉和庄严"。

——田汝康

（2）三发苏丹每年向每一个金矿征收租金五十班卡（bungkal）（两枚墨西哥银圆为一班卡，重 53.913 6 克），另每一矿工人头税西班牙或墨西哥银币 3 元，当时一班卡黄金价格为西班牙银币 23 元。

——韩特 1812 年调查报告

（3）这个大岛的特有名称，是由一种土生的酸果 kalamatan 而来，故称 Pulo kalamatan，即加里曼丹岛是也，至于 Borneo 婆罗洲，即使在今天，只不过是一个市镇的名称，也就是岛上三个王国之一的首府。

——张清江《婆罗洲华人史》

（4）1520 年，葡萄牙在婆罗洲的西海岸发现一个"巨大的"华人拓殖地。1812 年前后，主要金矿都在三发，有 30 多个金矿由中国人开采。每个矿地约有苦力 300 人。苦力平均每月可得 4 元，矿地是向罗者（马来土王）租来的，每矿每年缴纳黄金 50 两（Gunkols），此外每名中国人还须交纳人头税 3 元。三发地区有中国人 30 000 人，另外有马来人和达雅克人

---

① J. Hunt, *Sketch of Bornesa or Pulo Kalimantan*, communicated by J. Hunt Esq in 1812 to Hon sir T. S. Raffles, Mis allanics Vol, T. No. 8.

12 000人。三发河南面15哩处有一条河，离这条河将近40哩处的沙拉哥（Salako）还有一个移植地，这里有20 000个中国人从事矿业。在蒙脱拉度地区，约有马来人、达雅克人和中国人共50 000。有很多中国人定居在东万律，并且数目每年都有增加。在桑高及马丹（Matan）也有中国人。淡巴塞（Tampasuk）的矿山极有价值。坤甸的华人区共有中国人2 000人。

——朱杰勤《十九世纪加里曼丹华侨及其反抗荷英殖民者的斗争》

《外国史略》^① 所述婆罗洲事

婆罗岛，最广之岛也。北极出地五度及南极四度半，原名曰古曼坦^②，长二千五百里，阔千有百六十里。其内地未及深入，故未能知其底里。惟海滨之埠，荷兰人所开者，在西北两海边，芜莱由民^③迁此地搭棚，藏匿海盗者在东边，于布吉^④开埠贸易。其奴卷发黑面，皆未向化之族类也。古今唐人萃焉。广东嘉应州人^⑤最多，或开肆，或采金沙，或贩锡、藤、胡椒、乌木，别有一族专以渔为业^⑥。居民甚罕，共计不过四百万而已。内地多高山，每年掘金沙者二十万人^⑦，所掘金沙约十万两有余，每月一人出金一两有余。其中汉人自立长领，不服他国。亦有大富建广屋者，亦有务农者。内河产金刚钻石及他宝玉，一块值三十万两，为列西国所贵。亦产红铅、珍珠、海参。兽则有象、兕、豹、野猪、牛，其居民养水牛、猪等畜。山中有冰片、桂皮。……各族互为仇敌，惟他押族^⑧力于耕，朴实不诈。……荷兰国之埠共三所，南曰班热马星，西曰三巴，曰本地亚纳^⑨，贸易皆不甚大。

---

① 邹振环：《〈外国史略〉及其作者问题新探》，《中山大学学报》（社会科学版）2008 年第 5 期。1847 年刊行的《外国史略》的作者为马礼逊父子。

② 即加里曼丹之意。

③ 即巫来由，常译为马来。

④ 泛指布吉人（Bugis）居地，即今加里曼丹东南部及劳特岛（Pulau Laut）一带的布吉人移居地区。

⑤ 主体部分当指兰芳公司。

⑥ 此族非指唐人中之一族，而是指厄尔所说的那些海上民族。

⑦ 关于在西婆罗洲采金华人人数，以此处所说为最大。一般估计华人人口最多时为 11 万。

⑧ 即达雅克人。

⑨ 即马辰、三发、坤甸。

【编者考证】

未找到《外国史略》原书，此据《海国图志》辑出，省略了一些与西婆罗洲华人公司无关的文字。

1836 年 2 月 4 日《新加坡自由报》（*The Singapore Free Press*）转载《新月刊》（*New Monthly Magazine*）八月号一文，田汝康文提到：报道公司组织情况及活动情况，并称公司组织为"独立政府"，或"中国政府"。

《瀛环志略》① 所述婆罗洲华人事

其岛周围数千里，大山亘其中，曰息力，由东北而西南。……马神之北曰新当，再北曰卸敖，再北曰戴燕，再北曰万喇②，再北曰昆甸，再北曰巴萨，极北曰古达，由古达逾山而西北，即文莱界矣。自古达至新当，旧皆马神所属，故诸书统称之马神，而诸部之名不著。山之西广莫荒凉，其海涛泷壮猛，多礁石，舟楫不能近岸，故土番南惟吉里问，北惟文莱，余皆人迹不到之秽墟。即两国亦甚贫，多驶船海中为盗。……（荷兰人）后卒于海滨立埠头四：曰三八③，曰本田④，曰万郎⑤，曰马生⑥。繁盛远逊噶罗巴，又海盗时时钞掠，贸易益微。息力大山金矿极旺，别有铨山，产铨石。铨石即金刚石，俗名金刚钻，有五色，金、黑、红者为贵。欧罗巴人以为至宝，大如棋子者值数万金，细碎者钉磁之工用之。近年粤之嘉应州人入内山开矿⑦，屯聚日多，遂成土著。初娶黎女为妇⑧，生齿渐繁，乃自相婚配，近已逾数万人⑨，择长老为公司理事，谓之客长，或一年，或二年更易。丁口税银，由客长输荷兰。洋船凳头金⑩亦荷兰征收，番酋听荷兰给发，不敢私征。每岁广、潮二府有数船入港贸易，获得甚厚。诸国土产金与铨石之外，铅、锡、冰片、豆蔻、胡椒、海参、燕窝、玳瑁、翠羽、乌木、檀香、藤条。

【编者考证】

未找到《瀛环志略》原文，此据《海国图志》辑出。

---

① 《瀛环志略》作者为徐继畬，首刊于 1849 年。1842 年《海国图志》初版时《瀛环志略》尚未成书，1852 年增版时补进。

② 一作万澜，又作万郎，又称万老高。华南洋按：万澜、万老高均非万喇。

③ 即巴萨。华南洋按：徐继畬此处误三八为八三，又再误为巴萨。

④ 即坤甸。

⑤ 即万喇。

⑥ 即马神。

⑦ 此处所指的当即兰芳公司。

⑧ 巫来由女不嫁唐人。

⑨ 前述情况，已非兰芳公司初创时的情况。西人所说19世纪30年代西婆罗洲只有一名华人妇女，应是错误的。

⑩ 指的是船税。

《海国图志》有关西婆罗洲的评论

婆罗洲为南洋第一大岛，西洋人称为蟠尼阿，即渤泥之转音。……谢清高《海录》纪此洲最详，惟历数诸国，俱云某国在某国东南，揆之西洋图地形，方向尚有舛误，今据图稍更正之。荷兰人于南洋各岛遍设埠头，诸番皆奉命唯谨。……息力大山夙称金穴，近年粤东①流寓，几于成邑成都，倘有虬髯其人者②，创定而垦拓之，亦海外之一奇欤。

又按：（南洋西洋各岛）倘因诸华人流寓岛上者，举其雄桀，任以干城，沉思密谋，取丑夷聚而歼旃，因以漳、泉、惠、潮、嘉人为流官，雄长其土，破除陈例，归于简要，自辟僚属，略等藩镇，庶足为南服锁钥与。

魏源曰：考息利大山为一洲之主，则宜名"息利岛"。

【编者考证】

1852 年《海国图志》的出现，是西婆罗洲华人公司历史研究的一个重大转折。此前的中文资料都属观察、描述、记录型的史料性作品，《海国图志》首次出现评论。由此可说西婆罗洲华人历史研究开始于 19 世纪中期。

魏源不仅有对既往历史的评论，更提出了对南洋华人问题的处置意见，即支持南洋华人建立国家。这反映了魏源对南洋地理、时势的准确把握，又反映了他对未来的天才创想。这是南洋华人独立建国思想的一个来源，是了解南洋形势之后的自然结论。

大港能动员一万人的武装，兰芳是六千人，而三条沟是五千人。

——易仲廷文，转自 1847 年 C. J. Temminck，《荷属东印度群岛概览》

---

① 此粤东之人，主体应当指罗芳伯代表的客家人。当然也可能包括其他惠、潮属人。

② 此处或许是暗指已有西婆罗洲开国之人，只是不可明说。

【资料辑存】

1848 年 8 月 25 日，三发的荷兰副驻扎官范克发尔（Van Lervel）说三发的太守拿督报告说估计矿产公司一年产出黄金八万两，但纳税太少或简直没有，使他们大失所望。于是他们派出荷兰官吏及三发苏丹的使者共同到蒙脱拉度向公司进行勒索。这种无理的勒索已经不止一次。① 于是公司毅然加以拒绝，并且当众焚毁他们的信件，并加以驱逐。于是他们千方百计地要铲除大港公司。

---

① 朱杰勤：《十九世纪加里曼丹华侨及其反抗荷英殖民者的斗争》，《东南亚研究资料》，1963 年。

施好古《婆罗洲的中国公司》[①] 摘录

　　1884 年 11 月，爪哇各报刊载了一则消息，说荷兰派驻东万律的一位县官被华人杀害了。这使荷兰当局和新闻界大为震惊，荷印政府的机关报——《爪哇时报》（*Javasche Courant*）之前曾报道，说兰芳公司管理处已于 1884 年 10 月 3 日隆重移交给荷兰政府了，且说荷兰县官利兹克（J. C. Rijk）也已在东万律就任，并未遭受华人方面的任何抵抗；但几天后又说府尹（Resident）接到一个消息，说县官利兹克和四五名土著宪兵已于 10 月 23 日被华人惨杀了。于是立即由府尹、军事首长、几位官员和五十来名士兵组成一支军事侦察队，赶赴东万律了解情况，但他们所能证实的，也只是暴动的规模相当宏大，整个东万律地区已卷入反荷运动而已。

　　一如常规，对这些一向忠顺于政府的人民何以会在几星期内突然变成一群叛徒的内幕原因人们毫不进行了解，却派了一支远征军到东万律去，把华人的人民运动扼杀在火海与血泊之中。

　　荷兰政府对婆罗洲的华人，特别是对建立于该岛西岸的那些公司，这还不是它所认为必要的唯一远征了。远自 1822 年以来，它就已用兵好几次了，但仅在 1854 年那一次，才由安特生（Andresen）将军把那些华人殖民地全部消灭。可是也并非未遭到华人的顽强抵抗的。华人在作战中曾屡次表现出他们高度的军事素质，但人们却总喜欢对其加以否定。

　　一个世纪来，荷兰东印度公司在这一带仅享有名义上的统治权，实际上它是从未真正地占有这个岛屿的。它所能享受的权利，也局限于和西岸那些马来人的所谓统治者签订一些友好条约而已。因此，这块地方仍然是向一切先来者开门的处女地。当乌玛·亚拉母亭苏丹（Oumar Alamoudin）在位时，曾有一艘中国帆船到三发（Sambas）湾来停泊，那些因长途跋涉而疲劳得面色苍白、精神委顿的船员曾谦逊地到苏丹王宫进谒，并向苏丹请求赐他们一小块地方居住，且声言愿意服从他的统治。苏丹就指定拉腊

---

　　① 施好古著，王云翔译：《婆罗洲的中国公司》，《南洋问题资料译丛》1958 年第 1 期，第 69－76 页。

（Laras）地区给他们居住。继第一批华人之后，不久又有其他华人接踵而来，他们也都被准许在那边居住。由于他们既能按规纳税，又能以其辛勤劳动为地方繁荣作出重大贡献，不久苏丹就觉得他们是非常忠顺的属民。他们在那边开发金矿，开辟原始森林，耕种土地，建筑道路，使地方面貌在几年中完全改观。

他们在和土著的达押族贸易中显得非常内行。他们又和达押族妇女联婚，生出了一些肖父而不肖母的儿女，这种混血将肯定是会成为比原有的达押族更为忠顺的属民的。但由于苏丹的残暴和贪得无厌，终于使华人不能忍受了。他们觉得离开祖国后，不仅更换了主人，还碰上了一个比刚离开的中国皇帝更加贪婪的人，因此就决定把该地据为己有。

在一个全体居民都被邀请参加的中国大节日里，华人组织了一个埋伏，乘大家都在狂欢时，伏击队猝然冲出，无情地把土著居民杀害了，并从那天起宣布脱离苏丹而独立。在这儿，我们看到，华人所做的事和我们欧洲人是不同的，盖我们不论在西方或东方，对于一个只能危害其治下被压迫人民的无能土著统治者，总是干脆地夺掉他的政权的，但华人并没有这样做。马来统治者曾屡次企图收复失地，但都毫无结果，至1818年，苏丹阿布·巴嘉·达如亭（Abou Bakar Tadououdin）才决定向爪哇的荷兰政府求援。

尽管婆罗洲的马来统治者直至那时仍未履行其与荷兰政府签订的义务，但人们还是毫不犹豫地满足了他们的要求，派了一支远征军去支援他们，这支远征军在那边所能做的也只是造成了一种协商休战的相持状态。1826年，爪哇的大战在我们的干涉下宣告结束，到了1850年荷兰政府才又在婆罗洲重启战端，而至1854年才把那边华人共和国的独立政权取消而建立起荷兰的霸权。——这对马来人的苏丹说来，不过是更换了主人而已。——可是由于兰芳公司在战事一开始时就站在我们这方面，因而为了酬答他们的协助，我政府就允许他们把独立权保持至他们的首领刘亚生①（即刘寿山）死亡为止。1884年9月，刘亚生病死了，荷兰政府就立即占领其领土，这也就造成了本文开端所说的叛乱了。

然而，为什么会有这次突然的暴动呢？戴·格鲁特先生的那本书为我们指出了原因，他的精明见解也再一次地告诉我们，说由于我们东印度政府对当时情况缺乏特殊认识，使我们在政治上和经济上犯了多少严重的错误，这些错误，招致我们在金钱上遭受了重大损失，在人力上也牺牲了不

———————————
① 刘亚生，也称刘阿生、刘生。

少英勇战士，使他们的英勇行为被湮没在这样一个阴晦的游击战之中。

对于不懂中文的读者说来，在阅读戴·格鲁特先生的那本书时，首先碰到的问题将是："什么叫作公司？"这是一个很难翻译的中国名词，因而在我们殖民地时，人们到处都不加翻译地将其原来名称挪来使用。按照它的字面意义是"公共管理"，但这个译法只是一个表达公司性质的微弱概念。盖公司是一个赋有行政管理权，有时甚至赋有司法权和政治权的商业组织或工业组织。从其组织形式来说，很像以前的（英国）东印度公司和荷属东印度公司，而公司这个名称事实上也是中国的广东人用来表示以前英国东印度公司的称号的。

我们的东印度公司与华人公司之间的最大差别是在于前者隶属于祖国并直接受其指挥，而中国公司则完全脱离其祖国而独立或甚至是彼此对立的。

这种公司是从中国政治基础的农村社团基础上产生出来的。而不论外族的或本族的中国统治者，对这种农村社团都是加以接受、承认和尊重的。它是绝对民主的，因而能对君主独裁产生一种可靠和有效的抵制作用。首先以"中国行政组织和市政组织"为题对这种社团提供全面深入描写的，应归功于巴人先生。

……

一个村社首领的选举也还是无须进行竞选的，一般都是听取公众的意见，在现任村长死亡或退休前几年就已指定了继任的人选了。

……

戴·格鲁特先生告诉我们，在今天，新村长是通过选举产生的，选举日期是由村中的耆宿和缙绅事前以布告指定的，选举大会则是在祠堂里举行的。也就是在乡间以木牌子代表着死亡村人的灵魂的庙宇里举行的。

……

他们即使在出国时，也把这种村社联盟的思想带到各处，并在他们的命运促使他们所至之地和他们觉得需要的野蛮民族或半野蛮民族地域中，建立起这种社会制度。婆罗洲的公司只不过是其祖国村社制度的一个复本而已，何况移入婆罗洲的绝大部分华人都是来自中国（本土）各省的呢？

戴·格鲁特先生说："当我国到婆罗洲建立政府时，已在那边殖民的主要都是乡下人，也就是那种承袭其祖先传统，永远和他们的宗族或部族围绕着一个中心（族长）而团结在一起的那种人。这就使他们有一个能抵抗官吏和中央政权的压迫且能防御强邻的坚强保证。……例如1772年兰芳公司创始人罗芳伯就是带了100名族人一起到婆罗洲来的。他一到达岛上，

就立即组成了一个后来发展为兰芳公司的社团核心了。"

在中国村社里，甲长或里长负有处理日常事务、审理轻微案件之责任。婆罗洲的公司也一样，一区之长或称甲必丹（即副头人或二哥），也赋有法官的权力。他们对于不甚重要的案件，可以自行决定；较重大事件则须移交首领决定；至于最严重案件，如盗窃、凶杀、政治罪犯等，则只能移交给下级首领和耆宿联席会议审理，最后才在公司首领的主持下宣判。总而言之，婆罗洲的公司不是别的，也就是其祖国的村社。但在婆罗洲它们负的责任更多罢了。公司从其本身属民征税所得的款项，是用来建立大规模的金矿企业和支持小型特殊企业的投资。婆罗洲的金矿之所以能孳息发展，所依靠的就只有这种支援而已。

在这儿，一个人的力量永远是不够的，道理很简单，因为到婆罗洲来的华侨除了带来其毅力、谋生的决心和顽强的劳动之外，是没有其他资本的。可是，在婆罗洲诸公司被破坏后，情况又是怎样呢？

1854 年，婆罗洲西岸华人人口估计为 49 000 人，在公司解散后两年，即 1856 年，缩减为 23 778 人，两年中减少了一半以上。戴·格鲁特先生告诉我们从那时起只增加一两千人，且说有不少华人离开了他们的旧家园而迁居到英王统治下那较为自由的沙劳越去了。

"过去在三发、坤甸诸苏丹国中多么繁荣的华人区，"戴·格鲁特先生告诉我们："今日已没有以往那种人烟稠密和业务繁荣的矿区了。自从反对公司的屡次战争结束以来，这些地区已变成死气沉沉的贫瘠农业区了，而其降到最低数目的居民，也几乎完全放弃了矿务经营而在从事几乎抵偿不了付出的汗水与劳力的不出息土地耕种了。另外，由于土地所有权没有足够的保证，他们也没有一点垦殖的热情和积极性。而这种热情和积极性是只有土地所有权获得保证时才能发挥的。"我们要求殖民地政府慎重考虑戴·格鲁特先生对这个问题的见解，因为我们完全同意他在第 163 页所提的看法："各个公司的取消以及由这一取消而引起的人口减缩，已对婆罗洲的繁荣和发达带来一个可能是万劫不复的打击了。"

现在是回头来谈我们五十年来在婆罗洲西岸导演的悲剧的最后一幕的时候了。从 1820 年至 1840 年我们武装干涉的整个时期中，东万律地区都是和我们合作的，他们完全了解，用装备恶劣的农民和矿工去和荷兰政府派出的反对他们的正规军相抗衡是不会有什么效果的。我们就是考虑到兰芳公司负责人刘亚生（又名刘寿山）对我政府的宝贵协助，因此才承认该地区的自治权，并允许他继续在那边直接主持到他死亡为止的。

在这个漫长的时期中，和平状态逐渐在东万律恢复了。那边的人民对荷兰政府交给公司管理处执行的各种措施，从来都不曾反抗过。

当荷兰直接统治的各个地区每年都必须花费浩繁的行政费时，东万律的行政却不必花一文钱。而且没有一个县份的税收能像它那样按时交纳，即使是异常苛重的职业税也是时有时无，然而公司的管理费用却少得令人难以置信。

那边的警务也不消花费分文，因为按照中国村社的习惯，任何人都是义务警察。正如1858年克鲁生将军（General Kroesen）在移交婆罗洲西岸政权与政府时所作的报告中曾说："刘亚生负责的警务是非常良好的，事无大小，都瞒不过他。"1882年，卡特（Kater）府尹也提到中国人管辖的那些地区说："那边的安全和公共治安效率绝不低于荷兰本国。"

可是这些繁荣景象和良好的行政管理不久之后也就告终了。1884年9月，东万律公司负责人刘亚生病死了。荷兰政府便于次月（10月）3日前往接管。这个突然的举动就像一阵冷风似的吹遍全区。我们应该指出，因为那边的中国居民对荷兰政府与公司负责人之间所订的密约是一无所知的。他们的最大财产——自治权和村社自由都被这一举动所侵害了，再加上我们在接管时那种草率、鲁莽和匆促的工作方法，更增加了人民的不满。于是暴动发生了，工事构筑起来了，两位荷兰县官被杀害了，一个加强师从爪哇调来了，军事管制代替了行政机构，许多毫无抵抗的中国村社人民被放任给野蛮的达押人劫掠，人民运动终于被淹没在血泊中了。这个被剥夺独立的地区，也似一切被吞并后的华人区一样，完全解体了，它的和平秩序可能要好几年才能恢复。

这对谁有利呢？荷兰政府为什么对中国人的小共和国采取这样凶暴的行政而同时却让马来人的小王国享有完全的特权呢？是否因为他们系当地的原始所有者呢？完全不是，他们也和后来的中国人一样，是以殖民者的身份从别处移来的。那么是否马来人的小国家管理得比中国人的好呢？关于这一点，所有的作者也都证明是完全相反的。

政府为什么让爪哇人的村社存在而不让婆罗洲的中国村社存在呢？对这些对荷兰政府毫无可怕之处的人民为什么这样歧视和害怕呢？这些都是非常难以解答的问题，可能连荷兰政府本身也回答不出来。

可是凡有欧洲人和中国人发生竞争接触的地方到处都表现着这种歧视情绪，不论在美洲还是澳大利亚，到处都可被觉察到。1873年马地耶戴蒙左（M. Madier de Monjau）在巴黎所作的一篇题为"从欧洲人的利益看中国的对外移民"的报告里曾特别强调这种排华情绪，他在其中表露出似乎中国人已向欧洲进军的恐惧情绪。事实上倒是由于被高度欧洲文明姑息坏

025

了的欧洲殖民主义者，在本国太懒于谋生，又耽溺于酒色及其他坏事，因而不得不出外，但又不懂得和精力充沛、体格强健、勤劳活泼、节俭朴素的中国人一起生活的缘故。

……

另一种恐惧因素也许可以解释，荷兰政府之所以对婆罗洲的华人采取这么凶暴的举动，当它把一个中国公司推翻并消灭之后，就立刻陷入一种比此前的公开抵抗可怕得多的潜伏势力包围中。这种势力破坏了他们最可靠的联络，使远征军经常处在提心吊胆的状态中，甚至在办公室中也会感到它的威胁，这种势力就是代替了被解散的公司而产生的秘密会社。这种秘密会社很快地就组成了。爪哇岛外的大部分华侨过去曾经是现在也仍然是中国革命宣传组织的社员，这种宣传革命的组织是在明朝被推翻后为了反抗清朝统治而组织起来的。我们曾在1866年一本由巴达维亚艺术与科学协会出版的著作中对其组织加以阐述过。

华侨在离开中国时原已把他们对清朝的痛恨和恢复明朝的企图放弃了，因而在他们仅要求工作和自治权的我们的殖民地里，他们没有任何理由组成会社。可是一旦荷兰政府打击了他们的独立性，威胁了他们的社团自由，阻挠了他们的工作时，这种在他们看来是无理和非法的干预，立即引起他们以惊人的姿态展开了反抗，于是秘密会社一转眼就组成了。而且像是法定似的全部依照其祖国会社的形式。甚至连章程都不必更改，事实上也无须更改。在中国实施的，自然也可以在婆罗洲实施。这种会社起初原系一种互助性的团体，仅由于满人的迫害才变成一种政治团体的。因之它无须更改章程和原来的徽号。在中国，它曾与清朝压迫者斗争过，现在又得重新和荷兰压迫者进行斗争了。戴·格鲁特先生在这一点上说得对（同上书第175页），可是他却错误地认为婆罗洲的秘密会社和中国的秘密会社是毫不相干的。情形恰恰相反，它们都是有着同样的徽号、同样的宗旨、同样的印章和名称的会社。

……

戴·格鲁特先生以可嘉的预见性把婆罗洲最后一个公司的年册全部翻译并发表在他的著作中，这无异于把它从遗忘中拯救了出来。我们还感到遗憾的是其他公司的年册也许已在1853—1854年我政府对诸公司的兵燹中散失了。

那些文件如果存在的话，对于当时婆罗洲西岸马来苏丹治下诸地区的经济和政治情况也许是个宝贵的资料哩。可能那些文件大部分还藏在巴达维亚或陆军部的档案里也说不定（至少，如果没有被白蚁及其蛆虫毁坏的话）。

这是值得寻找并把那些文件让戴·格鲁特先生去进行研究的一件事，尤其从我们屡次的远征中吸取"前车之鉴"，更是有重大意义的事，即使我们已无法补救过去的错误，但至少也可以防止重犯以前的错误。由于我们对婆罗洲诸中国公司的鲁莽行为，已使这块美丽地方的繁荣遭到无可弥补的损失，我们必须当心不要再以同样的行为去对待日里和勿里洞的华侨，以免使他们辛勤劳动创造出来的工厂企业和繁荣景象再受到破坏。

……

1885 年 9 月于莱登①

【编者考证】

此文是对高延《婆罗洲华人公司制度》的评述，除了高延此书外，立论的其他依据是作者在西婆罗洲活动的所闻所见，参考资料不多。

【资料辑存】

1850 年，大港的势力已经发展起来，三发苏丹以往所取得的大笔鸦片税款，因露骨的走私活动而逐渐丧失。我相信我可以这么说，这种走私活动已引起一个问题，究竟哪一方将统治这个地区？因此，荷兰人和三发苏丹决定维护政府的权威，并压下公司的气焰。在这之前，大港公司一直是成功的，它不仅击退了由陆路进犯的荷兰军队，而且也攻击和惩罚了所有站在合法政府一边的华人，结果，邦戛镇的居民还是在惊慌失措中逃到砂捞越。②

---

① 王云翔译自夏德《汉学汇辑》，第 5 卷。

② Henry Keppl, A visit to the Indian Archipelago, in H. M. ship, *Maeander*：*with Portions of the Private Journal of Sir James Brooke*, London：Richard Bentley, 1853.

史堪克《打劳鹿公司》^① 摘录

在兰芳公司领导下，客家人士占绝大多数。目前在东万律，亦是客家人士较多。兰芳公司成立于 1777 年，在这以前，客家人的地位并不优越。当年在东万律，也有来自潮阳及揭阳的"福佬"，在王明一带，却以大埔乡居多，约五百余家。有一位刘乾相，被群拥任大哥。但三发（鹿邑）公司的情况，却有些不同。根据传说，虽然很早以前有客家人士定居，但"半山学"的移民也不少，大约 1772—1774 年间，客家人受到排挤，所以搬到东万律。1825 年以后，在鹿邑定居的客家人，逐渐弃农从商。那时候，孟加影一带颇多客家人，他们秘密贩卖鸦片、盐、火药等。

住在矿区的客家人多半是商贩，而在坤甸附近出现的客家人，则除了商贩，还有农民、工人或船员。根据历史记载，兰芳公司的创办人系罗芳伯，客家人。但在当年他抵达坤甸时，已经有两个公司：一个是致胜公司，另一个是四大家围。罗芳伯的力量单薄不堪压迫，所以率领了一些人马搬到东万律去。所谓四大家围，系指林、郝、王、邓四姓。林、郝系"福佬"，而王、邓属于"半山学"。至于致胜公司（亦作致胜会）却属于客家人士。定居坤甸的福建人士相当多，有些散居大市镇，主要经营商业。

住在三发地区包括山口洋、百万突、劳劳、炉末、昔邦等地的华侨，据说大部分系"半山学"，他们的客家话跟东万律的客家话不同，细听起来，大家可以会意。但"福佬"却听不懂，住在乌乐（Boedok）地区的华侨，大部分系河婆的"半山学"。

前面说过，西婆鹿邑是华侨的发源地，而东万律一带倒是以后开发的地区。……1770 年以后，东万律出现两个庞大的组织，即一般人熟悉的"天地会"和"兰芳会"。

当年天地会的大哥是刘三伯，而兰芳会的大哥却是罗大伯（即罗芳

---

① 译自史堪克的旅行日记，1962 年由印尼翡翠文化基金会翻译出版，黄庆凡于 2006 年重新修订及排版。

伯）。……兰芳会的地区却在黄梨崀和大树山。

1772—1774 年间，天地会和兰芳会为了矿藏发生了争执，经过一场激烈的械斗后，兰芳会人马受挫，而罗芳伯本人在情势紧急中，在鹿邑巴刹藏踪一夜，后绕道坑尾逃亡喃吧哇。接着他重新招募人马，在东万律建立了兰芳公司。另据华侨口述：大约 1774 年，由于两派仇视械斗，死伤累累。大部分鹿邑和劳拉的华人，相牵向喃吧哇逃命，最后在东万律定居下来。如果根据赫鲁特博士（de Groot）的记载，罗芳伯是 1772 年南来，五年后，才任东万律的大哥。但这些记载，尚待考证。因为赫鲁特博士的著作前后矛盾，未可尽信。

……当时兰芳公司的大哥是罗芳伯，计划侵入鹿邑。他派遣妻室去游说新八分，希望新八分站在东万律方面。这一项拉拢的工作，颇收成效，新八分表示同意，于是罗大伯乘机进攻鹿邑，获得胜利。据赫鲁特博士记载："那时鹿邑的大哥是刘乾相，在激烈的械斗中，不幸身亡。"

鹿邑华侨的宁静，并不长久。1825 年（乙酉）兰芳公司派出了几位代表，到鹿邑去请求捐助两支大蜡烛和小钱两千里亚，支援喃吧哇。当年兰芳公司的大哥是刘大王，而东万律公司为了矿区事件，曾两次跟马来人和乌吉人械斗，荷军暗中支持马来人，致东万律公司两次都遭挫折。和顺公司接受了请求，马上派出 500 人马，开往喃吧哇，但荷军采用土炮和土铳，这些英勇的援兵，弱于无法抵扰。500 人中生还的不到 300 人，其余的都受伤或染病以致死亡。和顺公司为了复仇，重新招募人马约 2 000 人，再开往喃吧哇，但这次远征，也未见顺利，许多人遭到疾病袭击，仅在东万律巴刹内，病卒的人数就达到 600 余名。

从这个时候起，鹿邑一带的客家人士与日俱增。1825 年，势力更膨大，对和顺公司来说，这不仅是一个威胁。当鹿邑的人马 2 000 名尚留在喃吧哇时，忽传出一个消息：东万律兰芳公司的人马，企图趁着鹿邑防备空虚，进行突袭。同时，传说先头部队 200 名已经开拔在途中。传说双沟琉璃当时迅速建筑防御工事，又传木寨内驻有大港人马 108 名，结果东万律公司放弃了原定计划云。当年谣言纷纭，不胫而走。

鹿邑人马由喃吧哇撤退，拟先跟兰芳公司清算，但又听到许多流言，怕三条沟方面袭击。结果，取消了报复兰芳公司的计划。不但未引起械斗，鹿邑公司反而跟兰芳公司取得了谅解，双方消除前嫌，化敌为友，在西婆罗洲华侨史上，这是值得赞颂和留给后人借鉴的一段史实。

……1863 年，甲必丹罗派逝世（石碑上刻有"丙申仲春"字样），继任人为李德伯。不久，东万律华侨拟开辟矿场，但被万那人士阻挠，兰芳

公司迫而向大港求援。大港毫不迟疑地满口答应代表团的请求，并派两名鼓手同行，护送代表团返东万律。于是，兰芳公司赶制大港旗帜，两名鼓手负责训练东万律战斗员，诸事摒挡就绪，终向万那进军。万那人士知道大港支援兰芳公司而丧失了斗志，兰芳公司就趁这个机会，在万那地区立足。两名大港鼓手载誉而归，并且带回了许多纪念品。

……东万律的兰芳公司，全部系客家人士，宋、刘、陈三姓最多。人们对于长辈，经常称呼"伯"，而马来人却把他叫作"甲必丹"。而当时最大的组织，便是兰芳会和天地会。这两个团体，同样拥有专卖，但由于彼此猜忌，天地会与兰芳会经常发生意见。矿工的收入减少，而仇恨越结越深，鹿邑的十四家公司终于联合起来，打击兰芳会，使它受到挫折。

关于"伯"的称呼，根据 1770 年喃吧哇苏丹委任古某伯为辛那满甲必丹，并宣布凡不服从古某伯之判决者，即被认为背叛苏丹，格杀勿论，不管他是武吉斯族、马来由族、达雅族，或是华人，一律如此看待。辛那满在东万律北部，这是兰芳公司成立以前的采矿公司。根据史籍，有这样的记载：在坤甸上游，有个东万律的十英处，例茅恩、山猪打崖、摩月、龙冈、辛那满等地，也有他们的足迹。那些地区以前颇富庶，但以后逐渐萧条。当作者视察时，仅存有两家华人从事耕种及淘金沙，但金沙的数量极少。

……1855 年，兰芳公司的甲大刘亚新，发表了一张布告，内容大致如下："兹监于公司的秘密组织，有时误用职权，难免走入歧途。例如他们到处扬言，在某日某时某地召集大会，但调查结果，并无其事，类似谣言，不止一次，致大家不敢相信。日后，会议如期举行，地点和日期都非常秘密，似此行动，殊欠适当云。"

……1841 年的地图，系华人在三发及坤甸的四公司分布区，作者于 1884 年在荷兰博物馆发现，然后把它临下。盛传 1841 年，英国考察团曾一度抵鹿邑，可能系英人所绘，而且列有当年的人口统计：东万律 3 000人，山口洋 2 500 人，西宜宜 200 人，喃吧哇 3 000 人，骨律 800 人，邦戛3 000 人，鹿邑 10 000 人，昔邦 1 000 人，炉末 1 500 人，这是英人当年搜集的资料。

【编者考证】

1891 年史堪克《打劳鹿公司》主述以和顺为主的鹿邑众公司史事，旁及兰芳公司，且分章论述不同事物，非编年史。因此节略后文字在时间排列上有些错乱。

《嘉应州志》^① 关于罗芳伯的记载

罗芳伯，少负奇气，业儒不成，去而浮海，乾隆中叶，客南洋婆罗洲之坤甸。值鳄鱼肆虐，吞啮人畜，日以百数。乃纠合华夷，仿韩昌黎在潮故事，投其文望海祭之，鳄鱼果避去，群惊为神，谓三宝之复生也。因奉为王，号令赏罚，悉听之。华夷故多争，自罗为政，奉约束惟谨，声势赫濯，俨然王者，年七十余终^②。立庙通衢，规模壮丽，穷极土木，堂上金匾，字大四尺，曰雄镇华夷，中国人至者，必入而瞻拜之。吧城博物馆中藏有兰芳大总制衔牌，盖罗之遗物也。自罗之后，江阙宋刘相继为王，始于乾隆四十年^③，终于光绪九年^④，共一百有八年。《采访册》^⑤《谈梅》^⑥。

【编者考证】
该书为 1900 年刊刻，张煜南诗及原注皆误，罗芳伯并非取韩文驱鳄，

---

① 本志为光绪二十四年（1898），温仲和总纂，卷二十三，人物。
② 《兰芳公司历代年册》以为罗芳伯卒年为五十八岁。据前人所见罗芳伯墓碑，亦记为五十八岁。可见嘉应州志有误。
③ 乾隆四十年，即 1775 年，乙未年；《兰芳公司历代年册》以为兰芳公司创立于乾隆丁酉年，即 1777 年。
④ 光绪九年为 1883 年。1884 年兰芳公司被荷兰东印度公司吞并，兰芳后人的抗争坚持到 1888 年。
⑤ 据李欣祥先生《罗芳伯及东万律兰芳政权研究》可知二人为嘉应州松口堡人，张煜南生于 1851 年，少年时赴南洋经商，经办过兰芳公司的饷粮码（专卖税），其妻刘葵英是兰芳公司最后一任甲太刘阿生之女。
⑥ 《采访册》《谈梅》，指编纂州志的采访笔记和另一本名为《谈梅》的梅州历史掌故书籍。本州志捐修者中有"花翎二品顶戴候补四品京堂张煜南""花翎三品衔江西补用知府张鸿南"两兄弟。高延《婆罗洲华人公司制度》引用 Van Kervel《婆罗洲西海岸社会状况的变迁》，见《荷印期刊》1853 年第 1 期。高延引文：大约在 1774 年前后，打劳鹿和拉腊的公司之间发生了一场激战，两地华人大都逃亡到坤甸和东万律。并指出 Veth 所作的《婆罗洲西部》第 1 卷，第 300 页中也有引用。袁冰凌辑得 1853 年 Kervel, T. A. C. van 的文章：Kervel, T. A. C. van, *De Hervorming van Den Maatschappelijken Toestand ter Westkust van Borneo*, TNI 15 (1853) 1: pp. 186–198.

而是自作《祭诸神驱鳄鱼文》，此文可见《兰芳公司历代年册》，此处不录。

【资料辑存】

地辟罗江百里长，公司昔日立兰芳。廿年客长人争敬，碑记今犹竖墓旁。① 巨鳄抟人肆意吞，结坛致祭事重翻。琅琅宣读韩文罢，已挟风涛出海门。②

---

① 资料选自张煜南《海国公余辑录·海国咏事诗·婆罗洲》，坤甸有兰芳公司，粤人罗芳伯善技击，颇得众心，华人敬畏，尊为客长。

② 鳄鱼为害，芳伯取韩昌黎祭文宣读而焚之，鳄鱼遁去。

梁启超《中国殖民八大伟人传》摘录

一民族所崇拜之人物，各有其类，观其类而其民族之精神可见也，吾友观云尝著一论，题曰"几多古人之复活"，吾睅睅思焉。我先民之畸行雄略，受压于畴昔奄奄跮跮之时代精神以下枉死者何限，拔潜阐幽，非后起者之责而谁责也。作中国殖民八大伟人传。

（六）戴燕国王吴元盛。王广东嘉应人也，戴燕在婆罗洲。乾隆末，王与土蛮战，破之。王焉。事迹无考。（原注：据口碑）

（七）昆甸国王罗大。王广东嘉应人也。昆甸亦在婆罗洲，乾嘉间，王与土蛮战，破之。王焉。事迹无考。（原注：据口碑）

新史氏曰：……虽然，吾传八人而寥寥不及二千言，吾不敢于所有资料之外，铺张焉以诬先民。而前史之成文与故老之口碑，乃于此区区者之外而莫余界，使我对于前贤满胸膜拜之诚，不克自献也，是乃深可悲也。……八君子之见摈于中国历史，其毋乃即中国民族见摈于今日生存竞争界之表征也。吾述此，吾有余痛焉耳！

新史氏又曰：吾草此传已，吾于时代精神一感情之外，更有三种感情萦于吾脑：一曰海事思想与国民元气之关系也。九人之中并潘和五，粤人七而闽人二也。自今以往吾国若犹有能扩张其帝国主义以对外之一日，则彼两省人其犹可用也。而其他沿海诸省乃至腹地诸省亦何遽多让？在养之而已。以今日美国海权之发达，其所用者又岂专在两洋岸也？二曰殖民事业与政府奖励之关系也。列强殖民，莫不以政府之力直接间接奖励之。我国则如秦、越人之相视肥瘠，甚或极诸其所往焉。夫是以虽有健者，终以援绝而败也。近数十年美、澳、非洲诸华侨之惨状，其恶因皆坐是也。三曰政治能力与国际竞争之关系也。我先民此前不借政府之力，尚能手辟诸国，或传诸子孙，及一旦与文明强有力之国相遇，遂不得不帖服于其统治之下。……匪曰天命，人事为之也。呜呼！海以南百数十国，其民口之大部分皆黄帝子孙，以地势论，以历史论，实天然我族之殖民地也。而今也托居彼宇者，仅得自比于牛马。呜呼！谁之罪欤？谁之罪欤！虽然，黄帝手定之山河，今且蹙蹙不自保，而海以南更何论哉？①

---

① 本文发表于 1905 年 2 月 18 日《新民》第 63 号。

《南洋与东南洋群岛志略》摘录

婆罗洲……土人自称曰仆卢加连孟汀（Path Ralamantin），系土产之果名以名之也。……其状如破烂之梨……最高之山曰器尼巴郎（Kini Balan），在东北滨，上距海十八公里，拉姆亦（Lawi）邑中，巍然插入天半，即明史所谓息力大山，封以常宁镇国之号，镌御碑文于上是也。………是息力微特足为婆罗洲全岛之最尊主峰，即马来群岛中亦无其匹。……中国居于莽拉图（总厅按：即蒙脱拉多之异译也）。原在荷人之先一两百年，咸工于矿，颇有致富而长子孙者。连打（总厅按：即兰达也）之地金刚钻亦富，中国人多居之。……尤可怪者，中国人散居群岛间不下数十万，徐魏志中虽言间有崛起而得地者，然弗与祖国通音问。迄今存亡，竟不可考，奚足以征其实。①

---

① 陈寿彭：《南洋与东南洋群岛志略》，南京：正中书局，1946 年，第 20 – 31 页。

黄建淳《十八世纪西婆罗洲华人公司与闽粤村社特性的关联》[①]

　　许多农业技术如开渠辟道、水车灌溉、筑堤蓄水等水利工程，亦随而应用在荒芜的异域上。按公司之名，系闽粤农村中一种传统经济组合的通称，如客家等地，早有称为公司之组合，其制由若干意志相投之士合力创业，依各人资本或能力多寡，公认占份数或分头若干，其盈亏与责任亦照分头摊派与分配，尤以赌摊之组合，俗称摊馆，多书作"公司"（据罗香林：《西婆罗洲罗芳伯等所建共和国考》，据《简明荷兰东印度辞典》的解释：公司系华语对商号与合股经营事业之会社结构的泛称）。该词语几百年来，在马来海峡地区普遍使用，并在荷兰文和其他语言中广泛流传。依字义解释，系指群众性的或与公共事务有关的行政组织……为数众多的中国公司，不仅出现在荷兰殖民地，同时也出现在马来半岛、印度尼西亚外岛地区和菲律宾群岛。……公司的建立，可完全将同乡或同宗族人的相互关系，整合得更为密切。《新加坡自由西报》（*Singapore Free Press*）称华人公司组织为"独立政府"或"中国政府"。

　　查蒙特拉度霖田公司成立于 1780 年，至 1850 年与大港公司结盟并肩抗荷，虽不见文献记载霖田成员于 1854 年败走何方，但经勘考位于石隆门帽山的"国王古庙"门前楹联所云："霖田传胜迹，帽岭报深恩"，所署年代系光绪丙申，即 1896 年。若霖田公司流亡此地，嗣历经 1857 年石隆门华工事件，至本庙立为止，固先后历时近三十年，但这并不难解释，就史观而言，霖田履历二度战争之重创，元气大伤，借稍长时日使人力、物力、财力休养生息，而后购地建庙的可能性，不能谓无。

035

---

　　①　黄建淳：《十八世纪西婆罗洲华人公司与闽粤村社特性的关联》，《闽南文化新探——第六届海峡两岸闽南文化研讨会论文集》，2010 年，第 607 – 617 页。

《下南洋》[1] 所载西婆罗洲资料选录

印尼西加里曼丹省首府坤甸，有一个小小的华人聚居村落——新埠头大同社村。谢官友先生已经年过七旬，从祖辈开始，他的家族就住在这里。谢官友指着自家房子说："我家现在这个地方原来是罗芳伯的家，我祖父租来的，住了有八九十年了。可惜在1953年的时候，给一场大火烧掉了。"离谢家门口有一座规模很小，外表看起来没什么特别的关帝庙。然而，当地人虽称它为关帝庙，神龛上享受供奉的，却不仅仅是关公，关公像旁边的是罗芳伯画像。

1772年，34岁的罗芳伯从加里曼丹岛登陆，并很快成为农业合作组织"兰芳会"的首领。关于兰芳会，新加坡国立大学东亚研究所主席王赓武的解释是"当年加里曼丹岛每个有矿产的地方都有自发成立的会社组织，兰芳会就属此类。会社之间互相竞争，有时甚至会打起来。当时的加里曼丹，有大大小小的华人会社几十支，会社成就了罗芳伯"。……这些组织各有自己特异的草创经历，但从组织与制度上说，他们却被公认承袭自同一鼻祖——洪门。洪门，反清秘密会社，也称天地会、三合会。

罗芳伯在坤甸主持开凿了一条水道，据谢官友说，当年罗芳伯要跟一个苏丹结拜兄弟，他为了方便去见苏丹，便开凿了这条水道。这条水道在当地并不显眼，因水利而兴的坤甸，发展至今已到处是大大小小、有名无名的沟渠。……然而，对于当地华人来说，唯独这条水道有着特别的意义——它是罗芳伯传奇的一部分。

在坤甸华人中还有一个传说：罗芳伯去世时修建的9座坟墓仍然深藏在某些地方，并且，那座他埋骨的唯一真坟里，使用的是纯金的棺材。

在兰芳会逐渐壮大的过程中，它对外还有另一副面孔，那就是兰芳公司。当年，罗芳伯在坤甸成立了进行金矿开发的兰芳公司。……袁冰凌对自己15年前到加里曼丹时的情景依然记忆犹新："印象最深的是，每个地方我看到的最壮观的建筑都是华人的寺庙，而且进了7座庙，墙上都有用

---

① 周兵、祝捷：《下南洋》，新加坡：海滨出版有限公司，2014年，第126－141页。

纸写的布告，内容是会众捐款的明细和用途。所谓的公司，原来就是这种形式上的、一个神明的香火组织。"兰芳也是这样一家公司，虽然也从事经营，但更是一个管理人情的慈善组织。

接触和了解这些中国公司的西方人，把这个似曾相识又无可比较的事物音译为"Kongsi"，而对西方"Company"，当时的华人社会也无法意译，最终便转借了这个来自故乡的"公司"名号。其实，它们的内涵有天壤之别。从早期华人公司的组织架构和职务称谓上不难发现，它们始终无法摆脱传统的家族式经营思维以及会社阴影。

……德国帕绍大学（University of Passau）东南亚研究所研究员玛丽·赫杜斯说："我想荷兰人高延是第一个对兰芳提出共和概念的人，但兰芳本身的文献中，并不存在共和国这个说法，高延提出这概念的最主要原因是跟西婆罗洲的马来土邦相比，兰芳公司架构了一个没有国王或苏丹的执政组织。"在王赓武看来，兰芳的共和国概念并不准确。"没有国王也没有官，都是工作的人，平时各做各的生意，合作起来就是抵抗外来者的力量。因此说它是一种很基础的政体也可以，但要说是共和国，就很难说了。"

在莱顿大学浩如烟海的殖民地记录中，有一封关于兰芳的信件，它写于1854年9月29日，兰芳公司甲大刘阿生写给尊敬的上校：之前因为您的命令，嘱咐我们，各钦犯务必留心寻访捉拿，现在又抓到一个名叫钟丙的人，特地随此信让人押解到您那里，希望您来处理，其余情况请允许我们当面商谈……

"兰芳公司的消亡，是因为它无法和以前一样生产那么多的黄金，而导致债务堆积，所以荷兰人说，等这个人（华南洋按，即刘阿生）死了，公司就解散掉。"玛丽·赫杜斯说。

当时，荷兰殖民政府的总督和将军针对如何处理兰芳爆发了激烈的争吵，将军希望采取断然手段，即刻修建一条大路，派兵直捣兰芳老巢。而总督认为需要从长计议。最终，将军的意见占了上风。荷兰军队以送丧为名，派出重兵，几乎没有遇到什么抵抗，便占领兰芳总部。出乎统治者意料的是，这场代价极微弱、干净利落的"灭国之战"并没有就此结束。保存至今的荷兰殖民当局的执政报告详细记录了那一天的情形：本来已经放弃抵抗的兰芳华人，因为两块牌位和一具棺材，终于鼓起最后的勇气，成全了殖民者最后的血腥。

一个兰芳会众说："驻官要移走我们的关帝和罗大伯①，占领我们的总厅，头领立即要求说关帝和罗大伯不能移走，但驻官固执地拒绝了，事情

---

① 关于罗芳伯的称呼，各种资料均不一致，为保持材料的真实性，本书均按照原文呈现。

不能避免了……"

　　另一封写给坤甸苏丹的求助信中这样道："他下令移走了关帝和罗大伯，因为他们不想让死去甲大的棺材停放在总厅，想匆匆埋掉，所有人都不满，所以出了事。"

　　因为兰芳的存在，这片土地其实长期由华人自治，并没有荷兰的殖民官。而他们派来的第一位官员，就在这些兰芳遗民的反抗中被杀死了。为了抵抗荷兰人，据说曾有一大批人远赴马来，向吉隆坡之王叶亚来借兵。不幸的是，叶亚来当时已病入膏肓。

　　1885 年 8 月 12 日，荷兰人火枪最后的鸣放停息下来，兰芳在走过 108 年岁月、历经 12 任大哥之后，宣告灭亡。坤甸西郊淡水港的兰芳公馆，是今天唯一保存完整的兰芳建筑。它修建于兰芳末年，距离罗芳伯的传奇时代已近百年，连这里悬挂的罗芳伯画像是否照罗芳伯本人所画，都充满争议。在其他曾属兰芳的村落，除了若有若无的传说，更是找不到任何罗芳伯时代的兰芳遗迹。

　　坤甸新埠头大同社村关帝庙周围的一片土地上，曾坐落着罗芳伯亲自建立的议事大厅，它在 1953 年的一场大火中被彻底焚毁。火灾余烬中仅剩的一块朽木，被当地华人作为怀想兰芳的遗物保存了下来。而它，代表了传统华人社会在南洋建立独立政治生活的最高成就，也象征了近代华人自治社会在西方强力面前的脆弱。兰芳之后，立足于传统社会的华人自治体，彻底地退出了南洋的政治舞台。它们的过往，仅供后来者凭吊，而它们所启示的未来，仍需华人苦苦追寻。

【资料辑存】

中国与马来西亚在历史上之关系①

　　坤甸今婆罗之（Pontianaka）也，清乾隆中（18 世纪中叶）有罗芳伯者，或作罗大刚，粤之嘉应州人，居婆罗之坤甸，破土番，王其国，为众爱戴，卒后，弟继之，计传七世。

　　戴燕国，据旧志位于坤甸之东南，今地难确指。有吴元盛者，亦嘉应州人，与罗芳伯同时流寓于戴燕国，值国王暴乱，元盛因民怨而杀之，国人奉以为王，死后，子幼，妻袭其位。

　　婆罗之罗芳伯，至光绪十年（1884）始为荷人吞并，今罗芳伯庙犹存。

_____

①　黄泽苍：《荷属马来西亚》，上海：商务印书馆，1930 年，第 23 页。

许云樵《客家人士在东南亚》

客家魁杰伟业的回顾·甲大罗芳伯

过去客家人在东南亚所创的伟业，首推在荷属西婆罗洲创建兰芳公司的罗芳伯。自从西欧列强各创东印度公司，到东方来掠夺香料，分割南洋后，被统治的土著和华人，便以荷语 compagnie（公司）指政府，闽南方言便称作"公班衙"了。① 因此有雄心的华族魁杰，便也起来组织公司了。被欧人斥为私会党的"义兴公司""海山公司"等，其实和"东印度公司"没②有什么分别，只是强弱之判而已。窃国者侯，窃钩者诛，千古中外，同出一辙。③

罗芳伯，广东嘉应州石扇堡人，少孤家贫，业儒不成，一本尚侠好义的天性，而是于 1772 年自虎门南渡，至西婆罗洲的东万律。那时该地犹鸿蒙未避，丰草长林，山番山没劫掠，商旅为之裹足。芳伯初据山心公司的金湖大营，以采金教读为业，郁郁不得志。尝作金山赋云：予也材本鸠拙，志切莺迁。耕辛凭舌，砚苦为田。愧乏经商资本，惭非宿学高贤。假馆他邦，固慨虚延岁月；奔驰道左，还期捆载凯旋。俾士作商，不惮萍踪万里；家贫亲老，常怀客路三千。因而水绕白云，时盼望于风晨月夕；倘得堂开画锦，庆优游于化日光天。噫嘻，蛮烟瘴雨，损体劳形，岂无志于定远，又何乐乎少卿。……乃作歌曰：巍巍独立万山巅，云水苍茫自绕旋。如此好山如此水，蹉跎岁月亦潸然。④

后兼并其他公司，声势大振。会山番与巫人构衅，巫酋屡败，芳伯率众助之，大破山番，巫酋德之，又见其势日盛，乃甘降身听治。芳伯既据

---

① 许先生此处失考，南洋华人使用"公司"二字，并非受西方东印度公司影响，而是自创。

② "没"字原文无。

③ 西方人也把西婆罗洲众多的华人公司称为"殖民者"。

④ 许云樵所引《金山赋》出自林凤超《坤甸历史》，与刘焕然引本文字不同。

其地，自称"大唐客长"。芳伯有兄名兰伯①，乃定其国号为兰芳大总制。时1777年。后更扩充辖地，凡坤甸、嗎吧哇、山口洋②等地皆隶属版图。据林凤超《坤甸历史》钞本所附《坤甸地方官制考》云：最高元首为大唐总长，接任视事则称企厅。其下有副总长，亦称参谋，或称军师，驻节沙拉蛮。下有玛腰③，驻茅恩府。有甲大，驻昆日县，或嗎吧哇、邦戛等县。其下有老大，亦称尾哥，每区各设一人，稽查征收赋税。

芳伯自建立大总制后，即定年号为兰芳元年，乃乾隆四十二年（1777），行让贤制，易五主至刘台二，为荷人所愚，国土日削，虽仍称总长，然受荷人委为甲必丹④，已不能自主。又易五方至刘生，遂于光绪十年（1884）见并于荷印，凡传一百零八年。兹据《兰芳公司历代年册》摘录其大事如次：

兰芳元年（1777）丁酉，芳伯受推为大唐总长，建大总制。

兰芳十七年（1793）癸丑，罗芳伯设台祭鳄，华夷均信之。芳伯有祭鳄文云：维年月日，大唐总长罗芳伯，谨以刚鬣柔毛，致祭于山川诸神而告之曰：……然闻之，乐民之乐者，必当忧民之忧；受民之奉者，必当治民之事。兹我坤镇，总长所辖，迩年以来，鳄鱼不安溪潭。壬子之秋，连丧吾侨三子。跋扈如斯，罪安可逭。或者曰为恶遭殃，三子当受其咎。不知下民之命，应受终于天，否则亦应受终于国法，断不忍以无辜之民，而饱鳄鱼之腹。兹值前日，又噬吾唐人……夫不教而杀谓之虐，不戒而戮谓之暴，今特网开三面，设祭赐食，而与鳄鱼约，限日各率丑类而徙于海，山川诸灵，尚可尔宥也。鳄鱼有知，其听吾言，如无知，虽总长有言，莫由开导，是欲与吾民杂处此土，与我为难……如是凡无人道者皆可杀，伏乞诸神助一臂之力，以涸鳄鱼之港，谅聪明正直之神，当能予听也。⑤

兰芳十九年（1795）乙卯，即乾隆六十年，芳伯卒。易箦时，众询以继统事，芳伯曰：吾侨飘泊海外，得有今日者，皆众兄弟之赐。吾安敢以土地自私，忝称客长者，守土待贤而已。无已，其择贤乎。问何人，曰：戊伯贤，可继斯任。于是公推戊伯继任，并葬芳伯于东万律。戊伯，江

---

① 罗芳伯有兄称兰伯之说，出于误传，与罗芳伯家谱等资料不符，不足为据。

② 按厄尔《东洋》，至少1834年山口洋并不在兰芳公司控制之中。

③ 玛腰、甲大、甲必丹等非罗芳伯时代华人领导的称呼，而是19世纪荷兰人进入西婆罗洲之后出现的。

④ 荷兰人所予总长称号为甲大，其下各埠领导方称甲必丹。

⑤ 许云樵引《祭鳄文》与高延版文字不同。

姓，魁硕多力，性情豪爽，初为茅恩府兰和营公爷①。兰和营者，芳伯未任客长时驻地，所持刀重十八斤，征万居诸土番时，曾一夕歼十六人。土人幼孩夜啼，闻戊伯名即止，其威望如是者。

兰芳二十四年（1800）庚申，戊伯退休养老，回国省亲，阙四伯摄位②。阙亦嘉应人。

兰芳二十七年（1803）癸亥，坤甸土人复反，先是土人畏惧戊伯，比其去国，乃相约反叛，四伯屡战不利。嗣位四年，兵革不息，迄无宁日。

兰芳二十八年（1804）甲子，江戊伯返坤甸，回任总长，即出兵征讨。师次冒顿黎乌，依万帝隆港而阵。适有土人驾小舟而下，戊伯诘之何往，土人惊惧，答云喃吧哇人。戊伯即令传喃吧哇苏丹相见，责令约束土民，不得骚扰，苏丹与土民相率降服，复归相安。

兰芳三十六年（1812）壬申，夏，戊伯病卒，时嘉庆十七年也。众推宋插伯嗣位，葬戊伯于东万律上桥头，插伯为嘉应州白渡堡人，与芳伯、戊伯、四伯为结义兄弟，当时称罗江阙宋四大头人。

兰芳四十五年（1821）辛巳，插伯病逝，刘台二嗣③。台二亦嘉应州人，时荷人已掠得东南婆罗洲，后宣言东印度均其属地，乃西侵兰芳大总制各地，并利诱台二往巴达维亚，示以优渥，而台二不察，堕其彀中。

兰芳四十八年（1824）甲申，荷印驻吧城政府，以得刘台二之默许，设公班衙④于坤甸老铺头，委台二为甲大，以加巴士河为界，河西割属公班衙，河东仍属兰芳大总制。条约字面用三色字，声明不相侵犯。三色字者，一汉文，一巫来由文，一荷兰文也。依该条约，兰芳大总制本非属国，乃刘台二妄以荷兰三色旗代长形之黄旗，故时人为歌以讽之曰：插伯企厅大差矣，州府交分台二企。大家兄弟无见识，桅杆扯起三色旗。

兰芳六十一年（1837）丁酉，台二卒，众推古六伯嗣。

兰芳六十六年（1842）壬寅，万喇土人叛，六伯与之大战，饷械不继，败绩。众以六伯无能，迫之退位，六伯乃遄返祖国。

兰芳六十七年（1843）癸卯，春，众举谢桂芳为大唐总长，桂芳本嘉应州武生，颇具才识，台二常称其能，欲令嗣位，迨台二死，众不直台二

041

---

① 当为功爷。

② 阙四伯有写作"阙泗伯"；按《兰芳公司历代年册》本文，当为嗣位，而非摄位。

③ 按《兰芳公司历代年册》本文，刘台二亦为罗江阙宋结义之兄弟。

④ 公班衙为华人对荷印巴达维亚政府的称呼，无设公班衙于西婆罗洲之理。按《兰芳公司历代年册》本文只说"公班衙来理此州府"。

之行，故不从，别举六伯以代，及六伯退位，乃举桂芳，然桂芳时已衰老多病，嗣位八月即去世。

兰芳六十八年（1844）甲辰，众推叶腾辉为总长。时兰芳大总制国土日削，百政俱废，腾辉初在坤甸业商，嗣位后仍居店中，置厅事于度外，外患益不可御矣。

兰芳七十年（1846）丙午，众举刘鼎为大唐总长，鼎名乾兴，以传及已，竟擅自改年号为乾兴元年，鼎与万那土酋起衅，大败。自叶腾辉不居大厅以来，人心涣散，而鼎效尤之，厅事益不可问矣。荷人与土番交相侵略，兰芳大总制已入日暮途穷之时矣。

乾兴二年（1847）丁未，荷人放逐刘鼎于邦戛，掠其所执三色字条约，以刘生为甲大，刘生一名寿山，时道光二十七年也。

乾兴五年（1850）庚戌，鹿邑大港公司与荷人战，大捷，克复邦戛，先是邦戛与坤甸西北部，俱为荷人所略，至是大港间同胞，兴师讨伐，尽复其地。

乾兴六年（1851）辛亥，刘生与万喇土酋修好，以五百余人采文兰之金刚石，其王牙城，初无华人侨居，至是顿成商埠。

乾兴七年（1852）壬子，刘生率兵反助荷人拒大港同胞，擒其首以献公班衙。先是刘生嗣立，其婿叶汀凡①伪造谣言，谓加巴士河水尝澄清，故愚者颇望其有所作为，至是始知翁婿皆汉奸，然国是日非，无可挽回矣。

乾兴十一年（1856）丙辰，刘生与荷官阿物恩得里山，往谒吧城荷印总督，至是荷人已夺得三色文条约，谓刘生曰：河东地当属荷印，刘生曰：依约实属兰芳大总制，荷人曰：约文何在，可照约验证。刘生不能对，荷人乘机饵以金银，与另订密约，尽割所属各地，仅留东万律大厅地界。所得金银，悉入私囊，兰芳大总制民众均未知之，即刘生诸子婿亦不悉其详，各欲争长其地，趋奉荷人，荷人知其虚实，故得操纵自如。

乾兴二十八年（1873）癸酉，刘生退位，以计立其子亮官。

乾兴三十三年（1878）戊寅，刘亮官病死，刘生复位。先是刘生与荷人密约，中有"终刘生之世，仍有东万律管理权"一语，故亮官死，不得由其弟恩官继任，而须刘生复位。人以河东诸地丧失，在亮官任甲大时，实则刘生早有卖国之密约矣。

乾兴三十九年（1884）甲申，秋八月，刘生以事至新埠头号，沾疾而

---

① 叶汀凡，即叶湘云，其字汀凡。

卒。荷官假思粦名加挞者，乘刘生家属扶枢东返，出其不意，据东万律，拆毁大厅前桅杆，撕毁兰芳大总制国旗，并迫刘氏家属交出兰芳大总制历代印信，下令不得再举总长。于是大动公愤。有梁路义者，于九月四日率众与荷人战，克复总厅。斩荷将阿成坚，连年杀荷人无算。后路义为汉奸刘恩官、郑正官、叶汀凡、吴桂三、郭亚威、余康、黄福元、陈和二、罗撒庭、林粥唐①等所算，军火不继，众寡悬殊，延至光绪十二年（1886）遂出亡吉隆坡。越二年，东万律大厅亦为荷人所毁。

初万帝隆之关都力荷官，用林粥唐言，谓东万律梁路义无备，遂率队深入。华民中有童子戴月兰、丘耀郎、赖有传者，适游猎遇之，以鸟枪击之，荷兵仓卒惊遁。其关都力中弹毙，时甲申九月初五日也。

方荷官加挞之乘机突据东万律而激成巨变也，荷驻吧城总督，惧中国问罪，即革其职，不敢即以其地为直属领土，后见中国置若罔闻，乃并其地，而于1912年正式宣布入荷印版图。②

---

① 《坤甸历史》写作"林粥唐"。
② 许先生此文虽"兹据《兰芳公司历代年册》摘录"而成，实际上主要参考的是《坤甸历史》，不能如一些资料掌握不够充分者那样，将此文当作《兰芳公司历代年册》本身来使用。

胡一声《早期华侨艰苦奋斗的历程》^①

　　罗芳伯是广东省嘉应州（梅县）人，于清朝乾隆三十七年（1772年）出国，到达婆罗洲坤甸的东万律（金山），得他的助手吴元盛等之力，在加巴士河中流载燕一带组织华侨公司，成立自治团体，抵抗土王的虐杀，势力遍及婆罗洲大部分。乾隆四十四年（1779年）被公推为大唐客长，定团体之名为兰芳公司，并设置了华丽的自治厅。人们把他比作美国大总统（罗香林、谢清高），其实这是不对的。他自称为大唐客长，大统制之名不过是公司总经理而已。但无论如何，当时罗芳伯等人想与当地土人联合起来，搞共和自治，反对荷兰的侵占，则恐怕是真的。据史籍记载，当时坤甸西北一带，有华侨三万或二十万人，他们的中心城市是敏得拉打（三巴士的南方），他们同土人通婚，经营农矿渔业和制糖业，以及商业，他们中的大多数都反对荷兰殖民主义者，主张自卫和组织自治团体，以头人十二名来实行自治。荷兰人当时曾几次试图征服他们，但每次都不成功。他们与三、二年即归国一次的华侨不同，结成了自己的社会团体，并作永久定居之计。罗芳伯死后，兰芳公司渐次为荷兰人所笼络，势力日削，被荷兰人任命为甲必丹。光绪十年（1884年）卒为荷兰所并吞。距罗芳伯组织公司以来，经过一百零八年，卒为荷兰人并为它的属地，归入荷属坤甸的版图。

【编者评注】

　　非西婆罗洲华人史专著，只是略及华人公司，只引用了罗香林、谢清高之书，只及兰芳公司事，未及其他华人公司。还有一些错误，指万丹位于西婆罗洲、将红溪惨案说成红河惨案、将蒙脱拉度译为敏得拉打等，该文也没有新材料。其次是未见到胡一声所据资料。将打劳鹿、蒙脱拉度译为敏得拉打，他处未见到这种译法。载燕之名也应是戴燕之误。该文未提到兰芳之外的其他华人公司，对材料的掌握当不全面。兰芳和大港的历史也混淆不分。

---

① 见广东华侨历史学会编：《华侨论文辑（第一辑）》，1982年。

《兰芳公司历代年册》①

　　罗芳柏太哥，广东嘉应州②人也。其居里为石扇堡。水口有神坛一座，粉榆镇抚，桑梓屏藩，形势最胜。有习青鸟者，观此形胜，谓此处必产异人，将来功名事业必高出寻常万万者。故罗太哥生而虎头燕颔，龙肫虬髯，长耳方口。虽长不满五尺，然好读书，胸中常怀大志。量宽洪，喜怒不形于色。而且多才多艺，诸子百家无所不晓。壮游交，为众推尊。后游金山，作《游金山赋》一篇以见志。

　　时坤甸初开，有聚胜公司，四大家围。③ 罗太哥初到坤甸之日，聚胜公司及四大家围皆器重之，有罗方口之称焉。由坤甸而上，有东万律，相传是鹤老④州府，开金湖者多潮阳、揭阳人。由东万律上十里许，有茅恩（Mao－yien）山、猪打崖、坤日、龙冈、沙拉蛮（Senaman）等处，开金湖者亦潮、揭二阳人居多。明黄等处，开金湖者多大埔⑤公州人。有刘乾相者，同堂子弟有五百余人，自立为太哥，当时最强盛者。由东万律下数里许，为山心，开金湖者是大埔县人，董其事者为张阿才。至于嘉应属人，惠、潮属人，亦多杂处其间，但不能一一枚举焉。⑥

　　是时坤甸埠头，潮州属人多不守礼法，好以强欺弱，嘉应州属人往往

---

　　① 原文出自兰芳公司领导人转交给荷兰政府官员的手稿。

　　② 嘉应州，雍正十一年（1733）析潮州府属程乡为直隶嘉应州（今梅州市），辖平远、镇远（今蕉岭）、兴宁、长乐（今五华），统谓"嘉应五属"，其主要居民为客家人。

　　③ 有关这一点，从未发现其他资料。

　　④ 鹤老，客家人称潮州方言群。

　　⑤ 大埔，潮州府九县之一。其他八县居民几乎都是福佬，唯有大埔全是客家人。

　　⑥ 可以说，这些早期东万律殖民者的相当详细的资料，与后面将要提到的史料，填补了西婆罗洲历史上一个关键的空白。

被他凌虐。① 罗太哥目击时艰，深为扼腕，思欲邀集同乡进据一方者久之。既而有同心者壹百八人，由笏黎黎港口而上，至老新港起岸，到山心金湖已黎明矣。董事张阿才率工人方在金湖，忽见罗太哥等众蜂拥而来，遂仓惶奔走。罗太哥即招安抚慰，视同兄弟，即据其金湖之屋，筑栅修垣，徐图左右。自是声威日振，雄踞一方，四方来归者众，创建东万律兰芳公司总厅。厅之左右起民房，造店铺，居然市井闾阎矣。时茅恩②聚处甚盛，有老埔头，有新埔头。老埔头有店两百余间，新埔头有店二十余间。老埔头系潮、揭二阳，海、陆二丰人多，尊黄桂伯为总太哥。新埔头系嘉应州人多，以江戊伯为功爷，统率其众，立兰和营，举四人协理，名曰“老满”。罗太哥欲淹有其地，使刘台二伯藏信于笠，入茅恩暗通江戊伯，内攻外合，出其不意，攻其无备。黄桂伯束手无策，只得归降。罗太哥自黄桂伯归服，而坤日、龙冈、沙拉蛮等处俱为罗太哥所有矣。③明黄刘乾相自恃其强，不惟不肯归顺，而且兴兵构怨，战伐经年。自明黄起联营至六份头，有蚕食鲸吞之意，相距兰芳公司总厅不过数百步。罗太哥忿恨至极，与诸兄弟约，誓灭此而朝食。于是亲抱桴鼓，奋力争先，诸兄弟无不以一当十，呼声动天，一朝而破刘乾相六个大寨，联营尽皆奔溃。刘乾相被赶至阿亦华帝，跳港而亡。是役也，杀得刘乾相尸横遍野，血流成渠，为数年来第一血战，亦赖众兄弟之力方能一举成功也。罗太哥复得其土地，扩而充之，而兰芳公司益见富强矣。罗太哥因思内患虽平，外患未息，居隣东万律者，莫如打唠鹿（Montrado），于是复又起兵至打唠鹿。时

---

① 关于这一主题，我只看到 Van Kervel《婆罗洲西海岸社会状况的变迁》（见《荷印期刊》1853 年第 1 期，第 188 页）一文记载：大约在 1774 年前后，打唠鹿和拉腊的公司之间发生了一场激战，两地华人大都逃亡到坤甸和东万律。我们无法考证这条被 Veth 所引用的资料的可靠程度（见《婆罗洲西部》，第 1 卷，第 300 页），《兰芳公司历代年册》没有提到此事。

② 很明显，当时福佬在坤甸已占优势。

③ Van Schelle 先生在《荷印矿业年鉴》（1881 年）第 268 页中显然说得不对：大约在 1775—1780 年期间，罗太伯率领一批华人前往东万律，对当地进行了开垦，使之得到迅速扩展。他们发现福佬已在沙拉蛮建立了一个据点，就把他们赶走。

打唠鹿开金湖者有七公司，最强者为大港①，其次三条沟②公司、新屋公
司、坑尾③公司、十五分公司、十六分公司，满和公司，又有和顺总厅④、
九分头、新八分、老八分、新十四分、老十四分等公司。⑤ 罗太哥所扎之
营，近打唠鹿埠头之山。罗太哥观打唠鹿之形势如锅，不可急图，须待釜
沸，方可以破其釜，遂引兵而回。至倒河，江戊伯引接济之兵又到。罗太
哥言其时势不能骤平，遂合兵而回东万律。至今打唠鹿仍有山名兰芳会崇
云。罗太哥初得东万律之时，上、下坤甸俱由老新港笋黎黎来往。时高坪
以下沙埧达港口等处，皆唠子⑥所居。沙埧达港口上湾，系邦居兰使打⑦
喃吧哇人创造王府，谅必港路如故，但唐人不敢在此往来耳。因思此港路
不通，上下较远，不若打通此港路，方为便捷。于是令山心财库张阿才，

---

① 大港，正如 Von Faber 在《荷印语言地理民族学汇刊》1864 年第 13 期第 468
页中说过的，该公司是从 Soengei Raja（意即大河）借用了"大港"之名，至今西婆罗
洲华人仍以"大港"称呼该河。大港公司成员主要居住在该河流域。Van Rees 先生发
明了"奔腾的巨流"（Wachia, Taykong en Amir，第 91、92 页）的译法，因为他以为大
港之名显示了该公司比其他公司具有优势。这个解释尽管富有诗情画意，不过，它与
这位作者其他一些有关西婆罗洲华人的说法一样，都是凭空想象的结果。

② Veth 教授和他之前的人何以将"三条沟"拼写成 sin-ta-kioe，对我们来说是一
个谜。很难讲这是源于福佬方言，因为福佬自己的叫法是 Sam-tiào-kao。那些在殖民地
生活过相当长时间的西方人，误用中文往往比华人误用荷语、当地语更为严重。很可
能，三条沟名称的来源是由于矿场需要的水源取自三条天然或人工河道。

③ 这个公司处于环绕打唠鹿平原的群山中。那座也称作坑尾的山，耸立在首府
东面三、四英里处。从那里不仅可纵观打唠鹿全貌，晴天甚至可以看到海景。如今此
地已无人烟。1881 年，当地矿场曾建了一条深隧道，试图用以大规模开采金矿，但结
果似乎毫无成效。参见《荷印矿业年鉴》（1883 年）第 23 页"技术与管理"部分。

④ 这个建筑始终作为打唠鹿的"厅"而为人所知。组成联盟时，上述公司联盟
就以"和顺"为名。此处《兰芳公司历代年册》作者误将总厅作为公司之一。

⑤ 所有这些公司的名称均按嘉应州客家话发音。直到今日，客家人一直是西婆
罗洲华人区占人口绝大多数的居民。以往所有的作者对婆罗洲这些地名、人名的写法
都与我们不同，最主要原因自然是他们不懂华人的语言，并且因为他们的许多信息都
是从马来人口中得到的。特别是 Van Kervel 先生犯的这类错误，证明了他与马来人一
样，把华人的"F"音当成"P"音。

⑥ 唠子，华人对当地原住民的统称。

⑦ 1779 年，荷属东印度公司任命了一位 Pangeran Setja Nata 为万那的君主
（Veth，第 1 卷，第 263 页）。直到 1794 年，三发王国已控制在东万律华人手中时，也
许他还在位。在《年册》中，Pangeran Seta 变成了 Setja，是否《年册》作者搞混了或
误会了？或是沙埧达还有一位也叫 Setja 的君主，即 Setja X？或是他完全分不清 Seta 和
Setja 的区别？此乃待解之谜。

先带兵丁前往高坪以下开仗。罗太哥引兵接仗，老仕丹①亦令邦黎麻②则麻黄伯麟雅阿滥带兵助战。唠子不见兵革，势如破竹。邦居兰使打遂退上万那，而沙坝达港口一带皆平。至今唠子港之名仍存，邦居兰使打王府之基趾犹在，但遍地皆蓬蒿矣。邦居兰使打自迟上万那后，与万那王合，故新港等处唠子又不安分。罗太哥又起兵打新港。我公司筑寨六处，将邦居兰使打之寨困在垓心，相持有九月之久。罗太哥令掘地而攻使打之栅，掘至寨边，寨柱抵塞，锯其柱脚，柱尾摇动。唠子知觉，故使打宵遁。罗太哥挥兵直抵三叭③地方。万那王与沙坝达王胆破心寒，有朝不保夕之状，特请坤甸仕丹，到其处说立和约，以三叭为界。罗太哥亦姑念穷寇莫追，即允诺仕丹，而与万那王立和约，以三叭为地界。仕丹用竹劈开刻字，插地为界。年久竹灭，至今掘地之空犹存焉。④ 罗太哥攻打新港之时，苦心竭力，辛苦备尝。尝曰"新港银坑也，银坑开，东万律不患贫矣"。罗太哥夫人亦有贤德，极力赞襄。偶值粮食不继，自出簪珥等项，令镇平人黄安八，下坤甸采办粮食器用，以济紧急之需。不料黄安八下至坤甸，竟将金银首饰，一概枭吞，带回唐山。噫嘻，何大忍心若此，可谓良心丧尽矣。故罗太哥怒气冲天，即说誓曰，"此大厅头人、镇平人及各处人，俱不能嗣位；惟嘉应州唐山而来，择有德者嗣之，以后永为定额"。至今犹世世守之，不敢有负罗太哥一片苦心也。罗太哥初意，欲平定海疆，合为一属，每岁朝贡本朝，如安南、暹罗称外藩焉。奈有志未展，王业仅得偏安，虽曰人事，岂非天哉。后之嗣者，当思罗太哥身经百战，方得此东南半壁，虽作藩徼外，实有归附本朝之深心焉。斯罗太哥在天之灵，亦实式凭之矣。罗太哥创建东万律兰芳公司总厅后，时往来坤甸，每见港中鳄鱼，实为民间之患，作文祷诸神，效韩文公故事，⑤ 投以猪羊毕，而港中

---

① Abdoe'r Rahman，1772—1808 年的坤甸苏丹，享年六十六岁（Veth，第 1 卷，第 373 页）。因此，到 1794 年，他的年岁足以担当得起"老仕丹"的称号。

② Panlima，马来语指军事首领。

③ 三叭，即三发。

④ 上述说法对政府特使 Nahuys 在 1819 年提到的一条资料（为 Veth 所引用：《婆罗洲西部》，第 2 卷，第 46 页）是绝好的补充。据此，这个曾附属于万那的沙坝达，大约与东万律同时被坤甸吞并。东万律被吞并，是 1787 年后由于喃吧哇王 Sjerief Kasim 和他的父亲苏丹 Abdoe'r Rahman 之间的所谓调和而造成的（Veth，第 1 卷，第 278 页）。不过，此事对几乎独立的华人来说似乎没什么印象，他们的《年册》并没提到这件事。

⑤ 此事参见高延：《厦门岁时习俗》，莱顿：荷兰莱顿大学出版社，1996 年，第 290 页。

鳄鱼，皆浮水面，而出大海。本土番王等，见罗太哥如此申格豚鱼，皆惊为奇人，无不叹服畏敬。今录其祭鳄文以后焉。

祭诸神驱鳄鱼文

伏以圣德巍峨，降祥必不降孽：神恩浩荡，容物先备容人。曾以呼风唤雨，锡士庶之恩膏：岂其妖蠹害民，负苍天之爱育。予也来游南国，职掌于斯，出入往来，优游，与吾侪庆顺遂之乐，享太平之福者，谁非借诸神之灵，而维持调护乎。然闻之，乐之民乐者，① 必当忧民之忧；受民之奉者，必当治民之事。兹我坤镇，迩年以来，鳄类枭侵。壬子之秋，连丧吾唐人之三子。或者曰为恶遭殃，三子宜受其咎。然下民之罪，应终于天，终不忍饱于鳄腹。值前月又噬唐人，似喟肆行波浪之间，利锋谁挫；威逼埠市之侧，爪牙孰拒。势必率诸同人，叩祷诸神之前，投以猪羊鹅鸭，而安鳄鱼之灵。鳄鱼有知，其听吾一言：夫海之中，鲸鲷之大，虾蟹之细，无不容归。你鳄鱼各从其类，藏形敛迹，而徙于洋，庶不得与吾人杂处喏土也。如不听从，是目无吾人，且目无诸神也。伏乞诸神，大振威灵，率雄兵，挥猛将，尽起大队大帅，以涸鳄鱼之港，必使种类不留，庶小民有赖，升平有象矣。②

罗太哥战获新港之时，年已五十七矣。次年乙卯，五十八岁而终。胡天之不慭遗一老，而遽终其天年也。罗芳柏太哥开创东万律兰芳公司时，是唐前丁酉年，即是和一千七百七十七年。

罗太哥时，未有公班衙③来理此州府，故一切法度，经其手定，犯重罪者，如命案、叛逆之类，斩首示众；其次如争夺打架之类，责以打藤条、坐脚罟：又其次如口角是非之类，责以红绸大烛。是时本厅举一副头

① 此处当是"乐民之乐者"。
② 事实上，尽管万那南部与 Kapoeas 河的鳄鱼泛滥成灾，现今的东万律河里却很少有这种怪物。当然，可以肯定的是，自从沙埧达地区被强大起来的华人占领后，鳄鱼的数量确实减少了。但并非被我们这位大哥的魔法（伴着华人特有的喧哗的敲锣打鼓、鸣枪放炮）吓跑的，而是由一个勤劳能干的民族的居住点的扩增，以及由此造成的水上运输繁忙而导致的。
③ 即 Compagnie 的音译，指荷兰东印度公司。

人，本埠头亦举一副头人，并尾哥、老太①以帮理公事。其余各处，亦有举副头人、尾哥，老太以分理公事。各副头人有饷务可收，惟尾哥、老太以得举者为荣，无言俸禄之事焉。时人子约有两万余人之间，开金湖者居多，亦有耕种、生理、业艺等项经纪。开金湖者有纳脚仿金②，耕种者有纳鸦息米烟户钱，做生理者出口货物无抽饷一惟入口货物方有抽饷焉。

罗太哥时，由坤甸新埠头③港路上，有万那港口栅④，沙埧达栅，高坪栅，新港有宝恩⑤栅，喃吧哇港上有华帝栅。此数处为东万律咽喉之所。

罗太哥终于唐乙卯年。临终时遗嘱曰：兰芳公司太哥，系嘉应州人氏接任；本厅副头人，系大埔县人氏接任。此两处永为定规。至于各处头人、尾哥、老太，不拘本州各县人氏，俱可择贤而授任。故历代相传，俱遵规例焉。

江戊伯太哥，广东嘉应州人也。初为茅恩兰和营功爷。身体长大，武略超群，能以力雄人。相传所持之刀，重壹拾捌斤。曾一刀而杀断唠子之头十八颗。唠子之畏江戊伯，如张文远之威镇逍遥津。间有唠子夜啼，一呼江戊伯之名，便战栗而不敢啼。以故声名赫奕，四方唠子皆平。为罗太哥同德同心之兄弟，忠勇第一者也。嗣位四年，即回唐山。后阙四伯太哥嗣位时，复由唐山而来东万律焉。

阙四伯太哥，广东嘉应州人也。自嗣位后，远近唠子，起复恣肆，暂次猖獗。幸江戊伯至自唐山，阙四伯曰：老兄回来甚好，方今唠子恣肆，实王家放纵之故，⑥望老兄助一臂之力。江戊伯次日即带兵丁到冒顿黎乌，歇一夜。又次日，到原议树下，依港唇而挂帐幕。适有小舟自上流而下，

① 罗太哥是对罗芳伯的另一种称呼，客家方言中"大"与"太"的发音甚为接近，"大哥"与"太哥"应是同一称呼，"老大"与"老太"也为同一称呼。

② 我们完全不清楚"脚仿金"的意思，这个词可能是由马来字或戴雅克字转化而来，也许就是 mas kerdjang，意即散金块，可做货币使用，但在每次交易中都要称重量。

③ 这个坐落在坤甸对面的相当繁荣的华人村庄，主要居民有勤劳的造船匠、锯木工和木材商。在兰芳公司统治的年代里，它一直是公司版图的一个组成部分，直到1872年，政府为了彻底解决自己的租户与公司租户之间的利益冲突，买下甲太在新埠头的一些经济收益，将它与坤甸首府合并成一个税收区。

④ 1883年，在栅栏内还有一块地盘作为甲必丹的住所，这一部分始终属于兰芳公司所有。

⑤ 可能是马来语的 Koeboe-tengah，处于沙埧达河与东万律河交汇处。三年前，这个村落只剩二三户华人了。

⑥ 实际上，这是十分软弱的西婆罗洲马来君主们一直用以对付华人的策略，因为他们自己没有力量或没有勇气面对那些对手。

叫他登岸，方知唠子。问他欲往何处，唠子畏缩而不敢言。江戊伯大声疾呼，唠子五体投地，魂不附体，良久方应曰：要往喃吧哇。江戊伯曰：你至喃吧哇对喃吧汉①说，限明日喃吧汉要上来会面。倘若不来，即踏平你喃吧哇。

次日，喃吧汉即上来见面。江戊伯叮嘱：方今唠子多事，你王家岂得坐视。倘使仍蹈故辙，惟你王家是问。喃吧汉诺诺连声而退。及后远近唠子，俱不敢放肆。江戊伯又复任八年，唠子更为死心塌地。一连三十余年，安享太平，无唠子滋扰之事者，皆江戊伯之德威足以及人之力也。②

宋插伯太哥，广东嘉应州人也。亦罗太哥同时之兄弟。值承平之世，

---

① 喃吧汉，即马来语 Panambahan，指部落首领。

② 此处可以看到中文作者记录的早期东万律与喃吧哇之间的关系。所以在此没有提 Willer 先生《喃吧哇与坤甸志略》（*Kronijk van Mampawa en Pontianak* 见 *Tijdschrift voor Indische Taal-Land en Volkenkunde*，第 3 期）一书的下列资料。他认为，大约在1784 年，华人 SiApong（正确的拼法是 Afong）请求喃吧哇王允许他在境内开采新金矿。王给了他一笔资金，并指定把东万律地区给他。照此看来，这个说法的后半部分纯属凭空想象，紧接的部分也是："这就是华人村庄的起源，后来的兰芳公司就由此产生。这个公司是由一个三人委员会领导的共和国。"（第 533 页）在兰芳公司已成立七年后的 1784 年，马来编年史作者还提出如此严重的纪年错误，则可想他在其他方面描述的可靠性了。也许我们可以认为这是一种编造，目的无非是为了粉饰一个软弱的君主无力抵抗华人在他境内定居的事实而已。前面提到公司存在一个三人委员会的看法，可能源于下列事实：除了大哥，东万律首府还有一位副头人。此外，根据罗芳伯的临终遗嘱，另外任命一位原籍必须是大埔县的副头人。也许，这两位副头人与大哥一起都住在公司大厅中。上述编年史还谈到东万律人的各种小公司。那些小公司在 1787 年荷兰东印度公司联合坤甸苏丹占领喃吧哇并任命这位 Sjerief Kasim 苏丹的儿子为喃吧哇王时起了作用（第 544 页），对此中文《年册》也毫无记载。所以，我们要么使用不完整的中文史料，要么使用粗枝大叶甚至凭空想象的马来文资料。不过，马来文编年史中有关 1788 年兰芳公司扩张到万那，Kasim 王好不容易抵制了华人侵袭他的内陆的记载，则得到了中文史料的证实。

功名事业罕所表见，惟坐享太平而已。①

刘台二甲太②，广东嘉应州人也。为罗太哥同时兄弟中年最幼者。嗣位后，始有公班衙来理此州府，封刘台二为兰芳公司大总制甲太之职。③后至嘉拉巴④，禀见缎大王⑤，将罗太哥战功起家、勤劳得地、择贤任能、揖让相传之事，陈说一番。又道谢公班衙授职颁爵，敝公司得托并檬，实

_____

① 就是这位甲太，在政府特使 Nahuys 1819 年访问东万律时接待了他。Veth 对此做了详细的记载（第 2 卷，第 46 页）。Nahuys 写道：PanglimaTjap 对他的民众施行了三十多年严厉而公正的统治。但对照中文《年册》，Veth 引用的这条资料显然不对，需要加以改正。在我们看来，宋插伯并不在公司下属的副头人名单中，而那些副头人自 1777 年以来就管理东万律各地。所以，说他统治了三十多年，不可能是就早年的甲必丹身份而言。此外，Nahuys 先生在 1819 年 1 月 16 日的文件中，谈到确认宋插伯的地位，并提到东万律民众对他的尊敬与服从；谈到在同一天批准他交纳五十块金块，换取在万那境内的 Menjoekei 升荷兰国旗的特权，以及同年东万律华人袭击我们在坤甸的堡垒的事。这些在中文《年册》中只字未提。关于 1822 年，政府特使 Tobias 与 DeStuers 中校修建的通往东万律的军事通道，也同样不见记载。而此事被认为导致了宋插伯被罢免，兰芳公司从此越来越多地受到荷印政府的控制（见 Tijdschriftvan N. I.，1853 年第 1 期，第 176 页；更详细的记载见 Veth，第 2 卷，第 116 页等）。《年册》关于兰芳公司与荷兰政府之间的接触及争端的记载几乎是空白的。我相信，为我制作这份副本的已故甲太刘阿生，有意隐瞒了许多文件。也许他认为涉及荷兰人的详情我们已很了解，更可能他认为把那些资料交给我是不明智的。就一个热爱共和式独立的自由民族来说，对我们酷爱收税的当局多半不会有什么恭维话吧。值得注意的是，公司首领的名单表明，直到 1823 年宋插伯去世前他还在位。所以，估计在我们军队离开后，兰芳公司并不理会对他的罢免，民众以沉默的方式继续承认他的地位。它证明了只要没有荷军出现，东万律华人对我们政府也就视而不见，因此他们给宋插伯保留了声誉。

② "甲太"与"甲大"应是同一称呼，为保持资料的原貌，未作改动。

③ 这一点需要加以说明，刘台二是拥有 Kapitcin Demang 头衔的"受尊敬的华人"，是他在 1819 年就极力反对袭击我们在坤甸的堡垒的计划（Veth，第 2 卷，第 116 页）；是他在 1822 年作为使团负责人，在坤甸向 Tobias 先生请求谅解此事；也是他与一个使团到喃吧哇，试图说服政府特使放弃对东万律的军事行动（Veth，第 2 卷，第 119 页）。

④ 即巴达维亚。

⑤ 指荷印殖民地总督。

叨樾荫之意。缎大王喜见颜色，抚慰甚多。及辞行之日，仍奖谕不绝云。①

　　兰芳公司自罗太哥传位至江戊伯、阙四伯、宋插伯，俱称太哥。传至刘台二时，始有公班衙来理此州府，封甲必丹南蟒②，刘台二为兰芳公司甲太大总制。于是本厅副头人、本埠副头人俱请封为甲必丹。③ 后开万那，④ 设公馆，举一甲必丹。而新港、佇喃（Toenang）、沙拉蛮、喃吧哇、八阁亭（Poko Klappa）、淡水港（Soengei Poeroen）、坤甸、新埔头等处，

---

　　① 这次会谈发生在 1824 年初。那年民政长官 Hartmann 安排了一次由这位甲太陪同的到巴达维亚的旅行（Veth，第 2 卷，第 411 页），目的无疑是为了让他得到盛情的款待，以便收买他，也让他一睹我们壮观的首都，感受到荷印当局的威力。从刘台二以后的无可置疑的忠诚看，Hartmann 先生的策略十分有效。在已免职的宋插伯的葬礼期间，东万律甲太位置空缺发生一些混乱，不过警察很快就恢复了治安。

　　② Demang，马来语对首领的尊称。

　　③ 宋插伯免职后，在 Tobias 先生的压力下，他被任命为公司首领，并与东万律首府的其他头人陪伴政府特使到坤甸（Veth，第 2 卷，第 122 页），接受他"兰芳公司甲太"的封号。因为这次机会，荷印当局也确认公馆副头人与东万律埠头副头人的地位，并授予他们甲必丹称号。

　　④ Veth 有关建立这块殖民地的时间是 1831 年（第 2 卷，第 492 页）。此前（即 1823 年，见 Veth，第 1 卷，第 69 页）政府已允许东万律华人开采万那地区的某些金矿。其中，当地华人甲必丹 Aloen 得到了一笔资金开采 Belemian 的金矿。还有一批打唠鹿的华人（大部分属于满和公司），散居在万那北部，因此产生了不少争端。这种情况变得越来越难以控制，万那王只好请求三发副专员将他的土地置于政府的直接管理之下。三发专员即派遣这位副专员——Ritter 先生，作为全权代表率领一支军队到万那，任务是将打唠鹿的华人驱逐出境。不过，在军队到达之前，由于缺粮，打唠鹿华人已撤离当地。矿场重新回到东万律华人手中，条件是：今后凡在万那开采到的金沙，以每两赢利 10～12 荷币的价格卖给荷印当局。这样一来，公司就很容易得到新矿的开采权，甚至只要有相应的担保，那些熟悉的华人还能贷到一笔开矿资金。原来贷款已故甲必丹 Aloen 的钱，被转到甲太名下，用以经营新的矿场。根据我们收藏的兰芳公司甲必丹名单，Aloen 与甲太一样也姓刘。起初，刘台二任命他为喃吧哇甲必丹，并得到我们政府的认可。大约在 1829 年，刘台二改任他为坤甸对面新埠头的甲必丹。最后又转到万那。无疑，在前两处他履行了我们授予他的职责，得到了我方领导的信任，因而申请到了开发 Belentian 金矿的经费。1831 年 Ritter 先生制定的上述措施，几乎被政府特使 Francis 全盘取消，黄金和钻石交易自由开放，此后华人可自行在任何地方开采贵金属，条件是：人数在 75 以下的矿场，每个矿工交纳 6 荷盾税金；超过 75 人的矿场，每人交纳 4 荷盾（Veth，第 2 卷，第 530 页）。

俱设公馆，俱举甲必丹。惟时人子挥钱①归公班衙，至于各马饷务则归公司。②

古六甲太，广东嘉应州人也。自嗣位后，壬寅年即与万那唠子斩杀，耗费公司兵丁钱粮不少，公司元气自此而大伤矣。至于古六甲太接任，唐壬寅年与万那王家斩杀，遂失万那公馆甲必丹之缺，并失新港公馆甲必丹之缺。蒙坤甸缎仕丹令人讲和。③

谢桂芳甲太，广东嘉应州人。也曾进本州武庠，颇有本领。刘台二甲太在日，每期许他，谓将来嗣位者，必此人也。及至辞世之日，在位诸公，有欲举谢桂伯者，亦有不欲举谢桂伯者，遂至举古六伯为甲太。因壬寅年，有事于唠子，国势维艰，乃辞位而回唐山，众方举谢桂伯为甲太，时年老，兼沾风疾，仅八月而辞世焉。论者谓刘台二甲太辞世之后，即举谢桂伯为甲太，当不至与万那唠子有争斗之事。然势时之盛衰，国运之隆替，其中有数存焉，不可得而强也。

叶腾辉甲太，广东嘉应州人也。时在本埠经营生意，自嗣位后，仍居店中，遇有事方至厅中焉。

---

① 人子挥钱，即人头税。

② 此处与 Veth（第 2 卷，第 410 页）的说法不一致。Veth 的记载是：1823 年东万律华人自愿割让鸦片与其他税收权给政府，条件是他们可以得到税收的一半。也就在那一年，一支 12 人的军队进驻东万律首府，按规定收取了 8 000 荷盾的人头税。就如这份《年册》所提到的，刘台二掌权期间的主要事件是 1825 年的骚动，起因由于荷印当局拒绝 125 名华人新客在婆罗洲登陆，他们被转送到爪哇。刘台二曾要求我们加强在东万律的驻军，相反我们却撤走了原有的军队，而他本人也被自己同胞关押了一段时间（Veth，第 2 卷，第 418 页）。接着是同年 5—7 月打唠鹿华人袭击我们喃吧哇的堡垒，东万律华人也积极参与。Veth（第 2 卷，第 412 页）与 1853 年 *Tijdschrift voor N. I.*（第 2 期，第 310 页）对此均有详细记载。然而，就如 Veth 在第 425 页所指出的，公司首领们还是忠于我们政府。次年，新任政府特使 Diard 与一支东万律的竺团进行了谈判，他对上述事件表示谅解，并免除了 1825 年的税收（Veth，第 2 卷，第 437 页；*Tijdschrift van N. I.*，1853 年第 1 期，第 182 页）。1834 年，刘台二陪同坤甸副专员 Ritter 做了一次旅行。这次到 Kapoeas 上游的隆重考察，旨在促进内陆贸易的展开。参见 Veth 的记载：第 2 卷，第 532 页。

③ 我们无从发现有关这场对东万律十分不利的战争的资料。Veth（第 2 卷，第 621 页）写道：1842 年 9 月 17 日，传教士 Thomson 和 Youngblood 到达万那首府牙王城，深为当地华人区的衰败所震动，那里几乎杳无人烟。现在已清楚个中原因，与 Veth 教授的猜测相反，它和大港与拉腊的戴雅克之间的战争没什么关系。无可置疑，我们对东万律与万那之间的纠纷所知甚少。在婆罗洲西部"被忽略阶段"（1827—1846 年），地方官员甚至被上级禁止进入内地，更不可过问公司与马来君主之间的内部事务。

刘乾兴甲太，广东嘉应州人也。谢桂芳甲太、叶腾辉甲太俱未与万那斗杀，及至刘乾兴甲太接任，唐丙午年，复与万那王家斗杀，又耗费公司兵丁钱粮不少。又蒙坤甸缎仕丹，着人和解，故两家罢兵。[①] 自是以后，公司人民渐少，出息渐微矣。秉之两任头人，不处厅内，以故厅事破败，日就倾颓。值丧乱之后，委靡不振者久之。幸举刘生甲太，[②] 方修整总厅，各处关隘之栅，皆重修复，连先锋庙[③]、福德祠[④]以及各神庙，皆焕然一新。论者比之汉之光武焉。

刘生甲太，广东嘉应州人也。初上任时，河水澄清三日，连埠头左右之沟渠，尽皆澈底澄清。盖坤甸各属之水，皆树叶浸渍，而成红赤，一旦澄清，莫非气运使然与。上任之明年，庚戌岁，即上万那，欲与王家修旧好也。不意王家恐惧有异志，以上掩乌为名，推托不见。生甲太等候三月之久，方回东万律焉。生甲太原欲开采万那地方，于是辛亥年复上万那，使人先知会王家，原欲开采地方，非有异志。后来王家方推诚相信，见面后，许诺开采，生甲太遂带五百余人，开采文兰[⑤]等处。当是时，牙王城（Ngabang）并无埠头，只有钟恩寿一家数口居焉。自经开采后，渐次聚处，埠头内山，日复兴旺。后来出金刚石最多，为西面第一富盛之地，此亦公班衙洪福所致也。

初大港未与公班衙战争之日，不讲仁义，全行霸道，骄盈极矣。起兵斩山而行，击破邦戛。邦戛失守，四散逃亡。时滨海一山，有数百人为大港所困，往来不通，粮食不继，将就毙焉。刘生甲太闻之，即遣救出其

---

① Veth 在其书中的记载是，1846 年 Radja Brooke 告知万那王，他属下的戴雅克将同时受到敌对的沙劳越戴雅克与东万律华人的威胁。此外，没有发现其他有关万那与兰芳公司之间这场战争的记载（第 2 卷，第 649 页）。

② 他的前任离职后就回到中国了，不过很快回到东万律首府聊度余生。客家人称呼男子常用"阿"作为前缀，故"刘生"也会用"刘阿生"来称呼。"刘生甲太""生甲太"均指同一人。

③ 不知所供何神。

④ 供奉土地公。

⑤ 在 Tajan 河发源处。直到 1882 年，当地还能见到金矿寮。

民，分给衣食，安插得所。① 及后结连公司亦被大港所破，难民千余，逃至东万律地方。生甲太即命发粥救饥，安插各处，济急扶危之道，生甲太其得之矣。

和一千八百五十年，即唐庚戌岁，鹿邑大港公司叛逆公班衙，生甲太奉缎里思麟②为利③之命，要助公班衙以拒大港。于是今通山筑栅，制铳炮铅码，火药粮食，一切器用，以防堵大港。后来大港诡计百出，反复无常，终不能抵敌公班衙之兵。待至计穷力竭之日，将其鹿邑埠头，一概放火烧尽，④ 约有六七千人，逃至敝公司属下不离居（Prigi）地方，扬言要由万那而往沙拉昼⑤。生甲太闻及此信，即日亲带壮丁六百余人，前往不离居，撤其军器，擒其首逆，送至坤甸，安其良民，送回鹿邑，修复埠头。复上万那，亲与王家讲和，开采土地。又奉瑕里思麟之命，举一人为万那甲必丹。合计六年之久，因打唠鹿滋扰，叠奉公班衙之命，奔走效劳，不敢稍懈。感蒙公班衙推诚相爱，寄以腹心，亦赖通山人子出入相友，守望相助。公班衙谅亦洞鉴焉。惟万那、喃吧哇各王家，则无相顾之心，迄今唠子叠次死唐人，竟置之不理。且互相掩饰，实有故纵之意。如王家正太，严究凶手，何至公司耗费银钱若此。所幸公班衙时深眷顾，故通山得以依赖，不然王家行为若此，公司人子通山不敢居住矣。

和一千八百五十六年，即唐丙辰年，生甲太会同缎厢物⑥恩得里山⑦，过嘉拉巴谒见缎太王，画定公司地界，永为兰芳公司之地，揖让相传，世

---

① 1850 年 7 月，大港将倾向我们一边的三条沟公司赶出昔邦（Sepang）和西宜宜，并攻击邦戛，因为当地聚有许多先前被驱逐的华人。邦戛的陆地边界全被包围，三条沟派了一个使团到坤甸求助，不过，军队到达为时已晚，公馆与工事已在前一天，即 8 月 20 日被攻陷。死里逃生的三条沟民众纷纷往三发河右岸逃窜（见 Van Rees, *Wachia Taykong en Amir*，第 112 页）。从中文史料可以看出，东万律人在这次撤退中起了积极作用，Van Rees 先生上述著作第 147 页也证实了这一点："东万律人对大港的怨恨很大，且有增无减。他们的两艘船接纳了 80 名邦戛的三条沟人，并想在东万律给他们提供一个避难所，但漂到大港的地盘，船员都被残忍地处死了。"
② 即荷兰语 Resident，指荷兰专员。
③ Wille，人名。
④ 1854 年 7 月 25 日。
⑤ 即沙劳越。
⑥ 即荷兰语 Overste，中校。
⑦ 指率军消灭独立的婆罗洲华人公司的 Andresen 中校。

世守之焉。①

喃吧哇与八阁亭

喃吧哇河两岸的华人原属兰芳公司，在喃吧哇首府有一个区长。但在1857年1月4日根据政府决议确定政府与公司的关系后，公司对该河右岸所有华人的管辖权被剥夺了，此后他们直接处于政府的控制之下。

喃吧哇的第一任首领，是罗芳伯在位时任命的"二哥"。不过，当地人却称他为"甲必丹"。那里同时有两位首领，一个是客家人，一个是福佬，两人都有甲必丹头衔。在宋插伯领导时，后来提升为甲太的刘台二担任首领。刘从当地酋长那里获得甲必丹首领的头衔，荷印政府一直用这个头衔称呼他。刘台二在喃吧哇建立了第一个公馆，位于新埔头（Kampong-Baroe）之上或附近，在我们1822年那个堡垒的对面，距酋长的府第约一刻钟的路程。

后来的甲太古六，也曾任喃吧哇与新埔头的甲必丹。与他同时在任的，是由甲太刘台二任命并得到荷兰政府认可的老埔头甲必丹刘阿Loen。当上述1857年的决议生效后，政府开始任命喃吧哇河右岸的华人甲必丹，该公司的甲必丹公馆迁往八阁亭，直到兰芳共和国解体。喃吧哇管理处的甲必丹前后总共有十七位。

淡水港

在宋插伯甲太时期，该地区华人第一次有了首领。坤甸苏丹封他甲必丹称号，并赐给一只金矛。此矛一直保存在当地公馆中，由各首领代代相传。此后还有七位甲必丹在任。除个别外，都来自嘉应州。直到公司解体，此处甲必丹公馆一直保存着。

新埔头

据说当地有个叫郭庚伯的人的祭旗处，平时有人洒扫料理。这位村落的创始者，也就是当地的第一任甲必丹。第二位是刘台二任命的刘阿Loen。直到公司被政府解散，一共有过四位甲必丹。

---

① 有关刘阿生的详情，可参阅 *Bijdragen tot de Taal，Land-en Volkenkunde van N. I.* 第4编，第10期，第34页等所刊载的传记。在上述多次提到的历史文献中，包括了华人公司控制下各县首领的年表。这份年表只是单调无味的人名罗列，因此我们就不照年表原样翻译。不过，其中有许多零散资料，对了解当地华人乡镇历史地理很有意义。在此将它简要归纳，相信能对以后的婆罗洲历史研究者有所帮助。

万那

万那的第一任甲必丹 TsoengA-tshoi 在哪一年被任命并无记载。第二任刘阿 Loen 是由刘台二甲太从新埔头调往万那的。下一任也由刘台二任命，并在板肚（Pientoe）建了一个公馆。此馆在 1842 年那场动乱中被烧毁。因为打唠鹿动乱，刘阿生重新在万那任命了一位甲必丹，转属政府在牙王城任命的甲必丹领导。

新埔（Sepata）

刘台二时期当地设立了甲必丹，在他的后任管理期间，由于 1842 年与戴雅克人的冲突，公司地位有所削弱，万那失陷，这个头衔自然也没有了。宝恩（Poyien）的工事同时付之一炬。

伫喃和孟捷克

后来成为甲太的刘台二曾担任喃吧哇甲必丹，在此管理了一段时间。他居住在伫喃，他的继任者——后一届甲太古六，起先也住在这儿，后来搬到孟捷克的不离居，并在当地建了一个公馆。古六的后任及再下一任甲必丹都住在伫喃，直到后者就职后的第五年（即 1848 年）。最后一位甲必丹任命于 1876 年，一直到公司解散他都住在不离居。甲必丹所在地的变换，可能是伫喃的式微与人口减少造成的。如今在当地只剩下十来户散居的农家了。

需要补充说明的是，公馆两位副头人之一，前后六任均由嘉应州人士担任，正如甲太人选一样。另一位副头人职位，就如读者已知的，按公司创始人的规定，只由来自大埔县的人担任，先后共十人任职。他们原先住在茅恩，后来被罗芳伯召往公司总厅。值得注意的是，Naala、Pakwoeloe、炉末（Loemoe）和沙拉蛮等地，一直有增设一位大埔籍甲必丹的特权，所以，共有四次两位甲必丹并存的局面。

【资料辑存】

明末清初广东人罗芳伯，曾称王于西婆罗洲之坤甸，传至七世始灭于荷。现在坤甸还有罗芳伯之庙宇，留给后人凭吊。[①] 这也可见中国人在是地有长久历史，过去也曾得到该地的统治权。惜乎国力不及，终至被荷人降服，反宾为主，而失去其统治之权了⋯⋯（坤甸）北部低平的蒙脱拉罗（Montrando）地方有金矿发现。

———————————

① 陈耀章：《婆罗洲一瞥》，《侨务月报》1980 年第 2 期。

胡炳熊《南洋华侨殖民伟人传》

戴燕国王吴元盛，广东人，国朝乾隆末流寓婆罗岛中，戴燕国其国近昆甸，由昆甸南河帆船向东南溯洄而上，约七八日至双文社，即戴燕所辖地，又行数日至国都。时国王暴乱，吴元盛因民怨而杀之，国人奉以为主，华夷皆取决焉。元盛死，子幼，妻袭位，谢清高游南洋时，女王犹存。元盛为民复仇，手诛暴主，受国民推戴，而正君位，视彼借强力而夺人国者，顺逆殊轨。以中国士民为海外汤武，而又起自匹夫，谓非旷世人杰也哉。[1]

昆甸国客长罗芳伯

罗广东人，乾隆中经商昆甸，其国在婆罗岛西部，隶荷兰，海口为荷兰所设商市，以荷兰兵驻守。由此买小舟入内港，行五里许，分为南北二河，国王都其中。由此河东北行，约一日至万喇港口，万喇水自东南来会。又行一日至东万喇，其东北数十里，为沙喇蛮，皆华人淘金之所。罗芳伯贸易于此，豪杰，善技击，得众心。时土蛮窃发，商贾不安，芳伯屡率众平之。又鳄鱼为害，芳伯为坛于海旁，陈列牺牲，取韩昌黎文宣读而焚之。鱼遁去，华人敬畏，尊为客长，死而祭之，至今血食不衰。谢清高所记如此，清高去芳伯时未远，又亲历南洋，见闻较真，至可信也。

呜呼，罗芳伯御大灾捍大患，可谓有大功德于民者也。岁时享祀，以留纪念，于崇报之典，固宜。惟韩文驱鳄事，涉迂怪，或借此以震慑土番，亦未可知。然芳伯能利用神权，智略亦绝人矣。

近人著述，或言嘉应州人罗大，乾嘉间与昆甸土蛮战，破之，遂王其国。乃据口碑，疑因罗芳伯事而传讹，抑别有罗大其人耶？以谢氏所记为证，则芳伯固未称王也。要之屡平土寇，使昆甸华侨得安厥居，以补我政府所不逮，实于我中国殖民事业，有莫大之关系，岂以王不王为轻重哉。

昆甸国王陈兰芳，广东人，乾嘉间经商昆甸，才武有大略。是时，昆甸虽属荷兰，但以兵驻守海口商市，而山内地尚辖于土酋。会国中大乱，

---

[1] 据谢清高《海录》，又按近人或以吴元盛为嘉应州人，盖据口碑附识之。

兰芳倡义率众平之。土番及华侨共推为主。军服仪饰，略仿中国。有华人游其地，遇王于途，讶其不类土番，询诸人乃知为陈兰芳云。余曩览某日报，见其载陈兰芳事，今犹记其概于此。按西人所撰万国地理全图集言嘉应州人，往婆罗开矿，穿山开道，自立国家，择其长老者称为公司，限一年二年办国政，又每月统纪传言婆罗为诸岛之至大者，其山内有大湖，广东数万人住此湖之阿纳地方，开金山探金沙，因恐土番之狠，设族党头目，如土酋管治其民。又外国史略言，婆罗岛内地多高山，每年掘金沙者甚众，其中汉人自立长领，不服他国。此皆道光时人之书，并云该岛内地，汉人能自立国。陈兰芳则势力尤大而特著者也。

夫我华侨流寓异域，能组织有秩序之团体，开拓土地，比诸英人克雷飞治印度，夫何让焉。而不免以领土主权俯首属人。今且多被荷兰人迫入彼籍，则以无国力为之后盾也，呜呼，可深慨也。①

【编者考证】

上述材料出自《南洋华侨殖民伟人传》，作者为广东高要人胡炳熊，字绍南，成书时间因作者原序中提到了"宣统元年我政府拟设殖民专部"，可推知成书不能早于1909年，大约是在1909年至1911年之间。华南洋所见本为1928年国立暨南大学南洋文化事业部刊行本，由李长傅先生校读，陈宗山先生校雠并补张杰诸传，遂成现在所见之全书。《每月统纪传》即郭实猎著《东西洋考每月统记传》（*Eastern Western Monthly Magazine*），有时也写作"东西洋考每月统纪传"。

【资料辑存】

1850年，因战乱，三条沟公司留在昔邦"境内华侨也开始疏散到砂捞越来"，人数约在三千以上。

——田汝康1864年

文莱的首府简直就看不到一个华人。1827年，新加坡记事报估计西婆、砂捞越、文莱三地有华人十二万五千人。②

---

① 据近人笔记，宗山按：陈兰芳之名，不见于他书，而本文事实概与梅县余澜馨所著《罗芳伯传》全相符合，余《传》载：芳伯设兰芳公司开采金沙云云。则兰芳或即芳伯之名也。本文中"余曩视某报，见其载陈兰芳事，今犹记其概于此"云云，可知其来历不甚可靠。参阅余著《罗芳伯传》自明。

② 斯宾塞·圣约翰著，张清江译：《远东森林生活》，1862年。

羲皇正胤《南洋华侨史略》

（六）戴燕（Tayan）王吴元盛。王，广东嘉应人也。戴燕在波罗洲之西郑①卡浦亚斯河岸。清乾隆末年（西十八世纪末叶），王征服土番，遂王其地。事迹失考。

（七）坤甸（Pontianak）王罗大。王，广东嘉应人也。坤甸在波罗洲之西部海岸，其都会当卡浦亚斯河口，距戴燕不远。清乾嘉间，王征服土人而王。事实无考。

【编者考证】

《南洋华侨史略》中罗芳伯、吴元盛两段材料，与梁启超先生 1905 年所作的《中国殖民八大伟人传》文字只有几个字的不同，应当出自梁启超先生的书中。羲皇正胤，即易本羲，湖南人，辛亥革命志士，华兴会成员，与黄兴一起参加反清革命。《南洋华侨史略》著于黄帝纪元 4607 年，己酉年，即 1909 年。登载于《民报》第二十五号（1910 年）、二十六号两期。本材料搜自互联网，原文记作"尹小林整理、天地会整理于 2011 - 8 - 22"，略有脱漏，编者据互联网上的《民报》图片版校正文字，改正断句。

---

① 羲皇正胤的《南洋华侨史略》出版于 1909 年，波罗洲，即婆罗洲，"郑"字应为"部"字。

林凤超《坤甸历史》①

题叙

坤甸东万律，罗芳伯发祥地也。罗为广东梅县石扇堡人。名芳柏，其兄兰柏。芳伯为大唐总长后，以兰芳纪年，或取义于此。然芳伯生平轶事，佚无可考，所传者唯文一、赋一、诗一而已。兹为搜编坤甸历史，谨将其诗赋冠之篇首，以当其自传，并借此以概其为人焉。

罗芳伯游金山②赋

盖闻金山之胜地，时怀仰止之私衷。地虽属蛮夷之域，界仍居南海之中。岁值壬辰，节界应钟。登舟自虎门而出，南征之马首是东。携手偕行，亲朋百众；同舟共济，色相皆空。予自忖曰：既从虎门而出，定直达乎龙宫。无何远望长天，觉宇宙之无尽；下临无地，想云路之可通。真如一叶轻飘，飞来万里；好借孤帆迳达，乘此长风。时则从小港而入，舟人曰：金山至矣。但见满江红水，一带长堤。林深树密，渚浅波微。恍惚桃源仙洞，翻疑柳宅山居。两岸迷离，千仞岚光接翠；孤峰挺秀，四围山色齐辉。几树斜阳，一溪秋水。兔魄初升，猿声四起。不闻牧笛樵歌，那有高人逸士。山穷水尽，潺潺之泉酌关心；柳暗花明，喔喔之鸡声盈耳。

若夫地当热带，日气薰蒸。草木曾无春夏，人事自有新旧。黄金地产，宝藏山兴。欲求此中生活，须从苦里经营。虽云人力之当尽，实为造化之生成。至于名物称呼各异，唐番应答攸殊。沙寮依然茅屋，巴历原是金湖。或岩或山，上下设施一体；是担是荷，往来实繁有徒。嗟嗟，早夜披星，满眼之星霜几易；晨昏沐浴，周身之雨汗交流。由郎荡漾于怀中，乍分还合；刮子婆娑于水底，欲去仍留。幸黄金之获益，羡白镪之盈收。

予也材本鸠拙，志切莺迁。耕辛凭舌，砚苦为田。愧乏经商资本，惭

---

① 林凤超关于西婆罗洲的三篇文章均出自罗香林：《西婆罗洲罗某伯等所建共和国考》，香港：中国学社，1961年，第147–160页。

② 金山，即东万律山，因其生金矿故名。

非宿学高贤。假馆他邦，固既虚延岁月；奔驰道左，还期捆载凯旋。俾士作商，不惮萍踪万里；家贫亲老，常怀客路三千。因而水绕白云，时盼望于风晨月夕；倘得堂开画锦，庆优游于化日光天。噫嘻，蛮烟瘴雨，损体劳形，岂无志于定远，又何乐乎少卿。远适他乡，原效陶朱之致富；登高作赋，实怀骚客之怡情。

乃作歌曰：巍巍独立万山巅，云水苍苍自绕旋。如此好山如此水，蹉跎岁月亦潸然。

又遣怀诗一首：

英雄落魄海天来，笑煞庸奴亦壮哉。燕雀安知鸿鹄志，蒲樗怎比栋梁材。

平蛮荡寇经三载，辟土开疆已两回。莫道老夫无好处，唇枪舌剑鼻如雷。

卷上

黄帝纪年四千四百七十有一年丁酉岁　乾隆四十二年：广东梅县石扇罗芳伯，据婆罗洲之坤甸，公举为大唐总长，建元为兰芳元年。

（书法）黄帝纪年者，嘉国族也。恶乎嘉之？以其能效黄帝战胜蚩尤也。书公举者，以未有共和性质也。书建元者，以示脱离满清政府也。华侨革命史，已肇端于芳伯。

（发明）各国据有属地条件，一曰先占，二曰有约。婆罗洲为芳伯先占，又无中国割让条约，是为中华民国之领土，为华民应享之权利，可无疑义。惜当时满清不明交涉之道，又无订立保护条约，以致大好河山，竟沦入他人之手，是可慨矣。今民国成立，又不据先占约例，严重交涉，以收复之。是犹弃地也，其如南洋孔道，海军无驻足之地何！

兰芳十六年壬子　芳伯作文祭鳄鱼。

（发明）文公祭鳄，恶溪永无鳄鱼之患；芳伯祭鳄，坤河仍有鳄鱼之灾者，盖一咸水、一淡水，一在热带，一在温带也。后世惑于神学，不明哲理，往往以此定人格，失之远矣。

附罗芳伯祭鳄鱼文

维年月日，大唐总长罗芳伯，谨以刚鬣柔毛，致祭于山川诸神而告之曰：伏以圣德巍峨，降祥必不降孽：神恩浩荡，容物先备容人。曾以呼风唤雨，锡士庶之恩膏：岂其妖蠹害民，负苍天之爱育。予也来游南国，职掌于斯，出入往来优游，与吾侪庆顺遂之乐，享太平之福者，谁非借诸神

之灵，而维持调护乎。然闻之，乐民之乐者，必当忧民之忧；受民之奉者，必当治民之事。兹我坤镇，迩年以来，鳄类枭侵。壬子之秋，连丧吾唐人之三子。或者曰为恶遭殃，三子宜受其咎。然下民之罪，应终于天，终不忍饱于鳄腹。值前月又噬唐人，肆行波浪之间，利锋谁挫；威逞埠市之侧，爪牙孰拒。势必率诸同人，叩祷诸神之前，投以猪羊鹅鸭，而安鳄鱼之灵。鳄鱼有知，其听吾一言：夫海之中，鲸鲷之大，虾蟹之细，无不容归。尔鳄鱼各从其类，藏形敛迹，而徙于洋，庶不得与吾人杂处崂土也。如不听从，是目无吾人，且目无诸神也。伏乞诸神，大振威灵，率雄兵，挥猛将，尽起大队人师，以涸鳄鱼之港，必使种类不留，庶小民有赖，升平有象矣。尚飨。

按祭鳄鱼文，体裁由韩文脱来。但韩文以国权慑服鳄鱼，斯文则籍神力驱逐鳄鱼，为稍异尔。究之二子之学理，皆非真确，而其文则皆可读也。

兰芳十九年乙卯　乾隆六十年　大唐总长罗芳伯薨。

（书法）书大唐总长，众尊之也。曷为尊之？以其为建立大总制也。使人人能为芳伯，何患移殖之不广？

兰芳二十年丙辰　嘉庆元年　公举江戊伯嗣立。

（纪事）戊伯为人，性情豪爽，勇力过人，初为茅恩兰和营功爷，所持之刀重十八斤，杀有黎（崂子）甚伙，黎孩夜啼，闻戊伯名，即不敢作声，可想其一时声威之盛。

（书法）传位戊伯，遵芳伯遗嘱也。而书公举曷故？以其实行共和传贤，不传子也。后人不知政体，遂谓芳伯无嗣，非是。

（质实）兰和营，芳伯未建年号时所住也。

兰芳二十四年庚申　戊伯回唐，阙四伯摄位。

（纪事）戊伯在位，征服有黎，故传位四伯，使之摄政，退闲养老，回唐省亲。

兰芳二十七年癸亥　黎子反。

（纪事）有黎以戊伯回唐也，相约复反，四伯屡战不利。兵相相从，迄无宁日。

兰芳二十八年甲子　江戊伯由复复位，黎子率服。

（纪事）戊伯回唐，黎子反。至是戊伯来，四伯曰：有黎猖狂，国事非兄莫办，请复位。次日，戊伯师师，次冒顿梨乌，依港而阵，有黎见戊伯来，惧，自是率服。戊伯复位后，相安无事者，三十余年云。

（质实）冒顿梨乌，地名。

兰芳三十六年壬申　嘉庆十七年　夏戊伯薨。

兰芳三十七年癸酉　宋插伯嗣位。

兰芳四十五年辛酉　道光元年　插伯薨。刘台二哥嗣立，往吧城，大辱国体。

（书法）刘台二哥，不书伯而哥者，贬之也。胡为而贬之？后称甲太，故先削其伯称也。而书辱国体者何？身为君而朝吧督，亦特笔而诛之意也。

（质实）吧城，即吧达维亚，荷兰总督所驻地也。

（发明）罗江阙宋，揖让而为大唐总长，约五十余年。此五十年间，有完全统治权，不失为小共和国体。自甲申，荷兰人至，则为其属国矣。推原其帮，皆由刘台二不知国体，将略又非所长，故甘心归附耳。向使能知国际交涉，坤甸虽小，岂不能留存于世界。夫欧洲摩那哥公国，面积仅八方里，人口仅一万五千人，居然入于万国之列。况东万律之地，不啻千百十倍于摩那哥乎。结局如斯，诚为可惜。

卷下

兰芳四十八年甲申　道光四年，荷兰人至坤甸，始设公班衙，封刘台二为兰芳大总制甲太，以坤甸河为界，河西为公班衙地，河东为兰芳地，条约字面，用三色字，声明不相侵犯。

（纪事）吧达维亚总督，召刘台二至吧城，封为兰芳大总制甲太，立三色字合约，画明地界，彼此不相侵犯。然此虽失国体，而主权犹在，乃刘台二误会，竟扯起三色旗，则以属国自待矣。故谣云：插伯企厅大差矣，州府交分台二企。大家兄弟无见识，桅杆扯起三色旗。谣词虽鄙，足证当日情势之坏。三色字者，一汉文、一巫来由文、一荷兰文也。三色旗，即荷兰国旗也。

（书法）改称甲太，则非大唐总长矣。而称甲太，则又降为洋奴矣，耻孰甚焉。惜至今人犹不察，而称为玛腰、甲必丹、老大者，遍南洋州府而皆是，故特笔而贬之也。

（发明）语云：宁为鸡口，无为牛后。刘台二奴性未除，以一国君而受异国疆臣封号，去总长而就甲太，弃主权而为属国，是不知鸡口之可贵，而甘为牛后之诩诩自大也。卒至东万律沦胥于亡，则台二究不能辞其责。

兰芳六十一年丁酉，道光七年，夏，刘台二死。

（书法）不书薨而书死者，死洋奴，非死总长也。即谓芳伯国统，亡

于刘台二之手可也。

兰芳六十二年戊戌　道光十八年　古六伯嗣位。

兰芳六十六年壬寅　道光二十二年，万那黎子反。古六伯回唐。

（纪事）是年，万那黎又开衅大战，饷项不继，败绩。古六伯不利于众口，解职回唐。

兰芳六十七年癸卯　春，谢桂芳嗣立。冬，桂芳卒。

（纪事）桂芳，梅县武庠，颇有才具，台二常称其能，有介绍嗣位意。及台二卒，人举古六，不举桂芳。至古六解职时，桂芳年老多病，嗣位仅八月而亡。人咸谓台二谢世，即举桂芳，尚不至败于万那黎云。

兰芳六十八年甲辰　道光二十四年　叶腾辉嗣立。

（纪事）时腾辉在本埠经营商业，嗣立后，仍居店中，厅事置之度外。

兰芳七十年丙午　刘鼎嗣立，复与万那黎子战，大败。改兰芳为乾兴元年。

（纪事）盖自腾辉不住厅，刘映效之，故厅所破败，人心涣散。是年，卒为万那黎子所败。刘鼎名乾兴，以传位及己，故改乾兴元年。

（书法）自兰芳纪元七十年，至是改为乾兴元年，虽然改之，而唐人惟知有兰芳而已矣。

兰芳七十有一年丁未　道光二十七年　西历一千八百四十七年　荷兰人以刘生为甲太，而刘鼎往邦戞，劫其三色字据而亡。

（书法）兰芳之年号改矣，胡为乎仍书兰芳也？盖荷兰人心目中至今犹惧兰芳，唐人之心理，至今犹念兰芳，故特书之，留为后日交涉地也。

兰芳七十有四年庚戌　道光三十年　西历一千八百五十年　鹿邑大港公司与荷人战，大捷，克复邦戞。

（纪事）先是，邦戞与坤甸，同为荷人所夺，至是大港同胞，与荷人战，大捷，克复邦戞。

（书法）书克复者何？嘉侨民之勇也。虽不久复失，亦必大书特书而予之也。

兰芳七十有五年辛亥　咸丰元年　与万那黎子修好，采文兰金刚石。

（纪事）先是，刘生欲与万那黎子修好，万那酋长不肯与会，至是先通款言，始许之。刘生率五百余人，开采文兰等处金矿。当日牙王城无人侨寓，自开采后，始成商埠。文兰出金刚石诸矿，甚富。

兰芳七十有六年壬子　刘生率兵，助荷人拒大港同胞，擒其首，以献公班衙。

（纪事）大港同胞，与荷人战，干戈相见者六年。孤立无助，卒为所败。荷人将其鹿邑埠烧灭尽净，逃难之民数千，逃至东万律属不离居地。欲由万那往沙拉画。刘生率师拒战，擒其首，以献公班衙，及大港平，荷兵即移向东万律矣。噫，初则助荷人灭同胞，继则转以自灭，蠢尔刘生，何不思之甚乎？

（书法）书拒同胞，罪之也。何为而罪之？曰：同是华侨，则宜守望相助，即不相助，亦不可同类相残。今刘生不知中计，反借此邀功，斯诚华侨罪人也。

（发明）传闻刘生嗣立，河水澄清，今观其事迹，唯以残杀同胞为事，又立约割地与荷人。之二者，对于同胞则为汉奸，对于芳伯则为贼子。如斯人者，乃欲窃圣出河清以自况，多见其不自量也。或曰：此说乃其婿叶汀凡谬托，非有其事也。

兰芳八十年丙辰　咸丰六年　西历一千八百五十六年　刘生同荷兰官阿物恩得里山，往见吧督，立约割地，仅留兰芳厅所地界。

（纪事）荷人既劫得三色字，谓刘生曰：河东地当属荷国。刘生谓有约，荷人谓约文安在，可照约勘验，刘生不能对，荷人乘机又以金银物饵之，乃与立约割地，仅留兰芳厅所地界。所得之银，悉归私囊。又其子与婿，不识刘生与荷人有密约，各争长其地，趋奉荷兰。故荷人知其中虚实，而出吞并之手段焉。

兰芳九十七年己亥　光绪元年　西历一千八百七十三年　刘生退位，计立其子亮官。

兰芳一百零二年庚辰　光绪六年　西历一千八百七十八年　春，亮官死，刘生复位。

（纪事）其弟恩官，不得嗣者，刘生约中有云，终刘生一世，仍有东万律管理地权，故也。恩官字碧莪，现在日里。其姐在棉兰，即张榕轩妻。

（书法）书计立其子者何？盖阳则为专制，阴则知与荷人立有密约，恐难以服人，欲多传一代，以挎人耳目也。噫，狡矣。

（发明）已欲退，则立子，子既死，则复任，而当时之人，一任刘生左右之，无一敢出而抗议者，则刘生之权术可知矣。虽然，东万律之众，放弃责任，亦有所不能辞其咎焉。

（总评）罗、江、阙、宋，艰难缔造之国，相传仅及五十年，未几一败于刘台二，再败于刘乾兴，及刘生，则国即与之俱灭焉。何东万律之不幸而出此三刘也。今坤甸立芳伯副厅，留为纪念，而无知之辈，犹立刘氏以陪之，芳伯有知，当亦不瞑矣。

　　兰芳一百零八年甲申　光绪十年　西历一千八百八十四年　秋，八月，刘生死于坤甸，荷人乘送丧之隙，据东万律，汉义士梁路义，帅师与战，不利。坚持数年，为汉奸所败。路义遁，东万律遂亡。

　　（纪事）是年八月初旬，刘生至坤甸，沾疾数日而卒。荷人乘扶柩返东，出其不备，遂据东万律，迫刘氏家人交出印信。滚动人心，遂战，杀荷人无数。时有梁路义者，率众与敌人战，连年败之。后多汉奸，军火不继，路义知大势已去，众寡不知识，遂逃至吉隆坡。自路义去后，无人敢抗，而东万律遂为荷人并吞矣。

　　（书法）大书特书汉义士梁路义帅师者何？嘉其忠也。能如是，虽败犹荣也。然则何以不书败于荷兰，而书为汉奸所败？曰：灭东万律者荷兰，而所以致灭者则汉奸也。盖疾汉奸之甚特，秉笔以诛之也。汉奸者谁？郑正官、叶汀凡、吴桂三、郭亚威、余康、黄福元、陈和二、罗撒庭、林弼唐等，是也。

　　（发明）东万律所以致亡者，由于不明国际交涉。初，刘台二至吧城，荷人以王礼厚待之，刘徒跣履地，不敢践其绒毡。及受封以还，则以属国之礼待之矣。自是以后，每况愈下，至刘生益不可收拾矣、盖刘生贪黩性成，挥霍任意，密与荷人约，犹粉饰以欺人，竟至割地与荷人，曾无一人知之者。及其身死，荷人践约，人始知之，然已无及矣。今惟有瞩望祖国当局，留意护侨政策，援先占之条例，未经祖国画押之大条件，提出交涉，庶东万律之地，或得原璧归还也。

　　（总评）东万律百有八年之历史，前五十年为独立时期，后五十年为半属时期，惟因当时人才缺乏，故条教制度典章，均不详不备，而卒被并吞于荷兰，惜哉。虽然，天下事不难于克复，最可恐者，有无人知之尔，苟有人知之，俟祖国富强后，仍可提出交涉也。

　　【资料辑存】
　　大约在 1775—1780 年，罗太伯率领一批华人前往东万律，对当地进行了开垦，使之得到迅速发展，他们发现福佬在沙拉蛮建立了一个据点，把他们赶走了。①

---

　　① 《荷印矿业年鉴》，1881 年。这里显然说得不对，但高延书曾引用过该书第 268 页。

林凤超补述《坤甸地方官制考》^①

东万律大厅：大厅之制，或称王都，大唐总长居焉。沙拉蛮省：即副总长驻节地，大唐总长去位未举定以前，即以副总长摄行政事。茅恩府：即玛腰甲太所驻地。昆日县：即甲必丹所驻地。

按当日省府县制，不仅此数，然至今尚可考者，唯此而已。游历其地，父老犹能称道不置云。

兰芳裁判厅五所：（一）万那（二）万诸居（三）淡水港（四）八角亭（五）新埠头。

按兰芳大厅旁，有关帝庙一所，亦当日京都总裁判厅也。今为荷人所灭，仅存基址而已。其地形，俗称五卒渡河。万那以下五所，栋宇犹存，幸未灭迹。今或改为学校，或改为神坛，亦坤甸华侨保存故物之苦心，以掩人一时之耳目也。不然，亦俱为铜驼荆棘矣。

大唐总长：按兰芳国体，为民主共和制，但百年前未知美法先例，故人多未言之耳。当时芳伯对内则称总长，又称大伯，对外则称为王，或称坤甸大王。

副总长：按副总长，或称参谋军师。当失东万律时，有李玉昌者，曾为参谋，败后，逃至吉隆坡，营商致富。现其人尚在，年已七十余矣。常对人言，坤甸不复，玉昌誓不归中原。如祖国政府欲知其详，此人尚可罗致而咨询也。

玛腰、甲必丹：或称甲太，此皆巫来由人尊头人之称。兰芳仍其俗以命官，亦使以别尊卑之意也。

老大：又称尾哥，即中国现在之区长，一区各设一员，以稽查征收、出入人口也。

服制：按当日上级官厅，未有服制，既不用古时衣冠，亦不袭满清顶戴，惟穿长袍马褂，或穿洋装，以出治临民焉。至其差勇，则仍中华绿营

① 出自罗香林：《西婆洲罗芳伯等所建共和国考》，香港：中国学社，1961 年，第 147－160 页。

号褂之旧制。

国旗：按当日国旗，则用长方形，纯用黄色者。总长则用三角黄旗，中书一帅字。其余各色旗中，则书各官之姓。

林凤超编述《坤甸历史杂录》①

初万帝隆关都力（荷官），用汉奸林弼唐（后升玛腰）言，侦得虚实，知东万律全无战备，故率队深入。不意被唐人小子戴月兰、邱耀郎、赖有传三人游猎，开鸟枪击毙。闻当日荷兵，见有无数人马，不敢恋战，相惊而遁，仅击毙关都力一人，时甲申九月初五日事也。现坤甸商会侧之纪念塔，即万帝隆关都力藏骨之所，其名未解，有碑记可考。

荷官缎思遴名加挞者（缎思遴在坤甸为最高级之官，比中国镇守使兼道尹之职），于甲申八月中旬，送刘生枢至东万律，不许停枢大厅，迫移入关帝庙，而大厅国务院竟被荷人驻兵矣。尔时将厅前桅杆锯断，国旗扯碎，又迫刘氏交出印信，不得再行公举总长。至九月初四日，激成战事。战至丙戌，路义不敌，乃亡。闻加挞激变后，吧督恐中国交涉，即革加挞官，以慰坤甸华侨要求，民情始服。及后，见中国置若罔闻，不加保护，始将兰芳地域，割归巫来由版图。至民国元年，共和建成，荷人预防后患，又从巫来由干手，并其版图而吞灭之，此亦荷人之巧于用思矣。

查坤甸证据，多存刘恩官家。恩官字碧我，现在日里。如田赋册、审案卷宗，多人曾见之者。至其父刘生与荷人所立之约，以意度之，亦当在其手内。恩官为传位之人，其时年已及冠，事无不知之也。政府如欲交涉，克复故土，可从恩官处调查证据。又可召李玉昌，询问情由，不患无交涉胜算之左券矣。

余至坤甸，谒副厅，闻长老言，低徊留之者，久矣。及见牌位，有刘氏、邓氏、林氏，而江、阙、宋三人无之，不禁咨嗟太息。寻厥原因，皆由刘、邓、林三人曾为甲必丹，势力足以压制华侨也。乃作对文以见意。联曰：

故粤老夫臣，耻作满奴，避地尚称唐总长；兰芳统制區，羞陈博物，赧颜怕说申包胥。

---

① 出自罗香林：《西婆罗洲罗芳伯等所建共和国考》，香港：中国学社，1961年，第147－160页。

黎洪亮《纪喃吧哇》[1]

我国自明以来，国民勤远略，拓商图，海南诸岛踪迹相错，初觅殖民地于马来西亚群岛，喃吧哇其一也。初万历间林道干者率数百之众，入婆罗洲，占双工沙罗越等处，时船舶罕通，与中原文化隔绝，故记述不足称。及三保南游，夏威渐著，殖民事业日有进步，汉族之来者踵相接。徒以祖国庸孱，政成专制，清德不良，侨众无怙，致数百年后，故步依然。虽有一二杰之雄如罗芳伯者，亦以势孤力弱，不终厥功。比年以来，民气振奋，豪俊内渡，遂光神州。瞻焉南望，佳气勃然，今而后之，南洋群岛庶几渐渐渐前耻，日光厥业乎。

（一）地位

喃吧哇，婆罗洲荷属之一埠也。处赤道上，位于岛之极西。地成三角形，锐端当其东，南邻坤甸，北接山口洋。东入腹地，曰万口兄垓，曰烂唠。西南面海，地势低平。东北多山，息力山脉之分支也。东西最广处，有七十五英里，南北长四十英里。地积一千五百余英里。有喃吧河，发源于东北山麓，西南流入海。河之北岸曰百武院、曰打唠牙。河之南曰松柏港、淡水港、勿哩哩。属内之著区也。喃地广人稀，故来者多农牧。马来人性惰，居椰林中，房至简陋，生计极低。而土人唠子，居山中者种渐澌灭，几不能保。海港通航之处，商人聚处，地以椰为大宗，故商务之盛衰，即视此项出口之多寡，以为比。然惟华人独握商权，异色人则无有也。

喃东北负山，西南面海，与新加坡遥遥相望。地势多低降，故冬至前后，潮汐泛涨，俨如泽国，因之土质腴沃。且港汉纷歧，河流四达，南至坤甸，北达山口洋，海岸多曲折。华人近设轮船公司，以通航运，往来颇便。唯地居赤道中，天气炎热。然有海风调剂之力，亦觉平和。其为吾族天然殖民地也宜焉。

---

① 黎洪亮：《纪喃吧哇》，《华侨杂志》1912 年第 1 期，第 82 – 93 页。

（二）华人之居

是埠也约八千人。业农者十居七八，而商居者其二三。地拘一隅，俗颇闭塞，故学者尤寥寥焉。比赖能人提倡，乃设书报社及小学校数所，祖国文学遂渐萌芽，以比清时，粲然可观矣。

居是地者种族不一，风俗亦殊。唠子、马来无论。即华人又有客、福之别。客人性机警，嗜新奇，多务农工。福人则强敢坚忍耐劳，实握商权。顾华人多染马来之俗，食槟榔、佩纱囊，汉代文物，泯然尽矣。且以言语庞杂，感情殊隔，操客语者最多，通马来语者次之，潮语者又次之。马来言语，本为南洋交通之普通话，故凡南来营商者，类能言之。然马来语只可用之商场，入交际社会则（言各）能谐矣。近者新学渐昌，学校继立，颇知统一语言以为合群保种之方，故教科上特注重于国语，前途殊可喜也。

（三）华荷势力之消长

殖民之业，前进后继，必有成功之一日。我华人之居喃吧哇者，莫不崇拜罗芳伯，比之开辟美洲之哥伦布。呜呼，亦人杰哉。罗芳伯，广东嘉应人，性刚毅，抱大志，飘泊至此。以权术结交土酋，卒据其地而有之。凡政治、学术，一袭前清，保其业百数十年，亦一世之雄也。其后荷人至此，遂用阴柔手段，以笼络土人。彼以籍祖国立宪政体之庇荫，与我对峙。善恶相形，舍此附彼，荷人竟攘而夺之。芳伯一生盛业，竟蹶于此，此光绪十年间事也。自荷人攘据之后，官制、军政悉归掌握，对我华人初颇示优待之意，画地为区，区大十数英里，以华人治之。袭用罗芳伯所定之制，曰甲必丹，曰老太①，曰甲长，无非笼络华人之术，犹满清以汉人治汉人之意也。自是以后，华人之势力日就衰微，且备遭荷人残暴。迄今过东万律，一览故墟，能不为之唏嘘叹息也哉。荷人既据此地，渐施苛政，人有人税，地有地税，以至器具杂物，莫不有税。而出入口货物，其税尤苛。以视中国之值百抽五者，不可以道里计。每有税浮原价而苛征之。民膏民脂，吸噬殆尽，我族生计，尚可问乎。

（四）政略

喃吧哇为坤甸府所辖，本埠关都力设于喃河南岸，距商埠约三英里，行政司法皆归掌管。若土酋则有喃吧汉一人、邦车兰二人，专理土人事务

---

① "老太"，是客家话中对"老大"的变音说法。"甲大""甲太"等用法一致。

而事事束缚，殆有犬马之不如者。驻兵甚少，仅有步卒三十而平时但以巡警防卫。然亦只巡警二人、巡丁十八人而已。盖土人既无反抗之力，而华人亦受治于苛暴之法律也。

余澜馨《罗芳伯传》^①

君姓罗，芳伯其名，又号太伯（即位后所上尊号，盖罗君不称王，其自用印镌文曰大唐客长），广东梅县人也。生性豪迈，任侠好义，喜结纳，尝与里中诸少年游，众咸唯唯听命，以其有远到才。自能折服众心也。当乾隆初叶，四方无事，宫闱日事征歌选舞，而间阎之疾苦，绝不过问。故斯时之工商实业，毫无发展，社会之生活困难，实百倍于今日，君以四民不事之身，安能插足其间，一日闻人谈郑成功据台湾事，即攘臂而起曰：大丈夫当如是，安能日处淫威之下，踡促如辕下驹哉？里人壮其言，咸器重之，爰某年秋，偕二三同志，由梅走岐岭，经老隆顺流从东江而下，抵羊石，由虎门放洋南渡。直抵南婆罗岛，斯时荷人未至，坤甸尚未成埠，君由三发登陆，君一至其地，但见长林丰草，广袤无垠，土人构木为巢，猎山禽野兽而食，乃叹曰，此腴壤千里，所谓天府之雄国，其即此乎。于是纠合同志，秘密结社，占领东万律之意，即于此时基之矣。维时有一部分华人，先散处于吻黎里米仓下松柏港一带（俱坤甸属地），君欲引为同志，以厚势力，殊若辈性桀黠，暴戾恣睢，日以凌虐同种为事。君乃阴结苏丹（土人酉长），以威吓之。若辈稍震惧，越年土人谋叛，苏丹筹备军实，遣君征之，君用明修栈道，暗渡陈仓之计，果大捷，是役也，土人死伤甚众，苏丹得报大喜，乃置酒作乐为君寿，席间掀须而言曰，君有大勋劳于我族，愿约为兄弟，世世子孙，无相侵犯。君曰唯唯，自是出入王宫，言必听，计必从，宠遇无匹矣。初君部下有一猛将姓吴名元盛，亦梅县籍，君以同乡关系，又复骁勇异常，故出入必偕，倚之如左右手。大院者居卡浦斯河下游，该处土酉，时有侮蔑华人之举，君遣吴征之。吴效专诸故事，计果售，于是上侯存笃之地皆降焉。斯时隶君部下者，约三四万众，益以土人二十余万，东征西讨，所向披靡，苏丹知势不敌，难以驾驭，由是裂土而分治之。计所统辖者，东界万劳，西界卡浦斯河，南界大院、上侯、双沟月、北界劳劳山口洋、邦戛，纵横数千里，成一独立国。

---

① 依据梅县管又新、罗四维在民间收集的手钞本写成。

君既得此辽阔之版图，乃相其地点，以东万律可耕可牧，可工或商之地，即以是为首都焉。由是编官制，定法律，修军备，兴实业，谋教育，官制曰甲大，曰甲必丹，曰正副书记，曰尾哥，曰老大，虽有等差，悉由民选，以革专制之弊。法律，则抢掠奸淫者杀无赦，稍轻则施以体罚，或游街以示辱。至应兴应革事宜，则经众会议通过，然后施行。以除独裁之弊。军备则设厂鼓铸大炮多尊，（大炮今犹有存者），令人民各习拳棒，平时则各安其业，有事则入伍为兵，此实行寓兵于工之意。实业，则设兰芳公司以开采金沙，并振兴林业（华人初至，悉在该处开采金矿，年纳苏丹金沙五十两，君建都后，彼辈以不同志故，即相率遁入山谷，查产金之地，不特东万律，若双沟月、大喃俱有，惟产额无多耳）。教育则延聘国内名宿，授徒讲学（当时多崇拜孔教，如妇人夫死不许再醮，令土人练习客语，是即孔子徒一而终，用夏变夷之义）。若坤甸，及新埠头，则设副厅，其余若喃吧哇、松柏港、淡水港、万劳、打劳鹿、山口洋、邦戞及沿卡浦斯河之双沟月一带，皆设县治，部署既定，规划井然。耕让畔，行让路，无殊唐虞之治焉。君殁于乾隆五十八年（西历1793年），时年五十八。易箦时，众询以继统之事，君曰：吾侪飘泊海外，得有今日者，皆众兄弟之力，吾安敢以土地自私，无已，其法尧舜禅让之制焉可。问何人，曰戊伯贤，可继斯任。于是即禅位与戊伯，戊伯者，姓江氏，亦一伟丈夫，八十斤钢刀，能双手举作旋风舞，征万诸居土番时，一夕曾歼十六人，其勇盖可想见。惟江当国之日，大难已经削平，虽有武力，亦无用，所谓放牛牧马，偃武修文时也。江殁后旋让位于阙泗伯，阙后让位于宋插伯，之三人者，可称善继善承，金瓯无缺。自后则荷人势力，逐渐侵入，国无宁日是矣。若刘，若古，若谢，若叶，皆受外人士爵，国权丧失，徒拥虚名而已，当刘死时（即清光绪十年西历1884年），荷人藉送丧为名，派兵至其地，毁拆君所建之政厅，梁路义率众力拒，斩荷将阿成坚，荷师败绩，不稍退，用贿土酋，使其内扰，不得逞，又贿汉奸，引道来袭，以强弱悬殊，卒不当，当时若政厅则被毁，改作武庙，并掠去牌板、旗帜等物，陈之巴达维亚博物院中，版板镌文曰兰芳大总制，旗多作三角式（今尚存该院，吾人经由其地，皆得见之）。计自君得国以来（乾隆四十三年）历年百有余载，传世八人（或作十人，待考），至是而亡。[1]

编者曰：南婆罗一荒芜不治之区，罗君以一匹夫，单刀匹马，冒万难，历万险，叱咤一呼，奄有数万里之河山，方之哥仑布氏之辟新大陆，

[1] 梅县余澜馨撰，摘自林博爱等编：《南洋名人集传》，1922年。

何多让焉。惜当时无国力为后盾，致得而复失，惜哉。又闻当罗君至坤甸后，鳄鱼大为民害，亦最为土人所惧。一日罗君召集土酋，手录韩文公祭鳄文，焚于海滨，群鳄悉浮于海，土酋由是惊服，昌黎以文驱潮之鳄，罗君复用以驱坤之鳄，是韩与罗之精诚，均足以感物矣。易曰：信及豚鱼，不其信钦。里人陈孝廉鹤云，有万律怀古七律一篇，附载于此：莽莽乾坤特地开，南天半壁老雄才。鼓旗艳羡长酋会，冠带欢谈上国来。古戍斜阳人放牧，荒祠明月树移栽。迄今未改青山色，无复排衙列将台。林茂才苍石有古风一篇，惜篇太长，不及备载。

【资料辑存】

早在18世纪初年华侨便在东加里曼丹一带开采钻石，其艰苦奋斗的精神也可以和西加里曼丹华侨公司的情形相比美。①

纪山口洋

位置

山口洋位于婆罗洲之西岸，东南界坤甸，西北界邦戛，正西为大海，以口洋为总埠。左为汶肚泥埠，右为石角、盐厅、阿塔港、大完肚、再下、红沙港、百无烟各埠。沿大路东入为骨律、丁加限埠。至此分支左行为木官、乌洛、昔邦、卢末、二罗埠。从丁加限右行为百万突，再分左右二支，左行为白芒头、四下、高桥、唠唠、哇里、麻云。右行为打唠鹿、夹巴蟀。

华侨

口洋隶属三十余埠，华侨约二万人，兹将各埠人数分列如左：

口洋埠本约五千人，骨律约三百人，汶肚泥约一千人，木官约二百人，丁加限约二百人，乌洛三百人，昔邦约二百人，卢末三百人，二罗约二百人，百万突二百人，白芒头二百人，四下二百人，高桥二百人，唠唠一千五百人，哇里八百，麻云四百人，打唠鹿二千人，夹巴蟀三百人，路下横三百人，石角三百人，盐厅三百人，阿答港四百人，大完肚一千人，再下三百人，红沙港四百人，百无烟三百人。

侨况

口洋属埠华侨十分之六以种植为业，十分之四在埠经商，土生者居十七八，以福建之漳泉二州、广东之海丰陆丰人为最多。十年以前，三点会

---

① 波克：《东南婆罗洲旅行记》，1887年。田汝康曾在其著作中加以引用。

盛行，埠人无不入会。会中又分几派，每因小故相残，近因荷人苛政，侨民逐渐开通，此风乃大辑。

该处华侨素称野陋，十之七八不识文字，通常交际，礼貌蔑如。尊卑无度。男女混杂，家无浴堂者，一遇夕阳西下，则群浴于河，男女不别。性情则勇朴爽直，崇尚实事。近为荷政所压刺，民风丕变。为国事慷慨以助者如云斯兴。较前专事垦殖茕茕无闻者远矣。

侨业

山口洋属工商业全为华人占有。各埠商店皆华人所设。此外相距二三里，即有华人小贩店一二间，在埠者以他埠载办之熟货输入内地，内地则以生货输出埠中，再运出口外。侨民商业大者必兼种植，种植大者亦兼贸易。除工商业外更有专卖之物，如鸦片、猪肉、酒、赌四种。鸦片近年收回官卖，猪肉、酒、赌三种，每三年开缚一次。欲承充者届期至坤甸总玛投票，价多者得。总玛亦三年一次至荷官处承充（本届总玛承定每月缴纳缚费三万六千盾，口洋缴纳总玛二千余盾。近因赌客稀少，各码所入不足承充之费。联恳荷督核减。现准减少五分之二）。

团体

口洋属埠，本由华人开辟，历百余年乃为荷人占尽。初开辟时，华人数十人或数百人，各立公司，开矿为业。最大之公司有七，小者十数。每公司必有积蓄，以为公费。今虽屈于荷政之下，而从前积蓄尚存，或称关帝会，或称伯公会，名目不一。每年借名神诞设席清算，轮值管理，无埠无之。小者积蓄数百盾，大者数千盾。倘遇公事，则酌议取用。此所谓无形之团体。近书报社人有提议移此公费为办学之用，将来必能实行。①

《万律怀古》②

陈鹤云

莽莽乾坤特地开，南天半壁老雄才。

鼓旗艳美长酋会，冠带欢谈上国来。

古戍斜阳人放牧，荒祠明月树移栽。

迄今未改青山色，无复排衙列将台。

---

① 陈鹤云：《万律怀古》，《华侨杂志》1913 年第 2 期，第 71—72 页。

② 出自 1922 年林博爱编《南洋名人集传·罗芳伯君》后附之按语。具体写作时间不能考正，姑系于编书之年。陈鹤云：梅县人，举人。

钟佐衡《西婆罗洲之现状》

　　自坤甸乘汽车向沿海而行，经松柏港而达喃吧哇，再进为至山口洋、邦戛，其终点则为三发坡。沿途尚多小商埠，营业颇盛。轮船则每星期由吧达维亚开行两艘至坤甸，转往山口洋、邦戛及三发坡等处，星加坡船则每星期二次，内港轮船往来颇多，在抵为载运土产，乘客为数不多。

　　……

　　清乾隆间，有华侨罗芳伯者，始至其地，与土酋相友善，其时境内鳄鱼为患，伤害人畜，极形猖獗，芳伯效韩昌黎法，为文祭鳄，平息鳄患。土酋感其德，遂结为兄弟，土人敬如天人，土酋殁，土人尊芳伯为王。芳伯悉用中国君王制度，开疆拓土，统辖全境，并遣使赍地图回国，请清帝册封，清帝目为化外，不屑受理。迨芳伯殁，其党徒因袭王位，相传一十四世，逾八十余年，土人敬服如初。同时有吴元盛者，占据大院，华人势力益形膨胀。数十年前，荷人垂涎境内之宝藏，乃用其帝国主义者之惯技，喧宾夺主，强占全境而有之。华人因无政府之后援，遂拱手而将领土权让诸荷人，荷人自占得沃野千里肥饶之地后，因恐华人夺回故地，故防范华人之政治运动，较其他各地为严密。现所遗留之史迹，在东万律尚有芳伯署（芳伯得西婆罗洲后，不都坤甸，而都东万律，此乃被荷人强占之一大原因也）及芳伯墓，坤甸则有芳伯副厅，即今之中华学校地址，华侨春秋祭祀，以垂悠久纪念焉。

　　……土番深藏山谷，人口之多寡无从考核，据 1925 年邮局统计，（西婆）全境人口约六十二万二千三百人，内中华侨约十七万人，占全境人口之最多数。……年来政府欲开辟西婆罗洲之宝藏，采用移民政策，将爪哇过剩之人口，移殖于西婆罗洲方面，专事垦荒种植之工作，行见吾侨之农作事业，将渐归失败矣。所可恃者，吾侨之坚忍耐劳，经验丰富，决非蠢如鹿豕者之爪哇人所能望其项背，此则堪以自豪，以为有恃而无恐也。[1]

---

① 　钟佐衡：《西婆罗洲之现状》，《新亚细亚》，1931 年，第 62 – 76 页。

罗公史略

罗公芳柏，广东省梅县石扇堡人。壬午岁诞生①，即西历一千七百三十八年。壬寅岁②，即西历一千七百五十八年，自中国南来婆罗洲之东万律。其时边陲不宁，蛮夷凶悍。芳柏率征，越十载，八荒宾服，四夷来王。定鼎东万律，创建兰芳公司基业。在位十九年，乙卯岁即西历一千七百九十五年，罗公逝世。享寿五十八岁。继位者为江戊伯、阙四伯、宋插伯，历三传，时和年丰，称盛世焉。其后政务日非，嗣任刘台二受职甲太，历五易，以迄刘星③，于甲申之役而终。计传十世，为时一百有八载也。

李开亮、贺云辉、房荣堂同谨志。④

中华民国二十八年冬月东万律全体华侨公建

---

① 此文刻于罗芳伯墓碑之上，从罗香林先生《西婆罗洲罗芳伯等所建共和国考》中抄出。原注：按当为戊午。罗先生书中未有上文标示立碑年代的最后一行，编者查考了互联网上今人拍摄的照片，补上了该条。

② 原注：按此年为戊寅。

③ 原注：按诸书多作刘生。

④ 立碑之年、撰文之人皆不可考。

谢贞盘《西婆罗洲大唐总长罗公芳伯纪念碑记》

婆罗洲古称婆利①，在中国南海以南，种曰泰雅克②。梁天监间，其王憍陈如者③，数遣使来朝贡。宋时，更曰浡泥④。明万历间，有林道干者，率众至，浡泥王赘以女，而继其位，惟事不著。至清中叶，罗芳伯王其地，迹乃炳焉。芳伯故嘉应石扇堡人也。本名芳柏，以齿⑤尊，易伯称之。具干略，有远志。既被褐⑥日久，遂结伴泛海，抵洲之东万律。其地产金，国人至者，以采金为业。公既与诸人相习，众稔⑦公义，咸乐就部勒⑧。会浡泥构乱，其王不能定，公与所部吴元盛⑨为击定之。王德⑩公，与约为兄弟。公续为略定兰腊、万诸居、斯芳坪各地。时公已有众三万余，而慕义归附之土人，又二十余万。王知权运已移，遂降身听约束。公

---

① 查史书多记婆罗洲古称婆利，近年有学者认为婆利应为"bali 峇厘"，即今印度尼西亚巴厘岛。

② 泰雅克族，也译作达雅族。马来语 Dayak lai lai，华侨称嚟［lai5］子。

③ 憍（jiāo）陈如，古史书记载为扶南国王，南北朝梁武帝天监二年（503）曾遣使来朝。但据当代学者考证，扶南国在今柬埔寨和老挝一带，并非在婆罗洲。

④ 浡泥，马来语 Borneo，史书称婆罗洲。下文所称浡泥国及林道干事，则是发生在暹罗之 Patani，明史误作浡泥，今译北大年，在泰国最南部。林道干，明嘉靖末澄海县人，曾组织数百人的武装海上贸易船队对抗朝廷海禁政策，数十年足迹遍及台湾、暹罗、安南、吕宋、柬埔寨等地。最后定居北大年，国王招为婿乃确有其事。此处将其记作婆罗洲之浡泥，有误。

⑤ 齿，即年龄。

⑥ 被褐，穿着粗布衣服，喻为处境困顿。

⑦ 稔，素来，积久。

⑧ 部勒，约束之意。咸乐就部勒，都愿意受其调遣。

⑨ 吴元盛，嘉应州梅屏堡（今梅县城东镇葵岭村）人，据说后来罗芳伯封其为戴燕国王。

⑩ 德，感激。

与众集议，因建国，任大总制，建元兰芳。对吾国人自署大唐总长，对土属始称王，时乾隆四十二年也。以东万律为首府，听政之所曰大厅，为大总制驻跸地。公既受推，首除苛虐，与众约法：凡奸淫抢掠者，杀无赦，远近帖然。

于是疆理为省、府、县，别有副厅、裁判厅。其官制、总制下有军师，有玛腰甲太①。又有老大，以察关征，榷财赋，盖其制杂取中西为之。其时大总制所辖，东起加巴士河②之新董③，西抵海岸，北达邦夏④，南暨苏加丹那⑤。举今荷属西婆罗洲，悉隶其范围。盖国人拓土海外，自郑昭、莫登庸⑥以外，以公为最广云。部署既定，遂汰遣所部，返其故业，有事始抽调入伍。国之大事，皆咨决众议而行。兰芳十七年，鳄鱼为患，公亲为文祭之，此事盛传于人口。又延聘祖国儒生，以启辟蒙昧。其风气盖骎骎⑦乎驱向吾国。十九年乙卯，公沾疾将革，众问遗命。公曰：吾侪旅海外，其至此者，皆众兄弟之助，敢以土地自私乎？问谁可继公者？曰：江戊伯可属以大事。众如约。公卒，年逾七十⑧。时乾隆六十年。戊伯能缵承余绪⑨。五传至刘台二，为荷人所愚。受委为甲太，自夷于属国。

复传至刘生，荷人乘机袭东万律，而兰芳运祚以终，时光绪十年也。盖自公建元起事，至是凡一百零八年。公亡后，越百余年，国人南渡者益众，其受箝缚亦日深。而宗邦多难，未遑于柔远⑩。仰先民之不作，伤遗烈之莫继。于是堡人梅北中学邓校董石甫，彭校董精一，冯校长引士等，

① 玛腰，官名。荷语 Mrjor（市长）音译。甲太，又作甲必丹，荷语区长音译。据考兰芳政权属下似无玛腰之职位。

② 加巴士河，马来语 Kapuas，又译卡浦亚斯河。自东北向西南流经坤甸出海。

③ 新董，地名，马来语 Sintang，在加巴士河上游。又译作新钉、新党、新当、存笃。

④ 邦夏，地名，马来语 Pamangkat，在婆罗洲西北之三发河口。

⑤ 苏加丹那，地名，马来语 Sukadana，在婆罗洲西南方，马耶岛以东。据考史料似无兰芳据有苏加丹那之确证。

⑥ 郑昭（1734—1782），本名郑信，生于暹罗国阿瑜陀耶城。其父是广东澄海去暹罗谋生的华侨，其母是暹罗女。郑父去世后郑信被暹罗国大臣收为养子。1763 年，缅甸军入侵暹罗，郑信率部防卫暹都。1767 年 4 月，缅军攻陷暹都，大城王朝灭亡。郑信组织民众抗击缅军，光复失地，并迁都吞武里，被拥立为王，史称吞武里王朝。莫登庸（1470—1541），广东移民后裔，是越南莫朝开国君主。1527 年至 1529 年在位。

⑦ 骎，马跑得很快。骎骎，比喻事业蒸蒸日上。

⑧ 罗芳伯去世时 58 岁，此处为误笔。

⑨ 缵承，继承。余绪，留给后人的部分。

⑩ 遑，闲暇；柔远，安抚远方邻国。指中国多难，清廷无能力处理邻国的事。

驰启海外,醵①资为公建纪念堂于校中。越年而工成,堂构有严,称其体制。盖公于是为不泯矣。因次公遗事,而系之以词曰:粤②有大邦,南处涨海。悠悠斯民,皞熙③同载。卉服④同化,实始梁代。历祀逾千,羁縻⑤勿废。洎⑥乎中叶,乃失其驭。荷人耽耽,狡然思嘬⑦。

笃生罗公,为邦之朅⑧。遵海南来,首启茅蕝⑨。彼土豪王,披肝相结。吴公佐之,英勇并绝。为平祸乱,功勋与颃⑩。豪王让公,公受不辞。建邦称制,比踪扶余⑪。奠都分邑,为国羽仪⑫。共和⑬效昔,周召之遗,撰文驱鳄,诚动岛夷。昌黎不作,公乃继之。唯公远识,不私其有。取决众议,择贤相授。曰江曰宋,能继遗轨。寿委百年,其泽甚久。清廷失计,远略不勤。强虏肆噬,不为声援。主者不肖,遂以熸⑭焉。追论当时,痛矣其溍。其溍不已,危及宗主。慷思遗烈,益深写睊。构堂像公,借存

---

① 醵(jù),凑集。醵资,即筹款之意。

② 粤,助词,用于句首。有钞本作奥,似无解。

③ 皞(háo)熙,亦作熙皞,和乐怡然自得之意。明李东阳诗:"况当朝省盛才贤,且向山林乐熙皞。"

④ 卉服,用绨葛做的衣服。《书·禹贡》:岛夷卉服。借指边远地区少数民族或岛民。

⑤ 羁,马络头;縻(mí),牛缰绳,引申为笼络控制。唐朝对西南少数民族采用羁縻政策,承认当地土著贵族,封以王侯,纳入朝廷管理。宋、元、明、清几个王朝沿袭,称为土司制度。

⑥ 洎(jì),到,及。

⑦ 嘬(zuō),聚缩嘴唇而吸取液体。

⑧ 朅(qiè),勇武,健壮。

⑨ 茅蕝(jué),古代朝会时表示位次的茅束:"置茅蕝,设望表。"此句有建立政权之意。

⑩ 颃,颉颃(xié háng),两鸟上下齐飞,喻为不相上下,互相抗衡。此句意为功劳无人可比。

⑪ 扶余国,东北地区第一个少数民族政权国家,前期王城在今吉林省吉林市,后期王城在今吉林省农安县。从公元前200年立国,到494年被高句丽灭国,历时约700年。

⑫ 羽,羽毛;仪,朝廷仪仗。《易·渐》:鸿渐于陆,其羽可用为仪。比喻居高位而有才德,被人尊重或堪为楷模。

⑬ 西周时厉王奢傲被百姓赶走,大臣周定公和召穆公二人共同执政14年,年号"共和"。

⑭ 熸(jiān),灭亡。"秦王焚书,故熸焉。"

高矩。魂其归来，以固吾圉①。伐石镵②辞，为励万古。③

【资料辑存】

罗芳伯（或作罗大刚，殆其别号也④），广东嘉应人。十八世纪中（清乾隆中），居婆罗洲之坤甸。破土番，长其国，为众爱戴。（旧志谓鳄鱼为患，芳伯读韩昌黎文祭之，鳄鱼遁去，未免近于神话）卒后弟⑤继之，计传七世，至1884年（光绪十年），始为荷兰吞并。今罗芳伯庙犹存。（闻庙中牌匾为荷人取置巴城博物院中）

吴元盛亦嘉应人，与罗芳伯同时（乾隆末），流寓坤甸东南之戴燕国（旧志谓由坤甸南河帆船向东南溯洄而上，约七八日，至其境。又数日至其国都）时国王暴乱，元盛因民怨而杀之，国人奉以为王。死后子幼，妻袭其位。⑥

---

① 圉（yǔ），原意为马圈围栏，借喻为边陲。

② 镵（chán），铁制锐器。意为刻石。

③ 此文摘自梅北中学罗芳伯纪念堂，作者谢贞盘是梅县丙村人，曾任中山大学教授。1937年梅北中学校董会决议兴建罗芳伯纪念堂，1940年纪念堂落成，彭精一校董委托时任梅县修志局长的谢贞盘撰写了这篇碑记，镌刻于一方石碑镶嵌在罗芳伯纪念堂正面墙上。1963年笔者（李欣祥）在梅北中学上初中时，每天上楼下楼所看见的文字，正是这篇碑记。1966年夏季"文革"爆发，在"破四旧"的浪潮中石碑被本校学生"红卫兵"砸毁。所幸"文革"后此文又由民间传出，今附记于此，并加以注释。

④ 该文摘自李长傅的《中国殖民南洋小史》，刊登于1926年的《东方杂志》，复见于1933年王云五主编的《南洋华侨》中。

⑤ 据李先生参考书目可知该文据梁启超、胡绍南先生的文章编成，非第一手史料。李先生误指罗芳伯为罗大纲，不知出处何据。

⑥ 此弟非指罗芳伯的同姓兄弟，而是指江戊伯、阙泗伯等结义兄弟。

林有壬《南洋实地调查录》摘录[①]

有坤甸、喃吧哇、山口洋诸埠，坤甸开辟之始祖，为粤省梅县人罗芳伯，计传七代，距今三十年前，始为荷兰吞并。现埠中尚有罗芳伯庙，华侨留寓商埠者七千余，合附近各村市共两万有奇。以梅县人为最多数。梅籍哇哇[②]多认识华文，通晓梅语，中华学校附后设罗芳伯庙中。学生百余名，教授用梅语，国语别为一科。校长一，教员三，又有华校一创办者为潮州人，名曰振强学校，学生亦百余，教员四，经费岁入万余盾，中华女学校一，学生五六十，中华商务总会一，成立于清光绪三十四年。

坤甸有可法士河，河身长，小商轮可航达七八百里，水路四通，木船甚伙，远行者多舍陆而水，其结果坤甸府几无一车辆，地势低，气候热，华侨均住木屋，屋顶一切无不用木，屋子式略如番人居，离地建筑，以避湿气。出产煤油、煤炭、椰干、橡皮、藤、猴为多。入口货大半与星洲直拉。金矿有已开者，有未开者。森林最盛，一望浓绿，土地多未垦。农业甫在萌芽，土番常焚山泽，去荆棘，然后掘地播谷，欲得火则钻取于木，如我国太古时代。性嗜杀，好斫人头以为乐，番众亦荣之。僻野乱山中，男女均不着衣，其种名曰唠子。盖几乎人而兽者也，赌不禁，每年赌饷三十六万余，华侨包办，酒专卖亦归华侨，鸦片专卖则归荷人。邮政电报局各一。荷兰行政官最高者曰缎西灵，约当前清府职。兵警寥寥无几。民国三年十月顷，因荷政府下令华侨作工修路，华侨不可，政府严促之。华侨铤而走险，集众毙一甲长，毁官署，断电线，宋姓某某为首领，招番兵，树国旗，与荷兵宣战，各死伤不少，兼旬之间，秩序大乱，后由吧城调兵赴援，约亘两三月之久，乱事始平，宋某逃之新嘉坡，其父被执，牵累华侨多名，结果亦从宽办理。华侨揭竿之前一年，德人某在坤甸运动土番革命，土番共戴为党首。事虽发觉，德人卒不被捕，同因异果，国势强弱使之也。

---

① 林有壬：《南洋实地调查录》，上海：商务印书馆，1918 年，第 70 – 103 页。
② 哇哇，即娃娃，客家话中叫小孩会用到"娃娃"的音译。

坤甸所属有喃吧埠，纵四十英里，横七十五英里，地旷人稀，客民多以稼穑畜牧资生活，唠子为本埠土著，已渐衰微，有喃吧哇河，发源于东北山木麓，西南流入海。河之北岸曰百武院、打捞牙。河之南曰松柏港、淡水港、勿哩哩。因地势低洼，河流近处，间有泛涨之虞。气候较西里伯斯岛热，然借海风调剂，炎炎之威，尚不甚酷。荷公署设于喃吧哇河南岸，距商场约三英里，土酋有喃吧汉一、邦车兰二，受荷政府令，治理土人。全埠驻步兵约三十，警察二十许。华侨供职者有甲必丹、老大。征收华侨身税、屋税、器用税、狗马税等。均归其承办。华人新到，须觅殷商担保，非遇星期日或合律休息日而逾二十四小时未立居留字者，监禁一月，出水他往未执旅行券者，罚银五十盾，居留字满六月不再请画号展限而仍留居者，罚银五十盾至百盾。或驱逐出境。然华人以迫于生活故，隐忍将顺，统计合埠在留侨民尚有万人左右。十之七业农，十之三业商。粤省梅县人较多，闽人次之。中华学校已成立，书报社亦经创设，祖国文化浸浸输入。土产椰干、甘蜜为大宗，每年约各六十万盾，白藤、胡椒次之，年各数万盾，又有猴膏、鲨鱼、鲛鱼等，至于金属矿产，年来已渐减少矣。

山口洋在婆罗洲西岸，亦属于坤甸府，统辖汶肚宜、石角、盐厅、阿塔港、大完肚、戴厦、红沙港、百无烟、骨律、丁加限、木官、乌洛、昔邦、卢末、二罗、百万突、白芒头、凹下、高桥、唠唠、哇里、麻云、打唠鹿、夹巴罅、路下横等埠。华侨总数约二万，业农者十之六，业商者十之四。山口洋本埠口岸，每旬日有定期船来往星洲，每半月有定期船来往吧城，输出品以椰干为多。每期船约二千五百担。胡椒、甘蜜次之。约各二百五十担。树胶约四十担，汶肚宜口岸输出额约占山口洋五分二。半为椰干，半为胡椒、甘蜜。无出口税。盖已征之于种植时，如椰树每株年抽二仙，胡椒加倍。普通山税每方寻年提二角半是也。输入品约占输出品三分二。由英荷属附近各岛输入者约十分三，如布匹杂货等。由中国输入者约十分二，如茶、烟、纸、干果、食物等。入口税较锡江为重。

所得税、房屋税、器用税、狗马税略如锡江，惟锡江路灯税已销，山口洋则未。又有力役之征，如修筑道路，转输官用品等。避役者纳修路税、转运税。民国纪元后新定人口税每人二十五盾，为西里伯斯岛以下所无。

中华商会、民生书报社均成立于民国纪元前一年，潮州会馆、琼州会馆、关帝会、伯公会及各处老人会，成立虽较商会、书报社为先，而局于一部，要非全侨公益之团体。商会附设中华学校一，教员三，学额八十余。书报社亦设小学一，教员二。学生日夜课约共六十余。地址皆在山口洋坡。其属下各小埠，多数仅设私塾，中华学校成立者只有五所。一在汶肚宜，教员二，学生四十余，一在骨律，教员一，学生三十余，一在麻云，教员一，学生三十余，一在打劳鹿，教员二，学生六十余，一在路下横，教员一，学生三十余。

山口洋坡荷兰官立小学校一所，兼收华人土人，马来教员二，马来学生七十余，华童甚少。耶稣堂设学校一所，教授中英文，教员二，学生二十余。天主教堂兼办男女学校各一所，男生约五十，中西教员各一，女生约四十，教员聘西女教士。

文官驻山口洋者一，主管行政，兼理诉讼，下有漫的理（土官名）助之。华甲必丹一，华侨小交涉，先申明甲必丹，判断其曲直，服则了事，不服则诉于荷兰官。较大交涉，甲必丹不能断，须俟荷官审理，审判时甲必丹得到厅备顾问，其他经收税项等事，与坤甸甲必丹同，下有老大助之，全属兵数约二百，武官有甲丁力兰等名称，警察六十余，分派各属埠。[①]

【资料辑存】

婆罗洲诸州西区人口 573 537（华侨约 50 000），坤甸邑大埠波恩地阿那克，华侨素称坤甸，地滨兰达河岸，加布阿河支流也。……本埠开辟之始祖，为吾粤梅县人罗芳伯，共传七代，距今三十年前，始为荷兰吞并。现埠中有罗芳伯庙，以纪念之。即所谓大伯公庙也。[②]

十八世纪中，有无数中国人来至婆罗洲，尤其在坤甸。有一时，中国之公司几握大岛一部分之主权，其后荷兰人费尽心力，始克制胜之。倘中国当时或有侵略远志，婆罗洲殆已成中国之一部，如汉南岛矣。[③]

---

① 1914 年，西婆罗洲华人在宋某某的领导下起义。唯当时国弱，不然且有进兵收复兰芳故土之理由矣。所树国旗当为五色旗，可见西婆华人之内向也。也是西婆罗洲为中国土地的一个理由，更是南洋华人独立建国的一件大事。德国人运动番人起义事，似乎《东南亚史》有记。荷人统治西婆，斗算箕剥，残酷之极。孰谓西人开化。有华教是有华人，经行南洋诸旅行者，莫不大书华校之事。百年后之今日，两不复见。

② 司徒赞：《南洋荷领东印度地理》，1921 年。节抄，第十章第二节。

③ 柏尼志：《荷属东印度之中国人》，《南洋时事汇刊》，1926 年 10 月 11 日。

鲁葆如《荷印华侨经济志》^① 摘录

第一节　西婆罗洲

巍巍独立万仞巅，荣水苍茫四绕旋。千层山水如图画，百宝珍珠在此间。罗芳伯游金山赋后之歌……华侨有意识地殖民，其真正的起点为 1760 年（一说 1770 年，合乾隆二十五年及三十五年）。当时三发土王所招的华侨金矿工人，反抗土王，将金矿占据自行开采。

起先这些马来人、布颉人及亚拉伯人，并不从事农业（他们在沿海所占的地方，地势卑湿，也不宜于种植），他们的主要兴趣乃是经营商业和投身海盗，以及向在他们所占据的内河流域一带居住的土人，征收通行税。他们恃其武力，将河口的险要地位霸占下来，将内地的交通工具完全统制。因此河运事业，尤其是食粮与烟草的输入，完全被他们垄断。

至于华侨所组织的"公司"，在 1818 年至 1856 年间，也采行相似的办法。在他们的区域范围内，征收内河河道的通行税……公班衙于 1779 年（清乾隆四十四年）及 1787 年曾先后与喃吧哇及坤甸订约，两地的土酋应允禁止任何中国商船来往贸易，这种条款的目的当然是想消灭彼此间厉害的竞争的。

除了西北婆罗洲的文莱，已早在 1400 年左右便有相当势力的华侨社会以外，其他各处在 1750 年以前，尚未听说过华侨的居留地。即算有，也不过是规模很小的而已。

在三发、坤甸及苏加达那，皆曾有华侨住区。当时仅视为一种暂时的贸易场所，尚不配当得起居留地之名。

然而也是与在爪哇一样，这些住宅区日后成为华侨贸易组织的基础，而那些组织以后便在全境扩展势力。

---

① 鲁葆如：《荷印华侨经济志》，香港：南洋出版社，1941 年，第 143–196 页。

组织这些华侨社会，起先不过是那些收买土产及推销货物的商人，而且仅为马来政治长所容许者。但为情势所迫，乃开始因为供给自己的需求而将范围扩大，目的即在寻求解决的办法。

华侨工商业只要有一门类发展到重要地位时，别的部门便跟上来：因为华侨在这些地方差不多总成立自治的团体，一切的实际努力，不必依赖土著，华侨的需要，由华侨人来供应，方有效力。

华侨内地贸易的需要，在土人社会既不能求得供应，华侨便深入内地发展贸易，所以最后到 19 世纪的末叶，内地贸易几乎完全操于他们的掌握。

此种进步的效果，今日在内地犹可看到，虽最远的打押族的乡村中，也见有华侨，且多数是住在较大河川上的船舶之中。

华侨贸易如此扩展，竟未遇到沿海各马来土酋的反对。这不仅是由于政治的因素，也因为他们借钱给土酋，而土酋的收入也大部领自华侨（为占用土地所付的租税等）。当时华侨贸易具一特点，并且一直传到今日，在这里应得表明一下，那便是在那么早的时期，西婆罗洲贸易的主要对象是以马六甲海峡为主，以后才移于星洲。

（一）公班衙的条例阻碍西婆罗洲与爪哇的自由贸易。（二）西婆罗洲距马六甲海峡较近。（三）买卖鸦片较与吧城往来为易。（四）星洲的自由贸易政策——这些是西婆罗洲贸易与马六甲海峡及星洲关系独深的几个原因。

尚有一个更重要的原因，自 1520 年以后，西婆罗洲受西班牙及葡萄牙人贸易的影响，到 1602 年以后，又与荷兰人及英人发生接触。

当时的输出品，似乎也以山货及金刚石为大宗，而输入的货品则为米、烟草、盐、陶器及棉布。1602 年，公班衙与三发的苏丹缔约，取得金刚石贸易的独占权。

西人的贸易只限于沿岸一两处地方，如三发、喃吧哇、坤甸及昔加罗等地。昔加罗因为 1780 年的大破坏，以致贸易受到致命伤，以后贸易使移往坤甸。

1791 年，公班衙因故由西婆罗洲自行退出。西人与该处的贸易，直至 1810 年才达到重要地位。

由上述情形看来，当 18 世纪末的前后，西婆罗洲各民族的势力如下：

（一）打押族，《海录》作黎子，《兰芳公司历代年册》作唠子。这民族中又分不少种族，因为沿海的土壤不宜，所以皆不住于沿海而是栖息于内地。以耕田及收集野林中可供食的生物为活。可是无论如何努力，生活仍甚艰难。据谢清高述18世纪末叶西婆罗洲打押族的情形如下：山中黎子极盛，唯各据一方，不敢越境。稍有迁徙，则相歼灭。故虽极盛，但见无来由荷兰及中国人，皆畏惧。不敢与争，恐大兵动则无所逃遁也。中国人初到彼方时，所娶妻妾皆黎子女，甚后生齿日繁，始自相婚配，鲜有以黎女为妻者矣。黎性凶暴，喜杀，得人首级则归悬诸门，而以多者为能云。

（二）马来集团。这集团通常是建立邦国，滨海各地及各大河川的下游及中游口，皆属其主权以内。内地商业几全操于其掌握，不过渐显露出移入华侨手中的征兆。海外贸易则由他们与华侨及西人共同参加。此外尚有马都拉人及武吉人，他们的商业活动范围颇广，且不受沿海土王的统治。当地生产的粮食，数量不多，内地的产量也过少，所以马来人不得不多靠输入外米。为了进一步的产量发展，马来人乃更力谋食米自给。种稻不愁没有田地，不过其中不一定皆是膏腴的。据《海录》所记，该地的土番皆无来由种类，其女亦只无嫁中华人者，以不食猪肉，恐乱其教。

（三）外商集团。外商集团中以华侨占主要地位，一时无其他民族能与其竞争。当地的国外贸易有一大部分操于他们的手中，内地的贸易也在他们领导之下开始繁荣。这些华侨与马来人相同，粮食也靠由外输入，不过需要较马来人尤为迫切。喃吧哇、坤甸皆与公班衙缔约过禁止中国商船贸易。这些自治邦的土酋力谋垄断米业，华侨因鉴于粮食供给太不确实，乃不得不种稻种菜，且将范围扩大，以谋粮食自给。

上述事务的正常发展，有他处亦可看到，等到18、19世纪之交时，乃突告终止。克隆说："华侨的这种和平的侵入替武力的侵略做了开路的先锋。"

第二节　华侨之采金业

（一）起源及发展

关于华侨采金业问题，可供参考的荷文文献的确甚多。不过有一点不容忽视，就是不仅各种近人著作中所表示的意见，彼此间有甚大的差异，便是在老书中，事实亦常被误解或歪曲。所以参考这些书的时候，必须随时注意，以免自己也跟着错误。关于中文的文献，恐怕只有《海录》和本书附录中所录的《兰芳公司历代年册》两种。前者是一个盲人的功绩，后者还是荷兰汉学家代为保存下来的。

例如华侨最初为三发苏丹在喇喇开采金矿，系发生于 1750 年（一说 1760 年）的一事，颇成疑问。因为在喃吧哇的万律（Mandor）曾发现华侨的墓碑，碑上所载的卒年，为乾隆十年，即是 1745 年。

采金业发达以后，由 1750 年至 1830 年之间，华人来到本地十分踊跃。其中有由中国来的，有由沙劳越来的，因这移民的关系，本州府的各地方，新成立的华侨居留地，有如雨后春笋。此种情形与 1849 年美国加省发现金矿时的采金狂的情况，大为仿佛。

不仅在以后称为华侨城市而当时由土王统治的坤甸国、喃吧哇国及三发国，即在深入内地的喇喇国、卸敖国，乃至在新当，当时皆成立有华侨居留地，它们皆是因了采金狂的关系而存在的（在万喇的尤与金刚石有关）。

关于 18 世纪末叶西婆罗洲主要华侨居留地的情形，《海录》中有如下的记载：

（一）山狗王（现名为山口洋），为粤人贸易、耕种之所。

（二）三划，又名打喇鹿。其山多金，内山有名喇喇者，有名息邦者，又有乌落，及新泥黎各名，皆产金。而息邦金为佳。

（三）吧萨国一名南吧哇，在咕哒东南，沿海顺风约日余可到。地不产金，中华人居此者唯以耕种为生。

（四）坤甸国。

（五）东万律。

（六）沙喇蛮，（以上二地）皆华人淘金之所。乾隆中，有粤人罗方伯者，贸易于此。其人豪侠，善技击，颇得众人心。是时尝有土番窃发，商贾不安其生，方伯屡率众平之。又鳄鱼暴虐，为害居民，王不能制。方伯为坛于海旁，陈列牺牲，取韩昌黎祭文宣读而焚之，鳄鱼遁去。华夷敬畏，尊为客长。死而祀之，至今血食不衰云。

（七）万喇国（今 Malawi），在坤甸东山中，由坤甸北河入万喇港口，舟行八九日可至，山多钻石，亦有荷兰番镇守。

（八）戴燕国在坤甸东南。由坤甸南河自东南，溯洄而上，约七八日至双文肚，即戴燕所辖地。又行数日至国都，乾隆末，戴燕国王暴乱，粤人吴元盛因民不悦，刺而杀之，国人奉以为主，华夷皆取决焉。元盛死，子幼，妻袭其位，至今犹存。

（九）卸敖国在戴燕东南。由戴燕内河逆流而上，约七八日可至。

（十）新当国在卸敖东南。自戴燕至山顶皆产金，山愈高，金亦愈佳。特道远，至彼者鲜，故其金岁不多得。自咕哒至万喇，连山相属，陆路通

行。闽粤到此，淘金沙、钻石及贸易耕种者常有数万人。戴燕、卸敖、新当各国亦有数百人，皆任意往来，不分疆域。唯视本年所居何处，则将应纳丁口税饷交该处客长，转输荷兰而已。其洋船凳头金亦荷兰征收。本国王只听荷兰给发，不敢私征客商也。华人居此，多娶妻生育，传至数世者。

华侨当初在本州府调查及探险，主要目的虽然不外是金矿。可是结果未必尽能如愿。有时地点适宜，即成立下商业中心地。这往往是当发觉金矿并不如预料之丰，或则业已枯竭之时，如西辣、沙林堡（Salimbaw）、梅廖（Meliou）及桑高（Sanggau）皆是如此起来的。据傅兰西斯（Francis）1825 年的报告，这些地方皆有华侨社会存在，可是那里并无积极采金的情形。

马来君长虽皆权力不出国门，然而华侨开采的矿场，名义上仍受他们的统治。这些君长预料到他们本身可由金矿获取大利，有时他们的希望也并未落空。在 1754 年以后的数年中，喇喇及路马（Loemar）的华侨，每年报效三发苏丹三万二千盾，算为他应由金矿分到的部分。

在最初采矿的数年中（由 1750 年起），华侨不仅许入这些土酋所统治的区域以内，并且土酋时常欢迎他们前往，可惜对他们所提的条件往往不甚宽大，例如三发苏丹为建立及扩充他们的独占权起见，曾于 1750 年下令规定，华侨不许种稻，不许为自己的需要而输入货物，也不许携带或私藏枪支，他们所需用的一切物品（甚至特别注明者为米、盐、鸦片及铁），必须向苏丹购买。

这种制度引起了穷凶极恶的强取豪夺，加以所征收的捐税又太过苛重，华侨在无反抗能力的时候，当然只有犯而不校的办法。并且从最初起，走私之风，甚为盛行。

马来人的压迫，幸于 1760 年（一说 1770 年）卒被推翻。自此以后，关于土酋压迫的事，即很少听到。但是约定的报酬，仍旧是多少依照定期付给。

各土酋为争夺时常互相火拼。万律与打劳鹿皆有蕴藏甚富的金矿。三发与喃吧哇两个自治邦为此而发生冲突。其后坤甸国也卷入这场战事的旋涡。

关于华侨的地位，可以说是自公班衙与坤甸（1779 年）及喃吧哇（1787 年）先后缔结条约以后，华侨即直接受公班衙的统治。

在许多地方，土酋将广大的土地，甚至将整个区域，割让给华侨。而华侨则给予土酋相当的报酬。但如华侨不幸与住在当地的打押人发生争执时，土酋却完全不负责任，甚至煽动打押人向华侨挑衅，因此时常发生冲突，造成不少流血的惨剧。

三发苏丹及其他各地土酋，认为华侨不如打押人驯服与易被利用，因此对华侨总是觉得不满。此外，又常因租地、淘金用水、修桥补路、食米供给、移民限制以及无数的其他问题，发生种种纠纷，这些纠纷往往是要诉诸武力解决，因此处于一种长期的不安状态，直到1855年，才由政府解决。因为在以前政府的兵力薄弱，尚不足借武装来维持和平。

在土酋的统治之下，改善的希望十分微小，例如在1812年，三发的苏丹仍旧做过好几次海盗的勾当，将英国人激怒，他们将三发的京城抢掠一空。

在1815年以前，华侨看三发的苏丹仅是海盗的头目，这种看法是颇有理由的，据德赫罗的意见，在西婆罗洲所建立的实际工作的团体，是根据中国的乡村社会制度来成立的。而成立这种团体的原因，是因为华侨在法律上和商业上皆缺乏保障，乃借组织公司来解决不少问题。这些公司是自治的政治而兼经济的单位，在各种情形中，与他们缔约的政府及土邦，实际上也承认他们是这种单位的。

1822年，政府发表宣言，规定矿务"公司"为采矿目的而真实占有的一切土地，准其使用。但比如新开辟矿场，即需经领请准字手续。

公司原来只是矿工为改善采矿工作而成立的团体，经二十年的时间竟发达至在经济上占着重要的地位，而在社会上及政治上更成为一种独立的团体。因此有时被称为一个"共和国的集团"，同时他们代表一种企图的自决势力，如果在业务上偶然发生利害冲突，则不论对土酋，对荷印政府，甚至对邻近的其他华侨帮会，于必要时不惜借武力来作解决的后盾。在那个时代，一家公司将另一家敌对的公司由其势力范围驱出的事，时有所闻。

进一步言之，公司不特维护多方面相互的业务利益，它们更有它们自己的独立自治团体、司法制度、警察、货币、捐税、学塾及庙宇等统治属或机构。他们以负责的法治团体执行一切。从1760年到1850年之间，它们的保护力量，往往比政府或土邦保护得尤为周全。关于运输问题，它们更是十分感兴趣，修筑道路、开辟河道以及其他各种的工作，皆由公司佣工来举办，成绩皆十分良好。

在1750年至1860年之间，本州府中华侨矿工究竟有若干人，委实无法确定。因为众专家的估计相差太远。现将比较可靠的估计条列如下：

1770年，成年矿工约有一万人。

1810 年，成年矿工约有三万二千人。

1825 年，成年矿工约有三万三千人。

1849 年，成年矿工约有四万九千人（又一说则为华侨全人口为七万人）。

1856 年，二万四千人（华侨全人口）。

1880 年，二万八千人（政府估计）。

1900 年，四万一千四百人（政府估计）。

据说在 1833 年，西婆罗洲只有一个中国妇女。

这种统计，要到 1856 年以后才比较翔实可靠。当 1855 年公司战争之时，及在战争之后，离开本州府的成年华侨估计总有一万人以上。

至如金沙的产额，亦只有约略的估计。据莱佛士的估计，1810 年全年的产额值本洋（即西班牙银币）三百七十万元。他假定华侨将此宗款项支配如下：

购买鸦片及布匹共一百万元。

购买盐、油、烟草及其他用品共一百万元。

寄回中国七十五万元。

由本人亲自带回中国一百万元。

莱佛士的估计是成年的华侨差不多皆在矿中服务，这是他主要的错误。

范寇斐（Van Kervel）根据土人的资料，将金矿的每年产额估计为五百万盾，但据 1848 年费斯（Veth）所发表的正式估计，则说是只有一百三十万盾。

华侨勤劳俭朴，往往把血汗所得寄回国内，因此对于当地的一般繁荣，不发生什么影响。

加以华侨常常带着十分浓厚的排外性质，所以利权固不想外溢。同时外族人既不易把势力侵入，事实上有时确因华侨的排外性而把社会弄得穷困起来。在任何矿业工作中，华侨很少雇用土人，土人也毫无物品可向华侨出售或交换，所以在经济的各方面上皆不能与华侨抗衡。

开采金矿，除这种缺点（一般福利不能增加）以外，还有把所产的金送往海外的事实。采金的结果是大块的土地任其荒废，完全不能再供他种用途，殊不可惜。不过天下事是有一利必有一弊的。

那种公司不仅每家自有种植队及贸易队，以供应公司本身的需要，并且除著名的金矿公司以外，还有特殊的种植公司，这种公司与采金毫无关系，兰芳会与天地会皆是专门的农业团体。

这种公司以米及猪供给矿工，且为发展水稻区域，担任不少拓荒工作，这些区域到如今还有存在，在当时只是荒芜之地。

邦戛、古诺（Koeno）、巴锡（Pasi）及山口洋一带的区域，今日称为西北婆罗洲的粮仓的，皆是公司时代中经华侨农夫垦殖的成绩。

大规模的三条沟公司，在被大港公司由其矿场驱逐出来（1840 年至 1850 年间）以后，乃益努力于经营农业。邦戛以北沿海各地，直至该时期之前，是人烟稀少，土地荒芜。日后之能发展，当推功于这家公司。

关于输入粮食一事，对于各家采金公司皆极重要。所以当荷印政府为使各公司完全屈服起见，乃封锁海岸使外米无法输入。各公司因此对于在当地耕种一事，乃益加注意。

输入的外米，为量亦颇可见。在 1837 年左右，山口洋大港公司每年为本身的需用而输入的米，不下一万二千担之多。

（二）采金业之式微

西婆罗洲华侨的采金业，到 18 世纪中叶以后，即渐衰落。关于这衰落的情形与原因，荷人有多种解释。

远在公司对荷人屈服以前，金矿的富源即已一部分的枯竭，这是毋庸否认的。至于 1820 年至 1850 年间各公司的阋墙战争，则为这种枯竭的直接原因。

依德赫罗的意见，因为公司覆亡的关系，华侨丧失了大部分社会的兼经济的组织的利益。如果有这种组织的话，即使矿脉较为贫乏，华侨亦可在原地或新地照旧采金，且开采年代亦可延长不少。

由可得到数据可以得一结论，即是金矿渐告枯竭——这有时可借出产的激降而察知的——有好些矿工，有时竟是整批地，迫得另谋他业，借资糊口。

如果有一强有力的公司组织，在优良领导之下，则衰败的矿业亦可望得到妥善的挽救结果。1860 年至 1880 年之间，政府特许东万律的兰芳公司继续存在，便是于这种情形。

1924 年及其次年，政府曾在西婆罗洲做过极精密的调查，证明虽在今日，该地有数处地方沿用简单的手工方法开采金矿，仍然有利可获。并且在许多地方，到处仍可见到土人们淘金棚台的存在。

华侨矿工处于这种情形之下，是否仍旧愿意工作，这是颇成问题的。因为如愿做旧工作，则非对微薄的收入感觉满足不可。

在前文已曾提到，自采金业衰落以后，华侨乃不得不改弦更张，另走他途，比如三条沟公司要从事垦殖以前未耕种过的荒地，便是一例。

但是公司战争以后的政治发展，使西婆罗洲及其他各地方的如此大规模有组织的农垦，不能成功。政府采用这种办法，对于如何鼓励华侨向新的经济领域发展，颇少计及。这是对于双方均没有好处的。

公司战争的时代过去后，一般荷人颇有把华侨当作叛徒看待的趋势。政府对他们所要求的，只是服从法律及遵守社会的秩序，关于此事，亦有主持公道的。有两位政府调查员，一位是孟丁赫（Mntimghe）（1821年），一位是傅兰西斯，他们极力主张政府应关心华侨民情，又提议调查华侨的经济状况。

傅兰西斯也曾经发表过意见，以为马来酋长的巧取豪夺与贪得无厌，对于土人的危害尚较华侨为大。所以他主张婆罗洲西海岸全部采行自由贸易，这两位调查员的献议，虽对各方皆有利无弊，可惜实际却甚少为政府所采纳。

在1834年的春季，三发与坤甸皆被宣布为自由口岸，不意到了同年年底，这自由贸易又仅以爪哇与婆罗洲间的贸易之存在。只有与星洲间为限，其用意即在限制与星洲通商。

华侨不但是经济的利益，少能得到政府的保护，便是身体及财产的安全，亦颇成问题，但若看到当时政府兵力的薄弱，其安抚力量颇为有限，那么在本州府中会有这种情形存在，就无足深怪了。

（三）采金业对于地方之影响

现在我们如果对西婆罗洲的华侨采金业的影响加以研究，当可看出华侨处于艰难环境之下，被打押人、马来人及政府所阻挠与打击，甚至剥夺了通商的自由。但他们依然借着不断的努力及有效的组织，能在本府全境扩展势力。将被世界所遗弃及荒无人烟的一角，改造成一工商业的中心，农业亦相当发达，道路河流也皆完备，不过法律与安宁秩序皆谈不到。例如当采金业最为繁荣之时，三发苏丹还是度其海盗生活（1812年）。

华侨在促进地方经济一层上，具有伟大价值，以上提及的各荷人作家（连排华的范锐斯在内），对这些皆未加以否认。这桩事实颇值得我们注意。贺痕多普对华侨的评语是"极有价值，差不多是不可缺少的"。

但贺氏对华侨的活动，也认为是一种不良的情形。他说华侨将土人完全排挤到经济的圈外。贺氏虽仅是讨论爪哇情形，他的眼光也关切及于西婆罗洲，但如我们记得，华侨经营矿业及农业，一般皆是利用完全不生产的，而且他们到达以前，大部分有人迹的荒地，那贺氏之说在西婆罗洲并不十分重要。

关于此事，只有万那可以算是例外，因为那里先已有土人开采金矿及金刚石，后被华侨武力侵占，并将土人驱逐，以后该地矿场为政府经营，华侨则被雇为矿工。

在三发，华侨亦曾几次侵占打押人的矿场，土人们则被驱逐，但在这里，华侨是因为华侨屡被土人杀害，乃出兵征讨他们，若说华侨此次出兵，目的是在经济侵略，则未免冤枉了华侨。

如果要主张在"公司时代"中，华侨无限制的活动，对于打押种族是有利的。这显然不是真话。但是马来人的统治亦是如此的情形。可是政府却承认马来人的统治赋有主权，其实主要的马来人集团几乎是打押人的寄生虫，但华侨社会却不是如此的。

在结束本题以前，可以一提府尹克毓生的计划，他曾提议鼓励华侨入境，借以促进打押人的发展。他的后任安德勒生，在"公司战争"停战后不久曾发表意见如下：华侨一能平安地享受他们劳力的果实时，关于他们，即不致再有困难发生。他又说：如果打算发展打押人，必须对马来人而不是对华侨，采取严厉的办法。

关于马来人酋长由商业中被排挤出来一事，我们应得记清，他们的独占权及收税权是交给政府而并非交给华侨。至于关于私人贸易问题，我们可以说这贸易是华侨自己建立起来，并非由他族人手中抢夺过来的。

再者若说贸易发达，只于华侨有利，亦非事实。因为贸易之所以发达，差不多是由于他们本身的存在的关系。

土人工业被华侨排挤的话，亦不能说，因为土人根本无工业之可言。在另一方面，因有大的华侨中心地存在，对于若干门类的土人工业，颇能引起促进的效果，例如造船业即是。

此外尚有一个争点，就是经济能力较强的华侨，不让土人有着跟他们发展的机会。但如就 1914 年以后本府的发展情形加以探讨，那么就是上述的非难，似乎只有很少的根据。如将西婆罗洲与结构相同，不过没有华侨的东南婆罗洲来比较，尤可看出。

我们可以看出，自 1914 年以后，西北婆罗洲的土人社会对它自己的经济事务（当然是得益于土地立法的），颇能处理，至于东南婆罗洲的状况仍旧是与百年前相同。

最后我们可说，由 1760 年至 1860 年，在西北婆罗洲崛起了一个华侨社会。这大半是采金狂的结果。这社会的范围甚广，工商业的每部门：国外及内地贸易、簿记、制造工业、牧羊、沿海渔业及农业等无不包括在内。并且一切关系人等——雇主及雇员——皆是炎黄的裔胄。

与这社会相差甚远的，尚有一个土人社会存在，它的历史尚不出 1760 年以前。一般地说起来，其物质的兴趣仅限于供应他们自己求生的需要。

这到 1855 年始为社会所明了，自华侨于那年被逐以后，人口中的土人分子的命运，并完全未见改良，后来到 1890 年，社会秩序恢复常态以后，华侨竟占了前所未有的重要地位。

"公司"为发展地方起见，做了不少有用的工作。我们同时应当略加注意，这种工作并非是为他族人的直接利益做的。

庞大面积的水田制度，在前业经提及。此外华侨又努力修造道路及交通线，对国库报效过不少的钱，并且做不少义务工作。我们可以记住，在本府的大部分，华侨有须为各"公司"执行工作的义务。这工作经 1857 年的暂行条例，改为劳役。据范锐斯的计算，西婆罗洲的全部行政费用，可由华侨担负。华侨缴纳给政府的款项，大部分是鸦片、赌博、屠宰、当铺、包商及人头税等项的收入。华侨一方面有服劳役的义务（直到 1917 年），一方面有可以垦殖土地的权利，因此实际上与土人平等。又武吉族农人与华侨农人，皆是单独地垦殖土地，且在经济上，水准相差不远，所以我们必得承认两族农人之间，并无多大区别。①

（四）政治的结果

德赫罗在所著《婆罗洲公司事情》中曾提出这样一个问题：政府何以承认寄生虫的马来土邦为自治区，而华侨的"公司"却不被承认？他提这问题的理由，亦易于明了。他曾指出，这些华侨开发西婆罗洲的功绩，比较政府与土邦合起来的成就，尤为伟大。因为土酋的活动，仅以征收捐税为限，对于地方有关的任何其他事务，皆不甚关心。但德赫罗在这个方面忽略了一件事实，即是重要的乃是政治的而非经济的问题。

罗芳伯确有在西婆罗洲建立政权的蓝图：罗大哥初意欲平定海疆，合为一国，朝贡本朝，如安南暹罗称外藩焉。奈有志未展，王业仅得偏安，虽曰人事，岂非天哉。后之嗣者当思罗大哥身经百战，始得此东南半壁，虽作藩徼外，实有归附本朝之深心焉。在罗氏以后，自治的华侨居留地又曾遣使回国朝觐，对于荷兰当局非独不加尊重，反公然与之反抗，如此的政治情形，是任何殖民地政府所不能容忍的。②

---

① 原文中夹插有"兰芳公司"印文，下注为：罗芳伯所建兰芳公司之关防。1884 年为荷印政府缴收，现陈列于吧城博物馆之泉币印章部。

② 原书本页夹插入图片一幅：皇清嘉庆甲兰芳公司立。兰芳公司之唯一古迹，残余基柱上之木刻。

德赫罗曾预言：将来必有一日，有多至不可抵抗的中国人，挟着伟大的力量，冲入婆罗洲来，这是不能避免的。政府也预感到这层，为先发制人起见，因于 1854 年对华侨发动攻势，于是各独立"公司"的力量，皆被武力击破。

复次，地方永恒地处于严重的不安状态中，并且当时的情形乃是各民族间、各集团间及各"公司"间皆发生冲突及战争。各公司一方兄弟阋于墙，一方又要对马来人及唠子外御其侮，最后还要对荷人抗战。关于各公司火拼的情形，《兰芳公司历年名册》是一篇信史，可以参阅，火拼的原因至少有两种，第一是帮派的关系，第二是争地盘的关系。至于关于对荷人抗战一事，自公司请中英政府援助抵抗荷印政府，使情势全趋严重以后，荷印政府乃认为不得不向公司正式进攻。自开战以后，兵连祸结，死伤枕藉，先后凡三十八年之久（1820 年至 1856 年），秩序始告恢复。这真是深可惋惜的事。关于公司抗战历次的战役，荷文《荷印战役全集》中有一百页左右的记载，可供参阅。

关于公司的覆亡，前总督罗赫生（Roahussen）曾在其辩护书中提及：国家尊严被维持，三发苏丹及打押人之权利已被尊重，而华侨公司也被一劳永逸地摧毁了。

由经济的眼光看来，有一种影响颇为惋惜，即战争的结果使土地一部分荒芜。人烟绝迹，且使有功于婆罗洲的发展，又予本府以原动力的唯一民族，绝踏于本地至数十年之久。这人口突灭的情形，并不限于真正采金的区域，即在他处亦可看出。邦戛尤是如此情形，1880 年尚可见到自 1855 年以后即已无人耕种的华侨田地。

此后，农业、商业及工业，无不凋敝，因为真正的工业是采金业，而上三种皆属次要的性质，华侨社会改营别种产业，尚需要相当的时间。

最近六十年间，西婆罗洲的华侨又与荷人发生两次冲突。1884 年，万律的甲必丹刘某逝世，荷人乘机要将该地收为直辖殖民地。派兵到万律，华侨起而反抗，推梁路义为首领，杀万律的荷官，击退荷兵，颇占据优势。终以寡不敌众，为荷人所败，而兰芳公司亦随之覆亡。

又到 1914 年 10 月之时，喃吧哇华侨因为荷印官厅强迫华侨服劳役，为其筑路，起而反抗，杀死一个军官，摧毁官署，割断电线。当时的领袖姓宋，招番兵，并树立国旗，两方各死伤了不少人。后政府由吧城派兵赴援，乱事大约相持至两三月之久，方告平定。宋某逃往星加坡，他父亲则

被拘捕，惩罪了事。①

【资料辑存】

坤甸，此处华侨甚多，有中国人城之称。②

南洋华侨之人数：荷属婆罗洲西部三巴斯河与兰打河之间的地域，自古以来，便被称为"中国郡"，华侨势力之大，概可想见。③

———————

① 鲁葆如先生的《荷印华侨经济志》属于评论性的著作，而非常见的述说型的，因而所载史料不多。书中称荷印当局为"政府"，不像同时代的其他著者那样民族主义鲜明，因而能看到、用上一些荷方的材料，立场相对客观一些。本文篇首所述的罗芳伯《遣怀诗》及文中所说《兰芳公司历年名册》，与常见的资料不符；将Goort译称德赫罗、德赫罗之书译为《婆罗洲公司事情》，说明鲁先生的资料另有来源，至少与其他著者的版本是不一样的。

② 李崇厚：《大南洋论》，1934年。自摘录第五章荷属南洋之现势四七节地方志。

③ 同上，接录自第八章南洋华侨五三节。

沈钧《兰领东印度史》^①

婆罗洲英国人势力之扶植，其地盘日臻巩固，荷兰政府前时所采外领放置主义，至此于婆罗洲试行其干涉。1821 年间，森莫士（Sambas）^② 国及笨底安那（Pontianak，华人称为坤甸）之土王等，与中国人之探险金矿者发生纷议，中国人等否认荷兰有婆罗洲之主权，巴达维亚政府派兵讨伐。1824 年，婆罗洲遂为荷兰政府所注意。

巴达维亚政府接收东印度殖民地于英国之手后，婆罗洲亦归顺于荷兰。森莫士（Sambas）苏丹及婆罗洲西海岸之土王等当时势力甚大，常有反政府之运动。政府初时出以放任态度，英国乃扶植其势力，中国人亦多不逞之徒，三者皆为巴达维亚政府婆罗洲统一事业之妨害。中国人等以采掘金矿之目的而渡来，其企业经营之后盾，设一大组合之公司（Kongsie），以伸展其势力。此等组合为中国人之中心团体，其团结力恰如一独立之共和国^③。乘土人等之愚弱，多傲慢之行为。政府决定以强硬手段威压中国人。1854 年，讨伐军直捣彼等根据地蒙特拉罗（Montrador）^④ 而覆灭之，中国人反荷兰之气势遂减。1855 年，再有秘密集会，设三指会（Sam Tji Foei）^⑤，以资号召，事为荷兰船长卫尔士彼克（Verspijok）所知，以其会员名册密报于政府，遂为政府所扑灭，政府从此渐渐取得统治之实权。

---

① 该书作者为印尼华侨沈钧（铁崖、怿舸），著于 1924 年，不知是否为沈厥成先生，载于 1983 年杨建成主编，中华学术院南洋研究所重刊版。1924 年，沈钧著《兰领东印度史》。资料主要依据日本人舟木茂所著日文的《兰领东印度史》及西人所著的荷文、马来文资料。其中略微提到西婆罗洲的华人公司，认为其是独立共和国。因为不是西婆罗洲专史，史料的丰富性不可强求，但框架完整性仍具备。其中提到 1855 年，蒙特拉多华人再有秘密集会，设三指会，以资号召，事为荷兰船长卫尔士彼克所知，以其会员名册密报于政府，遂为政府所扑灭。为他书所不载。

② 通常译为三发。

③ 该书主要依据日文、荷文、马来文资料编辑而成，以荷兰殖民者的立场行文，反映的是日本人、荷兰人、马来人的观点。由此可见日本人、荷兰人、马来人都认为西婆罗洲华人诸公司是"独立之共和国"，只是一些中国学者反而不承认这一点。

④ 通常译为蒙特拉多，即和顺公司所在之打唠鹿、鹿邑。

⑤ 此处应在天地会、三点会诸名中求之。

李长傅《中国殖民史》^① 节钞

（罗芳伯建设坤甸殖民地）19世纪初，中国人之婆罗洲西海岸一带，采金矿作贸易。多天地会徒，各立团体，名曰公司（Kongsi），各戴有头目，而纳贡于三发（Sambas）苏丹，俨然若小殖民地。罗芳伯者，广东嘉应州人，为天地会徒。乾隆初至三发，与苏丹相结纳，继而劳仔人作乱，苏丹等备军实，遣芳伯征之，芳伯大胜，苏丹大喜，约为兄弟，深加信任。有戴燕（Tajan）苏丹者，在卡浦斯河下流，其土酋时有侮蔑华人之举，芳伯令其部下头目吴元盛征之，克其地，时芳伯有党徒三四万，益以土人数万，势力大盛。芳伯遂并合各小公司，为一大团体，名曰兰芳公司（Lanfong），停止纳贡于苏丹。苏丹知势不敌，乃裂土而让之。计其所治地，含有万劳、山口洋、邦戛、喃吧哇等地，时1776年也。

芳伯被任为兰芳公司第一任领袖，刻印玺曰大唐客长，制旗作三角式，"颜曰兰芳大统制"^②，今尚存于吧城之博物院中。以坤甸为政治中心^③，新埠头设副厅，其余若喃吧哇、松柏港、淡水港、万劳、打劳鹿、山口洋、邦戛、双沟月皆设治所，官制则分数级，曰甲大、曰正副书记、曰尾哥、曰老大，皆洪会制度，均由党员公选，法律则抢掠奸淫者死罪，稍轻则施以体罚，或游街示众，公司大事，由众会议公决，平时各安其业，有事则全体为兵，规则井然，俨然若一独立国，当公司最盛时，有荷人曾至其地，谓天地会共和国治下之人民，有十一万人之众，亦称盛矣。

芳伯殁于1793年，年五十八岁。卒后传其位于江戊伯，江殁，阙泗伯继之，阙卒，则为宋插伯。至1855年，荷兰势力侵入，于蒙特拉多设驻扎官，兰芳公司之客长则受荷人之任命为甲必丹，盖由独立国而夷为保护国矣。历任之甲必丹有刘、古、谢、叶等人。当刘死时1884年。荷人欲收为

---

① 李长傅：《中国殖民史》，国立暨南大学南洋文化事业部刊行，1937年，第293－241页。

② 梁启超《中国殖民八大伟人传》谓广东人陈兰芳于乾隆间经商坤甸，平国乱，土番及华侨推其为王，自注据某人笔记，此殆指罗芳伯，乃兰芳大统制之传讹也。

③ 今坤甸尚有罗芳伯庙，该埠中华学校设于此。

直辖殖民地，遣兵占领之。会众反抗，于万劳杀荷吏，焚其公署，未几荷人伪下赦罪令，由三发苏丹转达，中国人被欺，又占喃吧哇，杀荷吏驱逐荷兵出境，未几荷兵大至，遂败。首领梁路义逃至沙劳越境被获，荷舰前往引渡，路义自缢死。坤甸之中国殖民地，自芳伯开辟以来，历百余年，继世者十人，至是而亡。

【资料辑存】

婆罗洲西北部的自耕农，大部分是中国人。在婆罗洲的中国人最初是想掘金而来，后来因金矿利微，遂改业农。①

当时除了爪哇、马都拉及摩鹿加三区外，荷兰的政治统治只是在名义上的管理而已。在 1819 年的外领各区之能略受荷兰政治管辖者只有苏岛巴东、巨港婆罗洲的坤甸、马辰及松巴（Sambas）。盖当 19 世纪的大部分，荷兰所取的政策是集中开辟爪哇而放弃外领各岛。

荷政府对于婆罗洲向少注意，因此英国人的势力日渐巩固。当时华侨在三伯士（Sambas）、坤甸（Pontianak）等地采取金矿的已不少，曾由罗芳伯等组织"兰芳公司"，伸展势力。可算是华侨的中心团体，团结力很坚固，恰如一小共和国。后和土王发生争议，并否认荷兰在婆罗洲的主权，因此才引起荷兰人的注意。到 1845 年，始被荷兰政府占有。②

---

① Vmry Vandenbasch 著，费振东译：《荷属东印度概况》，上海：商务印书馆，1938 年，第 25、45、46 页。

② 沈厥成：《荷属东印度历史》，上海：商务印书馆，1935 年，第 67 页。

李长傅《南洋华侨史》摘录

如西史说婆罗洲的西部中国矿工不服荷兰官吏管辖，自成部落，1884年起大暴动，为荷兰军队所勘定。国人所编的南洋史，多如此说，但是我细考中国记载，是指罗芳伯事，罗芳伯于乾隆中占据坤甸附近，建设独立国，卒后传位于其结义兄弟，1884年才为荷兰吞并，荷人所谓矿工之叛乱，就是该独立国最后的反抗了。梁启超的殖民伟人传说：同罗芳伯同时的有吴元盛、陈兰芳。

罗芳伯实有其人，可无疑义，吴元盛的名字同罗芳伯同见于《海录》，《海录》是记载谢清高的实地调查，可以相信。陈兰芳梁氏说是见近人笔记，来源不甚可靠。据《南洋名人集传》，罗芳伯所设的矿业公司，曰兰芳公司。现在吧城博物院还藏有罗芳伯的旗匾，写着兰芳大统制，这陈兰芳恐是芳伯之误罢。①

罗芳伯，广东嘉应人，少孤家贫，慷慨好义，以尚侠闻，赴南洋，抵婆罗洲西岸之万律（Mandar），当时地未全开，林莽丛密，山番时出掳掠，商旅为之裹足。华侨患之，乃倡义结团自卫，举芳伯为领袖。复联络山巴（Sambas）土酋，结为兄弟，凡华番交涉，皆在芳伯判之。推诚布公，为众所钦服，适马来人与山番构衅，土酋兵败衄，芳伯率众助土酋，大败山番，事平后，土酋益德华人，遂割地东万律一隅，俾华人自主。

芳伯遂据有其地，自称大唐客长。时乾隆四十三年（1778）也。建都东律，更扩充其辖地，凡坤甸（Pontianak）、喃巴哇（Mampawa）、山口洋（Singkawang）等地皆隶版图。当时华侨多采金为业，芳伯设立兰芳公司，专营矿业。又设官制，开阡陌，立市廛，兴学校，俨然若一独立国。同时，其部下有吴元盛者，亦据戴燕国（Tajan 今译大院）为其酋长。②

芳伯卒于乾隆五十八年（1793），部下江戊伯继其位，传四世，至咸丰五年（1855）荷人势力侵入，占 Mantado，设立官吏，中国客长受荷人

---

① 李长傅：《南洋华侨史》，上海：商务印书馆，1933年，第35-38页。此段见"道言"。

② 谢清高《海录》吴元盛条。

之封爵，徒拥虚名而已。又传四世，荷人派兵欲占万律，华侨反抗之，梁路义为其首领，杀万律之荷官，击退荷兵，颇占优势，终以寡不敌众，为荷人所败，① 而国遂亡。时光绪十年也。计传世者八人，历时百余载。亦足传矣。②

民国三年十月顷，坤甸华侨因荷政府强迫筑路，起而反抗，毙一甲长，毁官署，断电线，宋某为领袖，招番兵，树国旗，两方各死伤不少，后由吧城派兵赴援，约亘两三月之久，乱事始平，宋某逃至新加坡，其父被执，惩罚了事。③

【资料辑存】

吴元盛，广东嘉应人，于乾隆间流寓婆罗洲之南境，有地名戴燕国者，国王暴戾恣睢，无恶不作，人民恨之，元盛因暗结勇士多人，起而诛王，土人因奉之为王，死后，年幼，妻袭其位。

罗芳伯，又名罗大纲，广东嘉应人。少孤，家贫，慷慨好义，清乾隆时赴婆罗洲之坤甸埠。时山番常出掳掠，商贾患之，华侨乃结团自卫，编练团勇，即举芳伯为团长。芳伯已练团军，复联络土王，结为兄弟，适土王与山番开战，土王兵屡败，正欲乞援，芳伯率众助之，所战皆捷，事平，土王感其功，割地与之，芳伯遂为坤甸之王。④

---

① 据西人之说，谓1884年至1885年，荷属婆罗洲之华工三点会起事，反抗荷政府，占万律及喃吧哇，杀荷官，终为荷兵所扑灭。其杀害荷官之首领逃往沙劳越，荷兵舰往捕之，彼自缢而死。其人殆即梁路义欤？见 Paring Gould 及 Bampfylde 著《沙劳越史》第104页。

② 此段据谢清高《海录》《南洋怀古录》（侨务旬刊二十二期），余澜馨撰《罗芳伯传》（《南洋名人集传》第二集上册），万律政厅之牌匾国旗帜，今尚陈列于吧城博物院中，牌匾刻文曰"兰芳大统制"，旗多作三角式，又梁启超《中国殖民八大伟人传》（《饮冰室文集》）、胡绍南《中国殖民十六伟人传》有坤甸国王陈兰芳，殆即罗芳伯之转讹也。

③ 参见林有壬：《南洋实地调查录》，东亚研究所，1941年，第56页。

④ 黄竞初：《南洋华侨》，上海：商务印书馆，1930年。黄先生之文，或仅据一两条资料，参以传统史家之演绎笔法而成，不足为据。文中未提及资料的出处。

竹林勋雄《印尼华侨发展史概况》①

起源和发展——关于这一问题，可供参考的书籍很多。但其中叙述的事实，又因各种书籍的不同而有所差别。（华侨）是在1756—1830年间来自中国和沙劳越的。这些移民群的到来，导致了洲内各地许多华侨村落的产生和发展。不仅在坤甸、孟巴哇和三发等土邦内，后来有所谓"华侨地区"的区域，连内地的兰达（Landak）、石家头（Sekadau）和新当（Sintang）这时也有了华侨的移住村落。他们都是趁着金矿热潮汹涌进来的，至于来到兰达的华侨，其目的乃在于获得金刚钻。在黄金蕴藏量特别少或已采尽的地方，他们也在适当地点建立商业中心，像实力（Silat）、沙林包（Salimbau）、麦里奥（Meliau）和上侯（Sanggau）等地都是。马来的土侯们在采金业开始时（1750年）不但准许华侨进入土侯支配下的领域，有时还受到特别的邀请。但对待华侨的条件，也有很多约束。如三发土侯为了确保自己的独占权，曾在1750年颁布命令，严禁华侨栽种稻米，不准输入日用必需品，不准携带武器，因此华侨便要承担从土侯手中接受一切米、盐、鸦片、铁等商品的供应的义务。这种做法一方面还带有榨取和重税的性质，当华侨无力抵抗时，是要被迫履行的，但另一方面，大量的走私买卖在此命令一颁布后也跟着产生了。

到了1760年，马来人对华侨的束缚被迫摒除（照Veth的说法是1770年）。自是而后，土侯的存在似已无关重要，不过或多或少还是要向他们继续纳税的。

在这里准备提一提与金矿有关的土邦之间的战争。围绕着东万律和蒙脱拉度的金矿，曾经在三发和孟巴哇两土邦之间发生过争执，后来坤甸也被卷入这一场血腥的纠纷。坤甸和孟巴哇的土侯们和东印度公司缔结了条约（前者在1779年，后者在1787年）以后，华侨便处在公司的直接监视下。不少地方的土侯把许多土地让给华侨，华侨也向他们交纳贡款作为代

---

① 竹林勋雄著，李述文译：《印尼华侨发展史概况》，《南洋问题资料译丛》1963年第1期，第93–98页。

价。但当住在华侨受让地区的达雅人和华侨冲突时，土侯即回避一切责任，甚至反煽动达雅人，陷华侨于苦境。因此到处引起流血惨剧。三发土侯和其他土侯认为华侨不如达雅人那样驯服柔顺地开矿，故心怀厌恶。此外，土侯和华侨之间也订立了许多契约，其中如土地的租借，淘米缸的洗涤水，道路的维持，米粮的供应以及移民的限制等等。内容多不明确，容易引起纠纷的地方很多。土侯时时想用武力解决问题，所以不安的状态，一直存在着。这种不安状态，到1855年政府决定派兵处理之前，仍继续存在。但在土侯统治下，这种状态是没有什么改善的希望的，因为像三发那样的土侯，当时还不过是海盗的一个头目而已。

因此，华侨为着自己安全和事业顺利发展，就以自治的和经济单位的公司形式来发展其合作制度。这种公司往往得到了和华侨订有契约的政府和土侯们的承认。1822年根据政府的布告承认了"矿业公司为着采矿目的，有使用实际占有的一切土地的权利"。

这一种公司，在早期只是矿业家们为了发展矿业的单纯合伙组织。但不到二三十年，便变成了一个共同社会，其地位带有经济的、社会的、政治的高度独立性。有时甚至发展到可称为"联邦国家"，这是通过1834年的政府调查才被发现的。同时，在土侯、荷兰政府和华侨同乡有利害冲突的场合里，此种公司在必要时也显示出有以武力贯彻其主张的力量。此种公司不但维护相互间矿业上的利益，并且拥有自己的行政机关，也管理了司法、警察、货币、租税、学校和寺庙。他们还作为"责任内阁制"国家机关来行动，从1760年到1850年约百年间，对其保护下的华侨，做到了维持良好治安的秩序，那是政府和土侯所办不到的。此种公司也极为关心运输问题，对道路的开辟、河流的运河化以及其他义务，是用对公司的义务劳动来实现的。

……各矿山公司为着供给自己一部分的需要，也拥有一些农业和商业的组织，此外，还有和矿业毫无关系的特有的农业公司。像兰芳会（Lan Fong Fui）和天地会（Thien Thi Fui）便是一种纯粹的农业团体。

这些团体供应矿山米粮和猪肉，对水田的开垦起了许多先驱者的作用，直到今天还是存在着。过去这一地区本是不毛之地，现在邦戛（Pamangkat）、古罗（Koelor）、巴西（Pasi）和山口洋（Sing-kawang）的周围田地，都以婆罗洲西南部的米仓著称，而这些田地是在华侨公司发展时期由农民开发出来的。

华侨尽管处在达雅人、马来人甚至荷印政府的压迫环境下，但由于他们坚毅不屈的努力和富有才能的组织，把荒芜无用的一个世界角落，改变

107

为一个产业贸易的中心地，经营农业，建设交通，给整个西婆罗洲以巨大的影响。纵令他们无视法令与秩序，但中国人的成绩，无论如何是不能否认的。当采金业的活动达到顶点的时代（1812年），三发土侯还过着海盗的生涯。我们必须强调：凡是写过当地经济风土志的人们，谁也不能否定华侨的巨大经济贡献。……他们也开垦了无人居住的地区，不过，在兰达是例外的。他们用武力夺取了土人占有的金刚钻和采金业，就是在三发的达雅人，也遭到同样的命运。……私人贸易是华侨自己建成的，既不是向他族受让来的，也不是夺取来的，这是极为明显的。……由于华侨居住中心地的产生，对土人若干工业部门起了鼓励作用。例如造船业就是一个最好的例子。

现在可下这样的结论：即1760—1860年主要是由于金矿热潮的结果，婆罗洲西北部都出现了华侨社会。这个社会有国内外商业、工业、畜牧业、沿海渔业、矿业以及农业的一切生产和流通部门，其中雇用人、受雇人及其关系人全是华侨。华侨社会之外，又存在土人社会，但这个社会历经一世纪之久，一步也没有脱出自然经济的境地。这两个社会的各自独立地存在，直到1855年才被发现。就在这一年华侨被驱逐了，但并没有引起马来人经济因素的发展。到了1890年回复常态后，华侨反而比以前占了更重要的地位。固然华侨并不是直接为异族的利益而工作的，但是，从公司所经营的各种有利事业，对这一地方的开发说来，似乎有特别价值。

西婆罗洲稻田面积的显著增大，道路的建设和交通线的开辟，都要归功于华侨。华侨在洲内各地为公司服劳务，往后根据1857年的洲令，改为服役劳动，截至1917年为止，华侨服役劳动的义务，几乎和土人是一样的。如同凡·黎斯（Van Rees）所计算的那样，西婆罗洲的行政费，是全靠对华侨征税的收入来维持的。这项收入是由鸦片、赌博、屠场、当铺等营业税和人头税构成的。

罗香林《罗芳伯所建婆罗洲坤甸兰芳大总制考》^① 摘录

坤甸王罗芳伯遗像赞

翁居为愚西邻，未由一晤翁范，心甚歉，然尤得于耳熟之下，缕悉高躅。爰不揣固陋，窃效珥笔以扬徽云。缅彼哲人，芳兰其气，景兹良士，松筠其操。幼负歧嶷，悬弧早矢四方之志；长而贤达，树望不愧千里之驹。敦伦以孝友为先，接物惟刚直是务。英风遍被乎中外，义问广孚于遐迩。泽润江河，沛光波于亲故；诺重金石，耀丈夫之须眉。经霜雪者数十年，亭亭挺秀；历险夷者千百境，岳岳怀方。业创贤劳，克勤克俭，家承令器，肯构肯堂。

欣翁之卓立兮，迪光于前；卜翁之锡祉兮，克昌厥后。行将北睹，荣旌借借乎实大声宏，予乃叶德口而载赓。^②

春弟郑如埙拜

一、引言

清乾隆间，广东嘉应州有罗芳伯者，侨居南洋婆罗洲西部之坤甸，拘率众开垦，助土著苏丹平祸乱，一时侨胞多归之，威望日盛，东征西讨，所向披靡，苏丹知势力不敌，因降身听治。芳伯乃为之奠都邑，定官制，修军备，辟商场，兴实业，抚民庶，建元兰芳，称大唐总长，建国号曰兰芳大总制，盖纯为一有土地人民与组织及主权之独立国焉。余籍隶兴宁，兴宁于清为嘉应州属县，少时闻父老述芳伯在海外事功，心焉壮之，顾不能得文籍载记以为之参证也。其后读温仲和等纂嘉应州志，见卷二十三人

---

① 罗香林：《罗芳伯所建婆罗洲坤甸兰芳大总制考》，上海：商务印书馆，1941年。

② 婆罗洲坤甸兰芳大总制总长罗芳伯画像，原件藏梅县石扇罗族，此影为梅县罗族所赠。墓碑上署"皇清威明德创芳柏罗先生墓"。上款署"光绪二十三年仲夏月吉旦元芳公司□□□□"，下款署"各善友等同立"。此影为环球步行家赤溪张尚仁君所赠。

物下，有罗芳伯传，又见新会梁任公先生饮冰室文集中有中国殖民八大伟人传，辄大喜悦；然志文简略，不及余所闻十一，殖民传所述坤甸王事，尤寥寥仅三十许字，且误书罗芳伯为罗大，则又读罢反不觉为怅怅然也。七八年来，以治华南民族问题，南中诸友，颇以各类珍贵资料相寄，既为撰述华南民族史，及客家研究道论等书，又以华南人士，经营南洋群岛，钜功伟绩，不可无相当表述，乃为更搜华侨移殖史料。梅人管又新先生闻而嘉之，远道惠书，以林凤超《坤甸历史》钞本见寄。凤超字翔朝，自署岭东人，其书著于民国元年，虽以坤甸为名，然所述皆芳伯建立兰芳大总制及其后为荷人所并诸事迹，且无刊本，世鲜见者，谓非关于兰芳大总制之可贵史料，不可得也。其书体例，略仿紫阳纲目及春秋公羊传作法，以事系年，提行为纲，书法所以释意，略寓褒贬，发明所以广意，略如史评，质实略同附注，或考释。以此证以余向所闻，虽范围仍不无分别，然就关于芳伯事迹文籍上之资料言之，恐已无有胜此者矣。自顷言南洋风土人情或政治经济与华侨问题者多矣，言南洋风土与华侨掌故而语涉罗芳伯故事者，亦数不鲜见矣，然大率皆属语焉不详，于芳伯之确实年代，及兰芳大总制之传演与制度，尚阙如也。台山温雄飞君著南洋华侨通史，为近日言华侨历史不可多得之伟著，其下卷杂传，所列魁杰侠义诸传，于南洋华侨英杰事迹，独多阐释，所载罗芳伯传，于芳伯开辟坤甸事，亦叙录较审；然限于体例，于芳伯卒后兰芳大总制与坤甸土著之关系，及其传替情况，未遑悉录，以视林氏坤甸历史，虽大要或似同出一源，然而范围不同，详略各别，要未可同日而语也。爰为校录缮正，列为华侨移殖史料丛刊第一编。又以林氏原著，间或过重议论，于当日地理背景，或其他相关联之史实，未遑兼述，故为爬罗抉剔，并参与西婆罗洲华侨宋君子屏致赤溪张尚仁君述兰芳大总制事迹一信，复作此篇。意在发扬先民经营海国之事迹，芜累之讥，知不能免也。

二、婆罗洲之地理环境

三、婆罗洲之历史背景[1]

四、罗芳伯之生平行谊[2]

罗芳伯为广东嘉应州石扇堡人，芳伯少负奇气，生性豪迈，任侠好义，喜结纳，尝与里中诸少年游，咸唯唯听命。而长于俗慕海利之篆，业儒不成，遂去浮海。至止婆罗洲坤甸之东万律，以教读兼采金为业。芳伯

---

[1]　以上两节与兰芳史事无甚关系，此处不录。

[2]　以下各节仅抄录出与罗芳伯有关之文字，余不录。

已居其地，乃与土著苏丹相结，构合徒众，为代平祸乱，得地甚广，因建立兰芳大总制，以统其民。当时以清廷方严海禁，中外消息隔阂，故其生平事迹，国内学人，鲜有知者，即间或记录，亦多以讹传讹，真相不明。兹为粗举数端，为考其生平如次。

罗芳伯之名号，梁任公先生《中国殖民八大伟人传》称芳伯曰罗大，湖北法政编辑社第十五种殖民政策，亦云坤甸王罗大，一若当日建立兰芳大总制之元首其姓名果为罗大也者，而杨炳南《海录》则称之为罗芳伯。不知罗大乃芳伯尊称之省词，方伯乃芳伯之讹，非其原名如是也。按芳伯原名芳柏，林氏历史题辞云："罗芳伯，广东梅县石扇堡人，名芳柏，其兄兰柏，其纪元为兰芳者，或取义于此与？然胡以云伯也？或曰：伯者方伯也。又一说云：芳柏主旨在共和，方伯非是，当作兄弟长辈之称。二说后说理优。"余按伯为兄弟伯叔之伯，林氏所举第二说，自较可信。当日与芳伯结义之志士，相传凡十八人，芳伯年长，故被称曰罗大伯，或称罗芳伯，大伯、芳伯，皆尊称也。罗大盖大伯省称，任公先生殖民伟人传仅据口碑入文，故不史疏误，而寡识之士，昧于当日史事，已言乾嘉间，主坤甸者，为客长罗芳伯，又谓当时有嘉应人陈兰芳，以经商平乱，进为坤甸国王，不知芳伯为芳柏尊称，兰芳为芳伯所建国之年号，析兰芳与芳伯为二人，何可笑之甚耶。

罗芳伯之年代，罗芳伯出国经营之年代，据温氏《南洋华侨通史·罗芳伯传》谓："丁某年秋，届其同志，由梅走岐岭，经老隆，顺流从东江而下，抵羊石，由虎门放洋南渡。直抵婆罗洲之西岸。时坤甸尚未成埠，芳伯由三发登陆，一履其地，但见长林丰草，广袤无垠，土人构木为巢，猎山禽野兽而食，用叹曰：此沃壤千里，所谓天府之雄国，其在斯乎。乃辟地而居之。"此盖仅言其出国之路线，大要可信；惟于其出国年代，故为隐约其词，以此知温氏所据材料犹不足也。林氏历史，虽于芳伯出国年代，亦无所记，惟所附芳伯未为大唐总长时所作《金山赋》，可略见其概，《金山赋》首段云："盖闻金山之胜地，时怀仰止之私衷，地虽属蛮夷之域，界仍居南洋之中，岁值壬辰，节届应钟，登记自虎门而出，征途之马首是东。"

所谓"岁值壬辰"，证以诸书所记芳伯占据坤甸在乾隆年间之说，必为乾隆三十七年（公元一七七二年），盖乾隆纪元六十年中仅三十七年为壬辰岁也。是芳伯出国，实在乾隆三十七年。其出海处为广州虎门，其初至坤甸，由老新港抵东万律，东万律山产金，故华人以金山称之。至其占据坤甸，建立兰芳大总制之年代，据杨炳南《海录》谓在"乾隆中叶"，

光绪《嘉应州志·罗芳伯传》谓在乾隆中叶，此外各书之曾记及芳伯故事者，大抵亦多以此类泛语出之，惟温氏通史"罗芳伯传"则谓在乾隆四十三年，一七七六（按此当是八字之讹）年也。验于当日史事，当较可信，惟与林氏记，适迟一年，林氏文云："黄帝纪元四千四百七十有一年，丁酉岁，乾隆四十二年也。罗芳伯据婆罗洲之坤甸，公举为大唐总长，建元为兰芳元年。"余意此为建号年代与统一年代之差异，林氏所云乾隆四十二年者，盖指建号而言，温氏所云四十三年者，盖指其统一所属各地而言，建号在先，统一在后，无足异也。惟温氏通史所附中国南洋交通年表，又称清乾隆四十一年，一七七六年，罗芳伯王于坤甸，则又自乱其说，不知果何故矣。又罗芳伯逝世年代及年岁，各家所记，亦微不同。嘉应州志谓芳伯年七十余终，温氏通史则谓芳伯没于一七九三年，清乾隆五十八年，时年五十八。林氏历史，未言芳伯年岁，惟谓兰芳十九年，以印，乾隆六十年，大唐总长罗芳伯薨。林氏最明坤甸历史，所记芳伯卒岁，当自可信。至殁时年岁，验以林氏历史附录芳伯建号后所作遣怀诗，则以《嘉应州志》所述为是。芳伯遣怀诗云："英雄落魄海天来，笑煞庸奴亦壮哉。燕雀安知鸿鹄志，蒲樗怎比栋梁材。平蛮荡寇经三载，辟土开疆已两回，莫道老夫无好处，唇枪舌剑鼻如雷。"平蛮遣怀，而自称老夫，知其年岁不小也。信如温氏乾隆五十八年，时年五十八之说，则其在乾隆四十二三年平寇建号时，极其度，不过四十余岁耳，方在壮年，何自云老夫耶。且芳伯被结义诸人尊称为大伯矣，亦可反证其时已齿德兼尊，不类四十许人。意者温氏所记年岁，乃芳伯初为大唐总长之年岁乎。讨论至此，吾人可结语曰芳伯出国，在乾隆三十七年，时已三十余岁，越六年受推为大唐总长，时为乾隆四十二年，又十九年病卒，时为乾隆六十年。至芳伯诞辰，则据宋子屏所述，谓为旧历二月初九日。此则罗芳伯年代之大略也。

余按此事或出误传，芳伯出国前，嘉应州一喧，似尚无天地会之传播。天地会始创于台湾华民，故康乾时，志士之以天地会口号起而抗清者，亦以台湾为多。嘉应州一带客家人之大批移殖台湾，已在康熙平定台湾郑氏之后，于台湾天地会所介反清复明之宗旨，初不甚明。

陈达《浪迹十年》^① 摘录

西婆罗洲充满罗芳伯的轶闻，吴新昌为余述罗的历史，今存其一部分如下：

罗芳伯梅县人，曾入学，在广东犯罪，200 年^②前率会匪出国，到山口羊（Sinkawang）开金矿，并吞海陆丰人所经营的小公司，成立大公司，用洪门会名义自称大哥^③，俨成一方之王。后因拓展政治势力与土人（Dayaka，俗称拉子）几次武装冲突。土人要求荷人保护，荷人与罗起口，后与罗成立协定，分区而治，东万律河（Mandor River）以西属罗，以东属荷，土人由荷保护。^④

罗奉洪门教，采十八兄弟制，自称大哥，此后由二哥及三哥相继执权。与罗同时者有江、阙、宋、刘四姓。刘当权时荷政府请取消大哥名称，封刘为甲太，以统属西婆罗洲各甲必丹。刘死后其子恩官不愿作甲太^⑤，迁米兰（日里）服务于荷，称甲必丹。恩官子名水兴，现住米兰，已破产。罗原住东万律有办事厅，今作祠堂。坤甸有芳伯副厅，乃后人纪念罗氏所建（动产与不动产共值五万盾），中华学校旧址所在，1925 年焚于火。

---

① 陈达：《浪迹十年》，沈云龙主编：《近代中国史料丛刊续编第八十辑》，台北：文海出版社有限公司，1981 年。兰芳共和国的史事大致有两个出处：一是如格鲁特《婆罗洲的中国公司》之类的 19 世纪欧洲人的一些著作，大多未翻译成中文，加上年代久远，罗香林以下的学人利用不多。二是罗香林先生看到的一些材料，如《兰芳公司历代年册》、林凤超《坤甸历史》，罗先生之后的学者，大多靠此材料演绎。陈达先生记录兰芳后人口述史事，可为上述两个渠道的补充。1945 年，陈达先生南洋考察的记载，全出自当地华人的口述，罗香林诸先生所不曾知的，可以当作一手史料。不相符的需要考证。

② 民国二十四年，即公元 1935 年。

③ 罗芳伯是否为洪门、天地会众，史无定论。

④ 此处应是将刘台二之事上移至兰芳开国之年了。

⑤ 始封甲太的是刘台二，刘恩官之父为刘寿山，二者非为一人，前后相隔 25 年。

宋子屏口述罗芳伯轶事

宋子屏为宋七伯后裔，世居坤甸，子屏经营杂货业，粗通汉文，是坤甸的文化分子之一。……余到坤甸，子屏关于罗芳伯的故事，口述其所知者如下：罗芳伯于壬寅年①到西婆罗洲，离 1935 年为 165 年②。上岸时经米仓（Sekilong）由勿里里（Perriti）入口。因 Sultan③ 的胞弟当时在米仓，与罗氏的同党人为难。罗到坤甸见 Sultan 不得要领，与兄弟十八人，带兵116 人往米仓镇压。罗氏为谋改进生活并发展势力，自愿往东万律征土人，当时土人在东万律开金矿。有小规模金矿公司，为汉人所经营者，晨五时即开始工作。罗氏先攻此公司，十八兄弟俱化装，先捆住公司职员四人（内有伙长即经理及司书），到晨七时各重要职员俱就范，罗氏鸣木鱼整除退出。当时服从者约 1 000 人，不服从者俱被杀。④ 罗氏第二次的奋斗是对于三星公司，离东万律经约一公里。该公司经理刘贤，广东揭阳人。刘部下有 6 000 人用大刀及长枪来抵抗，不适度，退竹园独霸一方，称和顺公司。罗在东万律开金矿，巩固自己的势力，三年后复与刘贤冲突，刘败退至河边入水死。和顺遂灭。不久罗至 Montrado 与大港公司发生争执，以和平方式调解之，自此处至山口羊属大港的势力范围，罗氏以东万律为活动的中心。

罗氏在东万律俨然是一方之王，于 53 岁登位，58 岁死。⑤ 在位之日曾与 Dayaks 开战。罗氏死后传江戊伯，江亦十八兄弟之一。江继罗志，驱 Dayaks 于山中，华人将耕地大量地展开，声名大振。清嘉庆时在东万律成立办公厅⑥。

中堂有"气贯九重"匾，厅门悬灯一对，曰："风调雨顺，国泰民安"。江掌权共十三年，开会时用蜡烛，后虽已通用油灯，但遇开会时尚以燃烛为习惯。江退职后，阙四伯继任。阙梅县雁阳人，三年 Dayaks 作乱，杀汉人。阙得信，派兵征 Dayaks 不利，请江出。江乘帆船复任，在山上放火，平 Dayaks。阙坐镇东江统兵出征，先至 Lalam，后到 Matang Tan-

---

① 乾隆壬寅年为 1782 年，宋子屏此处记忆应有错误，一般认为罗芳伯是 1772 年到达婆罗洲的，是年为农历壬辰年。

② 1935 年之前 165 年，为 1770 年，农历己丑年，也不是壬寅年。

③ 即苏丹。

④ 此段关于罗芳伯起事的回忆与格鲁特等人的记录不同。

⑤ 罗芳伯确于 58 岁时去世，但在位非只 5 年，而是 19 年。

⑥ 此办公厅当即兰芳人自称的总厅，兰芳共和国成立时已有总厅。

am，有人刺 Dayaks 王。江率兵追至 Sinkutan 渡河，不幸木排翻，江遇救得不死，但军器尽失。土王亦已精疲力竭，降服并入贡。江返东万律，死时邑人建立忠义祠。

阙四伯执政六年死，江复位，遣四人返华办军火，四人俱不返。此四人俱蕉岭人，因此蕉岭人不许在东万律掌权①。九年后江死，葬于东万律。

宋七伯②继握政权凡二十余年，用清朝衣冠及制度，坐享太平。

刘太王③非十八兄弟之一，但继宋执权，拟开发 Bantu，因无资，向荷人借款，得华币约二万圆。因合同系荷文，刘对于内容不甚知情。据合同如到期不能还款，刘允将物权让出，并包括政权的让与，因此东万律华人对刘不满，驱之。继任者有古六伯，梅县人，十年后去职，返梅县渡政治生涯。

谢铭铨④继任遗职，亦梅县人，执政三年，因财政账目不清，受攻击去职。

掌权者商人叶腾辉，似有义务性质，家人常住东万律，叶有事公办，无事则经商。据传说双峰林道干子孙与 Dayaks 通谋作乱，往征之。双峰离东万律约有二日半路程。所费较巨，但叶对于此事未与他人商议，不合民治精神，被讥为独裁。叶去职返华。叶临行时，留信一件致店中管账员刘寿山，嘱为继任者。东万律华人因前刘太王事件尚未与荷人议妥，捐款并请刘寿山往巴达威⑤办理刘太王事件。刘见闽籍玛腰某君，此人长于马来话，由此人引见巴督，巴督出示荷文合同，允许华人在东万律的政权到刘本身为止。西婆罗洲 Resident 将此消息透漏于甲必丹，后由甲必丹转告于华人，华人咸痛恨刘寿山，由此酝酿革命。先以李添全为首，郭亚真旋即加入，在 Sarasen 地方储藏军火，起盖房屋，预备集合同志，乘机起义，Sarasen 位于孟加影途中，离东万律约有五小时的路程。

适逢阴历七月十五孟兰会，革命党人以鸟枪行刺刘寿山，不过火，刘惊惧，奔返办公厅，当夜往坤甸。刘走出以后，不久革命军到达东万律，古三伯（旧罗芳伯书记）优待之。革命军约二百人，头戴黄帽，用绑腿布，宣言曰："拥护兰芳公司，打倒刘寿山。"但革命军纪律不振，欠饷并纵赌，舆论不服。

---

① 此事《兰芳公司历代年册》（以下简称《年册》）认为发生在罗芳伯任总长时。
② 《年册》中记为宋插伯。
③ 《年册》中记为刘台二。
④ 《年册》中记为谢桂芳。
⑤ 即巴达维亚。

叶腾辉子叶四，乘机杀革命党领袖李添全，并策划大规模报复，Resident 恐酿事端，往坤甸商量，决定把革命党人约 30 人，送亚齐（Atje，在 Medan 近旁）。

刘寿山在 60 岁时，有意以长子亮官继任，不久亮官执政凡 3 年，死去，时年仅 31 岁，寿山复位，至 71 岁时卒（甲戌年），时在坤甸，疑为人毒死。

头人张书伯，因犯罪嫌疑解于东万律，不判罪，因张与宋七伯为亲戚，东万律副总制宋志安，前曾传说有杀宋阴谋，亦未判罪，荷人虽知其事，不干涉。对于亚齐事件，荷曾与刘寿山相约不干涉刑事。

刘寿山与何运甲（Billiton）争鸦片，不久刘死。刘枢停于高坪，刘婿叶汀凡秀才主张运于东万律。有人以为枢应停于办公厅，有人反对。卒乃停于学校。办公厅前旗杆升荷旗，一般华人才明了刘生前与荷密约。激烈分子立即秘密拜盟，三夜内已有数千人。荷人睹此情形，将荷兵撤至坤甸，仅留 Controleur 于东万律，以办公厅为住所。华人以为荷政府必派兵来，但三月荷兵不至。监生梁路义劝众人守秩序静观时变局。有人忍耐不住放枪，Controleur 受伤，曾荣添以刀杀之。时在甲申年（1884）九月。明年一月荷兵至，与东万律华军战于圆山，荷军败绩。爪哇亦无重军可调，乃请 Sultan 作调人。Sultan 本与兰芳公司友善，派叔 Pati 到圆山。哨兵不知情，鸣号，华守军枪击，Pati 出示土王旗，得免于难。

荷人向巴达威请援，约 200 后士由 Manpawa 到望地龙。时梁路义驻兵于河旁山上，数日荷兵未进，梁部下宋西苗恐部队欲散，讥讽荷哨兵之在河边游荡者。荷军怒，前进，又被击退。当时华人战士，除战死者外，所剩余亦不多，且有逃亡者。小孩 3 人，赖才（15 岁）、戴月兰（12 岁）、丘耀明（14 岁）睹状，禁止士兵不许逃脱。至是宋部下仅留 7 兵，守阵地，小孩斩断铁链成碎片入炮，以当弹药。黑夜 7 兵欲逃，天明小孩欲开炮，因药线凉露水，开不成。荷兵一拥而前，又不逞。

丙戌年，荷兵 300 人自爪哇开到，由圆山分两队前进。华军守关口以刘龙生为领袖。败荷兵。荷人请土王至东万律调停，荷兵同行，占办公厅及所藏军器。

丁亥，荷兵退高坪，罗义伯与之分界而治。吴桂山、黄福源二汉奸引荷兵围华军，分二路入山。罗义伯见会员变节，带兵来犯，逃往 Sarawak，是时与荷兵抵抗者，仅罗同监 Dayaks 人[①]，四个月后，首领战死，乱平，

---

① 此句不可解。

时在戊子年。

【资料辑存】

中国人在婆罗洲岛，已有很长久的历史。距今不久，清初的罗芳伯曾称王坤甸，传至七世，始灭于荷兰。现在坤甸还有罗芳伯的庙宇，留给后人做凭吊。尚有吴元载，亦曾王坤甸附近的戴燕国，这足以证明中国人来南洋的久远和过去显耀一时的光荣。

胡椒生产于坤甸北部低平的蒙托拉罗（Montrado），那地方也有金矿发现。森巴士（Sambas，亦译为三发），是本府（西婆罗洲府）西部森巴士河中的小岛，贸易颇盛，有公路通坤甸。新加旺（Singkawang，亦译山口洋），在西海岸的岸上，也有公路通坤甸。①

---

① 廖稚泉：《荷属东印度地理》，上海：商务印书馆，1931年，第112、114－115页。此节对西婆罗洲华人共和国史事叙述极为简略，且将吴元盛误为吴元载。可见作者廖稚泉及编辑刘士木、沈厥成先生对这些南华先民的史事已不太清楚了，而且没有什么新材料可用，亦未提及其他公司之事。

霍普金斯《婆罗洲华人史》节选

公司制度的兴起

荷兰人和华人之间的斗争，最集中在西婆罗洲一区。双方在这里所争夺的对象，不光是胡椒和树胶，同时也包括蓬勃发展的金矿业。一种极独特的社会和政治结构终于在这个地区发展起来，并先后与荷兰人进行了一百五十多年的抗争，才落入荷兰人的全面控制下。这就是公司制度（Kongsi System）的发展史。①

公司是一种自治群体，拥有百分百的共和政体。结果，它们对当地土王的专制政治，产生真正的制衡作用。公司制度也在砂劳越某些地区和坤甸一带建立起来。由于荷属婆罗洲（即今印尼属加里曼丹）的公司资料较容易取得，本文遂较详细地描述荷属婆罗洲金矿区的公司制度，并且将集中探讨设在东万律（Mandor）的兰芳公司。兰芳公司是荷属婆罗洲规模最大、最为成功的公司之一。巴巴拉·沃德（Barbara Ward）对公司制度的论述，是历来资料最丰富者之一。她指出，这种制度源自中国的乡村组织。

有些人把它看成孤立的组织，不承认它同华人的基本社会结构发生联系，也不承认它和本身发展所依据的历史和地理环境有所关联。这些人不免会犯下以下两种错误之一。他们不是把公司看成一个谋图反对一切民事政府的秘密会社，而加以谴责，就是把它看成现代共和民主制度的样板，而齐声赞扬。其实这两种看法都是不正确的。②

荷兰学者哥罗特跟巴巴拉·沃德一样，坚持公司制度是华族移民蒙受各种困苦之后的自然发展。他们以紧密的宗乡群体和乡村社群，来到人地

---

① James R. Hipkins 著，张清江译：《婆罗洲华人史》，《砂劳越博物院院刊》1971 年第 19 卷第 38－39 期，第 80－86 页。

② 华人的"公司"一词，《麦氏汉英大辞典》译为 public company。它指职员，指管制、处理和主持活动。在南洋的今天，一个"公司"可能是指从俱乐部到有限公司的任何一种团体。18 世纪和 19 世纪的西婆罗洲华人社区，这个词可能是指为了政治、社会或经济等目的而组织起来的社群。兰芳公司的兰芳具有兄弟情谊的象征。

生疏的异邦，故万事皆需靠自己，以求生存。如果我们描述兰芳公司的整个发展过程，对于一般公司的组织，将会有一个较明确的概念。① 兰芳公司和其他两个公司，是本文所要探讨的三个最重要的公司。它们都坐落在今加里曼丹的西部，它们是开采金矿的主要企业之一。

厄尔（G. W. Earl）于 1834 年访问婆罗洲，目的是要同华人建立贸易关系。他在其著述中对大港公司作了详细的描绘②。当时，荷兰人在婆罗洲西海岸的坤甸和三发，各有一个聚落。这两个地方相距约有 90 英里之遥。厄尔所要去的那个华人拓殖地，即位于这两地之间，其首邑在打劳鹿（Montrado）。尽管西海岸的荷兰人和马来人劝告他不要去，厄尔还是动身前往。当他和手下一行人抵达打劳鹿时，备受华人的殷勤招待。他此行所遭遇的唯一失败，是荷兰人的干涉所造成。厄尔对此内陆之行的描述，给人的印象是，华人对地方的治理井井有条。沿途偶尔看到的房舍，是为了客人下榻而兴建的。打劳鹿镇本身由单独一条长约四分之三英里的街道所组成。"其客长之私邸"在街道的一端，距离市镇不远，是一座形状独特的大型建筑物。虽然当时下着大雨，客长和市镇的头人们依然身穿上好衣服，在庭院的大门迎接来客，并鸣三响礼炮，以示隆重欢迎。翌日，厄尔与头人们会面，并讨论是否可以同新加坡打开直接贸易的途径。厄尔对于客长的政治才干似乎留下深刻印象。对于当地的政府组织，他认为极适合这个华人社区的客观形势。他强调这个公司具有绝对的独立性，既不受中国皇帝的管辖，也不受荷兰人的统治。前者不承认任何海外华人拓殖地，后者谋图在该地确立管治权之举，则全告失败。厄尔悲叹荷兰人对贸易的垄断，致使一度蓬勃发展的对华贸易，完全停顿下来。他一眼看穿，经济危机的迅速到来，将给打劳鹿带来毁灭的厄运。四年之后，多地（Doty）和波罗满（Pohlman）这两位传教士访问打劳鹿镇时，发觉许多房舍空无人影。人口显然大为减少了。他们认为这是该华人区本身发生纠纷的结果。纵然如此，他们估计在打劳鹿的大港公司，还有一万左右的人口。

荷兰学者哥罗特曾经出版了兰芳公司最后一位大唐总长的女婿叶湘云

---

① 以下各段的材料，是引自下列著作：Barbara Ward, *A Hakka Kongsi in Borneo*；罗香林：《西婆罗洲罗芳伯等所建共和国考》，香港：中国学社，1961 年；T'ien Ju-K'ang（田汝康）and Barbara Ward, *The Early History of Chinese in Sarawak*；T'ien Ju K'ang, *The Chinese of Sarawak：A Study of Social Structure*, London School of Economics, Monograph on Social Anthropology, No. 12, 2nd impression, 1956.

② 罗香林：《西婆罗洲罗芳伯等所建共和国考》，香港：中国学社，1961 年，第 38 页。

所撰的华人文献《兰芳公司历代年册》。此书对兰芳公司的组织和历史，记述甚详。1961 年，香港大学教授罗香林以华文出版了一部有关兰芳公司的历史论著，书名作《西婆罗洲罗芳伯等所建共和国考》。在此书中，他探讨了婆罗洲与中国之间的商业史，并且对兰芳公司的结构和活动，增加了一些详细的资料。我们从厄尔对大港公司组织的记载，和哥罗特再三坚持中国的乡村结构与婆罗洲公司的雷同，以及罗香林对兰芳公司的查考，可以明显看出各个公司之间的差别甚微。我们在描述兰芳公司的结构时，即等于描述其他公司的结构。

兰芳公司几乎和所有其他公司一样，主要由客家人组成。哥罗特认为客家人在中国的家乡，受到其他方言群所围绕，也许养成了一种特别强烈的群体内聚力。显而易见，该公司的基础是建立在宗乡结构上。这种宗乡结构是华族移民从中国带到南洋的。

兰芳公司的创立人罗芳伯诞生于清朝中叶的乾隆（1736—1795）年间。他的早年生涯鲜为人知。我们只知道他在广东省嘉应州（今称梅县）出生与长大。他在家乡生活了几达三十年的岁月。他是一个求知欲很强的读书人，但他也怀着政治上的抱负。由于在家乡无法施展他的抱负，在失望之余，他毅然离乡背井，随同乡亲们过番去。他从广州虎门起航，旋于 1772 年在坤甸的一个小镇登岸。

在离开家乡之前，罗芳伯已成婚，并育有一子。但南来时，他未携眷同行。后来，他在婆罗洲跟一名达雅克女郎结婚。这位土著夫人，在罗氏领导发展兰芳公司的过程中，扮演了极重要的角色。罗芳伯抵达婆罗洲时，也带来了将近一百名同地区的客家人。究竟这些客家人是否属于同一宗族，不得而知。但他们来自嘉应州，却是可以肯定的。在清朝，嘉应州包含五县，即罗芳伯出生的梅县，长乐（今称五华）、增平（今称蕉岭）、兴宁与平远。上述移民可能来自这五县中的任何一县。他们似乎很快便形成一个核心组织，在坤甸的其他嘉应州人，不久便汇集在他们周围。

罗芳伯安顿下来之后，起初靠教书为生。当时坤甸是森林地带一个异常落后的村镇。由于这村镇与一个矿藏丰富的地区为邻，镇内的移民乃以开采金矿维持生计。罗氏本身也在课余参与开矿工作。

然而，罗芳伯带来的那批移民所生息的社区，情况并不好。原来在坤甸有一大批潮州人一再跟这班客家人移民过不去，致使他们的日子很不好过。事情很明显，倘使他们希望过和平安宁的生活，就得寻找另外一个新天地，以迎接未来的岁月。在早年时期，客家人当中组织了十八兄弟会。由于罗芳伯受过教育，天资又聪慧，加上他具有领导和行政的才干，所以很快便成为这个新会党的老大。

经过一个时期的策划后，罗芳伯所率领的一批人马决定迁移到一个新地点，也就是迁移到三发区东万律大埔客生息的山心金湖。首先，罗氏的部众攻击这个社区。大埔客垦殖民的领袖张亚才率领部属，逃往他处。罗芳伯遂成为山心金湖区的新领袖。通过贤明的施政和待人以善，他把未逃走的大埔客垦殖民争取过来。于是，这个新村落开始筑起护墙，兴建店铺、房舍和公司办事处。这个大埔客和嘉应州客联合组成的新社区，继而开辟山林，挖掘水井，发展矿业。由于这些新垦殖民远离一切外来控制，他们自然而然地便建立起本身的政治机构。他们在罗芳伯的英明领导下，把政治机构建立在原本存在的群体组织上。不到四年，罗芳伯因协助三发苏丹敉平叛乱而名声大噪，加上他深得民心，终于成为西婆罗洲的公认领袖。

1775 年，他在西婆罗洲建立兰芳总长制。在往后数年中，兰芳公司因征服了东万律周围整个地区，结果它所控制的区域和整体力量均告增大。他们本来希望占有打劳鹿金矿区，只因该区地势崎岖，难以逾越而作罢。当兰芳公司最后组成时，拥有大约四万人口。据估计，到了 1777 年时，约有两万当地土著也加入兰芳公司。①

罗芳伯领导的时代，兰芳公司欣欣向荣，发展迅速。罗氏殷切希望其领地隶属于中华帝国，然后按时向中国朝廷进贡方物。但是，它的希望始终未实现。

罗芳伯的头衔是大唐总长。在他统治的十九年间，他的政府介于民土和"开明的"专制（如果这个词可用的话）之间。他手下有数位能干的军事领袖，可帮助他统一整个地区。可惜他身边显然缺乏政治人才，以致在行政上无人能帮他一手。不过，他也很可能不愿意把行政事务普遍交给他人去处理。根据记载，罗芳伯给人的印象是一个意志坚强，但也很自负的人。他设法将自己的权力和才能罩上一层神奇的面纱。民间盛传他有控制鳄鱼的力量。不论是真是假，平时在他周围总有够多的故事产生，使人很难确定究竟是事实抑或传说。

公司的组织

兰芳大总制的中央政府组织并不复杂。首府设在坤甸附近的小镇东万律。对外方面，总长有时自称为西婆罗洲王。在总长以下，设有副总长一

---

① Henry Keppei, A visit to the Indian Archipelago, in H. M. Ship, *Maeander*：*With Portions of the Private Journal of Sir James Brooke*, London：Richard Bentley，1853：pp. 352－353.

位，亦称参谋或军师，驻扎在金矿区的沙拉蛮（Salamon）。兰芳大总制没有组织政府所依据的成文宪法，有的是一套不成文的法规，也是一种心照不宣的协约。在这种默契底下，总长和其他重要官员由人民推选出来。不过，他们的服务期限却未加阐明。倘若选民认为他们无能或失职，可能遭受弹劾。总长有权向人民推荐数名候选人作为他的继承人选。推选总长期间和新总长就任之前，副总长代行总长的职权。至于总长是否有内阁之类的组织协助他处理政务，则不得而知。

除了兰芳大总制以外，尚有戴燕国之成立。这个王国纯粹是为了罗芳伯手下最能干的副官吴元盛将军而建立的。吴元盛统治下的戴燕，有如一个封建国家。

为了方便地方上的治理，罗芳伯把西婆罗洲划分为几个行政区，称为省，省下有府，府下有县。每个府设有一位府尹；每个县设有一名县长。这些次级官员大抵以志愿者的身份为政府服务，未获任何薪酬。府尹和县长乃负责司法和行政两方面的职务，虽然独立的裁判厅也有设立。各省则设有地方法庭。此外在诸港口也派有关税官员，专司征收货物入口税和通行税，同时也负责处理移民事务。

各级官吏的推选方法，不见记载。但是哥罗特指出：当选者不外是个别村子里最富裕、最具影响力的人物。这些有财有势的人，也出任地方长官。其中一个是整个公司的首脑。巴巴拉·沃德认为，由于公司制度和广东、福建两省操客家话地区的乡村组织相类似，我们可以推断西婆罗洲的每个华人垦殖地，是组织相当紧密的移民社区。这些移民多数即使不是宗亲，至少也是同乡人。在中国稳定的社区生活里，资历深是担任宗族领袖和乡村长老的首要条件，但在婆罗洲的新环境里，资历深的条件却不比个人威望来得重要。在婆罗洲华人垦殖地里的人，并非偶然毗邻而居的群体，而是多数在同一个金矿干活的伙伴。通常一个人的领导素质很容易受赏识和利用，所以领袖人物的挑选并不难。

公司的行政制度

在公司的行政制度里，有几种极重要的特征应该注意。头人同地方代表和拓殖地代表商议，是每个公司的特征。哥罗特写道："总长几乎对各种大问题，皆须与次级官吏磋商。"公司头人和地方领袖有权推举和罢免次级官吏，这显然促使他们在整个公司里处于最有权势的地位。第二个重要特征是，公司的权力乃由乡村起，一层一层委托上去，不是源自最高当局，由上而下。

当选的官吏在各自管辖的区域内，负责维持法纪与秩序，并处理各种发生纠纷的违法事件。各拓殖地的会议，由族长主持；地区层次和公司层次的会议，则由官吏主持。对于重要事项的裁决，事先须与公司头人磋商。抢劫、谋杀和政治罪行的案件，则由公司头人和其他官吏组成的裁判厅提审。提审地点在东万律公司总厅。

在罗芳伯治理下，兰芳公司一片欣欣向荣。公司鼓励属下人员发展经济。对于经济发展问题的争论，公司也举行全民投票，征求全民的意见。这一点起着很大的鼓舞作用。一般金矿由国营兰芳公司经营。公司也开设军火厂，制造大炮、炮弹和弹药。每逢发生战争，则实行募兵制。这期间，农田的面积大为扩展；丰富的森林资源亦大事开采。为了农耕和伐木，则有需要打开市场和铺筑公路。教育也很受重视，并得到政府的支持。中国的名宿应聘到西婆罗洲，以加强其教育体系。

公司统治的结束

兰芳大总制从 1775 年起延续到 1884 年，一共有十位总长。前五位总长是比较能干的统治者，因此最初的四十五年是兰芳公司的黄金时代。打从 1821 年起，荷兰人便陆续占据了婆罗洲东南部地区，作为荷属东印度的部分殖民地，并尝试将其殖民地疆界向西推移，结果他们一步一步地深入兰芳政府的领土。第五位总长刘台二受到巴达维亚（今雅加达）荷兰东印度公司的利诱，签署了一项互不侵犯条约。虽然这条约确保双方暂时相安无事，实质上却使兰芳大总制处于荷兰的宗主权底下。打从这个时候起，土著不时作乱，兰芳政府却因本身力量太过薄弱，无法对付他们。在危急时刻，首府的总厅一片漆黑，空无人影。终于到了 1884 年第十位总长一死，罗芳伯所创立的共和政府便遭荷兰军队推翻了。荷兰殖民地政府旋将兰芳公司的土地转给数名土著统治者。到了 1912 年，荷兰人正式宣布西婆罗洲为其殖民地帝国的部分领土。

我们没有理由假定西婆罗洲的其他公司，跟兰芳公司有基本上的不同。所有的公司成员都以客家人为主。每个拓殖地大体由有血缘或地缘关系的人组成。他们汇集在各个地区，由首府里的一名公司头人管辖。他们奉行双层选举的原则，实际的权力操在拓殖地和区域的民选官吏手中。但公司头人拥有最高的仪注权力。在所有公司里都弥漫着生气蓬勃的精神。每个公司的政治发展，也经历类似的过程：其起源是一个紧密结合的移民群体，由一位精明能干又具有特殊本领的人物所领导。公司地盘的扩大，起先是靠本身的发展和讨伐征服（或是吸收较小的群体），随后就是与当

123

地土著发生冲突，同时跟殖民地宗主国——荷兰进行斗争。这些冲突和斗争，亦强力引发公司之间的抗衡。

1850 年 7 月，西婆罗洲势力最强大的公司——大港公司，攻击其劲敌三条沟公司（其首邑在昔邦 Sipang）的成员，并把他们逐出色米尼士镇（Seminis），其中一些三条沟公司成员向北逃命，另外一些则逃到邦戛（Pamangat）后，派一急差到坤甸向荷兰人求救。平时，荷兰人已经跟大港公司发生过不少冲突，而事件发生在其境内的三发苏丹国，却处在荷兰人的控制下。于是，荷兰人派兵驰援，却迟了一天。在荷军抵达邦戛时，发现三条沟公司的总厅被敌人炸毁，其部分人员越过三发河逃生，得到兰芳公司人员的照顾。原来兰芳公司本身是大港公司的劲敌，也是荷兰人的盟友。其他的三条沟人员则逃往砂劳越，并与来自色米尼士镇的同僚相会合。这批人员构成了流落于砂劳越石隆门地区的三千多名难民。有趣的是，在石隆门的三条沟首领是刘善邦。时至今日，人们相信他是石隆门的开发功臣。他的神主牌至今仍保存着，而且在石隆门举行的一切节日庆典中，他的名字总被提到。

1850 年岌巴（Keppel）写道："大港的势力至此已空有其名。三发苏丹以往所取得的大笔鸦片税款，已因露骨的走私活动而逐渐丧失。我相信我可以这么说，这种走私活动已引出一个问题，究竟哪一方将统治这个地区。因此，荷兰人和三发苏丹决定维护政府的权威，并压下该公司的气焰。有关此事的经过详情，对砂劳越并不重要。不过，在这之前，大港公司一直取得成功。它不仅驱退由陆路进犯的荷兰军队，而且也攻击和惩罚所有站在合法政府一边的华人。结果，邦戛镇的居民都在惊慌失措中逃到砂劳越。[①]

【资料辑存】

采金事业

居于是地者，以广东之人民（Hakkas and Hohlos）为主，是皆恳而善斗之民族，自其殖后数年，即成为政治上之危险物，使当时中国如为帝国主义的，则今日婆罗洲或为中国领土。此等华人来此之目的，不在商务，乃奉马来土王来此采金，该地土王首先招致华人来此，开采金矿者。在 1740 年至 1750 年，巴喃巴（Panembah von mowfara）婆罗洲产金甚富之风

---

① W. Barbara, A Hakka Kongsi in Borneo, in *Journal of Oriental Studies*, Hong Kong, Vol. 1, No. 2, July, 1959, p. 5.

气，不久传入南华。数年之后，在圣巴斯、拉剌、蒙特拉多及蒙多耳各地，居然成立扩大之华侨殖民地，此等殖民地惟对土王纳税，东印度公司之势力，尚不能伸出逢提亚那之外。当时东印度公司及土王，曾禁止彼等经营商业及农业，惟许其采金而已。

联邦共和国

当时殖民地内华侨之团结，具有之形态，采金而不互助，斯为不可能之事。由是往往有少数华人，相结一种协会，得来之金依股照分，其损失亦依股照摊。凡多得一分之人，须负责多雇一工人，各股东均有发言权。每四个月选出记账一人，此人除记账外，尚须管理会事，此时此记账者往往被视为会长，每届四月，即行结算，另由一人接代。不久此等小协会团结而为大协会，及19世纪初，居然有七大协会，代表婆罗洲西岸华侨殖民地全体。依其共和制之政体而论，最妙不如称之为联邦小共和国。

华人团结之原因，大概在此，即华人对付土王所采之独立运动，于此较易得手。华人于此往往免纳租税，即纳亦极随意。及东印度公司第二时期，婆罗洲西海岸不外名义上属于荷兰。其时海盗之氛特炽，而圣巴斯尤为当时可怕之海盗渊薮。1813年，此中国城遂为英战舰毁灭。及婆罗洲又在荷兰人紧握之下，印度政府遂屡派遣远征军，攻击华侨共和国，其间互见胜负。及1866年，此等殖民地之自主权，如被取消。1914年尚有最后一次之远征军。华人时代有13 000 000古耳登（Guldon，荷兰货币，约合今之二马克）黄金输出。及自主权取消之后，华侨之职业亦发出变动，盖洗金业完全取消。

特种货币

有一种货币通用于巴里（Rol）、伦波克（Iombok）、尼波尼湾（Ray of Roni），亦系初见于婆罗洲之中国殖民地，即方孔之铜钱，每二百穿成一串，作为计算单位，名曰阿塔（Atak），一千六百乃至一千七百之铜钱价值2.50古尔登，重约六启罗。惟在巨额之计算上，甚不合用。土人往往积累此铜钱为财产。此等铜钱成分极劣，往往堆积数年即腐蚀而成为废铜，直到1910年，则此种货币在巴尼湾尚占有特殊势力。土人常熔铸神像，此种铜钱在大战后尚通用于上述各地。①

---

① 外论通讯稿：《荷属华侨今昔谈》，1943年。

冯一琴《西婆罗洲开化史》

值此太平洋列强争霸之时，举世皆注目于南洋群岛今后之地位。南洋群岛在昔日完全为中国之领土，因前清政治腐败，遂为白种人所据。苟今日中国为富强有力之国家，则利用国际情势之转变而收回之，固极好之时机也。虽然，力有所不逮，惟有叹息而已。爰撰西婆罗洲开化史，使国人明了在南洋群岛千辛万苦，努力创业者，固中国人也。

自坤甸乘汽车向沿海而行，经松柏港而达喃吧哇，再进为至山口洋、邦戛，其终点则为三发坡。沿途尚多小商埠，营业颇盛。轮船则每星期由吧达维亚开行两艘至坤甸，转往山口洋、邦戛及三发坡等处，星加坡船则每星期二次，内港轮船往来颇多，在抵为载运土产，乘客为数不多。

清乾隆间，有华侨罗芳伯者，始至其地，与土酋相友善，以中国之风俗习惯逐渐灌输之，土著之生活乃趋向中国化。（此处所谓黎人，亦即与广西等处之黎人同，皆黄种之中国人也。）罗芳伯旋率后至之华人，共同与土著协力，栽植耕种，于是此原始的荒岛，在华人刻苦经营之下，逐渐被开辟。当罗芳伯未来时，境内鳄鱼为患，伤害人畜，为势颇烈。土著无术制之，只能任其猖獗。罗芳伯既来，鳄患乃平，由是土著无不惊为天神。其后，罗芳伯言出如山，使境内逐渐开辟，皆土著感德敬服所致也。罗芳伯因劳瘁过度而致疾，土著乃集男女老少，群伏烈日之下，为之祈祷，病渐重，土著咸日夜哀号，祈天祷地，愿损己寿，以愈芳伯。幸而医治得法，渐见起色，乃相互额手称庆。及愈，众人争献珍肴，以使调养。土酋并与芳伯结为兄弟，日则同桌，夜则同榻，以便芳伯随时授以中国文化。后土酋入山行猎，被巨兽所伤，土人无主，乃群尊芳伯为王，芳伯悉用中国君王制度，开疆拓土，统辖全境，并遣使赍地图回国，请清帝册封。其时精明强干之乾隆帝已不在位，竟拒绝受理。迨芳伯殁，又公推华人中最有功于境内开辟者一人袭王位，相传一十四世，逾一百余年。与西婆罗洲王相友善者为北婆罗洲王吴元盛，两人合作经营，华人势力，赖以大张。彼时，华人在南洋群岛有主权完全独立者，最后仅此西北两婆罗洲。所以迟迟未被外人强占者，团结一致以御外侮之力也。但荷人时窥于后，垂涎境内之宝藏，图之甚亟。不久，喧宾夺主，强占西婆罗全境而有之。荷人自占得沃野千里肥饶之地后，因恐华人夺回故地，故防范华人之政治运动，较其他各地为严密。于是苛待华人，奴隶华人，无所不用其极。言之殊堪痛心。

现所遗留之史迹，在东万律尚有芳伯署（芳伯得西婆罗洲后，不都坤甸，而都东万律）及芳伯墓，坤甸则有芳伯副厅，即今之中华学校地址，华侨春秋祭祀，以垂悠久纪念焉。

土番深藏山谷，人口之多寡无从考核，据 1935 年邮局统计，（西婆）全境人口约 622 300 人，内中华侨约 200 000 万人，占全境人口之最多数。……欧战前，荷印政府欲开辟西婆罗洲之宝藏，采用移民政策，将爪哇（亦攫自中国）人民，移殖于西婆罗洲，专事垦荒种植之工作。然中国人在西婆罗洲之农作事业恃其坚忍耐劳，经验丰富，非蠢如鹿豕者之爪哇人所能望其项背，仍有恃而无恐也。近来因欧战之关系，荷印政府对于华人之经营每多压制，以致华人商业大受影响，有不堪支持之势，乃相继返故国。是以目下华人之在西婆罗洲者，较欧战前为减少，但华人仍占全西婆罗洲人口之最多数。[①]

【资料辑存】

罗芳伯，广东梅县人也。性豪迈，任侠好义，喜结纳，识见远到，为众所服。某年秋，集同志抵婆罗洲之西岸，由三巴（Sambas）登陆。芳伯见其地丰草长林，广袤无垠，叹曰：天府之国也。乃辟地而居，纠合同志，拜盟结义，且与苏丹结好，越年土人谋叛，苏丹筹备军实，遣芳伯征之。芳伯遂大败土人。苏丹德之。芳伯复遣其将吴元盛征服大院（Tajan 戴燕）之土首，其势益盛，斯时芳伯有众三四万，益在土人二十余万。东征西讨，所向披靡，苏丹知不敌，割东万律与之。芳伯遂据有其地，自称大唐客长，建都万律。凡坤甸、喃吧哇（Mampawa）、山口洋（Singkawang）皆属焉。时 1778 年（乾隆四十三年）也，其所辖之地，皆设县治。官分数级，悉由民选，法律单简，庶政公开。设兰芳公司，开采金沙，振兴实业。又立市廛，兴学校，俨然一独立国也。芳伯殁于 1793 年（乾隆五十八年），部下江戊伯继其位，江传阙泗伯，阙传宋插伯，皆能保其土宇。至咸丰五年（1855），荷人势力侵入，继位者皆受荷人甲必丹之号，徒拥虚名而已。又

---

① 此文原载于《中报周刊》（1940 年），与钟佐衡 1931 年文，大段相似，上部分为冯氏所作，余皆为钟氏所作。

传四世，荷人遣兵来夺万律，华人与之抗，梁路义为其首领，杀荷官，退荷兵，颇占优势。终以众寡不敌，为荷所败。而国以亡，时在光绪十年（1884），计历时百岁，传世十人，亦云伟哉（余澜馨《罗芳传》及温雄飞《罗芳伯传》）。按胡炳熊《中国殖民十大伟人传》别有陈兰芳，陈宗山谓其事迹与罗芳伯全同，盖因芳伯设有兰芳公司而传讹也。[1]

坤甸（喃吧哇、山口洋）[2]
西向婆罗洲去游，坤甸首埠试停舟。
大唐客长罗芳伯，民族英雄今有不。
（17世纪，广东嘉应人罗芳伯据本岛下游一带，称大唐客长，建都万律，凡坤甸、南吧哇、山口洋等地皆建版图，传七世，清光绪十年亡于荷。）
侨学曾经称发达，感钦教育会功能。
（坤甸教育总会，统辖全岛教育。）
喃山两埠均繁盛，农产年来方大兴。
（华侨强半业农，年来日事推广，出产颇丰。）
婆罗洲吗辰
吾侨自昔无团体，生计年来至足忧。
（华侨因分派别，不能团结，二十年来，生计日蹙一日，大资本家寥若晨星。）
当年吾族此称王，历史从知极久长。
（昔年有吴元盛等，均在婆罗洲称王，乾嘉时林道干亦占地称霸。）
每见祖先七八代，华侨家里供中堂。
（常见华侨家内中堂，供养祖先神位，有多至七八代者。其历史之长，可见一斑，华侨首富洪丰吉家，即奉有七代祖先。）

---

① 罗芳伯与苏丹之关系，只为一种说法，各位罗芳伯传作者，亦有不同看法。本文原载于刘继宣、束世1934年所作《中华民族拓殖南洋史》，为综合各家撰述而成，无原始材料。阙泗伯，一般写作阙四伯。其只提到兰芳公司事，并不知道还有其他华人公司的存在，资料主要依靠余澜馨、温雄飞、胡炳熊、谢清高等人的著作，罗香林、外国人的资料都没有利用。

② 许民一：《游历荷属南洋诗草》，《侨声》1941年第3卷第12期。

朱育友《兰芳公司制度乃脱胎于天地会》^①

　　罗香林先生之《罗芳伯所建婆罗洲坤甸兰芳大总制考》与《西婆罗洲罗芳伯等人所建共和国考》面世以来，"兰芳共和国"说不胫而走。近几年来更有人转相撷拾其说，甚至加以发挥渲染，或宣称"兰芳共和国"是"建立在异邦土地上的华人国家"（见西安《视野》1981年第5期），或奢谈"兰芳共和国"之"立国"比"美利坚合众国"还早若干年云云（如1985年9月梅县出版《客家民俗》第3期）。持异议者虽不乏人，但"共和国"说依然广为流传。究其原因，主要在于人们在否定"共和国"说的同时，终未有就如何解释兰芳制度的产生根源，作出令人信服的考证论述。有鉴于此，试以管见为引玉之砖。

"共和国"说的滥觞及其依据

　　最早提出"共和国"说者是19世纪的荷兰人，曾任荷印政府中文翻译官的格鲁特和施好古就一再称兰芳公司为"共和国"，他们认为，公司制度道源于中国村社，因为中国村社是"绝对民主"而又"独立"的"小共和国"。他们描述道："在中国村社中找不到任何由朝廷任命的人员"，政府只能通过由公众选举出来的村社首脑进行统治，村社首脑统率警务，维持公共秩序和风俗礼节，排解纠纷，捕缉盗贼和罪犯，并管谷物的收成。而村社中人人都是义务警察，一切人都有协助征收捐税的义务，捐税负担是公平的。村社又是其成员的监护者，每一个人在遇到不测事故而又不能独立生活时，可以获得支持帮助，可以依靠村社保障生命财产安全。"历朝政府都是非常确信村社制度的优越性的，因而从来没有一个敢作支持其官吏去对抗民意的尝试"，"如果官吏激起了民愤，那他就得被不加考虑地撤职"。他们进而推论说："在中国，人民的独立性就是这样受到法律和历史传统的双重的保证的，人民因而极感自豪并把它视为最大的财

---

　　① 朱育友：《兰芳公司制度乃脱胎于天地会》，《东南亚研究》1988年第1期，第82-87页。

产那是很明白的。所以，他们即使是在出国时，也把这种村社联盟的思想带到各处，并且在他们的命运促使他们所至之地和他们觉得需要的野蛮民族或半野蛮民族地域中，建立起这种独立制度。"最后的结论是："婆罗洲的公司只不过是其祖国村社制度的一种复本而已。"①

晚近研究兰芳公司，不论是赞成或反对"共和国"说者，在论及公司制度起源时，多有与之相同或近似的观点，不是说公司制度源于乡村组织，就是认为它是宗族公社的翻版等，与"村社复本"说无大差异。

中国有没有存在过可称"小共和国"的村社

格鲁特和施好古所描绘的中国村社制度是美好的，然而他们并没有真正了解历史上的中国农村，在封建专制的中国，根本不可能，也不曾有过可称"小共和国"的村社制度。

就以兰芳公司大多数成员的原籍粤东地区来说，从来就没有出现过这样的世外桃源。虽然也曾有过一种类似村社联盟的制度，但根本谈不上是什么"小共和国"。这种制度便是明朝嘉靖年间，揭阳名儒薛中离所推行的"乡约"。② 笔者手头适有一部绝版已久的《薛中离全书》，记载了有关"乡约"的史料。所谓"乡约"便是以若干邻近乡村联合为一个行政单位，叫作"约"，各"约"订立"约议"，经公众讨论通过后共同宣誓履行。"约议"内容大抵是有关修身、齐家的道德准则，也有"戒争""弥盗"等有关维持秩序的条例，并有"均益"的口号。所谓"均益"，便是保障贫贱之家不受欺凌，约束富贵子弟恃势犯法。每"约"通过"博采"，即广泛征求意见，产生一个"约长"，负责全"约"的行政和教育。"约长"之下设有执行赏罚的"约吏"。"乡约"的组织形式似乎多少有点"民主"，但"约"的大事都要禀官，直接受官府控制，每月初一、十五日，"约长"还要召集乡民，宣讲朝廷和县官的"教谕"，实无"独立"可言。何况这种制度在当时就没有认真实行过。③ 到了清初，朝廷为了防备有人利用它进行反清活动而于顺治年间诏令废止，"乡约"从此便告消失。这种制度根本并未留下什么影响，甚至连地方志乘也未予记载，当然也不可能被罗

① 施好古著，王云翔译：《婆罗洲的中国公司》，《南洋问题资料译丛》1958年第1期。

② 原文刊载于《东南亚研究》1988年第1期。施好古、格鲁特等人没有说兰芳诸共和国脱胎于朱育友提出的"乡约"制，甚至两人都不知道有这个乡约。

③ 《王阳明全集》中有关于"乡约"制度的规定，其也曾被推行于江西、福建等地。

芳伯等人带到国外去制造"复本"。至于罗芳伯等人的生活时代，清朝的封建专制正在强有力地统治着农村，格鲁特、施好古把那个时代的村社叫作"绝对民主"而又"独立"的"小共和国"，简直是天方夜谭。

兰芳公司是天地会的延续

兰芳公司制度既然不是被罗芳伯带出国的村社"复本"，那么它又是从何而来的呢？本来早已有人注意到兰芳公司与天地会的渊源关系，温雄飞所著《南洋华侨通史》之《罗芳伯传》就指出罗芳伯"奋力推广天地会之制度于兹土"。但罗香林先生断然否定，说"芳伯出国前，嘉应州一带，似尚无天地会之传播"，"且自芳伯所建兰芳大总制之官制言之，亦无一与天地会各级员司之名相合者，其为不相因袭，盖无疑也"。罗香林先生此言恐失深考。罗芳伯出国前后，粤东一带秘密结社活动相当活跃，史料彰彰；而兰芳公司自组织机构以至管理制度，与天地会组织行事若合符契者比比皆是。有理由认为兰芳公司实是天地会的延续和创新。

1. 粤东相传是天地会发祥地，被罗芳伯带出国并据以创立兰芳公司的正是天地会

天地会以入会盟词有"以天为父，以地为母"而得名。又称三合会、洪门会、三点会等，其分支机构的名号更为繁杂。一般认为，它创始于清康熙十三年（1674），时有福建莆田少林寺和尚蔡德忠等五人，因辅助清朝平定西藏之后，反遭谋害，遂逃至广东惠州，得先生陈近南之助，建立三合军，拥立明朝宗室朱洪竹为领袖，起义反清，失败后转为秘密结社，活动遍及全国，而闽粤特盛，并蔓延到海外。

粤东是天地会众一致承认的发祥地，自雍正朝之后，秘密结社聚众起义者络绎不绝。仅见于乡土资料记载者，如乾隆三十五年即1770年，也就是罗芳伯出国的前两年，有丰顺县民朱阿善、揭阳县监生池亨会等人歃血为盟，结党拜会，聚集山谷，海阳县鸿全、田东等乡，揭阳县坪那、五房等乡一起而响应，各用白布缠头，吹螺执械，据险抗拒官兵。又如罗芳伯出国当年，揭阳磐溪乡民陈亚高结把拜盟，被捕入狱，其党林阿裕等趁城劫狱，放火造反。罗芳伯出国后之1796年，揭阳何阿常等公开打出三合会旗号，联合八十余乡，分两股各拥众二万人，与官兵对峙。稍后又有潮阳黄悟空、丰顺管以摘、揭阳林原钊等，相继歃血拜盟，举旗反清。史料说明，天地会在粤东历史很长，根深蒂固，群众基础坚实。大多数来自粤东的兰芳公司成员，在出国之前，多为社会最底层的劳苦群众，恰是天地会联络、发展的对象，相信这些人在出国之前，可能已受过天地会影响，而

罗芳伯是天地会员更无可疑，怎么能说罗芳伯出国前，"嘉应州一带，似尚无天地会之传播"呢？

罗芳伯在西婆罗洲极其艰苦的环境中创业，首先面临的问题便是如何团结同伴，凝聚力量去克服困难，以求生存和发展。然而，他不可能超越时代和阶级局限，以新的思想去创造新的组织形式来实现自己的目的。所以，身为天地会员的罗芳伯，把以朴素平等思想和互助共济精神为基础、具有严密组织和比较严格纪律的天地会形式带到异国去，这是很合乎历史逻辑的，也是他在当时历史条件下的最佳选择。事实不也正是如此吗？罗芳伯最初组织的就是按天地会结盟拜会的形式建立起来的"十八兄弟会"，并作为天地会的一个分支机构，在这个基础上，后来才发展为兰芳公司。所以公司的组织机构和管理制度，都留有天地会的鲜明印记。

2. 兰芳公司之命名已显示天地会色彩

《易经》有云："二人同心，其利断金；同心之言，其臭如兰。"后人据此，把肝胆相照的朋友称为"金兰之交"。天地会崇尚义气，恪守"非亲有义须当敬，是友无情慎勿交"的信条，奉"金兰"二字为箴言。歃血结盟称为"金兰结拜"。结拜时唱诗有"金兰万世水长流，闲人不许在桥头"。洪门兄弟相遇互通识别隐语，有"记得金兰洪家事""洪英出世在金兰"。洪门山寨靠近旗杆旁边注有"金兰"二字。山寨中祀奉始祖、寨主、五祖等历代宗亲的场所称"金兰堂""金兰庙"。罗芳伯以"兰芳"二字名其建立的组织，显然寓有继承天地会传统，以义气团结群众之意。"兰芳公司"初名"兰芳会"。"会"即"盟会"，是洪门系统常用的机关名称，与"天地会""三合会""洪门会""三点会"的"会"字意义完全相同。天地会之分支机构在海外有"和合会""万合会""建义会"等，在国内有"大刀会""小刀会"等，乃至清末与天地会有一定联系的革命团体也称"光复会""兴中会""同盟会"。罗芳伯的"兰芳会"既用"兰芳"又用"会"，正显示它与天地会一脉相承。

"兰芳会"后来改称"兰芳公司"，同样是与天地会有渊源关系的明显标志。有人把兰芳公司的"公司"与作为社团法人称谓的英文"Company"等同，甚至比之于集行政、司法、军事、经济贸易诸权于一身的东印度公司的"公司"，这未免望文生义，穿凿附会。其实，与经济贸易完全不相干的天地会组织也有称为"公司"的。1853年厦门小刀会黄德美、黄位举义，发布的告示便署"大汉天德义兴公司"或"大明义兴公司"。施好古上揭文中也提到，1853年上海外文报《华北先锋报》曾登载威利的几篇文章，刊出从湖广、厦门、上海得到的三颗洪门印章。其中第三颗是在

"1853 年夏秋间暴徒占领上海时得到的"，印章背面刻有"尊天洪英义兴公司"八个中国字。在海外，还常有与盈利无关而与天地会有关系的地缘组织以"公司"为名，如吉隆坡的惠州同乡会曾称"惠州公司"，马六甲潮州会馆在 1822 年改组以前称"潮州公司"，新加坡的潮州会馆也曾称"义安公司"，槟城的嘉应会馆前身则称"仁和公司"。上例显见"公司"与"会"无实质差别，都是洪门系统的机关名称。研究东南亚问题专家帕塞尔也是这样认为的，所以他在《东南亚的中国人》中曾经批评马来亚殖民当局进行社团登记时，把称"会"与称"公司"的社团分别对待是"紊乱的见解"。①

从"十八兄弟会"到"兰芳会"以至"兰芳公司"，万变不离其宗，天地会色彩如此灼然，其与天地会的渊源关系不是昭然若揭吗？

3. "大哥"是天地会首领的传统称谓，"大唐总长"有天地会隐语的特殊含义

兰芳公司内部称罗芳伯及其继承人为"大哥"，这是兰芳公司带有浓厚天地会色彩的又一明证。天地会首领称"大哥"由来已久。陈碧笙《台湾地方史》所引《诸罗县志》就记载过，1721 年台湾朱一贵起义之前，由大陆移民台湾的劳苦大众，在秘密结社影响下，歃血为盟，到处结党，不拘年齿，推才能有大力者为"大哥"。按谢国桢编《清初农民起义资料辑录》考证，认为朱一贵之役是天地会起义，那么，《诸罗县志》上述文字，便是天地会首领称"大哥"的最早记载。据肖一山《清代通史》，天地会首领对内称"大哥"。对外则称"总理"。可以认为，罗芳伯对外称"大唐总长"，这"总长"即是从"总理"引申出来的。

至于"大唐"二字或许有其双重意义。"唐"字固然可解释为"唐山""唐人"之"唐"，但这个字在天地会隐语中还有特殊含义，这是研究兰芳公司者所未注意到的。天地会隐语有"天姓兴，地姓旺，日姓孙，月姓唐"。所谓"姓"即是代号。天地会许多证件都写有"兴旺"二字，也就是天地会"天地"二字的代号。"日""月"二字在天地会的教义中不但象征光明，而且"日月相会"也即是日月二字合并，便是天地会原来宗旨"反清复明""的"明"字。因此"日月"便是"明朝"的隐语。如用以号召群众的隐语诗，有云"一片丹心扶日月，尽忠保主坐中华"。身为天地会会员的罗芳伯，当然不会不知道这个"唐"字的含义。也就是说"大唐总长"的"唐"字，就是天地会所要扶助的"日月"的"月"字代

---

① 《南洋问题资料译丛》1958 年第 2、3 期。

号，表明了罗芳伯的政治态度，寄托了对"大明"怀念之情。事实上，兰芳公司也坚持了天地会反清的宗旨，始终不与清朝建立联系。①

4. 公司机构、选举、印信、旗帜、纪年有天地会痕迹

"共和国"说者硬给兰芳公司的理事厅和议事厅涂上共和政体的政府和议会的油彩，实是无稽之谈。其实那只是洪门山寨机关遗制而已。据慕由《海外洪门天地会》一书对洪门山寨现场的描述，山寨的忠义堂一边是理事厅，一边是议事厅。理事厅是大哥等头领办事之所，有象征权威的各种摆设，包括钤印。理事厅有相当大的权力，凡盖有钤印的文件，会内任何人都得服从执行。委派执事人员，要颁发委任令。理事厅甚至还能发行钱币。议事厅的定员十三人，象征明朝建制的十三行省。议事厅有权讨论重大决策，也管裁判，会员一切纠纷不得报官，必须由议事厅判处。还规定议事厅开会时不得携带武器，以防争执时发生流血事件。

比照之下，可知兰芳公司的理事厅和议事厅并不是什么共和政体的行政、立法机构，而是来自天地会的传统制度。只是有所变通，比如公司的裁判不属议事厅执管，而另设机构，并分级管理。

选举兰芳公司实行以推资举能为原则的任免制度，总长由公众推举产生，也可由在任总长推荐，公众可以认可，也可以不接受而另选。公众还可以罢免被认为不胜任的总长。罗芳伯被推为大唐总长，临终，众问继统事，曰："戊伯贤，可继斯任"，于是公推江戊伯继任。第五任总长刘台二曾欲推荐谢桂芳嗣位，及终，公众由于不满刘台二勾结荷兰人的行为，恶憎及笠，不接受他所推荐的谢桂芳，而另举古六伯继任。后来古六伯与土酋作战败绩，众以其无能，迫之解职。兰芳公司这种推选或推荐以及否定罢免领导人的方法，可以从天地会找到它的由来。天地会首领可以由公众选出，也可以由有地位的人推荐，还可以自荐。但有一条原则，便是一定要经会员认可，已经推选出来但会众不同意者可以再否定。天地会每逢决定大事，包括推选执事人员，主持者要于十天前通知开会，隐语叫作"开香"或"开圩"。"开香"有一套成法。召集人如非十天前发出通知，则会议是非法的，召集人要受重罚。会员接到通知而不赴会也要科罚"香油银"，如果领导人任期未满别人就要推荐另一人或企图自荐而私自通知"开香"，也是非法的，召集人要受到严厉的处分。执事人员推选出来之后，还要贴出名单征求意见。《海外洪门天地会》一书收录有一张义兴公司征求意见的通知："天运某年义兴公司欲立上长，某月某日录照大哥、

① 值得注意的是，在元朝，南洋番人已称华人为"唐人"。

三哥、先生、先锋……兹本公司内众兄弟欲立诸人为上长，今议定着，理宜声明。倘若诸上人若有违法不公平不宜立为上长，祈诸兄弟务必出头阻止，方无后患，而后可以改换别人，是为告白。"

由此可见，兰芳公司与天地会的选举制度基本相同，也证明了兰芳公司与天地会的因袭关系。

5. 印章、旗帜、纪年

现在还有人在争论兰芳公司有没有大印，算不算国玺，有没有大旗，算不算国旗，不用清朝年号，而以"兰芳"纪年，算不算自立年号。其实兰芳公司自有大印绝无可疑，印文"兰芳公司"四字，恰与慕由上揭书录存的天地会义兴公司印文"义兴公司"的款式相同，显然不能视为"国玺"。兰芳公司自有旗帜也不足为奇，但有大旗不等于便是"国旗"。天地会已有自己的大旗，慕由上揭书便录有天地会大旗的式样，以及他们宰牛屠马祭旗的隆重仪式。不过天地会大旗的中央是个"帅"字，而兰芳大旗则书"兰芳大总制"。至于兰芳公司用"兰芳"二字纪年，即使算是年号，也不等于就是独立国家，天地会一向不承认清朝年号，自定"天运""顺天""洪德""天德""洪运"等年号，难道能由此而视天地会为独立的国家吗？

6. 兰芳公司的武装和刑法制度不过是天地会旧制的继承和发展

传播"兰芳共和国"说者如1985年7月1日和2日香港《大公报》发表的王晔《罗芳伯与兰芳共和国》，把"军事上采用全民皆兵制"作为兰芳公司是"共和国"性质的理由之一。其实，公司的武装自卫制度无非来源于天地会。天地会的前身是"三合军"，原先是一种军事组织，失败后转为秘密结社，仍然保持每个成员都是战斗员的传统，大哥也是武装首长。慕由上揭书描述天地会山寨理事厅摆设象征大哥权威的物品，便有"三军司令"牌和令旗，据说令旗在摇动，任何人都要静听大哥命令。兰芳公司的"大总制"也是军事首领，如第六任的古六伯率众对土酋作战，第五任的刘台二率众帮助荷兰人进攻大港公司等皆是，制度与天地会如出一辙。

至于常被"共和国"说者所乐道的公司刑法，也不足以说明什么问题，因为天地会便已有"三十六誓""七十二律全"等属于约章或纪律性质的成文法，并有罚款、笞刑、肉刑以至死刑的刑法。据文献的零星记载，兰芳公司的刑法恰与天地会相近。总之，国家机器必须具备军队和法律等工具，但有武装力量和内部刑赏制度并非便是国家，更不能视之为"共和国"性质的根据，与兰芳公司同时的大港公司、三条沟公司，比兰

芳公司稍后的砂捞越石隆门公司，不正是也同样具有武装力量和刑法制度
吗？为什么又不说他们是建国称王？

综上所述，可以认为，兰芳公司制度导源于天地会，公司是天地会的
延续，但又有别于天地会。天地会原先是以反清复明为宗旨的政治秘密结
社。移殖海外以后，大多演变为以追求财富与权力、力图控制其他华人为
目的的黑社会，其党徒每有非法活动，且仍然具有浓厚的神秘色彩，而兰
芳公司是华侨以谋生为基本目的、主要从事正当的经济开发事业之群众组
织，活动也比较公开，两者性质有所不同，形式也有所差别。比如天地会
各派因创始人及地域和名堂不同，旗帜分为黑、红、黄、白、绿五色，而
兰芳公司的大旗则是黄底红字，显示公司独树一帜之意。

余论："共和国"说应当摒弃

宣扬"兰芳共和国"说者忘记了一个起码的历史常识：存在决定意
识，经济基础决定上层建筑。资产阶级的民主共和思想和制度，是资本主
义发展到一定阶段的历史产物。罗芳伯创立兰芳公司的时代，风气闭塞、
榛莽未开的西婆罗洲根本不存在产生资产阶级共和国的历史、社会、文化
条件。以罗芳伯本人的出身经历和思想文化素养，根本不可能有西方资产
阶级先进的政治思想，遑论建立起民主共和政体。

顺便提一下也许是"共和国"说者所忽略的一个事实，那就是罗芳伯
本人也没有要在异邦立国的政治野心，从未以异邦土地主人自居。他在创
立兰芳会司之前曾写过《金山赋》述其心志，末段云："予也材本鸠拙，
志切莺迁。耕辛凭舌，砚苦为田。愧乏经商资本，惭非宿学高贤。假馆他
邦，固既虚延岁月；奔驰道左，还期捆载凯旋。俾士作商，不惮萍踪万
里；家贫亲老，常怀客路三千。因而水绕白云，时盼望于风晨月夕；倘得
堂开画锦，庆优游于化日光天。噫嘻，蛮烟瘴雨，损体劳形，岂无志于定
远，又何乐乎少卿。"从赋文可知罗芳伯当年萍踪万里，目的只在谋生，
若能获得财富，便会衣锦返乡，虽然仰慕投笔从戎、立功西域的班定远
（班超），也决不学老死塞外的李少卿（李陵），他不但没有西方殖民者那
种夺人之田、覆人之宗的思想，甚至也没有老死海外的打算。在他创立兰
芳公司之后写的《祭鳄鱼文》中，谴责鳄鱼"不安溪潭，壬子之秋，连丧
吾侨三子"，把被鳄鱼伤害的兰芳群众称为"侨"。"侨"者寄居也、客寓
也；也即是寄居异地之人也。"吾侨"者，包括罗芳伯本人，皆为寄居异
地之人也，可见此时罗芳伯也依然无喧宾夺主、以西婆土地之主人自居
之意。

　　清代回国投资建筑潮汕铁路的嘉应籍印尼巨商张煜南，他所写的海国咏事诗中，有一首是悼念罗芳伯的，诗云："地辟罗江百里长，公司昔日称兰芳。廿年客长人争敬，碑记今犹置道旁。"张煜南是兰芳公司第十任总长刘生的女婿，他对公司当然很了解，对罗芳伯生平事迹也耳目较近，因此他的看法应该是可信的，他并没有把兰芳公司称为国家，认为罗芳伯只是客居罗江的华侨首长而已，罗芳伯本人之自视为"吾侨"，以及张煜南之称罗芳伯为"客长"，明白无误地表明了罗芳伯的身份和兰芳公司的性质。

李强辉《〈罗芳伯传略〉补遗》

罗芳伯,原名罗芳,广东嘉应州石扇堡大岭下人。生于公元 1738 年,公元 1795 年在坤甸去世。

罗芳伯幼年在故乡读书,成年后在家耕牧为业,后因不堪压迫,参加天地会组织,事泄,集结同志,浮海南渡,远涉重洋,于 1772 年秋到达西婆罗洲,尔后集结华人,开疆谋生。历时五年,1777 年在坤甸建立了民主共和制的国家——"兰芳大总制"。这是华侨史上由华人建立的第一个国家,也是由华侨在海外建立的唯一的一个国家。尔后,兰芳共和国历时 108 年,公元 1884 年荷兰侵入西婆罗洲,国遂亡。

罗芳伯在西婆罗洲的事迹流传甚广,近代亦有不少专家学者对此作过全面的收集考据。然而,罗芳伯浮海南渡前的情况,却还没有人作过较为全面的收集和考据,有所涉及者皆为一鳞半爪,且星散于野史轶文,此诚为憾事。

为彰其事于万一,笔者历时三载。综合各方资料,在汲取前人研究成果,考据石扇民俗及石扇罗姓迁延发展历史的前提下,对罗芳伯浮海南渡前的情况及浮海南渡的原因作了粗浅的收集和考据,现辑录如下,以飨读者。

1989 年版《客家姓氏源渊·梅县石扇罗氏族谱》[①] 记载:十三世启隆,生子三,芳伯、葵伯、台伯。十四世芳伯,于乾隆三十七年(1772)离嘉应州,经广州,浮海至西婆罗洲之坤甸,组织兰芳公司,从事垦辟采金,生子一,子增。妣李氏及其子子增,居原籍,未随芳伯前往南洋。这一段族谱较为详细地介绍了芳伯一家的家庭成员情况。

1965 年年曾铁忱先生写的《罗芳伯开府西婆的故事》有这样一段记载:"罗芳伯翁,广东省嘉应州本州(梅县)石扇堡人,出生于乾隆三年戊午岁(1738),家世未详,但知亲老家贫,且有兄弟名兰伯。"这里也交代了罗芳伯一家某些情况。

民国初年肖少川先生写的《芳伯略史》也有这样一段记载:"罗芳伯,

---

① 本书名应为《客家姓氏渊源》。

原名罗芳，称伯者，尊之也，或称罗大哥，梅县石扇堡大岭乡人。生于清代乾隆年间，臂力超人，学文习武，为群儿冠，稍长，佐助耕牧，勤奋将事。""成年后"，"感于农村生财乏术，乃怀壮游之志"，卒于公元1772年，"集结同志，作浮海之举，趁风南行，任其所止，乃流至婆罗洲岛，于距坤甸日余路程之万律地居焉"。尔后"集结华人，排除万难"，"卒于民国前一百二十九年（即清乾隆四十二年）进据坤甸，举芳伯为大唐总长，土人即奉之为坤甸国王，建元兰芳，或云纪其兄兰作也"。这一段文字较为详细地介绍了罗芳伯浮海前的情况和浮海的原因。

从上述史料可以看出，芳伯幼年时家境尚可，属于衣食自给且略有盈余的小康之家，故能"自幼在故乡读书，深识古今治理之道"（曾铁忱《罗芳伯开府西婆的故事》）。学文习武，为群儿冠，要知道，二百多年前的石扇并非富庶之乡，一般的农家子弟极难有读书的可能。而且还由于各姓聚族而居，宗姓斗争极为激烈，民风强悍，教育文化极不发达。如非大姓，族姓间未开设学馆，要读书须自己延聘塾师，或出重金到别姓学馆就读，绝非一般农家所能做到。而且大岭下罗姓在当时是极弱小的一姓，人口最多不超过50人，断无自设学馆的能力，且因经常受邻近高李两姓压迫，关系不睦，不大可能到高李两姓的学馆就读。因此，在这样的条件下，芳伯幼年能有书读，可见其家较为殷实。其父罗启隆亦极有可能是大岭下罗姓的首富之家。另外，从芳伯弟兄的命名来看，罗启隆也是个受过一定教育的人（一说为塾师），否则决不会给自己的儿子取这个表面上类似于女孩子的名字，而实质上期望儿子科举仕进，"兰桂齐芳"，光宗耀祖的"兰芳"两字。

后来，由于某种原因（极可能是启隆身故），罗家家道中衰，不能继续供芳伯读书，科举仕进这条路走不下去。于是，芳伯年龄"稍长，佐助耕牧"，这里的耕即是耕田种地，以获取糊口之资，这里的牧即是养牛牧羊。或养几头牛，农忙耕田，农闲上山牧羊，或养一二十头山羊，晨出暮归，驱至山上放牧，到每年头至节前，即出售宰杀一批成羊牟利。（此风至今犹存，且据笔者幼时所知，此类牧人多为见识较广，不屑于终日以田为车，性格豪侠的男子。）

尔后，芳伯成年后，由于自幼读书，深识古今治理，但生性豪侠，卒不屑以儒为业，仕进无门，经商又苦无本钱。且一方面由于见识深远，认屈服以作清朝顺民为奇耻大辱（曾铁忱《罗芳伯开府西婆的故事》），另一方面，为了借助农村中会道门组织的力量和毗邻的高李两姓的宗族势力抗衡，参加了以反清复明为宗旨的反清地下组织——天地会，参加天地会

139

后，因其自幼学文习武，深识古今治理之道，好交游，喜结纳，以慷慨任侠为众所信服（罗香林教授《西婆罗洲罗芳伯等所建共和国考》）；且臂力超人，勇敢善技击，因而很快成为当地天地会组织的重要领袖之一。后因清廷专制统治加剧，天地会组织遭到严重破坏，罗芳伯成为清朝嘉应州搜捕的天地会重要人物。芳伯因事前得到消息而冒雨离家出逃，此事乡里至今尚存种种传说，今录其一如下：

乾隆三十七年秋，罗芳伯得到天地会弟兄冒险从嘉应州府送来的情报，官府即将派兵来石扇捉他，要他马上逃走，芳伯于是戴着尖笃竹笠，身披蓑衣，冒着瓢泼大雨，取道径尾铁炉坑经扬门出嘉应州城，打算集结天地会兄弟乘船沿梅江东下潮州，出海到南洋谋求发展。来到铁炉坑石扇与扬门交界处的"风雨亭"时，芳伯有感于即将离乡背井，远涉重洋，处境艰险，前程未卜，即借亭中香火以寄深情。芳伯回想往事，心绪浩茫，三十功名尘与土，瞻仰前程，壮志未酬，八千里路云和月，铁汉心肠也难免嗟叹不已。不觉中已在香火前闭目凝思，孰料一阵风吹来，灯草上的火舌舐着了盏内的灯油，"呼"的一声，窜起的火舌燎着了他的长须。芳伯一惊，正摸着火辣辣的下巴叹气，忽听得山路上传来一阵杂乱的脚步声，急忙披上蓑衣，戴好竹笠，这时，亭中一下子涌入十多个淋得像落汤鸡似的官兵。为首的军官和芳伯打了个照面，觉得好像是他们此行要捉拿的要犯，忙拿出榜文对照。芳伯一看军官手中的榜文，心里大吃一惊，原来官府已经画影图形，悬赏捉拿自己，幸得芳伯此时已戴着竹笠，穿着蓑衣，且又刚刚烧掉长须，脸上红一道，黑一道，美髯公已变成了地地道道的长牛哥（牧牛人）。这军官虽然疑心大起，百般盘问。无奈芳伯对答如流，不露破绽。那军官只好将信将疑地带着军丁继续赶路，到石扇堡捉拿罗芳伯。

芳伯和官兵狭路相逢，得天时地利人和之便，脱出牢笼，径到嘉应州城外藏身，秘密集结同志，图谋出海。后因官府搜捕甚严，无法从嘉应州境内登船东下潮州出海，一行十多人于是取道岐岭，经老隆，沿东江顺流而下广州，再转虎门搭乘大眼鸡帆船放洋南渡，在海上漂流四十多天，历尽艰险，始抵婆罗洲的三发登陆。

这个传说在石扇流传甚广，比较真实可信。其次，清代百多年间嘉应州官府对罗芳伯在西婆罗洲建立国家这件事的态度也从侧面证实了这个传说的真实性。按理来说，罗芳伯在坤甸建立国家，这在当时应该是嘉应州的一件大事，但是官府编订的《嘉应州志》即"只有寥寥数十字以志其事"，且"邑中儒林知其事迹亦讳莫如深"，就连"里人清代举人郑如壎亲书（罗芳伯）像赞"亦"轻描淡写，未着事实"（以上摘自肖少川《芳伯略史》)。这些可能就是促成芳伯南渡，以及后来在西婆罗洲侨居二十三年而始终未能回故国一晤亲老妻儿，最后客死他乡的主要原因。

诚然，由于年代久远，资料缺乏，笔者学浅笔疏，再加上成文仓促，以上考据难免有错误不足之处，诚望专家读者指正。①

【资料辑存】

已经有张永和、张开源两位共同执笔的长篇传记《罗芳伯传》问世。本文（第二部分）的"罗芳伯传的华人乌托邦想象"则以张永和、张开源两位共同执笔的长篇传记《罗芳伯传》为分析对象，说明其对于这位民主共和国建国者的想象与建构……张永和终于写就一本内容丰富详尽的长篇文学传记《罗芳伯传》……刚出生就会走路的罗芳伯、顶天立地足智多谋的罗芳伯……他让手下前往伦敦考察英国经济发展，思考应该学习西欧的机械技术，在蜜月期也协同新婚妻子坐上哥伦布号，亲自出航环球取经，一路绕经澳大利亚，穿越北美洲，直达大不列颠，踏上欧洲，走访巴黎、比利时，最后到希腊雅典，并带回了外国先进的采金设备。这些关于罗芳伯的经历与知识取得的过程，解答了读者对罗芳伯建国与治国知识来源的好奇。……《罗芳伯传》里最多的篇幅是用在展示罗芳伯丰富的儒学素养，他信手拈来即可侃侃而谈孔子、国语、治家格言，甚至他的太太傣雅族的唠子莲都是位熟知中国经典的才女。②

---

① 此份李强辉先生所作的资料，发表于梅北中学校刊《梅北校刊》，2011 年，由李欣祥先生提供。通读全文，李强辉先生的资料来源大体是肖少川《芳伯略史》、曾铁忱《罗芳伯开府西婆的故事》两种，当然还有他自己采访到的石扇地区的民间故事。肖少川在罗香林、李欣祥先生的著作中都写作肖肇川，应是同一个人。肖先生曾任石扇中学教师，著有《罗芳伯传略》一书，有油印本行世。李强辉先生此文提到肖先生的著作名为《芳伯略史》，查对肖先生的《罗芳伯传略》，文字不同，应是两份不同的材料。曾铁忱为南洋华侨，生于 1903 年，卒于 1967 年，为近代南洋文人，曾任《南洋商报》总编，有多种著作存世。罗芳伯家为石扇罗氏首富，是李强辉先生的推论。李强辉先生此文为《罗芳伯传略》补遗，但通篇未提及《罗芳伯传略》，甚是怪异。关于此文详述的罗芳伯逃难的传说，石扇地方有不同的说法，认为并非"在石扇流传甚广，比较真实可信"。

② 本文原载于张维安：《兰芳共和国的创建与经营——华人乌托邦的想象》，2011 年。"有意思的是张永和笔下的罗芳伯会背伯利克里演说全文，知道恩格斯关于剩余价值的理论，能够清楚地论述培根的贡献，还知道日本的明治维新，知道婆罗洲的经纬度，婆罗洲的森林覆盖率，会使用电风扇，会驾驶电动采金船。"张维安教授应该是反话正说或者另有他指。

吕振羽《兰芳共和国简史》

在印尼，以矿商罗芳伯为首，形成了三四万人的武装力量，罗芳伯是广州嘉应人，① 乾隆三十七年（1772）泛海至坤甸（印尼西婆罗洲）东万律山（金山）开采金矿。他们联合印尼人民，抗拒荷兰海盗②的侵袭。1777年，他们建立一个现代式的兰芳大总制共和国，以东万律为首都，共选罗芳伯为元首，以国名纪元，定是年为兰芳元年。

兰芳共和国的元首，叫作"大唐总长"（也称"大唐客长"）③，并设副总长（也称参谋或军师）；总长因故去位，新总长未推出前，副总长代理国务。总长、副总长均由众人推选，其他高级官吏，也都由众公推选。国体采取"为公"不"为私"的原则。国务由总长处理；立法与国内应兴革事业，则由众议决。总长以下，有管理司法、财政、军事等长官，均集于总长府的大厅办公。地方行政分省、府、县三级。另于各要地，如万那、万诸居、淡水港等处，分设掌管司法的裁判厅或副厅（如新埠头）；关口设稽查赋税及人口出入的老大（音译）。

此外，有国家兵工厂，造枪炮武器；国家资本的兰芳公司，开采金矿。振兴农业，扩充市场为国家要政。又开设学校，聘请中国儒生任教授。刑法分死刑、体罚和游街示众；犯抢掠和奸淫者处死。军制为全国皆兵的征兵制，平时各自练习拳棒射击，有事抽调入伍，重要的边远地方，平时派兵置将防守，如勇将吴元盛防守戴燕④、上候、新厘等地。

---

① 该文由刘超英先生抄录自华东新华书店吕振羽先生：《简明中国通史》（下册），1949年，第701－704页。刘超英先生抄录之文为繁体，谨向刘超英先生的高尚情怀致敬。此处应为广东嘉应人，当时称嘉应州，即今梅州市梅县。

② 不当称荷兰海盗，当时荷兰人已在爪哇岛建立殖民统治，北上婆罗洲，当称荷兰殖民者。

③ 对外方面，总长有时自称为西婆罗洲王。

④ 吴元盛辖地，不应理解为兰芳国的一部分，它是吴元盛自领的独立国家。这个王国纯粹是为了罗芳伯手下最能干的副官吴元盛将军而建立的。吴元盛统治下的戴燕，有如一个封建国家。

兰芳十九年，罗芳伯病死，公推江戊伯继任总长；二十四年江戊伯回中国，便由副职阙四伯代理国务。三十六年，戊伯死，众推宋插伯继任。四十五年插伯死，众又推刘台二继任。以后又相继有古六伯、谢桂芳、叶腾辉、刘亮官、刘鼎等继任总长。这个共和国，由 1777 年开始建立，到 1886 年被荷兰帝国主义吞并止，共有 110 年的历史。

当时，和他们联合的印尼民族，还相当落后；共和国的主要基础，只是几万华侨。这样一个孤立的小共和国，自然挡不住欧洲资本主义的侵略。荷兰侵略者的殖民地政府（巴达维亚）成立后，便不断侵占共和国的领土。兰芳四十八年，荷兰殖民政府与共和国订约，以加士巴河为界，河东属共和国，河西属殖民政府，条约用汉、荷、印尼三种文字；而荷兰殖民政府，又阴谋送给共和国总长刘台二以甲大（Captain，即地方长官）的官衔。兰芳七十年，与荷兰资本有联系的刘鼎继任总长，擅改年号为乾兴①；荷兰殖民政府便乘机把条约撕毁，并委刘鼎为甲大，置于邦戛。华侨便以鹿邑大港公司为中心，组织武装与殖民政府战争，大败荷军。并克复邦戛。刘鼎复位后，反率兵进击大港公司；同时又与荷殖民政府订立密约，议定刘鼎死后，共和国领土全归荷兰，殖民政府则以巨款偿刘鼎。1884 年刘鼎②死后，荷兰殖民政府便根据密约，夺取共和国首府东万律，撕毁兰芳大总制国旗。华侨又联合印尼人民③，推梁路义为总司令，发动抗荷战争；继续数年，华印军连获胜利，荷军死伤甚巨。殖民政府便阴谋分化和巨金收买。刘鼎子恩官、婿叶汀凡及其他买办郑正官、吴桂三等，便都贪利忘义，从内部进行破坏。至 1886 年，荷军以优势兵力进攻，华印军则内受奸细牵制，军火也不能接济，便最后被打败，梁路义逃亡吉隆坡。但荷兰殖民政府，恐中国政府责问，仍不敢归并共和国领土；以后清廷无动静，才以之归入坤甸"土司"管辖。

兰芳共和国，虽然倾败了；但它是其时中国市民阶级的一种思想、一种要求、一种制度、一种力量的具体表现。但这种华侨资产阶级，被清朝排之于国门以外，以至没能从国内来直接发挥作用。④

①　当为刘鼎字。
②　此上混淆了刘乾兴与刘寿山。
③　当时没有番人加入。
④　吕振羽先生所著的《简明中国通史》提到兰芳公司、吴元盛之事，较详细，但未查到吕先生资料的出处。

肖肇川《罗芳伯传略》

罗芳伯原名罗芳，称伯者尊之也，梅县石扇堡大岭乡人。其生平年岁无可考，大约生于清代乾隆年间。迄今坤甸一带华侨，因纪念罗公功绩，以每年农历二月初九为其诞辰，举行谒灵祭祀，至今弗替。以此而知其出生年月日，当属可靠。芳伯少年负奇气，性豪爽，尤喜结纳，且天赋一副强壮身躯，臂力超人，自幼学文习武为群儿冠。以其生于农村中间，长于朴素家庭，尝于学书习剑之余佐治耕牧，遇事勤奋，乡里称之。其足迹所到，乡人至今，犹传为种种神话，以纪渠事。尤以其里居附近之鸣琴寨、白云峰等处形势天成，颇为雄壮，为其幼年游牧之所。至今该山尚多古松怪石，山顶并有神坛一座，登是山而全堡乡落，历历如绘。若者为罗公当日所建树，若者为罗公少年栖迟之所。虽则乡人之传闻如是，亦有相当依据可为证信也。成年后业儒不就，又不甘老死乡曲，颇感农村殊无用武地，乃怀壮游之志。其时海运初通，尚少轮船行驶，浮海者多恃巨大木筏，海程殊为险恶，若非勇壮之士莫不望洋兴叹者。芳伯乃于某年月秋间集结志士作浮海之举，因而背井离乡，由梅走岐岭、经老隆，顺流从东江而下，抵羊石，自虎门觅出海之路。一帆高挂，飘八万里长空，顺风南下，任其所之，乃流至婆罗洲西岸。时坤甸尚未开埠，芳伯自三发登陆，只见茂林丰草，广袤无垠，番民构木而居，游猎山禽野兽而食。婆罗洲为世界第三大岛，位于赤道下，面积约二十八万三千九百十六方里。沿岸泽地，先是已有不少闽人居于是处，故婆罗闽语为慕娘。芳伯初至之地为西慕娘，即距坤甸日余路程之东万律山中择地而居焉。芳伯率偕来诸人居此后，开疆辟土，以教书兼采金为业。是后闽广华侨接踵而至，虽与马来种人时有冲突，但芳伯等苦力集结华人，排除万难，隐居于东万律一带划为华人之势力范围。

芳伯以华人身居异地，既无祖国势力之后援，且时受当地诸番之侵扰，乃谋实力以自卫。遂厚结党众，以保侨为务。闻当时结合志士凡十八人，其中最著者为江戊、阙四、宋插等诸人。至今侨民以罗、江、阙、宋并称，盖即当日开国之功臣也。以芳伯年高识广群推大哥（按梁任公著

《中国殖民八大伟人传》说罗大为其原名），惟时有一部分华人先散居于吻黎里、米仓下、松柏港一带，芳伯初欲结为同志增厚势力。殊若辈暴戾成性，日以凌虐同种为事。芳伯乃暗结坤甸苏丹，以威临之，而若辈惧苏丹亦寝德焉。会土人叛乱，芳伯率众平之，苏丹置酒为芳伯寿，约为兄弟。自是芳伯出入禁廷，言听计从，威望因而日隆。时芳伯部下勇将吴元盛者，亦梅县梅屏堡葵岭人也。身材魁梧，勇武超群，初侨居坤甸之南吧哇，芳伯知其勇，招为己助。击败米仓下、松柏港诸敌与有力焉。后及次第勘定兰腊、万诸居、斯芳坪、无名港、滑祟、高车、新埠头及南吧哇等地，复循加吧士河略定泻敖、存笃诸地。由是声威日振，实力益充。坤甸苏丹知势不敌，遂不得不降身相从矣。其披荆斩棘之创造精神，以及其团结民族同谋自卫之毅力，诚足令人钦敬。

其后番人势力日盛，芳伯乃乘势率部征服，遂于民国前一百三十三年（即清乾隆四十二年）进据婆罗洲西部诸要地，乃创立政府，建元兰芳，公推芳伯为首任大唐总长，即为当时之最高领袖。会其时坤甸滨海之区鳄鱼为患，华人迭为所噬，曾效韩愈故智为文而祭，土人益为惊服，即奉之为坤甸国王（温氏《通史》："罗芳伯王于坤甸"，张相文《帝贼谱》："罗芳伯自立为王"，大约是土人奉之为王，抑当时对外称王之误）。芳伯在位十九年，本吾民族固有之刻苦精神，教民生息，抚育诸番，而番人慑服。颁行太阴历，推行客语为其国语。创制设官，统治其地。东万律为开国发祥地，定为首府，大唐总长即驻其地。吴元盛有功乃封于泻敖、存笃为外藩。此后元盛以计破土酋收戴燕为己有，而移王府戴燕。此外有副厅设于新埠头，其下万那、万诸居、淡水港、八角亭等地设裁判厅，即为县治之地方机关。

盖其时清代淫威达于极点，芳伯偏居海洋大岛，称霸称王，自然是目为大逆不道。虽芳伯不断派遣使者漂回本国，与乡间人士，信使往还，时人多能详道其事。然而邑儒林每惧文字之狱，虽知其事亦讳莫如深。所以邑人温仲和撰《嘉应州志》有《罗芳伯传》一篇，而叙述简括，用语含混。即散见于私人记录者亦语焉不详。殆至民国台山温雄飞著《南洋华侨通史》亦载有罗芳伯传，于开辟坤甸事叙述较详。蕉岭林凤超著坤甸历史虽是摭拾遗事，但仿春秋公羊体例，编年纪事，其记述更为详尽，全书可说为记载芳伯功勋之史料。笔者最近曾一履其故（疑有缺字）叩其亲近遗裔，得展阅其保存百数十年之遗容，并有里人清代举人郑如壎翁亲画像赞，观其轻描淡写，未着事实。即可想象当时下笔之苦衷矣。特录于后以为证：

翁居为愚西邻，未由一晤翁范，心甚歉然。犹得于耳熟之下，缕悉高躅。爰不揣固陋，窃效珥笔以扬徽云：

缅彼哲人，芝兰其气，景兹良士，松筠其操。幼负歧嶷，悬弧早矢四方之志；长而贤达，树望不愧千里之驹。敦伦以孝友为先，接物惟刚直是务。英风遍被乎中外，义闻广乎遐迩。泽润江河，沛波光于亲故；诺重金石，耀丈夫之须眉。经霜雪者数十年，亭亭挺秀；历险夷者千百境，岳岳怀方。业创贤劳，克勤克俭，家承令器，肯构肯堂。欣翁之卓立兮，迪光于前；卜翁之锡祉兮，克昌厥后。行将北阙荣旋，藉藉乎实大声宏，予乃叶德音而载赓。

芳翁懿行像赞　眷弟郑如壎拜撰

民国三年画师李启昌君，曾依此旧图绘炭铅肖像，悬挂于乡之梅北中学校内，其魁梧奇伟之气度，殊令人见而景仰也。

据林著《坤甸历史》所记，芳伯逝后，江戊、阙四、宋插相继嗣立，仍以兰芳纪年，累征当地著番有黎之叛乱而平复之。极盛之时五十年间俨然为一独立之共和国家，其创造民主制度，当不让美国之华盛顿专美于前也。再传至刘台二，势渐不振。其时荷兰人继葡萄牙人而起，从事侵略南洋各岛，以巴达维亚为中心，次第吞并各岛，势力渐及于婆罗岛上。刘台二本极懦怯，且四朋无援，遂不自惜而自贬其身，亲往巴达维亚谒见巴督。即于清道光四年，荷人侵入坤甸，设统治机构于河口以西，从事经营。刘台二蹙居坤甸河以东之地，改称甲太，与荷人签订三色字（即荷文、华文、巫文）之不相侵犯条例。总之刘台二庸懦无能，即将芳伯一手经营之国家主权与土地，断送大半，名存而实亡矣！故至今居留是处之侨民谚云："插伯识见太差矣！州府交给刘台二；三色字据无效果，桅杆挂上三色旗。"

盖三色旗，即荷兰国旗，可知是时荷人即视为占领地。迨刘台二死后，古六、谢桂芳、叶腾辉、刘鼎等相继为甲太，一蹶不振，卒为荷人用兵劫去其三色字据而亡。时在西历 1847 年，即清道光二十七年也。

自刘鼎改年号不称兰芳而称乾兴，是时已名实俱亡。荷人更利用刘生、刘亮、恩官父子篡（甲太）位，是不啻为荷人之御用傀儡矣！

公元 1884 年荷官缎里思遴名加挞者，伺刘生之死，其家属扶柩东返之时，出其不备，进据芳伯之发祥地东万律，捣毁大厅，斩断大厅前桅杆，撕兰芳大总制旗帜，同时逼刘氏家属交出印信，下令不得再举总长。因此激怒侨民，时有义士梁路义者，于是年秋间率众与荷人战，连战败之，杀敌甚多。后为汉奸刘恩官、郑正官、叶汀凡、吴桂三、郭亚威、余康、黄福元、陈和二、罗撒庭、林弼唐等所暗算，卒以形势悬殊，众寡不敌，梁义士于光绪十二年出于马来半岛之吉隆坡，至是溯自芳伯开国凡百有八年。

迄今坤甸尚存罗芳伯祠，其陵寝则在东万律小埠附近。每年农历二月初九日，坤甸各埠寄居之侨民，莫不驱车前往祭祀，集会演剧情形甚为热闹。闻当年用物，见有保存，及当年立厅办事尚多遗址可寻。至今东万律一带尚多宽袍大袖，操客籍口音之侨民，是殆为芳伯部下之遗裔！吾书至此，却恨满清只知闭关自大，不知拓殖海外各岛，坐令侨民数十年经营之乐土，为外人吞并，而芳伯一世英雄之功绩因而埋没，不禁为之叹惋不置矣！①

附坤甸罗芳伯庙联语：百战据山河揭地掀天想见当年气概；三章遵约法经文纬武犹存故国威仪。

郭成发的《浅谈东南亚古代汉字文化钱币》通过对其收藏的圆形方孔汉文钱币，如"以文会友""元亨利贞""乐在其中""公明正道""明珠开泰""发达""太平荷宝""以利为义"等介绍，展示了早期移民东南亚的华人在当地铸造使用的钱币，这些所谓的圆形方孔汉文钱，实际上可能并不是用于流通的，而是华人公司或会党里的一种信物，仍保持有浓厚的中国传统文化。砂劳越华族文化协会历史组主任朱敏华在《在砂劳越发现的华人金矿公司发行的钱币》一文里，通过对早期石隆门华人开办的"三条沟"金矿公司，依照中国钱币式样自行铸造的正面为"三条沟公司"，背面纪"止立"两字锡币的追踪考察，向我们介绍了18世纪初期到西婆罗洲发现金矿后，当地苏丹从中国广东引进客家矿工来此开矿，以及后来矿工自发组织兰芳、大港、三条沟等公司的艰辛过程，证明当时在石隆门开采金矿的华人公司是三条沟公司。砂劳越钱币收藏家刘嘉斌在《砂劳越代用币》中认为1839年詹姆士布鲁克王朝成立，1841年后自铸币钞使用。西婆罗洲钱币引进的可能性不高，而华工在砂劳越另行铸币的可能性则更低。②

---

① 肖肇川，原名藻元，广东梅县石扇围岗上人，肖赞裔之子。崇德第五届高小毕业。广东大学毕业后曾在上海某大学任教。据说是石扇第一名共产党员，1934—1936年在梅北中学任训育主任兼国文教员。抗战时曾任职昆明西南运输处，民国晚期曾任梅县民政科长。土改时被列为"土豪劣绅"而枪决。本文撰写于1937年，文中的亲画像赞，应为亲书像赞。

② 王永生：《货币文化同出一源研讨交流潜力巨大》，《中国与东南亚货币文化交流学术研讨会论文集》，2005年，第107–113页。

霍尔《东南亚史》摘录

1598 年，荷兰派出了五支船队前往东印度，其中一支到达了婆罗洲。

1604 年左右，荷兰人阿尔图斯·吉伊塞尔斯见到泗水城。泗水城建在坚固的城墙和筑垒后，城墙周长五英里，具有中国的风格。

1622 年，马打兰派兵到婆罗洲，强迫马辰和苏加丹那承认他的宗主权。

1602 年，英国兰开斯特的船队到达万丹，在那里建立了一个商馆。它不但是内地商业的中心，也是中国帆船到来购买胡椒的港口。

1611 或 1622 年，万丹在苏加丹那建立了一间商馆。这是一份有关荷兰人在那里获取黄金和钻石的报告的结果。但荷兰人的竞争妨碍了它的进展。1622 年，当这个城市受到爪哇军队劫掠时，荷兰人和英国人都遭到重大的损失并撤离该地。

在更为落后的婆罗洲，荷兰人主要是和马辰的苏丹王国建立关系，荷兰人在 1667 年占领望加锡后，马辰作为一个走私贸易的中心具有某些重要性。为了结束这种局面，1756 年，巴达维亚向马辰派出了一名特别使节，缔结了一项新贸易规定。根据这个规定，控制权转到了荷兰人手中。18 世纪，华侨矿工增加了，他们致力于开发苏丹王国富饶的黄金矿床，这些侨民组织了"公司"，最后组成了半独立的社会。

布吉斯人的国家博奈，在整个 18 世纪中，他们是荷兰东印度公司的公开敌人，他们参加了婆罗洲西海岸的苏丹所进行的干涉战争，蹂躏了柔佛，甚至威胁马六甲。

当 1783 年荷兰人把布吉斯人从柔佛驱逐出去时，后者使荷兰人在婆罗洲西岸和南岸的马辰的利益发生了麻烦。荷兰人在 1787 年实现了对那个地区的控制，但是时间不长。

1787 年 5 月，令人胆寒的婆罗洲的伊拉能族应廖内苏丹马哈茂德之邀前来帮助他的反荷事业，是月到达后，不仅驱逐了荷兰人，而且驱逐了苏丹本人和他的马来人头目。荷兰人收复了廖内，伊拉能人回到婆罗洲。布吉斯人迁移到雪兰莪、锡安坦和婆罗洲，马来人则在马哈茂德的鼓励下从事海盗活动。

1956 年的和平政变，导致苏门答腊和中部、北部和南部各建立起由陆军领导的地区委员会，1957 年 3 月，在东印度尼西亚和加里曼丹也发生了类似的事件。反政府分子把他们各自地区的一些出口收入留归自用来维持他们的势力。

1963 年，在菲律宾、印尼、马来亚的观察员的陪同下，联合国小组巡视了婆罗洲并核查了 1962 年 12 月在北婆罗洲以及 1963 年 6 月在沙捞越进行的选举的合法性，在那两次选举中马来西亚的支持者得到了大多数的选票。9 月 16 日，新加坡、沙捞越和北婆罗洲（又称沙巴）正式宣布独立，并成为马来西亚的成员。接着在第二天，现任马来西亚总理东姑·阿卜杜勒·拉赫曼正式宣布组成新的国家。

1786 年，由于苏丹的帮助，他们在苏加丹那和曼帕瓦的布吉斯人殖民地树立了自己的势力。但是由于在 1780 年至 1784 年对英战争中受到挫折，所有这些进展都失败了。巴达维亚判定，西海岸的殖民地是"无用的、令人不能容忍的麻烦事"，并于 1791 年放弃了它们。1797 年，从马辰作了同样的撤退，结果，荷兰人在婆罗洲剩下的唯一的殖民地就是南海岸的塔塔斯的一个小要塞。……（英国与荷兰在婆罗洲的争夺）……（英国借口海盗问题，远征婆罗洲）莱佛士于 1813 年在坤甸建立了商务代表，不久，三发苏丹承认英国为宗主国，其他主要国家也承认了英国的宗主权。（英国不支持莱佛士的激进政策）……1817 年 1 月，荷兰人建立了对马辰的统治权后不久，坤甸和三发接着就向他们乞援。因此，1818 年，荷兰派遣了一支远征队从巴达维亚出发，在婆罗洲西海岸插上国旗，并完成了仪式。把这两国置于尼德兰的统治之下。……他们诱骗西海岸和南海岸的比较重要的统治者承认尼德兰的宗主权。然后，于 1825 年，他们的进展由于爪哇战争爆发而被打断，不得不收缩婆罗洲的机构。到 1830 年，在西海岸只保留一名坤甸驻扎官，一名三发副驻扎官，几名塔姜海关稽查。在南海岸只保留马辰驻扎官和一名欧籍雇员来代表他们的权力。……因此，该地区已"公开任由其他欧洲强国拓殖了"。

在 19 世纪早期，婆罗洲西北部海岸是最闻名的海盗中心之一。实际的海盗活动是海达亚克人即"海人"干出来的，但他们受马来酋长和个别的在他们中间定居下来的阿拉伯人的雇用和指挥。……就在马来人和拉瑙人海盗活动被遏制的时候，中国人的海盗活动开始达到难以对付的规模，大约从 1840 年到 1860 年，海峡殖民地的国内贸易遭到大型的武装齐全的中国帆船的袭击，他们甚至袭击欧洲的船只。直到 1849 年，布鲁克才再次得到英国军舰的支援（布鲁克对海达亚克人进行了决定性的打击，而他在英国的对手则以此发动对他的舆论攻击）。这次攻击布鲁克的一种可悲的结果是，在沙捞越，人们普遍认为，万一再发生动乱，他就不会得到英国海军的支援。因此，那里的华人秘密会社于1857年煽动了一次暴动。在暴动平定之前，沙捞越的首府古晋被焚，许多欧洲人和本地居民被杀。两年后，一些心怀不满的马来首领企图叛变。在这些动乱的整个期间，海达亚克人始终坚定地忠于那个曾经搞掉他们海盗行为的人，这是意味深长的。

1857年华人暴动事件使他（詹姆斯·布鲁克）把承认问题（独立的统治者）视为真正紧急的问题：他感到需要一个欧洲强国保护。他找过荷兰、英国、法国的拿破仑三世和比利时政府接洽，这些活动都没有结果。……他于1868年6月去世，给他的继承人留下了"一个紊乱而穷困的国家"。①

从1850年以后，（荷兰）还凭借武力把婆罗洲的迄今未被征服的地方置于直接统治之下。西部地区的华人金矿公司——这些公司总是藐视外部的权力——不得不降服了，并于1854年建立了一个新的荷兰省份。

荷兰人在这个地区并非企图进行冒险，而是因为在1854年和1855年，由于中国采金公司之间的长期不和而引起了三发和坤甸苏丹国的骚乱，他们来这里干预并制止了这次骚乱。

在当地发现的婆罗洲最早的史料是在该岛东部的库太地区的一所寺院中所发现的七块碑铭，这个寺院所奉的是什么宗教尚未能确实考订。它们被认为是由牟罗跋摩王大约于公元400年建立的。他在碑文中提到他的父亲阿湿婆跋摩和祖父昆东加。阿湿婆跋摩据说是这个王朝的创立者。昆东加并不是一个梵语名词，这一点似可指明这一家庭来自印度尼西亚。在婆罗洲西部的卡普阿斯河、东部的马哈坎河和拉塔河流域，印度影响的其他迹象表现为笈多式的婆罗门教和佛教圣像。

《爪哇史颂》断言，1292年，（新柯沙里国）的远征军到了婆罗洲的西岸和马来半岛，它声称（国王）格尔达纳卡拉占领了婆罗洲的巴古拉甫拉（即丹戎甫拉）。（1293年新柯沙里国在元军攻击前就崩溃了，元军退出后，满者伯夷帝国建立起来。）

《爪哇史颂》列举了满者伯夷的属国，其中包括了门达瓦伊、婆罗洲的文莱和丹戎甫拉。皮古特博士认为满者伯夷帝国的版图只限于东爪哇、

---

① 霍尔《东南亚史·1839年以前的婆罗洲》是以东南亚全史为视域的，提到华人公司的事特别少。霍尔此处的结论应该不对。因为大港公司直到1857年还在作战，兰芳公司则存在至1884年。

马都拉和巴厘。

（满者伯夷帝国）政治联系的削弱，对于爪哇的商业的影响，即使有也是不大的。例如，15 世纪中，当从前向满者伯夷入贡的渤泥商港通过与中国建立关系来表明它们的独立时，它们和爪哇的贸易关系并未受到影响。

1316 年，波得诺内的圣芳济各教士奥多里离开欧洲，1330 年初回到欧洲，在离开科罗曼德尔海岸之后的一段旅程是：经过苏门答腊、爪哇、婆罗洲和占婆而达广州。

1526 年，葡萄牙人打败了马六甲，穆斯林商人把他们的部迁往文莱，这个地方便成了传播伊斯兰教的一个新中心。

1545 年以后，葡萄牙为了避免经过东爪哇至马鲁古的南部航线，他们和文莱苏丹缔结了一项条约，使他们能够通过苏禄群岛和西里伯斯海的北部航线。他们用他的王国的名称来称呼整个岛屿，婆罗洲（Borneo）这个转讹的名称才被普遍使用。

（英荷争夺东印度）1818 年，正当 R. J. 法夸尔在马六甲任驻扎官时，他念念不忘婆罗洲西海岸。可是，荷兰人风闻他的意图，在坤甸这个对于他的意图唯一可行的地方先采取了措施。法夸尔又访问了廖内，告诉布吉斯副王，如果荷兰人进攻，立即呼唤英国援助。

婆罗洲是达亚克人的家乡，在欧洲人到来之前的许多世纪中，已有马来人、爪哇人、布吉斯人和苏禄人来此从事拓殖，他们在那里的活动多半没有记载可录。这些活动的结果是在婆罗洲的海岸周围建立了一批国家。在东海岸的库太和西海岸的三发都发现了同印度化国家有过来往的踪影。室利佛逝的权力和统治大概得到过西海岸的一些港口的承认，这些港口曾参与了印度尼西亚同中国之间的贸易，这种贸易的记载在公元 5 世纪就开始出现了。在 14 世纪爪哇人的满者伯夷帝国的全盛时期，一些婆罗洲国家一定曾向它朝贡过。只是由于伊斯兰教徒的到来，这个岛的政治组织的比较清楚的画面才开始出现。文莱的穆斯林苏丹国是在 15 世纪末建立的。这个岛因 Brunei 而得名。在下一个世纪中，穆斯林王朝在西海岸的三发、苏加丹那和兰达以及南海岸的马辰都出现了。

1521 年，追随麦哲伦航行的史学家安东尼奥·皮加费塔到文莱访问，当时它是一个富强的国家，皮加费塔作了关于婆罗洲的最早的第一手报道。在满者伯夷灭亡以后，正当爪哇北部强国淡目和泗水短暂的强大时期，马辰和苏加丹那不免受到这两个强国的政治控制。三发则同半岛的柔佛有密切的联系。马六甲的葡萄牙人发展了同文莱的商业关系。在马尼拉

建立以后，西班牙人由于同葡萄牙人的竞争，企图在那里扮演拥立国王的角色，但没有成功。荷兰人开始对马辰发生兴趣，因为它出产胡椒，但是他们想要获得贸易控制权的尝试引起了流血事件和报复。苏丹先后在1635年和1664年签订专利合同，但都被撕毁。

荷兰人于1669年从南海岸撤退。只有在那里永久驻扎军队，才能强迫交货。但这种贸易所得还够不上经费开支。荷兰人在西海岸的三发和苏加丹那建立了商馆。但当地人的反对很快就使它们结束了。1608年，由于对万丹的控制，他们被拖进一场由万丹的属国兰达进行的反对苏加丹那的战争。在胜利结束这场战争以后，他们获得了对西海岸各国——它们承认万丹的宗主权——的理论上的宗主权。但事实上，这种宗主权不具有什么意义。荷兰人的失败，主要是由于中国人同婆罗洲港口很好地建立起贸易关系。他们不仅将欧洲商人追求的胡椒、黄金和金刚石统统买到手，而且全部收购其他产品，如樟脑、藤、蜡、松香、木材以及海菜、海参、鱼翅、燕窝等闻名的山珍海味。荷兰人能够吓唬当地的统治者签订空洞的合同，但中国人以较高的价钱购买货物。英国东印度公司的商人在被荷兰人赶出马鲁古群岛和班达群岛之后，也试图发展同婆罗洲港口的贸易，但失败了。而婆罗洲则成了他们前往中国途中货物集散地的一个可能的地点。因此，亚历山大·达尔林普尔提出了在巴兰邦安岛建立殖民地的计划。正如我们在前面所看到的，这个计划在1775年2月得到悲惨的结局。在18世纪，荷兰人作了更大的努力来获得对婆罗洲贸易的控制。1747年，他们同马辰签订了一项新的胡椒合同，为了保证交货，这次规定在蒂巴尼奥建立要塞。

1785年发生了一次朝代大变动，他们将自己的候选人扶上了王位。从而使自己获得了更大的权力。两年后，他承认荷兰东印度公司为他的最高统治者。在18世纪70年代，他们在西海岸利用万丹潜在的统治权使他们能够在坤甸建立一个商馆。1786年，由于苏丹的帮助，他们在苏加丹那和曼帕瓦的布吉斯人殖民地建立了自己的势力。但是由于在1780年到1784年对英战争中受到挫折，所有这些进展都失败了。巴达维亚判定，西海岸的殖民地是"无用的，令人不能容忍的麻烦事"，并于1791年放弃了它们。1797年，从马辰作了同样的撤退，结果，荷兰人在婆罗洲剩下来的唯一殖民地就是南海岸塔塔斯的一个小要塞。1806年和1807年荷兰海军在爪哇海面受挫，接着英国于1808年攻占马鲁古群岛，在这以后，丹德尔斯元帅便集中力量保卫爪哇。因此到1809年，连塔塔斯这个小要塞也放弃了。苏丹由于害怕不能保卫王国抵御邻国的进攻，便向槟榔屿方面乞求英国的援助。他们的请求得到了莱佛士的支持。在爪哇投降后，亚历山大·黑尔得到加尔各答政府的批准，受命在马辰建立殖民地。莱佛士当然着眼于这种可能性：万一爪哇归还荷兰人，英国人可以保持它在婆罗洲的据点。

根据1812年10月1日签订的条约，苏丹把荷兰人以前的塔塔斯要塞和蒂巴尼奥要塞，连同南婆罗洲的达亚克人省份以及在南海岸和东海岸的从属这些省份的地区割让给东印度公司。黑尔以马辰的长官的身份亲自在首都南部为自己购置了一千四百平方英里的土地，开始过着东方君主的生活，有妻有妾。在替马辰获得英国保护的活动中，他是在幕后推动的人物，他的唯一目标是推进他的提高个人地位的计划。这个殖民地终于证明是一大失败。莱佛士的声誉由于轻信面似忠厚的恶徒而受到了损害。黑尔在官方的支持下从爪哇招募劳动力为他的稻田和胡椒园干活。他关于这方面的丑闻在格雷厄姆·欧文的关于19世纪婆罗洲的研究中已有叙述①。这个殖民地的行政工作同样是令人吃惊的。1816年，东印度公司的管理费亏空了六万英镑。面对这种情况，它决定放弃这个殖民地，用船载运移民回爪哇。在实行撤退之前，莱佛士在巴达维亚方面的继任人约翰·芬德尔不得不向荷兰人非常明确地表示：由于1809年10月丹德尔斯正式放弃南婆罗洲所有荷兰人的领地，以及1812年10月同苏丹无拘束地议订了条约，英国不能承认他们对马辰作为一种权利所提出的要求。因此，在从奉派监督撤退的英国专员的地方出发后几天，一艘荷兰军舰到达这里，船上有一位公报上称"接收马辰产业的专员"，这时巴达维亚的英荷关系并没有好转。荷兰舰队在东方海域销声匿迹，接踵而来的是猖狂的海盗。由于苏加丹那苏丹国的衰弱，三发和坤甸已成为控制婆罗洲西岸的缓冲地。坤甸乐于进行和平贸易，因而得到欧洲人的支持。1812年，莱佛士企图消灭三发的势力，但这次远征遭到失败，于是他准备支持坤甸的野心。他不要求在婆罗洲取得更多的殖民地，他仅仅致力于促进合法贸易和弭平海盗。因此，他于1813年在坤甸设置了商务代表，接着便攻占和削弱三发，后来又宣布封锁所有婆罗洲港口（文莱、马辰和坤甸除外）。同时委派R. C. 加纳姆上尉为"婆罗洲和望加锡的特别委员"，巡视西海岸，其目的在于促进贸易，警告当地统治者不要纵容海盗行为。不久，三发苏丹承认英国为宗主国，其他主要国家也承认了英国的宗主权。可是这些行动显然不只是希望保护贸易这一点鼓舞起来的，而且有一种更深的动机。莱佛士本人把它们说成是"宏大计划"的一部分，它设想英国的权威在东南亚水域取得

---

① 格雷厄姆·欧文：《19世纪的婆罗洲：外交竞争的研究》，海牙版，1955年。

"持久的政治优势",设想将荷兰人的势力排斥出去。可是,这一定不符合其主子的愿望。英国政府不可动摇的决心,在1814年8月13日签订的伦敦公约中恢复荷兰人的"殖民地、商馆和产业"显示出来。三发的情况一定已使莱佛士受到特别的羞辱,因为正是在封锁政策被迫停止时,同他缔结条约的苏丹就死去了,他不得不承认海盗首领邦格兰·阿农为新苏丹,而这个人正是他在1813年采取行动的动因。荷兰人在返回马辰时,立即与苏丹订立了一项条约,事实上建立了间接统治。"马鲁古的白人罗阇"亚历山大·黑尔就这次侵犯他的王国提出了抗议,但加尔各答、印度事务部和英国财政部对于他的陈情书置若罔闻。1817年1月,荷兰人建立起对马辰的统治权之后不久,坤甸和三发接着就向他们乞援。因此,1818年荷兰派出一支远征队从巴达维亚出发,在婆罗洲西海岸插上国旗,并完成了仪式,把这两国置于尼德兰的统治之下。这支远征队突然到达三发,使苏丹感到惊异,当时他正在指挥对坤甸进行海盗式的袭击,他不得不赶快停止他的计划(巴达维亚在婆罗洲的进攻态势使英国担心马六甲海峡的陆上、海上咽喉完全掌握在尼德兰政府手中,担心其与中国的商业被威胁)。1818年,班纳曼总督在槟榔屿商人的压力下,派遣马六甲驻扎官约翰·法夸尔少校同瘳内、林加、坤甸和硕坡商订条约。法夸尔发现荷兰人已经在坤甸,但他能够与其他三个地方的统治者缔结条约。莱佛士则坚持认为荷兰人是没有权利要求取得婆罗洲的,为此伦敦和海牙之间发生了愤怒的争吵。尽管如此,1824年英荷条约还是签订了。(由于双方的分歧)婆罗洲不包括在它的范围内。谈判正在进行,而荷兰人却忙于加强他们在婆罗洲的据点。他们在马辰、坤甸和三发建筑住房,诱骗西海岸和南海岸的比较重要的统治者承认尼德兰的宗主权。然后,1825年,他们的进展由于爪哇战争爆发而被打断。这场战争严重地恶化了早已成为极大恐慌原因的财政状态。这一次又像在丹德尔斯时代那样,他们不得不再一次紧缩婆罗洲机构。到了1830年,在西海岸只保留一名坤甸驻扎官,一名三发副驻扎官,几名塔姜海关稽查。在南海岸只保留马辰驻扎官和一名欧籍雇员来代表他们的权力。在以后十年间,由于他们把主要注意力集中在发展爪哇的种植制度,实际上他们对于在婆罗洲的机构不发生兴趣,对于该岛北部辽阔地区的机构尤其如此。像欧文博士所指出的,该地区已"公开任由其他欧洲强国拓殖了"。因此,当1831年荷兰人在西海岸的驻扎官竭力主张应与文莱议订条约,以使在文莱苏丹与别人有可能签约之前先走一步时,他们不必费心去采取适当行动了。后来在1838年,当他们在三发的副驻扎官注意到英国船只正在利用沙捞越"私运"货物进入三发内地时,他们也不必费力采取适当行动了。的确，在1839年2月，三发的副驻扎官奉命不必过问英国在沙捞越的贸易。这正是詹姆斯·布鲁克到来之前的六个月的情况。

根据1824年英荷条约第5条的规定，双方保证"同心协力来有效地消弭"海盗活动，然而费了很大的力，也不见效果。因为它是一种体面的职业，是马来世界的那些最高当权者所纵容、奖励甚或直接参与的。（海盗活动）矛盾尖锐化的主要原因是由于葡萄牙人和西班牙人在16至17世纪冲击马来群岛的本地商业，使它趋于瓦解而引起的。荷兰人用系统的、精心考虑过的方式来自己建立起贸易垄断，使当地居民遭受到严重的破坏，使各级政府分崩离析。因此，随着18世纪荷兰东印度公司对于它的海岛帝国统治的日趋削弱，上述因素就为海盗活动开辟了道路，使它蔓延到空前的规模。为了对马来群岛采取军事行动，拉瑙人的船队首先开往婆罗洲西北部的淡巴塞，船队到达后，分成若干中队，每个中队有自己的专门巡逻区域（他们在马六甲、廖内、林加之间狩猎）。在19世纪早期，婆罗洲西北部海岸是最闻名的海盗中心之一。实际的海盗活动是海达亚克人即"海人"干出来的，但他们受马来酋长和个别在他们中间定居下来的阿拉伯人的雇用和指挥，这些海盗最后为布鲁克和英国海军摧毁。

荷兰人通过外交途径对布鲁克定居沙捞越的权利提出异议，还开始采取特别措施，使他们在婆罗洲的最高权利不致发生疑问。1843年11月，一个名叫厄斯金·默里的英国商人试图同库太苏丹通商，但失败了，这使荷兰人加强了对东海岸的注意。1844年3月，一支海军远征队到达，并与库太和帕西尔的苏丹等订立新的合同，规定禁止荷兰籍之外的欧洲人在他们领土上定居。外国的干涉使1845年接任的罗丘森总督认识到必须在婆罗洲建立更有效的控制。他任命一名"婆罗洲及其领地的总督"，首府设在卡普阿斯河上溯三百英里的新当，他尽力通过驻扎在库太的行政官与东海岸的统治者议订新的合同来扩大东海岸的势力（但英国人不承认荷兰对1824年条约的歪曲解释）。后来新当被发现不适宜作为首府，统一管理计划不得不被放弃了。再一次改组行政机构，成立西部和东部、南部两个地区。他们开始加强自己的据点。从1850年以后，凭借武力把婆罗洲的迄今未被征服的地方置于直接统治之下。西部地区的华人金矿公司——这些公司总是藐视外部的权力——不得不降服了，并于1854年建立了一个新的荷兰省份。数年后，当荷兰人企图把自己的候选人扶上马辰的王位而引起一场大叛乱时，便着手征服这个国家。

从荷兰人的观点看来，更糟的还是罗阇詹姆斯·布鲁克在沙捞越和文莱的活动，以及英国夺取拉布安岛。罗丘森总督（1845年至1851年在任）

害怕这将为其他列强占领群岛的某些部分打开大门，这样一来，英国势力在婆罗洲西北部的建立，却激使荷兰人采取更为强硬的政策，蒸汽机的使用促使人们去寻找煤田，并取得了可喜的成果。婆罗洲西南部马辰附近和东部库太的矿藏得到了开采。马辰矿山开发时引起了同苏丹的争端和战争（1859—1863 年），结果马辰的领土被荷兰人吞并。荷兰人在这个地区并非企图进行冒险，而是因为在 1854 年和 1855 年，由于中国采金公司之间的长期不和引起了三发和坤甸苏丹国的骚乱，他们来这里干预并制止了这次骚乱。

1883 年，荷兰皇家公司第一个取得了开采石油的特许权，他们在苏门答腊、爪哇和婆罗洲发现了石油，但直到 20 世纪还没有多大的开发。不过婆罗洲南部等地的采煤却取得了很大的进展。

1893 年至 1898 年，A. W. 纽文休斯对婆罗洲内地进行了探险和考察。

许多落后的、分散的人群还处于采集食物阶段，其中包括婆罗洲的蒲南人等，这些人的总数很少，人们会觉得，自有成文历史以来，不论在住地或人数上，他们都没有经过多大的变化。（耕作制度是刀耕火种）按照母系社会组织的形式，在婆罗洲的达亚克人等人中存在的长屋制度，就提供了这种社会的例证。

156

温广益《雅加达和坤甸等地见闻撷要》

凭吊先贤罗芳伯[①]

18 世纪中叶以后，以兴梅和潮汕地区为主的中国人开始成批地移入地广人稀、荒无人烟的加里曼丹岛西部，并逐渐在那里形成较大的华人社区。他们向当地苏丹承租矿区，在那里建立叫"公司"的组织，从事开采金矿及其他农业性生产劳动，并逐步在社区内部实行自治。

在这批中国移民中，广东嘉应州石扇堡人罗芳伯（1738—1795）是较具传奇性，也是较为人们熟悉的人物。他在东万律创建的兰芳公司也是当时诸多公司组织中较著名的公司之一。他是兰芳公司第一任负责人，死后即安葬于当地。

墓地离东万律镇还有一段距离，因道路窄小，怕大车进去后不能掉头，只得停车于公路旁。我们 30 余人下车后随当地向导朝目的地鱼贯而行，由于人多，一路难免引起两旁居民驻足观望。如上所述，华人居民已被逼安身于松柏港，故这些居民中已看不出有华人的身影。即使有，恐怕亦难以辨认矣。步行约 10 分钟，穿过一段无路的乱草丛，终于来到"罗公芳伯之墓"[②] 前，但见墓地周围有低矮围栏隔住，而围栏周围都是杂草和丛林，显得荒芜。墓碑高约 3 米，碑基四周刻有罗芳伯生平事迹，刚描红漆，碑前地面有一小块香烛和红烛痕迹，显示曾有人整修和祭祀过。足见这批清代乾隆年间来此开发并对发展当地经济作过贡献的华人先贤是不会被人遗忘的。

我这次到罗芳伯墓前凭吊这位早年的华侨传奇人物。虽说看到的前兰芳公司的办事厅已破败不堪，残存的板木亦难挡风雨，难免有些凄凉，但我已甚感不虚此行。

---

① 本文原载于《东南亚之窗》2008 年第 3 期。温广益先生是印尼归国华侨，早年曾在雅加达、坤甸等地生活、工作。此文为其于 2007 年 11 月回访印尼记行中的最后一部分。加里曼丹为印尼的叫法，传统上应称为婆罗洲，华人当采此称。婆罗洲矿区为华人开辟，华人承租荒地后将其开发为矿区或农区。

② 1998 年印尼屠华，波及西婆罗洲，当地华人被迫从东万律迁到松柏港。按查到的相关照片，当为"罗公芳柏之墓"。

厄尔《十九世纪的婆罗洲》^① 摘录

据说萌巴哇的统治者约于 1740—1750 年间由文莱招来第一批中国矿工来加里曼丹岛西岸，而三发的苏丹一向知道华人的毅力和技术，也邀请华人到来开发，借以增加他的收入和繁荣这个地区，于是以租让方式把一片地段给予华人。由于成交颇著，华人逐批前来东万律（Mandor）、西纹宜斯（Seminis）、蒙脱拉度（Montrado）及拉腊（Larah）等地自成聚落，从事开矿。

1850 年 1 月，一艘满载日用品及粮食的船由新加坡驶入大港公司的一个码头。荷兰官吏指为违禁，勒令大港公司交出此船商货，公司的头人加以拒绝。他们又令公司交出此船船长及 10 名水手法办，公司的头人亦不理，并筑木栅来保护这艘商船。荷兰驻扎官威拿（T. J. Willer）知大港公司的实力雄厚，不敢贸然动武，但积极准备用武力进攻。威拿于是向巴达维亚请兵来镇压大港公司。4 月，荷印总督罗滋生（Rochussen）派一艘兵船到西加里曼丹来协助进攻大港公司，并由三发苏丹派兵佐攻。然而还是在诗杜河（Sedauw）一役，一败涂地，荷舰舰长如惊弓之鸟，不敢再战，驾舰逃离加里曼丹。大港公司大举反攻，8 月底占领了北部许多地区，包括邦戛。邦戛是三发入口的一个海港，大港公司就这样来一个反封锁。荷兰政府增派两中队步兵及一支队炮兵由陆军中校苏格（Sorg）率领增援，9 月与大港公司的队伍大战于邦戛，虽不致溃不成军，但苏格本人受重伤而死，代替他指挥的中校勒布隆（Le Bron de Vexla）不敢再战，奉命死守河岸地区并封锁河面，极力避免与华人在内地纠缠。10 月，双方在邦戛附近略有接触，勒布隆屡挫，于是借口气候不利，把队伍抽回了三发。但此时大港公司内部发生分裂，一部分人主张谈判。11 月，大港公司代表到坤甸偕同驻扎官威拿到巴达维亚见荷印总督，提出投降条件，包括赔款、纳税及由荷兰政府管理等项。此举完全出乎殖民者的意外。荷印总督喜出望

---

① 厄尔：《十九世纪的婆罗洲》，摘自朱杰勤：《十九世纪加里曼丹华侨及其反抗荷英殖民者的斗争》，《东南亚研究资料》1963 年第 3 期，第 68 – 80 页。

外，派威拿回加里曼丹处理，任命其中一人为代表公司的甲太，着手解散开矿公司并进行改组工作。可是不久，殖民者的企图落空了。蒙脱拉度的华侨大部分宁死不屈，不愿受荷兰殖民者的压迫和剥削，声明妥协投降派订立的条约不能代表全体成员的意见，不能承认。威拿花了半年多时间，用尽许多威迫利诱的手段，蒙脱拉度的华侨始终不屈。

1853 年，荷印政府积极准备用兵消灭大港公司，任命安特生少校为西加里曼丹的军事和政治的负责人。安特生本来是华人手下的败将，于1851 年初已接替勒布隆中校指挥殖民军队，一贯主张用武力消灭华人。4 月，大港公司正式宣布反抗荷兰政府，多次击退荷军的进攻后，不断地进行反攻。安特生又回到巴达维亚要求总督派兵增援。

1854 年 5 月，又有两千多荷兵开到西加里曼丹，会同原有的屯兵和苏丹派来的士兵向蒙脱拉度矿区进攻。同时又命在荷兰东印度公司统治下的兰芳公司的刘生（甲太）帮助夹击大港公司的抗战队伍。以大港公司为主力的蒙脱拉度的华侨，在敌人优势兵力压境下，进行英勇的抵抗，坚持一个多月，给予敌人以严重打击后，将全区足以资敌的不动产和物资付之一炬，全体六七千人退出蒙脱拉度，转移到沙捞越。中途又遭遇到兰芳公司的堵击，有一部分人被俘，但仍有一部分逃到了目的地。6 月 2 日荷军攻入华人已放弃的蒙脱拉度，有一小撮中华民族的败类出来迎接，安特生下令解散公司的行政制度，铲平炮垒和栅闸，没收一切军火及其他财产，包括房屋和矿场，实行军事统治。11 月，荷印政府特派秘书长普林斯（A. Prius）前来西加里曼丹，宣布把蒙脱拉度划为荷官直辖的一个新区，同时任用几个华侨的叛徒及反动的三发贵族作为政治参议，以金钱和禄位来收买他们继续为殖民政府服务。反抗失败的华侨领袖仍然不屈不挠，率众进行游击战争，一直坚持到1856 年中，才被迫转入地下工作。

陈碧笙《世界华侨华人简史》摘选

大约在 1772 年，一只中国帆船航抵婆罗洲，向三发苏丹乞求土地，获准在拉叻居住。"他们都能按期纳税，勤奋而和平地过活，并大规模地和达雅克人通婚。"① 以后由于发现金矿，华侨生性勤俭、生产技术较高，备受当地人的欢迎。从 18 世纪后半叶起到 1823 年荷兰人接管之前，每年移入常在三千人以上。在三发市地区，大概有华侨三万人，马来人和达雅克人一万二千人；在沙拉哥（salako），大约有华侨二万人；在蒙脱拉度（montnado），大约有华侨、马来人和达雅克人五万人（估计华人占四万人）；在坤甸，约有华侨二万人；在文莱，约有华侨、马来人和木鲁人一万五千人；此外，在东万律（曼多 mankon）华侨人数在增加，估计约有三万人，其中矿工约一千人；桑高（songo）和马丹也有华侨。据厄尔的估计，西婆罗洲华侨总数约为十五万人，其中属于华侨控制的区域有九万人，属于荷兰人控制的区域约为六万人。②

1750 年，三发苏丹宣布：华侨不得种植稻谷，不许进口必需品，不能携带或持有武器；华侨所需大米、盐、鸦片和铁器都只能向苏丹购买，而且每年须缴纳租金三万二千荷兰盾。这使华侨"觉得离开祖国后，不但更换了主人，还碰上了一个比刚离开的中国皇帝更加贪婪的人"。各地苏丹又常常为争夺金矿而使用武力，而华侨人数增加后，挖掘水池、开辟道路以及经营许多公共事务，也需要有一个相应的机构。于是各地矿工纷纷自动地组织了"公司"。

在 18 世纪 60 年代，在坤甸和三发的蒙脱拉度和拉腊等地就有二十几个公司。在 70 年代，蒙脱拉度地区的十四个公司便联合组成和顺十四公司或和顺总厅公司（后又改称和顺七公司、和顺四公司、和顺三公司），总厅设在蒙脱拉度，由谢浩③任总厅负责人；坤甸地区四公司也合并成为兰

---

① 陈碧笙：《世界华侨华人简史》，厦门：厦门大学出版社，1991 年。
② 巴素：《东南亚的中国人》，牛津：牛津大学出版社，1992 年，第 726、730 页。
③ 当为谢结之误写。

芳公司①，设总厅于东万律，由罗芳伯任负责人，加上西美尼斯（seminis）的三条沟公司，共成三大华侨公司。

罗芳伯创立东万律兰芳公司后，被尊称为"罗太哥"，其下还有本厅付头人②、本埠头付头人及尾哥、老太等。这种组织形式颇具天地会色彩。1829 年兰芳公司第五任负责人刘台二为荷兰殖民者所收买，《兰芳公司历代年册》记载说："始有公班衙（即荷兰东印度公司）来理此州府，封甲必丹南蟒（demong）刘台二为兰芳公司大总制甲太，于是本厅付头人、本埠付头人俱传封为甲必丹"，至是其组织管理制度便具有荷兰殖民统治的色彩了。

公司还有权处理会员内部的犯罪事件。如和顺各公司犯罪人由各公司自行处理，重大案件则交由总厅、公厅处理。兰芳公司创立初期也规定"犯重罪者，如命案叛逆之类，斩首示众"；"争夺打架之类，责从打藤条、坐脚窖（坐监）"；"口角是非之类，责以红绸大烛"。对各行业的华侨则征收一定的税金，如从事采金业的须纳脚仿金，从事耕种的须纳鸡息米、烟户钱，做生意的出口货物无抽饷，惟入口货物方有抽饷，在水路交通要地还设立税栅，征收入口货物的过境税。此外，还实行属兵各伟业的办法，平时各安其业，有事则入伍为兵。不过这些都只具有初级自治政权的形态，与近代主权国家的征收关税、进行审判和设立常备军是有差别的。

巴素《东南业之华侨》（第 42 章第 727 页）记载，华侨所开采金矿"矿地是向拉阁租来的，每矿每年缴纳黄金五十两，每名中国人还须交纳人头税三元"。斯桑克《婆罗洲的公司》在提到和顺公司的支出时也说："税收虽然可观，但支出极为浩繁，例如苏丹和荷政权的税务，也须由和顺支持。"卡德《中国人在东印度的经济地位》一书中也说："当权者把许多地区甚至整个地区的土地慷慨地让给中国人，而中国人也负责偿付报酬。"而据《兰芳公司历代年册》的记载，自 1824 年刘台二被收买后，人头税便改由公班衙征收，兰芳公司的收入仅限于烟酒承包税。由此可见，公司的财政是不能完全独立的。

由于华侨矿工的辛勤劳动，西加里曼丹岛金矿生产获得了很大的进展。莱佛士估计，1810 年华侨公司生产的金矿总值达 370 万西班牙银圆；亨特（G. Hunt）调查，由坤甸出口的黄金年达三至四个布克（一布克等于133.3 磅）。提比亚斯认为，1823 年加里曼丹出品的黄金约值荷币八千万

---

① 四公司合并为兰芳公司，未看到作者的推断根据。
② 付头人，其他文章中也写作"副头人"。

盾（6 666 700 英镑），即使是在 1848 年华侨处境日加困难的时期，西加里曼丹的出口黄金仍有 12 400 英镑。

华人在开辟新矿区时，要不断地砍伐原始森林，修桥筑路，疏通河道，使内河和沿海交通日益开展，同时也促进了造船业和近海捕鱼业的发展。19 世纪 30 年代，在荷兰殖民者的严密封锁下，华侨转而开垦水田，种植水稻，使邦戛、古罗尔、巴昔和山口洋等处成为著名的产粮区，三条沟公司和霖田公司的成绩尤为突出，卡德在其后也说，多亏了这个公司（指三条沟）为我们开发了邦戛以北的沿海地区，在那以前，那里都是荒无人烟的所在。①

1823 年，荷兰殖民者从三发苏丹那里骗得开矿权。1824 年，收买了兰芳公司负责人刘台二，迫其承认荷兰统治，接着就封锁三发港口，华侨人口开始下降。1850 年，荷兰对大港发动第一次进攻，以失败告终。1854 年，又发动第二次进攻，迫使大港公司撤出蒙脱拉度，大部分华侨撤往砂劳越。1858 年，又回过头来镇压兰芳公司。施古德说："据葛鲁特说，对公司的战争结束之后，三发等地又退化为贫困的农业区域，矿山几乎荒弃不用了。这种公司的废除和由此造成的华侨人口减少，对于婆罗洲的发展实为一重大打击，说不定它永远不会复兴了。"②

---

① 巴素：《东南亚的中国人》，牛津：牛津大学出版社，1992 年，第 122 页。
② 巴素：《东南亚的中国人》，牛津：牛津大学出版社，1992 年，第 731 页。

房汉佳《伦乐华社之今昔》[①]

伦乐是砂拉越的西陲重镇，离古晋约 96 公里。由古晋经石隆门折向西北，车行两小时后，即到达伦乐镇。伦乐镇像州内其他市镇一样，坐落在河畔，面临伦乐河，背负嘉定山，具有山川之胜，景色十分宜人。

伦乐的本曼查洪若龙告诉我说，根据当地父老的推断，伦乐开埠历史至今已有 130 年至 150 年。这个推断，以我看来，大致不差。其实，除伦乐镇之外，石隆门、打必禄、打马庚和英吉利里等地的开埠历史也相若，大抵是在 19 世纪 40 年代前后。此时西婆地区华人金矿公司所建立的自治邦兰芳大总制已经有了 60 年历史，势力已日渐衰微；荷兰殖民者却步步进逼，压力日甚。在此情形之下，许多华族矿工便纷纷越过边境，进入砂拉越，寻找新的天地，这些内陆市镇便是由此逐渐形成而发展起来的。今天伦乐的华族约有三分之一是潮籍，多数居民住在市区，从事商业；三分之二为客家人，多居住在乡区，以务农为生。这些华人，除了早期西婆的移民之外，还有后来由中国直接移居到伦乐来的。伦乐的华族社会组成状况与坤甸地方的华社极为相似。根据古迹资料，如墓碑庙铭等所记载，早在 130 年至 150 年前，已有华人散居在伦乐。在距离伦乐巴刹不远之处，有一个地方，叫丹绒布伦。根据该处大伯公庙的铭文记载，该地乃是伦乐华族移民最先涉足的地方，后来居民才逐渐迁移至今天的伦乐镇上来，发展成今天的伦乐市镇。

伦乐的第四座神庙，是建筑在伦乐中华公学后面的忠臣庙，庙内供奉三块神牌，由右至左分别为：

第一块：罗芳伯与徐胜伯之灵位。据说徐胜伯实为罗芳伯之别名，因此，两人其实只是一位。值得注意的是神牌文字的写法。关于罗芳伯的名字，它的写法是"讳芳罗"，这是完全正确的。

第二块：官云伯之灵位。

---

① 房汉佳：《伦乐华社之今昔》节抄，1992 年，刊载于《华校春秋》第 76、77、78 期，http://www.intimes.com.my/huaxia/06huaxia78.htm。

第三块：宋古成之灵位。

这三块神牌的大小、颜色、字体都完全一样，据说是西婆华人逃避荷兰兵追杀，越境逃难时一同携带过来的。

罗芳伯于 1777 年就任西婆华人自治邦兰芳大总制的第一任大唐总长，在位 18 年，于 1795 年病逝任上。当地华人为纪念其功绩，表扬他对华人的忠心义胆，乃在大厅所在地的东万律建忠臣庙一座，将罗芳伯的神位入祀，以供后人膜拜。据说该庙当时烟火鼎盛，可见当地华人对他的崇敬。

罗芳伯入祀忠臣庙，就当时的情况看来，实在是很自然和合理的事。罗芳伯虽具有反清思想，但对于当时的大清帝国不失为一大忠臣。他只身南渡，凭借一己之雄才大略，不但保护数十万华人的生命财产，而且受苏丹划地分封，建立兰芳大总制自治邦，成为第一任大唐总长，政绩彪炳，德教大成，泽及全民，化及土著，其勋业足以媲美班定远，其忠义自足千秋。当时之世，正值乾隆朝代，正是大清帝国全盛时期，国人对自己的天朝上国效忠不二，崇敬有加，汉人之中虽有洪门会之类的反清复明组织存在，但一般百姓的忠君爱国思想仍然根深蒂固。18 世纪的海外华人，对大清帝国的效忠，是无可置疑的。所以罗芳伯逝世之后，其部属将他入祀忠臣庙，是顺理成章的事。

根据伦乐埠忠臣庙的记载，该庙始建于清光绪十六年，即公元 1890 年。建庙的目的，也是为了纪念为民族利益而奋斗的领袖，表彰他们的忠心义胆，所以也仿东万律的前例，称为忠臣庙，以示不忘所本之意。这是合乎历史的真实的。至于伦乐地方所流传有关罗芳伯曾于 1914 年率领一批华人由印尼逃难抵达该地，那是在英雄崇拜的心理下所产生的讹传，不足取信。事实上，在 1914 年之前，罗芳伯的神位已供奉在伦乐忠臣庙中多时；而且罗芳伯生前东征西讨，百战据山河，何需逃难？不过，伦乐的许多华人祖先来自西婆，则是不争的事实。关于这一点，直到今天，仍有许多人物可以作为佐证。这座忠臣庙在十年前已由伦乐中华公会的习俗组加以重修，面貌焕然一新。每逢农历七月十五日（孟兰节或中元节），这座庙都举行隆重的祭拜忠魂仪式。

除了伦乐埠之外，英吉利里亦有一座忠臣庙，现已倒塌了。石隆门的将军庙，以前亦称为忠臣庙。这三座忠臣庙应是同出一源，香火都是从东万律的忠臣庙传来的。

王宝慈《梅联最话》^① 所述罗芳伯事

蕉岭^②陈敬孙孝廉展骐^③题坤甸罗大伯庙^④云：何殊南北战争^⑤，本公德^⑥建议联邦^⑦，大统领^⑧怀华盛顿。

岂有帝王思想，凛天威仍称藩服^⑨，蛮夷长媲老夫臣^⑩。

公广东嘉应人，清嘉庆时与同志十八人航海南行，至坤甸东万律，逐其酋长^⑪，结成团体，如民主制。惟仍奉中朝正朔，又俨同一小侯国焉，亦人杰矣哉。按坤甸即婆罗洲之一港口。

---

① 《梅联最话》一书及注释，由梅州日报社刘奕宏先生提供，特此感谢！上述五幅对联，作者都是陈敬孙。据其自注可知，他曾经到访过坤甸，与华人甲必丹认识，但对兰芳公司的历史却不算熟悉。对联特别强调了罗芳伯的民主精神和兰芳公司的民主机制。《梅联最话》为专讲梅州历代对联掌故之书，1939年印行。作者王宝慈，号漱薇。王为清贡生，先后执教于梅县高等小学、梅州中学、东山中学等。书名中的"最"字，当为"撮"字的通假。

② 蕉岭，梅州属县。

③ 陈展骐，字敬孙，清举人，梅州新铺人。

④ 罗大伯庙误，当为大伯公庙。

⑤ 南北战争，指1861—1865年的美国南北战争，此处借指罗芳伯的"百战据河山"。

⑥ 公德，天下为公之德。罗芳伯开创了兰芳公司领导人职位"传贤不传子"的民主传统。

⑦ 一般认为兰芳公司实行的是中央集权制，大港公司等十四公司联盟——和顺公司才是联邦制。作者之意或许只是强调兰芳公司有类似于美国的民主机制。

⑧ 大统领，为"president"（总统）一词的旧译，今日韩国、日本尚有此用法。兰芳公司领导人有"大总制"的称号，与"大统领"一词较为接近。作者或取意于此。

⑨ 罗芳伯建立兰芳公司后，"欲平定海疆，合为一属，每岁朝贡本朝，如安南、暹罗称外藩焉"。

⑩ 西汉初，南越王赵佗上书汉朝，自称"蛮夷大长、老夫臣"。此处指罗芳伯在海外蛮夷之地创立独立政权。1912年林凤超《咏史》中也称罗芳伯为"故粤老夫臣"。

⑪ 罗芳伯多次打败当地的马来酋长，使其"胆破心寒，有朝不保夕之状"。

又：钱氏据东瓯①，试看开府雄藩，威望居然唐节度。臣佗处南海，漫谓边陲窃号，冠裳犹是汉官仪②。

又：海峤③建旗幢④，十八人⑤飞渡偕来，宜以合群⑥成自主⑦。

河山悲破碎，亿兆姓散沙贻诮，更无继起慰而翁⑧。

庙中兰芳厅云：

兰臭订同心，合众无殊民主国。芳徽传永世，余威不让老夫臣。

兰为公名，芳为公弟名云⑨。

又二月寿辰联云：

丰沛故人，为使君上寿，蛮夷大长，夸表海雄风。

庙在坤甸东万律，当公寿辰，乡人必到庙恭祝。甲必丹嘱代撰此联。

按光绪《嘉应州志·人物传》，载罗芳伯事，全据《采访册》与《谈梅》，而予见之《谈梅》，与《志》不尽同。《志》云："吧城博物馆，藏有兰芳大总制衔牌。盖罗之遗物也。自罗之后，江阙宋刘，相继为王，始于乾隆四十年，终于光绪九年，共一百有八年。"今孝廉谓无继起慰翁者，则其后之江阙四人无其事乎？《谈梅》云："乾隆间，罗率华人十七，夺距坤甸，立兰芳公司约束华民，凡十年，身故，州人江务伯继之，江有勇力，所用刀，重十八斤，尝夜袭土番卧室，举刀拖其颈下，一刀毙十余人。"又引《翼马迴编》所载，亦称罗方伯。则孝廉所谓兰为公名，芳为公弟名者，令人致疑，夫公司称兰芳，用两人名，犹可也。至大总制衔牌

---

① 钱氏据东瓯，指五代十国时期，钱氏占据浙江，建立吴越国。

② 罗芳伯及兰芳公司民众，并未剃发易服，发式服制全部沿用中国习惯。

③ 海峤，海边山岭。

④ 旗幢，旌旗。罗芳伯及兰芳公司有"帅"字旗，此处有建立政权之意。

⑤ 与罗芳伯同时出海南下的人数，有 18 人、108 人和 180 人三种不同的说法。罗芳伯所作《游金山赋》传世版本不同，可见到"亲属偕行数百"和"携手偕行，亲朋百众"两个数据。

⑥ 合群，即共和之意。

⑦ 1822 年兰芳公司首领刘台二接受荷兰政府"甲太"的封号，至此兰芳公司开始失去独立自主的地位。

⑧ 1884 年 10 月 3 日，兰芳公司首领刘寿山病逝。荷兰殖民者派出官员雷克（J. C. Rijk）到东万律办理接管工作，占据东万律，拆毁总厅前桅杆，撕下兰芳大总制旗帜，并逼交出兰芳公司历代印信，下令不得再举总长。公司群众反抗斗争持续至 1888 年始告完全失败。

⑨ 兰芳公司结束后，官员民众四散。但责备二字，不当由他们承担：一是世界大势如此，非一个兰芳公司能够抵挡；二是公司后人至今生活在西婆罗洲他们祖先开辟的土地上。作者此处又误，兰芳得名于"兄弟同心，其气如兰"的古训。

166

称兰芳，殊非定于一尊之义，何以号如约束乎。至于乾隆嘉庆相距两朝，亦必有误也。罗为石扇堡人，江阙宋刘，谈者皆以为州人，至为何堡人，则未能详也。

萧凤琴茂才宗韶尝为予言，方伯治坤甸，所辖境内之人，无华夷，皆须讲客话，命有不听者割其口舌。皆服从，无敢支吾者。予初不甚信之，后在东中授课，坤甸侨生来就学者，如黄生等兄弟，皆潮安人也，而皆讲客话，纯熟与客人等。予怪而详询之，始知坤甸华人，不论属籍皆然，即土人亦如之，是萧君所言为不谬矣。呜呼，方伯可不谓为吾客族之英雄乎。

吴凤斌《东南亚华侨通史》^① 摘录

（一）西婆罗洲的淘金者^②

婆罗洲产金的历史悠久，三国吴时康泰与朱应于 225—230 年出使南洋，其所记外国传曾提到："诸薄国之西北有薄叹州，土地出金，常以采金为业。"^③ 诸薄或杜薄即爪哇阇婆，薄叹州即婆罗洲（今称加里曼丹），可见，在公元 3 世纪时这一带已有采金。外国史籍也记载，15 世纪时，西婆罗洲上侯、金兰达、上马丹一带已有开采金的小矿场。^④ 1604 年荷兰东印度公司范·瓦伟克在西部苏加丹那发现金刚钻。四年后，试图开采时，即遭到当地居民和华侨的联合抵制，^⑤ 不得不放弃。这表明 16 世纪末早已有华侨在该处开采。

据莱佛士《爪哇史》记载，1738 年左右，兰达已有华侨开采金刚石矿场 11 个，每个矿场华工平均有二三十人，每人每年能掘得 1 布克金刚石（约需小矿石二三百个，价值 20～24 卢比）。从 1738 年开始，荷兰人每年从这些矿场收购价值达 20 万元的钻石。^⑥ 由于华工勤劳和技术熟练，得到当地人民的信任，当地苏丹派人到处招募华人前来开矿。1740 年至 1745 年南巴哇苏丹巴内姆帕汉从文莱招募了 20 名华人，在百富院杜连河一带采金，取得了丰产。三发苏丹奥马尔·阿拉木丁亦起而仿效，将卢来和拉腊金矿租给华侨开采，自己坐收矿利。在曼多尔（即东万律，又译孟巴哇）发现华人矿工墓碑，碑刻于 1745 年，表明 1745 年前华侨已在三发一带采矿。

---

① 吴凤斌：《东南亚华侨通史》，福州：福建人民出版社，1993 年，第 139－145 页。

② 摘自第五章"从事矿业劳动的东南亚华侨"的第一节"在群岛地区从事矿业劳动的华侨"的第一部分"婆罗洲的采矿者"。

③ 李昉：《太平御览》（第四册），卷 787，北京：中华书局，2006 年。

④ 凯特：《荷属东印度华人的经济地位》，第四章"婆罗洲"。

⑤ 这小型开采也可能是华侨与当地人开采的，而不是凯特说的只是爪哇人。

⑥ John. C. Leyden, *Sophia Raffles*: *The History of Javs*, 1816.

早期在此开矿的大多是潮阳、揭阳、海丰和陆丰人，其次是嘉应州人、惠州人。到 18 世纪 60 年代，潮州府人多以黄桂伯为大哥，在老埔头有店 200 余间；嘉应州人多以江戊伯为首，在新埔头有店 20 余间。时坤甸有聚胜公司四大家族，由坤甸而上有东万律，开采金矿者多潮阳、揭阳人。东万律而上十里许，有茅恩山、猪打崖、坤丹、龙冈、沙拉蛮等处，采金者亦潮阳、揭阳居多。在明黄等处采金者多大埔公洲人，以拥有 500 子弟的刘乾相的三星公司为最大。由东万律而下数里许的山心，有大埔人张阿才为首在采金，嘉应州人、惠州人、潮州人则分散其间。嘉应州人江戊伯在茅恩新埔头组织有兰和营等四公司（新埔头公司）。海陆丰人黄桂伯在茅恩老埔头组成联合公司（老埔头公司），当时在蒙脱拉度的华人公司有：老八分、九分头、十三分、结连①、新八分、老十四分、十二分、大港、坑尾、新屋、满和、十五分、泰和和三条沟 14 个公司。这些公司的名称也就成为开采地方的地名，从老八分、新八分、老十四分等新老地名情况看出华侨在当地开矿历史的悠久。

此外，在三发拉腊境内还有元和、赞和、应和、惠和、升和、双和与下屋公司。以后惠和与结连公司合并，元和、赞和、应和与大港公司合并，升和、双和与新八分公司合并，下屋与三条沟公司合并。

早期华侨小公司很多，有的才几人，多的也就 20 多人，人少自卫能力不够，不能防御当地土匪抢劫。另外，随着采金由表层到里层，技术进一步提高，需要进行大规模开采，这样公司便由最初个别承租发展到联营开采。到 18 世纪 70 年代，三发地区华侨矿工有一万多人，也具有联营条件。1776 年在大港公司倡导下，蒙脱拉度（华侨称为打捞鹿、鹿邑）地区 14 个华侨公司联合成和顺十四公司，又称和顺总厅公司，由谢结（伯）任总厅负责人。1777 年，罗芳伯在坤甸曼多尔（东万律）联合 4 个公司成立兰芳公司。1780 年，另有霖田公司（亦称霖田新乐公司）在蒙脱拉度境内成立，直到 1850 年始参加和顺总厅公司。

169

---

① 结连，其他文章中也作"结联""连结""连接"，为保持原文面貌，不作统一修改。

年代	华人矿工数（人）	备注
1770	10 000	
1810	32 000	莱佛士估计
1825	33 000	弗朗西斯提供数
1833	40 726	有华人妇女一名
1849	49 000	乌尔基《西婆罗洲各省概况》
1852	70 000	华人人口总数
1856	24 000	华人人口总数
1880	28 000	荷印政府估计
1900	41 400	荷印政府估计

1807 年至 1808 年间，老八分、九分头、十三分、结连、新八分、老十四分和十二分 7 个公司因故停歇，和顺总厅公司剩下 7 个，称和顺七公司。1822 年三条沟、泰和及十五分 3 个公司又自和顺分出，和顺总厅公司只剩下 4 个公司，称和顺四公司。1830 年满和并入大港，和顺总厅公司只剩下 3 个，称和顺三公司。1837 年新屋和坑尾被大港取代，这时蒙脱拉度实仅存大港一家，势力远达拉腊。1850 年，霖田和十五分加入原来的和顺，于是又组成和顺三公司。这种情况反映了矿区由小型到大型生产的变化，矿工人数也由少到多，大港公司后来人数最多，开采规模最大。

1822 年，婆罗洲西部开成的三大华侨公司，在曼多尔为兰芳公司，西美尼斯为三条沟公司，在蒙脱拉度如上述所称为和顺总厅公司。各时期华人矿工总人数众说不一，据凯特《荷属东印度华人经济地位》第四章的记载，详见表格。

十九世纪二三十年代是华侨采金业兴旺时期，这时期西婆罗洲华侨人口共 12.2 万余人，其中矿工 5.3 万余人，约占华侨人口的 43%。按地区划分，三发约 1 万人、沙拉哥 2 万人、蒙脱拉度 1.5 万人、曼多尔 1 万人。巴素记述，1812 年前后，在三发华人矿区有 30 多处，每个矿区约有华人 300 人，华人每月平均可得 4 元。据哈里逊报告说，1820 年和顺总厅公司在蒙脱拉度地区，最少开办 13 个大矿场和 57 个小矿场，这些矿场产金量已超过整个苏门答腊产量的一倍。[①] 这时和顺总厅公司势力已超过兰芳

[①] T. Harrisson and S. Oconnor，Gold in west borneo，*Sarawak Museum Soural*，1969，Vol. Ⅶ，pp. 34 – 37.

公司。

　　婆罗洲华侨矿业公司在走向联合之前，一般是劳动组合生产方式。劳动者自备伙食，自带工具，在租来的矿山中共同劳动，得金后捞利均分。随着时间推移，各矿区逐渐形成领导集团，和顺总厅公司设有议事会，由各公司驻厅代表组成，下有文书、会计等，大矿场有 2 名伙长、3 名财库，3 名鼎工。对公司有贡献的人才能参加股份，新安没有股份，所有矿工由公司供给吃宿，新客在淘到金沙后才按工发薪。其余矿工则领固定薪水，盈利多时才分红。罗芳伯建兰芳公司后，被尊称为罗太哥（客家话"大"念作"太"，罗太哥即罗大哥）。各处亦举副头人、尾哥、老太以分理公事，均"择贤而接任"。

　　华侨公司在开金矿过程中，辟丛林、修道路、建港湾，兴农业，种植农作物以自给。华侨带来的牲畜为当地畜牧业发展打下了基础，近海渔业也是华侨公司创办的，今日西婆罗洲片片良田与四通八达的道路都是那时开辟的。

　　据不完全统计，1810 年华侨公司产金部值达 370 万西班牙银圆；1823 年华侨公司采金总值在 100 万荷盾以上；1848 年华侨在处境艰难下，黄金产值仍达 130 万荷盾。

　　荷兰殖民者于 1823 年以欺骗手段取得三发开矿权后，便开始分化瓦解华侨矿业公司。1824 年收买了兰芳公司的刘台二，迫使他承认荷兰统治。爪哇战争（1825—1830）结束后，荷兰开始从海上封锁三发等港口，以迫使大港公司为主的和顺总厅公司屈服，华侨公司各矿人口开始下降。1850 年荷兰对大港公司发动第一次军事进攻，以失败告终。时三条沟公司站在荷兰一方，所以三条沟公司人员全部溃散，有的到兰芳公司，有的往沙捞越，有的转搞农业种田为生。由于战争，大港公司华侨也陆续疏散。1854 年荷兰的优势兵力再次进攻大港公司，华侨公司内部竞争削弱了彼此力量。兰芳公司也没有帮助大港公司共同对敌。大港公司遭到荷兰镇压。部分疏散到沙捞越。以大港公司为主体的和顺总厅公司从 1776 年联营到此共存在了 78 年。此后兰芳公司虽然存在，已岌岌可危。从 1777 年罗芳伯成立兰芳公司起，历经十世，即罗芳伯 9 年—江戊伯 5 年—阙四伯 4 年—江戊伯 8 年—宋插伯 9 年—刘台二—古六伯—谢桂芳—叶腾辉—刘鼎—刘生。到 1888 年兰芳公司亦遭到荷兰镇压，前后存在了 111 年。

（二）西婆罗洲的公司

　　西婆罗洲是天地会南传最早的一个地区。天地会传入西婆罗洲及其开

始活动的时间约在 18 世纪 70 年代，大约是从罗芳伯在坤甸建立兰芳公司前开始的。据温雄飞《南洋华侨通史》记载可知，芳伯至坤甸后，乃"纠合同志，拜盟结义，潜拉势力，以待时机，奋力扩广天地会之制度于兹土。盖远离清人势力，可以公开，无需秘密也"，温氏在这里并未确切说明罗芳伯是什么时候组织天地会的。据考证，1772 年，罗芳伯出国，其与其他一些客家人先在国内参加天地会或到西婆罗洲组织天地会的活动是完全可能的。罗芳伯于 1777 年建立兰芳公司，创立初的组织管理制度与秘密会社——天地会的组织几乎完全相似。

据《兰芳公司历代年册》的记载，罗芳伯创建兰芳公司总厅后，被尊称为罗太哥。太哥即为天地会内部的兄弟长辈之称。例如公司各行政区域单位均设有太哥、副头人、尾哥和老太四个职位，也都是由天地会移植过去的。天地会的太哥成为公司的负责人——客长，天地会的副头人就成了公司的功爷（管武器），天地会的尾哥、老太就成为公司的财库或正副书记等。兰芳公司的这种组织形式有浓厚的天地会色彩，这是显而易见的。

罗香林教授否认罗芳伯为天地会成员，认为"若罗芳伯实为天地会之香主之一，而兰芳大总制各制度，则为天地会所推广者，今按温氏此言，殆出误会"。罗香林之所以否认罗芳伯为天地会成员，是因为他把罗"描绘成一个开疆拓土的典型封建帝王"。因此，他"想尽千方百计抹杀公司与天地会的关系，在他看来，天地会属于会党，而会党是以反抗罗香林认为的正统政权的"。这种见解，是有道理的。由于罗芳伯本人是天地会成员，其他一些公司的负责人也参加天地会，因而在西婆罗洲地区华侨的秘密会社得到迅速发展。①

秘密会社在南洋各地的活动，不用天地会之名，大都叫为公司。为什么叫作公司呢？因为秘密会社在南洋活动，组织庞大，人数众多，费用浩繁，不得不找些生财之道。同时，看到荷兰人、英国人都组织东印度公司在南洋各地活动，因而他们也建立公司组织。最明显的事例是在 1777 年，客家人罗芳伯在坤甸建立的兰芳公司政权。由于罗芳伯兰芳公司的成就，天地会传至南洋便都以公司为名。可以说，公司就成了华人秘密会社或天地会的同义词。

---

① 摘自第十一章"东南亚华侨与秘密会社"第二节"天地会的南传及其发展活动"第三部分"天地会在东南亚的活动及其斗争"。作者本身没有经过考证，只是凭个人臆测。

【资料辑存】

坤甸，此处华侨甚多，有中国人城之称。①

荷属婆罗洲西部三巴斯河与兰打河之间的地域，自古以来，便被称为"中国郡"，华侨势力之大，概可想见。②

后来到了一座中国式的庙里，李先生很郑重地对我说："这庙是纪念开辟这坤甸埠的罗芳伯的。罗氏是广东梅县人，在一千七百多年（原注）的时候，到婆罗洲，先交好了这里的酋长，后就占据了这个地方，经他逐渐开辟，居然有了国家的雏形。传了七代，经过百七十年的期间，直到1884年——清光绪十年，才被荷印政府所吞并。"③

---

① 摘自李崇厚：《大南洋论》，申报丛书，1934年，第五（章），"荷属南洋之现势"，四七（节），"地方志"。

② 摘自李崇厚：《大南洋论》，申报丛书，1934年，第八（章），"南洋华侨"，五三（节），"南洋华侨之人数"。

③ 沈厥成：《荷属东印度地理》，上海：商务印书馆，1936年，第101页。

罗英祥《略论客家人在东南亚的地位与作用》

　　东南亚的华侨华人有句口头禅："客家人开埠，广府人旺埠，闽人和潮人占埠。"罗芳伯祖籍广东梅县石扇镇，1772 年，他与百余名亲朋乘坐木板船到印尼加里曼丹谋生。当时的加里曼丹是麻喏巴歇王朝统治时期①，爪哇人就曾移居上侯、兰达、上巴丹和苏达纳②一带，采掘金矿和钻石。当地的原居民达雅克人已知道如何用原始的方法淘取金沙。但是，对加里曼丹的金矿进行较大规模的开发，则主要还是从 18 世纪中叶开始的，而且与华侨成批移入该地有密切关系。

　　罗芳伯率领伙伴们，在加里曼丹海边坤甸附近的东万律定居后，起早摸黑，从事采矿。初期，他们在这个岛上也常受西方殖民者的欺凌，但罗芳伯与当地土人一道，团结合作，给予反击。那时荷兰殖民主义者已侵占印尼，实行残酷的统治并不断向诸岛扩张。当荷兰占领印尼一带地方时，尚不知道有个婆罗洲（即加里曼丹），因而当地土著过着安居乐业的生活。不久荷兰人了解到北边有个大岛，岛上有条坤甸河十分富庶，因此派了条船，载着全副武装的荷兰兵进犯坤甸。当地土著虽然浴血奋战，还是被荷兰兵用火枪大炮征服了。当罗芳伯等人翻山查访时，发现了一荷兰兵鞭打一丝不挂的土人，他出于义愤，带头冲下山，夺过荷兰兵手中的鞭子，大喝一声："他们犯了什么罪，要受你们如此鞭打？"荷兰兵听不懂罗芳伯的话，便卡住他的脖子。罗芳伯从小习武，练出一套过硬的武术本领，用力一推，荷兰兵倒地，来一对打一双，来四人打两对。荷兰兵见势不妙，败退而走。从此，罗芳伯在加里曼丹岛创办了"兰芳公司"，被选为"大唐客长"。对此公司，外国学者称为"兰芳共和国"，比美国建国还要早几

---

　　①　该文原载于《嘉应大学学报》（社会科学版）1996 年第 5 期，遗憾的是，罗芳伯、兰芳公司之事，被该文写成了小说，而且对相关资料没有提供考证的依据。麻喏巴歇王朝于 1478 年结束。

　　②　地名错误，应该是苏卡达纳（Sukadana）。

年。其实兰芳公司是个高度自治工农商一体的单位，拥有一支自己的武装队伍，专门抵制外侮入侵的，不能算作一个国家。这个公司从开始几万人发展到20多万人，他率领公司员工在采金矿的同时，开垦荒地，种植粮食，挖塘养鱼，做到工农结合，农商并举，使加里曼丹跃为富庶的金矿之乡、鱼米之乡。这个兰芳公司从创建那天起，不仅在当地产生深远影响，而且在全世界引人瞩目，被称为华侨在海外的一大创举。这位曾经为兰芳公司事业操劳近20个春秋的第一任大唐客长，于1796年在该公司辞世，终年57岁。这个由罗芳伯创办并延续了108年的兰芳公司，虽然最后没有逃脱被殖民者消灭的命运，但罗芳伯的贡献却一直为后人所景仰。距离罗芳伯到达加里曼丹已200多年了，岛上人民生活富裕，不但华人讲客家话，而且土人也讲清一色的客家话。现在岛上还有罗芳伯的纪念碑，当地的华人和土人至今仍对罗芳伯无限崇敬。

在印尼加里曼丹，罗芳伯创办兰芳公司后，与当地人民来往密切，亲如手足。罗芳伯等人分别开设各种作坊，制造铁木结构的犁、耙、锄头、刀、剑、锤、棒，跟当地土人交换野味猎物。工具的革新大大拉高了当地人民的生产力，使他们从此摆脱了刀耕火种的原始生活。此外，当地土人和马来人虽善于狩猎，但是他们用弓箭和设伏的方法获取猎物，没有猎枪，也不懂制造。罗芳伯指定专人组织作坊，制作猎枪、火药，并指导他们掌握猎枪的使用方法；还教给他们剥皮、制革技术，把过去一直被当作废物丢弃的动物皮制成皮革，在商埠交换，更加繁荣了加里曼丹的商业。

【资料辑录】

在18世纪和19世纪这段时间，来自中国南部的移民就已经参与班卡岛的锡矿开采和婆罗洲岛西岸的金矿开采。他们以独立村的方式定居，并自发组织形成了大量的政治团体，这种团体被称为公司。到19世纪，这些公司根据中国人的传统发行了硬币，这样他们就拥有了自己的钱币……（19世纪的两部著作中说明过）大约有200枚西婆罗洲岛和班卡岛的锡钱和白蜡钱被发现。这些钱币大多来自婆罗洲岛，它们是根据5个公司（即大港、三条沟、十五分、霖田、元和）的名称发行的……令人奇怪的是，在蒙多尔金矿区的兰芳公司钱币却不为人们所知道。……另外3种类型的钱币，可能是用来赌博的筹码……常见的铜钱也在当地流通过，当地人称为锡驼的锡钱、白蜡钱也以各种形式存在。根据斯查安克提供的情况，公司只是在新年以前才铸造他们的钱币。斯尔凯特罗认为流通的锡钱有12 000荷兰盾，在1850年战争后，大量含铅较多的大港公司假币流通，他

175

估计官方和非官方的假币合计大约达 40 000 荷兰盾，根据上文所提到的兑换比例，大约折合 80 万枚……公司最后屈从于荷兰政府后，公司钱被大量地融化，并被用作制造茶具和酒具。因此，这种钱现在几乎无法为交易者所提供。①

---

① 易仲廷、杰·德科瑞克著，张玉梅译：《在鹿特丹人类博物馆展出的西婆罗洲岛和班卡岛的公司钱》，《内蒙古金融研究》2003 年 S3 期。

袁冰凌《高延与婆罗洲公司研究》

莱顿大学第二任汉学教授高延（J. J. M. de Groot，1854—1921），以对中国宗教领域的开拓性研究而著称于东西方学术界。他出生于荷兰的Schiedam，1873 年进莱顿大学，师从 G. Schlegel 学习中国历史文学，并进修宗教学理论。四年后，前往厦门进行为期一年的留学，使他有机会练习他的闽南方言。他不像师辈或同学那样，把时间花在鼓浪租界的公寓里，跟中国文人学古代经典，而是走访了厦门、福州许多寺庙，到乡下亲眼观察民间的丧葬礼仪和迎神赛会活动，了解当地社会岁时年节与宗教习俗，为他的第一本著作《厦门岁时习俗》（*Jaarlijksche Feestenen Gebruiken van Emoy-Chineezen*）积累了丰富的素材。早期的荷兰汉学，基本宗旨在于为荷属东印度培养中文通译人才。1878 年，高延也不例外地被派往井里汶（Cheribon）担任翻译官。两年后，转到西婆罗洲（Borneo）的坤甸（Pontianak）就职。在这里，他陪同上司作了大量的公务旅行，与当地最后一个客家人金矿公司——兰芳公司，有密切的往来，和公司首领刘阿生等建立了良好的关系。他学会了客家话，并收集到十分珍贵的兰芳公司及从前其他华人金矿公司的史料。1883 年，高延因病离职，回荷兰疗养。①

1884 年，他向当时荷兰殖民大臣提交了一份详尽的计划，申请到中国从事科学研究的资助。他认为他的同行们虽也出版了一些中文字典和翻译作品，可是时代需要的是对华人的社会生活、宗教信仰、风俗习惯进行人类学研究。就在同一年，荷属东印度发生了一个重大政治事件，即在甲太刘阿生死后，华人秘密会社的兰芳公司被殖民地当局用武力解散了。公司民众殊死反抗归于失败，华人矿工流离失所，分散到吉隆坡或其他地方。此事在荷兰本土引起很大的关注，与公司有过三年接触的高延，更认为消灭公司是荷印殖民地政府的错误政策，而导致这一做法的根源是由于对殖民地华人社会的风俗习惯、性质制度一无所知。因此，他撰写了《婆罗洲

① 袁冰凌翻译高延作品时的序言，荷兰文版。M. W. de Visser, *Levensberichtvan Prof. Dr. J. J. M. de Groot*, Leiden, 1921, p. 8.

公司制度——关于殖民地华人政治联盟的基础与性质的探讨》（以下简称
《公司制度》），再次强调从社会学、人类学的角度研究中国，了解华人社
会的重要性与紧迫性。① 本文谨就此书，谈谈高延对婆罗洲公司与中国传
统民间社会的研究与成就。

一

有关《公司制度》的背景，还得从 18、19 世纪的婆罗洲华人公司说
起。根据荷兰学者 Veth 等人的说法，大约在 18 世纪 40 年代，婆罗洲部南
吧哇（Mampawa）酋长首次从文莱招募十几名华人开发当地金矿，结果非
常成功，三发（Sampas）苏丹也跟着效仿。② 十几年间，大批华人矿工从
广东东部的嘉应州、潮州、惠州蜂拥而至。初期，在每年的二、三月至少
有两千左右矿工到达婆罗洲海岸，六、七月则有两三百人带着钱财回中
国。③ 这些华人在当地组成了诸如山沙、把坜会、公司等矿业组织。④ 他
们在广袤无垠、荒无人烟的婆罗洲淘金，条件十分艰苦，而且当地马来首
领对华人百般勒索，除收取高额矿场租金外，还制定了严厉的措施，禁止
华人从事农业和商业活动，严禁武器、弹药和食盐的进口，并规定必须以
高价向酋长购买粮食与日用品。当时，入海的河口地带均被马来人占据，
他们垄断了进出口贸易，华人被限制在内陆矿区经营金矿。尽管如此，经
过一个时期的发展，1770—1780 年，在打劳鹿（Montrado）地区形成了以
大港公司为首的老八分、九分头、十三分、结连、新八分、三条沟、满
和、新屋（新十四分）、坑尾、十五分、泰和（十六分泰和）、老十四分、
十二分（十二分大义）十四家公司联盟——和顺总厅，成员主要来自潮州

① 也许荷兰政府对此终于有所认识，他们给了高延四年的资助，让他再次去中
国，进一步了解有关中国语言、地理、民族学的基本知识。所以，从 1886 年至 1890
年，他在中国进行了广泛的田野调查，游历了福建、广东、江西、四川、北京等地的
佛教寺院，拜访了道教的天师，考察了中国家族生活、妇女地位、婚丧礼仪、宗教节
日，这不仅为他后来研究宗教制度积累了大量资料，还为法国的 Musee Guimet 收集了
不少的中国宗教用品，为 Deli（日里）烟草种植园主协会招募了急需的中国苦力。所
有一切，为他赢得了声誉与地位：荷兰方面接受他为 Amsterdam 皇家科学院的客座院
士，并聘他担任 Leiden 大学人类学教授；法国授予他荣誉勋章。由于他提供资料，荷
兰人终于在中国南方设立了总领事馆。

② Veth, *Borneo's Wester-afdeeling dl.1*, Zaltbommel：Noman, 1854–1856, pp. 297–
298. S. H. Schaank, *De Kongsis van Montrado*, Batavia, 1893, p. 503.

③ Veth, dl. 1, p. 313.

④ 《兰芳公司历代年册》。

和惠州；东万律（Mandor）地区形成兰芳公司联盟，成员以嘉应州、大埔县客家人为主；拉腊（Lara）地区有源和、英和、长和、惠和、升和、双和、下屋等公司；以及其他或大或小，或独立或附属于上述联盟的小型私营金矿，与商店、铁铺、酒廊等相应的行业组织。① 有关公司人口，各种不同的数据差异极大：从一两万到二十万的说法都有，这也表明了公司早期历史的模糊性。按 Veth 教授比较保守的估计是，19 世纪 50 年代有48 000 人；而在荷兰人进驻婆罗洲之前的一二十年代，人数更多，但也不超过六七万。② 势力增强后的华人，开始抵制马来人的经济封锁，不仅开采金矿，也发展农业、渔业与对外贸易。据估计，1810 年左右，公司金矿的生产总值已达 370 万西班牙银圆。当时的欧洲人视公司为独立存在的小型共和国（republiekJe），西婆罗洲实际上就处于公司联盟的控制之中，荷兰人早期在当地的统治实质上只是徒有其名而已。从 19 世纪 20 年代起，荷属东印度当局开始派遣军队到西婆罗洲，在三发、坤甸两地建立据点，企图控制公司。但由于爪哇战争的牵累，使他们无暇真正顾及西婆罗洲。所以，在 1827—1848 年之间有一段所谓"不干预"阶段。直到 1850 年，可以从爪哇事务抽身时，一支两千人特遣军在 A. J. Andresen 中校的率领下从爪哇开来，准备武力征服公司。以大港为核心的打劳鹿公司联盟群起反抗，全体矿工拿起简陋的武器捍卫独立。经过四年残酷的"公司战争"，西婆罗洲境内所有的华人公司，最终在 1854 年 7 月被打败了。公司首领被囚禁，村庄被血洗，打劳鹿首府、砂令嘶（Selinsi）、拉腊的华人住地化为废墟。只有东万律的兰芳公司，由于甲太刘阿生与荷兰人的长期合作，才得以幸免。③ 然而，1884 年刘阿生一死，荷兰军队立即开进东万律，占领了兰芳公司总部，解散了最后一个独立的华人矿工联盟。正如高延所说，婆罗洲历史上的华人时代，甚至婆罗洲的繁荣时代，从此一去不复返了。当地金矿业由欧洲人的大规模近代企业所取代，然而，华人时代那种矿业鼎盛却已不复存在；农业更由于华人移民大批回归中国而一蹶不振。

二

"公司"究竟是什么性质的组织，荷印当局何以不能容忍为它的殖民

---

① Veth, dl. 1, p. 300.

② Veth, dl. 314. Tobias, ASA, Mvk. 1813 – 1849, dossierBorneo：3081.

③ 林凤超的《坤甸历史》认为，刘与荷兰人之间有私约，死后以兰芳公司归荷兰人，但此事未见于荷文档案。林文载于罗香林：《西婆罗洲罗芳伯等所建共和国考》，香港：中国学社，1961 年，第 147 – 160 页。

地创造了大量财富的华人存在？长期以来，人们对"公司"有过各种各样的解释。而在 19 世纪的荷属东印度，"公司，被当成是秘密会社的代名词。一些殖民地官员和学者，散布对华人的种种误解、歪曲甚至诽谤，将公司民众斥为中国的社会渣滓，指控公司的目的在于推翻殖民地当局的最高统治"。① 有感于此，高延试图阐述"公司"这种华人移民组织的来源与性质。他从社会学的角度指出了下述几个问题：①来自中国社会底层的移民，在没有任何源自祖国政府援助的情况下，何以具备在异国艰难困苦、充满敌意的环境中建立独立的、有秩序的、强大的"共和国"——公司的能力；②公司是什么性质的组织，公司的原型与基础——中国的村社机构具有怎样的性质和特征；③殖民地秘密会社的起源与性质，公司与秘密会社之间的关系。

在该书的第一部分，高延翻译考证了当时仅见的出自西婆罗洲华人手笔的《兰芳公司历代年册》。由刘阿生的女婿叶湘云为他抄写的这份公司简史，提供了以兰芳公司创始人罗芳伯为首的客家移民，在婆罗洲西部矿区艰苦创业的第一手资料：兰芳公司的早期历史；兰芳与大港、三条沟等其他金矿公司的关系；与当地马来君主及原住民戴雅克人之间的往来；后期与荷印殖民政府的交往；公司组织的初期形态与基本原则等。第二部分，通过对客家和福佬两个移民族群的历史追溯，分析了他们之所以能够远涉重洋，在艰难险恶的矿区创业扎根的根源；进而从五个方面探讨了中国南方村社形态。

第一，他认为中国的村庄是一个放大了的家庭，每个村庄的居民几乎都有相同的姓氏，他们均源自某个大姓。那个大姓分成若干房，每房由一个年长或有影响力的成员担任首领，负责处理集体事务。如果某一房在某一时期占了优势；或由于人多财富，或因为人才辈出，他们当中最出色、最年长或最能干的成员自然而然成为族长，也就是全村的村长。所以，新村长的产生一般不经过竞选，在前任死前或退休前好几年，公众舆论早已默许了这种继承权。村长的就职典礼，一般是在村民会议上举行，由长老、乡绅召集。在比较大的村庄，普通村民往往不直接参与这类活动，因此地方村社机构显示了少数共和主义的特征。

第二，在这样的村社机制中，排斥了官府的影响。村里的事情由百姓自己，也就是说由他们选择或认可的首领安排。政府不把村长当作对立

① 高延著，袁冰凌译：《婆罗洲华人公司制度》，台北："中央"研究院近代史研究所，1996 年。

面，而视他为官僚阶层不可缺少的环节，即官吏与人民之间必要的中介人。它充分表明了中国村社自治被视为合法国家机制的重要组成部分，那种通常以为西方社会独具的人民政府（Volksregering）原则，也是"专制中国"相当普遍的社会基础。

第三，独立的村社制度源于牢固的合作精神，而维系中国社会的道德基础则是孝道，一种对父母乃至所有长者的尊重与服从：包括家族内部及社会阶层的所有高等级的人。中国历代政府都不遗余力地把它当作行政管理与国家统一不可或缺的根本来提倡。直至近代，孝道甚至比宗教更加制约中华民族的社会生活。村长就是从广义的孝道上获得对村社的权威。

第四，中国人的祖先崇拜现象源远流长，上古时代就可能存在。对已故先辈的崇拜与对在世长者的孝观念密切相关。它从对死者的自然崇拜，发展成复杂的祖先崇拜制度，比皇帝、政府、官吏更影响人民的生活。祭奠祖先的祠堂是家族生活紧密结合的凝聚点，也是村社法庭所在地。由村社头人判处的最重刑罚之一，就是在祠堂里鞭打犯过的村民。祠堂甚至也是中国盛行的互助制度的基础。总之，祖宗的祠堂是家长制中国社会生活的核心——家族的灵魂与公共生活的黏合剂。

第五，中国民间的互助制度是个人赖以抵抗天灾地祸的一种保护，即使在没有亲缘关系的同业行会中也普遍存在。它使中国不存在真正的无产阶级或赤贫阶层，因为由村社制度孕育出的互助精神不允许极端的贫富悬殊存在。这种兄弟般合作互助精神，正是海外华人最重要的生命线之一，是荷印华人始终强烈表现出来的，引人注目的团结精神的重要组成部分。

然而，共和式的村社制度，不可避免地带来一个相当严重的阴暗面，那就是不同村族之间频繁不休的械斗。因为所有居民被相互看成是一个大家庭的成员，很自然会把部分个人利益上升为公共利益，个人或个别小家庭的恩怨变成全村的恩怨。所以，在中国，村庄纠纷往往出自个别人的不和。在广东客家、福佬这两个外来族群长期与本地人杂处的地区，相互间的摩擦特别容易导致上述情况的产生，这种状况往往令地方当局束手无策。高延认为中国各地崇尚的异姓通婚习俗，才是消除械斗陋习的根本。因为在中国，异姓通婚等于说必须从别村娶进媳妇。清廷严禁满族与异姓通婚，却对汉人的同姓结婚处以六十大板的刑罚。这显然可以看成是一种政治策略，一种有助于稳定基层社会，因而也有助于巩固王朝统治的手段。那么，荷印殖民地的华人社团到底是一种什么样社会组织？尤其长期以来一直被西方殖民者目之为下流移民组成的秘密会社（在19世纪50年代和顺总厅被消灭后，当地确实出现了以"公司"为名的地下组织）的婆

罗洲公司，究竟是什么性质的实体？高延指出，"公司"实质上是中国村社（家族）组织在海外的重建。中国传统村社制度具有它自己的独立性与共和民主倾向，这是被历代中国统治者所认可的；正是村社制度孕育培养了下层华人移民在异国他乡建立独立平等社会组织的能力。海外华人强烈反抗殖民地政府的根源，主要出自对村社自治的热爱，而这种自治却是西方殖民者所不能容忍的。所谓的秘密会社也就是高压政治下出现的必然产物，是华人对取消他们自治制度的一种反抗。他们只是为了求得在异国统治下的生存余地，根本不是推翻殖民政府。

三

众所周知，高延的主要学术成就在于宗教领域。卷帙浩繁的《中国宗教制度》（*The Religious System of China*）是他享誉国际学术圈的代表作，此书不仅体现了作者关于中国宗教的基本理论；并且载录了大量丧葬、灵魂、祖先崇拜等方面的资料，同时对日本民间信仰研究提供了一个参照，即他们从多大程度上借鉴了中国人的观念。1904 年出版的《中国的教派与宗教迫害》（*Sectarinism and Religious Persecution in China*），对中国佛教史、儒教的异端观念、清代教派与基督教迫害等均有精辟的见解。成书于柏林的《宇宙主义：中国宗教、道德、国家制度及科学的基础》，对儒家包罗万象的宗教观有深刻的分析，书中第一次详细记录了他早年在北京亲睹的南郊祭天礼仪。与这些宏文巨著相比，不到二百页的《婆罗洲华人公司制度》则鲜为人知，1885 年海牙 Martinus Nijhoff 出版社出版的唯一荷文本，如今在荷兰已成价格高昂的古籍，问津者寥寥无几。之所以出现这种现象，一方面固然由于作者在宗教研究上的辉煌成就，掩盖了这本不见经传小书的光芒；另一方面，婆罗洲华人研究因文献缺乏几成禁区，《公司制度》被人遗忘亦在情理之中。此外，文种的局限也是一个因素。但无论如何，本书最早应用社会学和人类学理论研究中国基层社会组织。它摆脱了早期西方学者对中国社会见闻式的介绍与猎奇性的宣传，深入探究了村社的内在性质、制度与特征，提出帝国政府对县以下的村社任其自治、不进行直接管理，中国民间会因而具有自己的独立性与共和民主倾向的论点：人民热爱自治，封建王朝以少数派能统治广大民众，正是中国社会长治久安的基本因素。近世以来，中外学者对中国乡族社会进行了广泛的研究，然而，高延关于传统村社制度的观点依然是有待进一步探讨的独家之说。另外，它是最早探讨海外华人社团性质的著作。由于中国下层人民一向享有自治民主的生活环境，发展了独立自尊的民族性格，一旦移居海外，他们也能够在没有任何来自祖国政府的帮助和支持的前提下，建立有秩序的独立平等的社会组织。西方人由于缺乏了解，视此类组织为威胁殖民统治的洪水猛兽，以致付出极大代价来消灭它们，婆罗洲公司就是极好的例子。海外华人社会研究者历来注重地域、血缘与业缘的因素，而高延有关村社自治传统延续的理论不失参考价值。

就西婆罗洲公司研究本身来说，该书意义自不待言。"公司"问题不仅是荷印时代的重大政治事件，甚至直接导致了荷兰汉学的产生。① 由于荷印当局对公司的消灭，销毁了大量公司原始档案，使中外学者对这一课题一直很难深入探研。虽然自 Veth 以来的不少荷兰及其他西方学者，都或多或少地在他们有关印尼民族历史、荷印殖民论著中提到西婆罗洲的华人矿工，但大多数只流于表层描述。他们的著作保存了一些公司中后期的历史资料（前面已谈到，华人公司在西婆罗洲的历史可以追溯到 18 世纪中叶，而荷兰人真正进入该地区却是 19 世纪 20 年代以后的事），尤其与荷兰殖民地政府打交道的记载。可是，其中误解乃至歪曲之处屡见不鲜，关于这一点，高延书中已有所指斥。比较翔实的是 Schaank《打劳鹿公司》（De Kongsi's van Montrado）一书，对兰芳公司以外的和顺总厅及其所属各公司做了细致的考证，保留了不少珍贵的史料。但他所做的是历史学研究，即使在他所处的时代（19 世纪末），有关公司的文献已十分有限，许多基本史实已无法弄清。中国学者对婆罗洲华人历史的研究，鉴于中文档案的极端缺乏，很少有人接触，间有论及，亦不外了着重谴责荷兰殖民者的野蛮残暴。唯一一部中文专著，是罗香林先生的《西婆罗洲罗芳伯等所建共和国考》，他的基本史料还是依据《公司制度》中保存的《兰芳公司历代年册》。田汝康先生的《十八世纪末期至十九世纪末期西加里曼丹的华侨公司组织》② 一文，也在很大程度上借鉴了这本著作。③ 毋庸赘言，作为首创之作，高延书中偏颇疏漏之处不少，例如不加界定地将闽粤民间社会的

---

① L. Blusse, Of hewers of wood and drawers of water: Leiden univesity's early sinologists (1853 – 1911), in Willem Otterspeer（ed.）, *Leiden Oriental Connections 1850 – 1940*.

② 田汝康：《中国帆船贸易和对外关系史论集》，杭州：浙江人民出版社，1987，第 53 – 99 页。

③ 有关公司原始档案，近年我们又有所发现：如包乐史发表的公司历史散稿，参见 Blusee and Zurndorfer（ed.）, *Conflict and Accommodation in early modern East Asia*, Leiden, 1993, pp. 284 – 321. Schaank 书中使用过这些资料，李东华教授在莱顿大学访学时发现的《先时故事》抄本，及若干在印尼档案馆找到的三条沟公司函件、和顺总厅被征服后荷兰人对打劳鹿地区的厘金规定等文献。

某些特性当成作为具有普遍意义的中国村社制度；过分美化传统村社内部的共和民主精神；过于强调祠堂功能而否认神庙的作用等。加上他的基本宗旨在于为荷印殖民地政治服务，[①] 在研究中的功利成分与偏见也就显而易见了。不过，我们也不必超越时代苛责前人，至少他给我们提供了一个起点，去追寻婆罗洲先民的足迹，了解中国传统民间社会的基础。

184

---

① 他在申请到中国做三年考察的报告中就说："我需要在中国停留一段时间，过一段流浪生活。我将作为平民、和尚、道士、农夫，和当地的平民、和尚、道士、农夫生活在一起，取得他们的信任，收集各种荷印政府需要的资料，从而使政府能够更好地了解和控制秘密会社。"1891 年，他出任荷兰莱顿大学人类学教授，就职演讲也以"从政治与科学观点看汉学对我们殖民地的重要意义"为题。

胡辛《鲜为人知的华人小国》

220多年前，在世界第三大岛——东南亚的加里曼丹（印度尼西亚人对婆罗洲的称呼，今约有三分之二为印尼领土）西部，诞生了一个由华人建立起来的小国家——兰芳共和国。它的开国元首是中国广东省梅县石扇堡人罗芳伯。很早的时候，中国东南沿海地区有很多华人来到加里曼丹岛谋生。他们大都集中在该岛西部的沿海城市坤甸一带打工。有的在农村种植水稻、椰子、咖啡、胡椒，有的则在山区开采石油和煤矿。当地的自然条件和生活条件极为艰苦，由于路途遥远，他们得不到祖国的关心和照应，所以被中国清朝乾隆皇帝称为"天朝弃民"。为了生活，他们需要团结互助，于是组织了不少"同乡会"之类的组织。后来，这些组织联合起来，成立了以东万律为首都的"兰芳共和国"。

罗芳伯因为有较高的文化素质和出众的组织才能，在坤甸一带华人中享有很高的威信，所以被各地搞同乡会的人推举为领袖，于1776年建立了"兰芳大统制共和国"，这一年定为兰芳元年。罗芳伯参照西方国家的一些法制，设置了一套完整的行政、立法、司法机构。国家有国防部，但没有常设军队，而是全民皆兵，平时分散在各地搞生产，战时集中起来御敌。地方分省、府、县三级，由各级公民投票选举出当地行政机关的负责人。罗芳伯当了19年的国家元首，于1795年病逝。随后，由全国公民选出江戊伯继任国家元首。此后还有7人先后担任过这个职务。1886年，这个在异域建立起来的华人小国，遭到荷兰殖民主义侵略军的进攻。兰芳共和国全体民众进行了顽强的抵抗，最终因武器太差而遭到失败，这个华人小国也不幸灭亡，总共存在了110年。①

---

① 本文摘自《新闻信息报》，2004年8月26日。原文刊载于湖南在线文萃，网址为http：//hunan. voc. com. cn/gb/content/2004－09/15/content_2437135. htm。

江醒东《荷兰殖民主义者对印度尼西亚华侨的压迫》

当乌玛·亚拉母亭苏丹（Oumar Alamoudin）在位时，已有中国帆船到三发，至15、16世纪已有大批华侨在加里曼丹定居下来，很多人还和当地戴雅族的妇女通婚，生下儿女。他们除了与祖国的商业来往之外，并通过自己的辛勤劳动为地方繁荣作出贡献，从而对当地的"城市、土地和王族添加了光辉的庄严"。

18世纪初期西加里曼丹已发现金矿，特别是三发一带，蕴藏量最为丰富。那里的苏丹鉴于华侨的勤劳诚实，格外欢迎和鼓励他们到那里去开采，大约从1750年起华侨就成为当地金矿中的唯一劳动力。最初三发苏丹用租让的方式把矿山租给华侨，租金收入非常可观，仅在1754年苏丹对炉末和拉腊收得的租金就达荷币三万二千盾，这又反映出华侨当时开采金矿的盛况。在18世纪上半期荷兰殖民者曾对华侨公布了人头税、食盐专卖税和鸦片包办等剥削条例，华侨起而反抗，驻守那里的荷军被迫退到三发和坤甸。当时殖民政府正有事于巨港，两年之后援军才把打劳鹿和东万律的华侨镇压下去，但是经过斗争，不久他们又取得了独立①。

华侨承租金矿的机构叫作"公司"，它的性质和来源是怎样呢？原来"公司"是中国广东、福建农村里经济组合的通称。例如渔民和航海人员所积累的公积金叫作"公司"，农村里轮流管理公产的制度也称为"公司"，以后私人集资开办企业称为公司就更普遍了，像内河有轮渡公司之

---

① 江醒东：《荷兰殖民主义者对印度尼西亚华侨的压迫》，《中山大学学报》1959年第4期。18世纪上半期荷兰人向西婆华侨收税之说来自巴尼的《印度尼西亚史》，应是错误的。因为西婆公司史只能上推到18世纪中期，而且荷兰人始至19世纪初期才与华人发生联系。同样地，该文认为兰芳西婆公司后来具有天地会的色彩的评论也是错误的，天地会存在于众公司尚未联合的公司史前，且兰芳公司并不反清政府，其与天地会一样具有会党性质并不是从天地会学来的，而应是两者共同来源于中国传统民间组织。

类。华侨出国时无形中把这种思想带到各处，产生在西加里曼丹的华侨公司，其组织性质上也同样是一个"带有朴素民主精神的经济组合"。金矿的开采工作由成员们共同负担，挖得的金矿先埋在地下，年终才拿出来均分；甚至大伙还合力搞牧畜种菜等，除去某些东西要从外面购买之外，基本上公司常是一个自给自足的经济单位。它固然不是荷兰资产阶级学者所说的、公司只不过是其祖国封建村社制度的一种复本，更不是一些外国学者和中国旧史学家认为的与英、荷东印度公司同一类型的组织。二者之间有根本的不同，最大的差别在于后者是殖民国家政治经济侵略的独占组织，直接受其本国的指挥，并得用政府名义与东方各国缔结条约、建筑城塞，实行"贸易即战争"主义，它们享有垄断殖民地商品贸易的权利，享有用任何暴力手段无限地剥削殖民地的权利；而前者是一批华侨劳动者自发的承租开采权的纯经济组合，它不仅完全与当时的中国政府无关，甚至是彼此对立的。当然后来在荷兰殖民者的重重压迫下，也不得不发挥着抵抗侵略者的政治作用，在组织形式上添加上浓厚的天地会的色彩。

在西加里曼丹一般人较熟悉的是罗芳伯所创的兰芳公司，其实在它之前早已有了十八个以上的华侨公司：如以广东大埔公洲人刘乾相为首的明黄三星公司，以大埔县人张阿才为首的山心公司，以海陆丰人黄桂伯为首的茅恩老埔头公司，以梅县人江戊伯为首的茅恩新埔头公司，在蒙脱拉度境内设立的又有大港、三条沟、新屋、坑尾、十五分、十六分、满和、九分头、新八分、老八分、新十四分、老十四分、十二分、十三分等公司。1776年蒙脱拉度地区十四个小公司联合组成为和顺总厅公司。1777年罗芳伯在东万律联合一些小公司成立兰芳公司。其后公司单位略有增减，至1822年兰芳公司、和顺总厅公司（因大港公司居其领导地位，故以后常有二者混称）和三条沟公司（设在西明纽斯）被称为西加里曼丹三大华侨公司。随着公司的发展，南来的华侨人数亦逐年有所增加，据估计当时定居在金矿区的达九万人。他们在那里除开采金矿外，还开辟原始森林、耕种土地、建筑道路，使地方面貌完全改观。华侨的勤劳开发使金矿的生产有了很大的成绩。根据提比亚斯的估计，1823年从西加里曼丹出口的黄金约达荷币八千万盾，即从最低的估计华侨所采得的金砂亦被认为应在一百万盎司以上。

荷兰殖民者看见西加里曼丹的华侨公司日趋强大，深怕权力旁落，特别自签订1824年英荷协定巩固了荷兰对印尼的统治权以后，殖民当局力谋恢复荷兰的垄断地位，对一些被认为保持独立半独立状态的外岛地区，当然要设法加强控制。因而对华侨公司非常嫉视，不惜用各种阴谋加以绞

杀。但是由于 18 世纪末和 19 世纪初荷兰地位的削弱，立即用军事远征，人力财力都有困难。特别由于迪波尼哥罗战争的关系，迫使荷兰殖民者不能在加里曼丹采取强硬的措施，所以第一步的阴谋是收买各公司的领导人员，伺机再行侵夺这个地方。在名利的引诱之下，1824 年兰芳公司第六任负责人刘台二被贿赂上钩，割去加巴士河以西的开矿地区，保存下来的只剩河东地方，立下三色字（即中、荷、印尼三种文字条约）为据。荷人假意声明互不侵犯，并把公司的职位改用荷兰的统治形式，公司负责人已从大哥、二哥改为甲大、甲必丹，刘台二被委为东万律甲大，在公司辖境新港等九处各设公馆作为甲必丹的衙门，由荷人征收人头税等。后来华侨反抗荷兰的卑鄙收买，殖民者居然派兵镇压，但为华侨群众所击退，殖民者见势不佳，改而玩弄花样，以豁免东万律 1825 年的税收为条件进行调解，才使华侨的不满缓和下来。

尽管兰芳公司被收买，但是仍旧保留东万律、万那、新港等九个地区。在华侨群众的不断反抗和监督以及英国在北婆罗洲的虎视眈眈等内外情况影响下，荷兰殖民者自然不能满足现状，于是千方百计挑拨戴雅族与华侨不和，好让殖民者坐收渔人之利。1842 年双方冲突的结果，兰芳公司失去了万那和新港；1846 年又大摩擦一次，此后类似的冲突不断发生，这些使公司元气大伤，荷兰殖民者便从中进一步加强了对公司的控制。

刘台二的出卖和殖民者的诡计多端越发引起华侨群众的不满，因而在 1849 年，推派新任公司负责人刘生赴巴达维亚当局交涉，幻想恢复公司丧失的权利，这无异与虎谋皮，殖民者又一次运用贿赂的卑鄙手段把刘生收买了。华侨群众知道后，万分愤怒，再度发动了肃奸运动，占据了东万律，把刘生赶到坤甸。不久这次运动又被敌人从内部攻破，首领李全添被汉奸所杀，还有五十多个华侨被流放到苏门答腊的亚齐。刘生在殖民者的扶持下恢复其忠实代管兰芳公司的傀儡职务，终至把整个公司断送为止。

这些是 19 世纪 50 年代以前荷兰侵略者对西加里曼丹华侨公司实行收买政策得逞的一方面。与此同时，还有这个收买政策彻底破产的另一方面，且看荷兰殖民者又怎样进行迫害。

以大港公司为首的和顺总厅公司始终坚贞不屈。最初的收买政策被坚决击破后，荷兰殖民者第二步就改用经济封锁的方式：设法严密控制坤甸三发地区，企图困死华侨，迫使蒙脱拉度地区的大港等公司投降。面对这种情况，公司曾经想向新加坡打开一条通路，与英国人贸易，以对付荷兰侵略者的经济封锁。当英人派遣代表爱尔与大港公司谈判受到荷人百般阻挠而失败后，殖民者认为可达到目的了，连爱尔亦担心华侨公司的经济前途。但是不管荷兰殖民者的阴谋怎样毒辣，它甚至使华侨公司长期不能从三发输入粮、盐等日常生活必需品，华侨公司却没有被这种困难所吓倒。为了应付敌人的封锁，公司大力倡道开辟水稻田，其中尤以三条沟公司取得的成就最大，几乎全体成员都转向了粮食生产，通过自力更生不仅解决了粮食问题，而且为西加里曼丹打下了种植粮食的良好基础，使它从原始森林地区成为全岛唯一的水稻区。这么一来，荷兰殖民者的封锁目的又被粉碎了。不但如此，即使当兰芳公司被殖民者节节控制的时期，大港公司也没向敌人作任何退让，反而对殖民者的一切敲诈压迫给予坚决的回击，最突出的是 1842 年殖民者假借苏丹之名向公司勒索黄金。公司感觉这种勒索层出不穷，倘不毅然制止，将使群众不胜苛扰，因此处决了派来的勒索者，并将来信当众焚毁，以示公司不受欺压的坚决态度，这个答复使荷兰殖民者大为震惊。

直到 1850 年，大港公司的势力仍岿然不动，使荷兰殖民者伤透了脑筋，既然收买和经济封锁都没有用，第三步就决定用武力来镇压。1850 年侵略者的进攻开始了，荷兰殖民者对大港公司政策的强硬是与当时荷兰的内外形势和整个统治政策的相应转变有关的。第一，19 世纪中期英美竞相夺取印尼地区，特别是夺取北婆罗洲的危机，促使荷兰殖民者火速在还未被征服的地区巩固统治权。大港公司所在地的蒙特拉度紧接沙劳越边境，荷兰殖民者当然要彻底来巩固这一空隙。第二，19 世纪 50 年代蒸汽动力开始推广，北婆罗洲的纳闽岛英国设立了一个煤站，马辰太古（应为古太）也发现了煤矿，因此荷兰殖民者有财力劳师远征。但是与大港公司交战的第一回合，侵略者被击败了，大港公司华侨获得大捷，并克复了邦戛，虽然领导人郑洪任由于英勇抵抗光荣地牺牲了。纸老虎的荷兰殖民者自己无能为力，后来，殖民者又叫坤甸的县长魏娄尔（Willer）迫令兰芳公司作帮凶，傀儡刘生居然于 1852 年率众合击大港公司，大港虽然腹背受敌，但仍然联合诸公司，加强团结，坚持长期抵抗。一直到 1854 年，因众寡悬殊，形势不利，才用坚壁清野的方法以应付敌人，并率领侨众六七千人撤离蒙特拉度，准备取道万那转移至沙劳越，与事先撤退到该地的三条沟公司会合。在不离居途中遭遇汉奸刘生的阻击略有损失，部分群众被截回。但大部分华侨最终安全到达了目的地。1854 年荷人侵占了蒙特拉度，留在那里的一部分老弱华侨遭受了残暴的屠杀。当 1857 年大港公司与三条沟公司联合抵抗沙劳越英国流氓布鲁克一世的凌虐压迫失败后，大港公司的华侨为生活所迫，又潜回蒙特拉度，在极端困难的环境下，终于又激起了 1880—1885 年为期五年的华侨反抗斗争，最后才被镇压下去。

189

大港公司被荷兰殖民者消灭以后，1856 年由刘生与其主子取得划定所谓永久地界协议的兰芳公司的烂摊子是否还能够长期苟延残喘下去呢？

不错，殖民者仍然在一个时期维持着收买政策，由于刘生的忠顺等关系，允许把自治权保持至刘生死亡为止。

1884 年刘生病死坤甸，这时正当荷兰殖民者开发外岛的高潮时期，兼之刘生死后殖民者对华侨群众有所顾忌，于是趁这个时机突然派武装接管全部兰芳公司，因此激起了华侨的无比愤怒，由梁路义领导群众实行坚决的抵抗。近几十年来，由于荷兰殖民者先后在爪哇和外岛接连受到反暴政的印度尼西亚人民和中国侨民起义的痛击，使它疲于奔命，日益削弱。兰芳公司事变发生后，次年一月荷兰远征军才从爪哇开到，在几年内三次增援都为梁路义率众击溃，损兵折将。1882 年，侵略者不得不又与兰芳公司分界而治，同时暗中收买刘生的儿子刘恩官、女婿叶汀凡和黄福源等汉奸作内应，使公司的抵抗队伍遭受包围，1888 年，抵抗运动还是被淹没在血泊中。这次与华侨一同牺牲的还有戴雅克族的战士，又一次证明了华侨已和印尼人民逐渐团结起来共同反抗荷兰殖民者。①

---

① 本文把沙劳越误为北婆罗洲。其本意或是指北方的婆罗洲，却不知北婆罗洲即沙巴，而不指整个婆罗洲的北部。文中对大港公司反荷斗争的介绍片面，没有提到大港公司实际上也接受过荷兰方面的册封之事，原因在于 20 世纪中期相关史料尚未面世。且大港与荷兰殖民者的战争也不始于文中所说的 19 世纪 50 年代，在 19 世纪初，双方已经较量过一次了。郑洪任似乎并未战死。华人与戴雅克人的关系并不如作者希望的那样趋于友好，20 世纪中期发生的红头事件就是个很好的证明。

周南京《西婆华人番化资料辑》

　　扎根于当地的社会都是在移民来定居、与原住民妇女组成家庭（在 20世纪之前，中国妇女几乎从不移居海外）、并且教育子女自认为同为华人时创建的。这些移民的混血后裔之间的婚姻最终导致了相当稳定的社会的形成和发展。……在西加里曼丹和邦加，这种进程始于 18 世纪；而到了19 世纪中叶，文化上独特的当地社会才形成。……在西加里曼丹，数世纪以来由客家人居住的农村是典型的中国农村。例如，其亲属关系和宗教信仰与其家乡几乎相同。然而，生活的节奏是印度尼西亚的，而且更有趣的有：西加里曼丹华人最终放弃了客家人的水田耕作方法，包括犁、镰刀和打谷器，而代之以当地改进了的家具，包括达雅克人的木制挖土工具及马来人收割用的小刀。①

　　在西加里曼丹的坤甸市，也可以看到原住民与非原住民之间的关系是亲密的。华人在那里定居一般地已有数百年之久。有些地区，华人甚至比原住民移居得早。例如，坤甸南区的伯努阿默拉由达拉特村，该村居民有26 000 人，而原住民只占 20%。华语成为主要语言，有许多原住民也讲一口流利的华语，原住民与非原住民相聚聊天已是司空见惯。街道主任之一的赛义德说："这里的华人与马来人不分彼此。"②

　　在坤甸—新当公路沿线，加上山口洋，本报记者会见了约 500 名华裔。在那里居住最早的，迄今也有六代（约三个世纪），这部分人占 4.58%；刚定居一、二代的占 13.74%；其余的——已在那里居住了三、四、五代的，占 66.53%。这样，哪些人应称为中国人——外侨，新移民意义上的而不是原住民意义上的中国人？专家们估计，19 世纪初，西加里曼丹中国人至少有 15 万人，而原住民人数较少——马来人 5 万、布吉斯人 1 万、爪哇人的安汶人 150 万、荷兰人 80 万。就人数而言，中国人数量仅次于加里

①　周南京等编译：《印度尼西亚华人同化问题资料汇编》，北京：北京大学亚太研究中心，1996 年，第 68 – 87 页。

②　印尼《时代周刊》，1980 年 4 月 26 日，转引周南京等编译：《印度尼西亚华人同化问题资料汇编》，北京：北京大学亚太研究中心，1996 年。

曼丹真正的原住民，即达雅克人。今天中国人数量仍占优势，这个事实正说明：他们的中国人特征何以迄今仍十分明显，尽管他们已在西加里曼丹长期定居。另一方面，他们在社会经济上已与当地居民近乎彻底地实现了同化。这就是说，西加里曼丹中国人令人惊讶的事实是：中国人与原住民之间在社会经济上的界限已微乎其微。然而，中国人在文化上的特征仍然极其明显。在当地居民（中国人或非中国人）的菜园与住宅中间，不难发现红墙小庙或者壮观的中国人坟墓……那里的中国人大多数还能流利地讲中国语——客家话或闽南话。

然而，由于不易弄到华文读物，他们只能掌握口语，掌握书面语言的中国人后裔并不多。正如当地的原住民一样，达雅克人会讲客家话或者闽南话，是不足为怪的。这可能意味着：正是达雅克人为了生存而在文化上适应中国人的社会网络，而不必深入其文化核心。华语影片在当地社会的娱乐形式中居首位，这不仅适用于中国人，而且也适用于原住民。他们在日常生活中经常讲中国话，因而对外来影片不陌生。这类影片似乎就是从他们周围的环境中产生的。

然而，上述一切并不意味着，在现今人口 290 万的西加里曼丹社会交往中不存在误解的种子。而且，这种误解不仅会发生在中国人与原住民之间，在蒙特拉多就曾发生过中国人与原住民之间的误解，而且其痕迹至今依然显而易见。最容易发生冲突的是马都拉人与达雅克人，或者是其他部族与本地人。爆炸性的冲突种子一般可以理解为这样：暴力的发生是由于外来人过深地卷入原住民利益领域里。他们感到自己陷入困境。今天，中国人与原住民之间的冲突之所以不发生，正是由于中国人善于吸收达雅克人的生活方式，中国人与达雅克人已在文化上和社会经济领域融合在一起，漫长的经历促使他们在印度尼西亚的一个角落和平相处。然而，冲突的种子仍然存在，中国人与原住民之间在商业领域的竞争随着时间的推移而不可避免。同化被认为是解决中国人问题的全国性方案，然而在西加里曼丹，同化的含义至少是逆向的：如果说中国人是非原住民，那么来自外地的移民可能是比中国人来得更晚的非原住民，因为中国人在卡普阿斯河口定居已有四五六代了。西加里曼丹的情况的确特殊，假如你进入山口洋地区，沿街走马观花，再把各店铺的商号改用中国字，那么毫无疑问，你必将以为这是在内地的新加坡或者是中国在加里曼丹原始森林边缘的卫星城。①

1980 年 10 月第二周，印度尼西亚共和国国会第九委员会派了一个小

---

① 印尼《罗盘报》，1987 年 7 月 5 日，第 8 版，转引自周南京等编译：《印度尼西亚华人同化问题资料汇编》，北京：北京大学亚太研究中心，1996 年。

组赴西加里曼丹进行工作访问。他们认为年青一代的同化只限于校内，在校外，非原住民子弟仍讲其祖先的语言。三发县长苏玛尔强调，领到印尼公民证的华人若一年内还不会讲印尼语的，其公民证将被宣布失效。①

19世纪末，蒙特拉多金矿的中国人工头在其以西40公里处兴建了休养地，叫山口洋，这就是山口洋的由来。山口洋又叫阿妹城……现有人口74 112人。虽然山口洋只是一个县城，但社会学家几乎一直把它与坤甸市并列起来，比如，为了研究中国人后裔。……然而，事实上，坤甸市和山口洋可以代表西加里曼丹中国人社会的两大集团，他们前来定居的历史是不同的：前者是为了充当金矿工人而入境的，他们大多数聚焦在山口洋及其附近的地区；后者是跟随荷兰殖民主义者而来，他们大多数在坤甸市以至西加里曼丹南部地区定居。在日常生活中，前者（山口洋中国人）一般讲客家话，对外界，包括对政府工具不甚友好，他们会很快作出自发的和直截了当的反应。例如，山口洋县城属下第17区和罗班区中国人后裔在1987年4月大选中的态度。大选前夕，政府工具对于他们作为印尼公民的权利不很尊重，因此，他们纷纷投雄牛标志（印尼民主党的标志）的票，以示反抗。而此前，他们都支持执政的专业集团。后者，平时讲闽南语，在办企业的过程中，他们大多数依靠一些官员的支持，对于妨碍他们的事业或侵犯他们的公民权的行为趋向于不作公开的反应。

三发县华裔占全县人口的40%，不论在日常生活中，还是在校内，他们都讲华语。……西加里曼丹人口约240万，其中华裔约占12%（华南洋按为28.8万），而领取了公民证的华裔有155 525人。②

西加里曼丹城乡华裔仍聚居在商业区。70年代，坤甸市长曾勒令他们迁出商业区，但收效不大。其实并非所有华人都是富有的，有些人生活贫困，缺吃少穿；有些人务农如同其他村民。例如，在华人聚居的三发县和坤甸县，华人居民中有85%务农，少数人经商。③

---

① 印尼《希望之光报》，1980年10月29日，转引自周南京等编译：《印度尼西亚华人同化问题资料汇编》，北京：北京大学亚太研究中心，1996年。

② 《专业之声报》，1980年12月11日，转引自周南京等编译：《印度尼西亚华人同化问题资料汇编》，北京：北京大学亚太研究中心，1996年。

③ 《斯莱克达》周刊，1983年7月4日，第1137期，转引自周南京等编译：《印度尼西亚华人同化问题资料汇编》，北京：北京大学亚太研究中心，1996年。

袁冰凌《罗芳伯与西婆罗洲的开拓》[①]

近世以来，越来越多的学者注意到客家人独特的风俗习惯、文化特征，及其杰出人士与贡献。在为数众多的客家伟人里，有一个比较模糊而又特殊的形象，即曾在荷属殖民地的婆罗洲岛叱咤风云的华人首领罗芳伯，梁启超《饮冰室全集》将他列为近代八大殖民伟人之一。然而罗芳伯究竟何许人，任公自己也不甚了了。本文谨就近年从事婆罗洲华人公司社会研究资料，以及从荷、中文档案中得到的有关史料，结合笔者 1996 年在罗氏故里广东省梅州石扇镇西南村的实地调查，谈谈这个客家历史人物。

一、梅州石扇访罗芳伯故里

位于梅州北面十多公里的西南村，是一个很小的村落。村中央有一个普通客家居落常见的半月形池子；村子四周，绿野青山，形势开阔；临粤闽赣三省交界，颇具地理之胜。然而，村落本身相当衰败，十几栋新旧参差的土建民居，住着罗、高两姓人家，现有罗姓七户。今年八月下旬，借参加在潮州召开的"饶宗颐学术研讨会"之机，在嘉应大学与梅北中学几位朋友的帮助下，笔者走访了石扇镇西南村的罗氏故居，采访了罗芳伯的后人。在新建的二层楼房里，我们拜会了罗芳伯的第五代孙、现年五十七岁的罗福生，及其堂弟罗云生、罗云生八十六岁的老母亲林爱莲老太太。根据他们的叙述，我们隐约追寻到有关罗芳伯留在故乡的蛛丝马迹。

西南村一条老巷子里，坐落着一栋简陋的旧屋，几堵风蚀的土墙围起数间窄小的空房，里头零散堆放着锈迹斑斑的农具与石磨，据说这就是罗芳伯当年的故居。当地一直流传着罗芳伯的传说。六十二年前，当林爱莲老太太初嫁罗家时，就常听公爹、公婆讲述罗芳伯下南洋的故事。老辈人还听说，罗芳伯在婆罗洲发财后，曾回石扇老家探亲，带回一包金首饰，分送给村里父老乡亲。

---

① 参见高延著，袁冰凌译：《婆罗洲华人公司制度》，台北："中央"研究院近代史研究所，1996 年。

离罗芳伯故居不远处是一座罗、高两姓合祀的祠堂。"文化大革命"前，祠堂里还供有一尊罗芳伯的石像与一张画像，这仅有的遗像如今也毁灭无存了。空荡荡的祠堂里没有供案，没有神主牌位。梅北中学的"罗芳伯纪念堂"也是同样的情形，除了一张新绘的画像，别无他物。

罗福生告诉我们，他与在广州工作的兄长罗志达，是罗芳伯的第五代嫡孙；此外，罗芳伯还有一个弟弟罗珍伯，罗云生是罗珍伯的第五代孙。当地政府为了纪念这位历史人物，规定其子弟在梅北中学可以免费就读。据说罗志达先生保存有关于罗芳伯的资料，但由于行程匆匆，我们未能安排时间去广州拜会他。

有关罗芳伯的事迹，我们还可在罗香林教授的专著①中得到一些不尽相同的信息。罗先生根据石扇罗四维提供的罗氏族谱，考证罗芳伯祖居在江西南部，先祖自赣南迁广东嘉应州白渡堡，传五世，再迁石扇。十三世祖罗启隆，即芳伯之父，娶妻杨氏，生芳伯、葵柏、台柏三子。罗芳伯在故乡有原配李氏，生子子增。至第十九世为海云、天云、孝云。芳伯后裔皆以耕读为业，或农闲兼业商贩。②

收录在《客家史料汇编》③ 中的石扇罗氏族谱，所提供的资料仅此而已，至于罗芳伯在故乡的生平事迹，与移居婆罗洲的事均只字未提。因此，我们只能通过他在婆罗洲的活动来了解这位东南亚的客家先驱。

二、婆罗洲历史上的罗芳伯其人

在论述婆罗洲历史上的罗芳伯其人其事之前，首先还应简略追溯一下18 世纪中叶至 19 世纪 80 年代在荷属东印度公司婆罗洲岛上的华人公司历史。

18 世纪的婆罗洲，分属于二十多个马来王国，荷印殖民政府尚未正式统辖该地区。根据考古发现，当地的产金历史相当悠久，至少在 15 世纪，爪哇移民已在内陆的上侯（Sanggau）、万那（Landak）、马坦（Matan）上游从事采金活动。④ 华人金矿业的缘起，大约是在 1740 年前后，首批华人矿工二十多人应南吧哇（Mampawa）土王之邀，从北部的渤泥（Brunei）到南吧哇境内的百演武（Soengei Doeri）开发金矿，结果很成功。这一经

① 罗香林：《西婆罗洲罗芳伯等所建共和国考》，香港：中国学社，1961 年。

② 罗香林：《西婆罗洲罗芳伯等所建共和国考》，香港：中国学社，1961 年，第 65 – 66 页。

③ 罗香林：《西婆罗洲罗芳伯等所建共和国考》，香港：中国学社，1961 年。

④ N. J. Korm, *Hindoe-javaansche Geschiedenis*, Gravenhage：Nijhoff, 1931, p. 417.

验刺激了婆罗洲岛上其他马来首领竞相仿效，招徕华人到各自境内开矿，以牟取高额地租与税金，三发（Sambas）苏丹每年的收入达黄金五百两。①

在中国国内，南洋开金山的消息不胫而走，传说那里从一只鞋子磕出来的土末，都能淘洗出半两金子来。18 世纪中期，大批粤东移民随着南航的三板船，前来婆罗洲西海岸，大约每年二、三月有 1 500～2 000 人到达，而在六、七月有数百致富者带着钱袋回中国。② 我们的主人公罗芳伯就是在这股淘金热潮冲击下，从粤东山区来到遥远的婆罗洲莽原的。

有关华人在西婆罗洲活动的最原始的证据，是一块发现于打劳鹿地区的墓碑，上面所刻的日期是清乾隆十年，即 1745 年。③ 此外，还有一些 19 世纪初打劳鹿地区的碑铭与神主牌。④ 成书于 1820 年的《海录》，记载了嘉应州商人谢清高 1782—1795 年间在南洋各国的见闻与经历，并且第一次提到闽粤移民在西婆罗洲开矿、种植、贸易以及罗芳伯被尊为"客长"的事迹。⑤

荷文档案也保存了 19 世纪 20 年代荷印殖民地官员在西婆罗洲地区的工作报告与日记，其中不少涉及华人移民的记载。著名的东方学学者 Veth 教授的巨著《婆罗洲西部》，以及殖民地官员 Schaank 的《打劳鹿公司》一书，都保存了宝贵的公司史料。然而，真正从社会学、人类学角度研究罗芳伯创建的兰芳公司及客家移民社会的著作，是早期荷兰汉学家高延（de Groot. 1854—1821）出版于 1885 年的《婆罗洲华人公司制度》⑥。此书不仅是研究客家社会最早的专著，而且书中附载的《兰芳公司历代年册》⑦，为我们提供了有关罗芳伯其人其事的第一手资料。

这份《年册》由兰芳公司最后一任首领刘阿生的女婿叶湘云编撰，送给 1880—1883 年在西婆罗洲首府坤甸（Pontianak）担任中文翻译的高延。这件稀见的出自婆罗洲华人手笔的中文档案，记述了罗芳伯在婆罗洲的生平，及其所创建的客家人"兰芳公司"的历史。尤其难得的是，《年册》

---

① S. H. Schaank, *De Kongsis van Montrado*, Batavia, 1893, p. 8.

② Veth, *Borneo's Wester-afdeeling Geographisch Statistisch Historisch Voorafgegaan Door eene Algmeeng Schets des Ganschen Eilands*, Zahbommel: Noman, 1854–1856, p. 313.

③ 见 Tobias 手稿第 50 页，收藏于荷兰海牙国立档案馆（ARA）。

④ Schaank，见 Tobias 手稿第 81–82 页。

⑤ 见冯承钧校注：《海录注》，上海：中华书局，1955 年，第 49 页。

⑥ 高延著，袁冰凌译：《婆罗洲华人公司制度》，台北："中央"研究院近代史研究所，1996 年。

⑦ 见 de Groot 手稿第 39–54 页。

全文引录了罗芳伯撰写的《祭诸神驱鳄鱼文》，并提到《游金山赋》① 等诗文篇目。从这些作品里，我们不仅知道这位先驱者初抵异域时艰辛创业的过程，更可以从中了解他的情感与愿望。如《游金山赋》生动描述了他远涉重洋的缘由，航程中的所见所感，以及抵达婆罗洲后经商乏本、坐馆教书的无奈心情：

盖闻金山之胜地，时怀仰止之私衷。地虽属蛮夷之域，界仍居南海之中。岁值壬辰，节界应钟。登舟自虎门而出，南征之马首是东。携手偕行，亲朋百众；同舟共济，色相皆空。予自忖曰：既从虎门而出，定直达乎龙宫。无何远望长天，觉宇宙之无尽；下临无地，想云路之可通。真如一叶轻飘，飞来万里；好借孤帆迳达，乘此长风。时则从小港而入，舟人曰：金山至矣。但见满江红水，一带长堤。林深树密，渚浅波微。恍惚桃源仙洞，翻疑柳宅山居。两岸迷离，千仞岚光接翠；孤峰挺秀，四围山色齐辉。几树斜阳，一溪秋水。兔魄初升，猿声四起。不闻牧笛樵歌，那有高人逸士。山穷水尽，潺潺之泉酌关心；柳暗花明，喔喔之鸡声盈耳。若夫地当热带，日气薰蒸。草木曾无春夏，人事自有新旧。黄金地产，宝藏山兴。欲求此中生活，须从苦里经营。虽云人力之当尽，实为造化之生成。至于名物称呼各异，唐番应答攸殊。沙寮依然茅屋，巴历原是金湖。或岩或山，上下设施一体；是担是荷，往来实繁有徒。嗟嗟，早夜披星，满眼之星霜几易；晨昏沐浴，周身之雨汗交流。由郎荡漾于怀中，乍分还合；刮子婆娑于水底，欲去仍留。幸黄金之获益，美白镪之盈收。予也材本鸠拙，志切莺迁。耕辛凭舌，砚苦为田。愧乏经商资本，惭非宿学高贤。假馆他邦，固既虚延岁月；奔驰道左，还期捆载凯旋。俾士作商，不惮萍踪万里；家贫亲老，常怀客路三千。因而水绕白云，时盼望于风晨月夕；倘得堂开画锦，庆优游于化日光天。噫嘻，蛮烟瘴雨，损体劳形，岂无志于定远，又何乐乎少卿。远适化乡，原效陶朱之致富；登高作赋，实怀骚客之怡情。乃作歌曰：巍巍独立万山巅，云水苍苍自绕旋。如此好山如此水，蹉跎岁月亦潸然。

然而，在另一首诗里，我们见到的是豪情满怀、气概万千的罗芳伯。

① 此赋见于林凤超撰《坤甸历史》卷首，未说明资料来源。但高延书中第118页也引用了赋中所提到的罗芳伯初到婆罗洲时的资料，可知刘阿生也给了他《游金山赋》。林氏《坤甸历史》，载于罗香林：《西婆罗洲罗芳伯等所建共和国考》，香港：中国学社，1961年，第147－160页。

可以设想原来的教书匠，此时壮志已酬，成了万人之众的兰芳公司首领罗太哥：

> 英雄落魄海天来，笑煞庸奴亦壮哉。燕雀安知鸿鹄志，蒲樗怎比栋梁材。
> 平蛮荡寇经三载，辟土开疆已两回。莫道老夫无好处，唇枪舌剑鼻如雷。①

综合上述各类史料，我们对罗芳伯及其事迹才有比较明晰的线索。

1738 年，罗芳伯出生于广东嘉应州石扇堡。② 此地"枌榆镇抚，桑梓屏障，形势最胜"，按风水先生的说法，必出异人。③ 罗芳伯生而异相："虎头燕额，龙肫虬髯，长耳方口。虽长不满五尺，然好读书，常怀大志，量宽洪。"虽然应了地灵人杰的谶语，但直到三十四岁，罗芳伯依然是嘉应州一介怀才不遇的落魄书生，"耕辛凭舌，苦砚为生"。此时正值当地出洋开金山的热潮，罗芳伯与亲朋百众，于 1772 年从广州虎门乘舟前往"金山"坤甸。④

这时的西婆罗洲华人金矿业，已经过了三十多年的发展。在三发、南吧哇、坤甸等马来土邦，分布了众多的华人聚落。它们之中有开金矿的团体："山沙""把历"⑤"金湖""会"；商业方面，各乡镇有巴刹、埠头、酒廊、赌铺；农业方面有天地会、兰芳会两大组织如坤甸城及邻近，有潮州人的村落，也有客家人金矿，"聚胜公司""四大家围"；北部的东万律（Mandor）、茅恩、山猪打崖、坤日、龙冈、沙拉蛮（Senaman），主要有潮阳、揭阳人开发的金矿；明黄一地则是大埔公州人刘乾相为大哥，率同五百多同族子弟开采金矿。此外，在山心开金湖的是张阿才（亦称张亚才）为首的大埔县人，也有一些嘉应州、潮州、惠州人杂处其间。

这些组织之间互不统属、各行其是。特别是客家人与潮州人混居的地方，矛盾纠纷时有发生。初来乍到的罗芳伯，由于断文识理、做事果敢，

---

① 诗见《坤甸历史》，载于《西婆罗洲罗芳伯等所建共和国考》，香港：中国学社，1961 年，第 148 页。

② 据《兰芳公司历代年册》载："罗太哥……年已五十七，次年乙卯（1795），五十八岁而终"，上溯其生年当是 1738 年。

③ 见《兰芳公司历代年册》。

④ 见《游金山赋》"岁值壬辰，节界应钟"语。

⑤ 此词源于马来语"Parit"，意即矿井。

立即受到客家人社会的器重，有"罗方口"之誉。《兰芳公司历代年册》记载，当时"坤甸埠头潮州属人多不守礼法，好以强欺弱，嘉应州属人往往被他凌虐。罗太哥目击时艰，深为握腕，思欲邀集同乡进据一方者久之"。在坤甸埠头教书几年后，罗芳伯建立了自己的威望与基础，并"有同心者一百八人"，从此开始了建功立业的尝试。

表一　1740－1777 年西婆罗洲的部分客家人团体

名　　称	地　　点	经　　营	首　　领
聚胜公司	坤甸	金矿	
四大家围	坤甸	金矿	
山心金湖	东万律下数里	金矿	张阿才（财库）
兰和营	茅恩	农业	江戊伯（功爷）
兰芳会	兰芳会崇、大树山	农业	罗芳伯（大哥）
天地会	骨律等地	农业	刘三伯（大哥）

资料来源：《兰芳公司历代年册》，Schaank《打劳鹿公司》等。

1774 年罗芳伯成为农业组织兰芳会的首领。由于当时华人已开始摆脱初期马来人对粮食、日用品的垄断，经营农业成为非常有利可图的部门。18 世纪 70 年代，当地有两个大规模的农业组织：

其一是天地会，基地在斓哆（Rantauw）、百万突（Pakoetjing）、王梨崇（Wong-li-toeng）和骨律（Koelor）一带，它以骨律为镇，建了一个商业中心。首领为刘三伯。

另一个即是罗芳伯的兰芳会，地盘在兰芳会崇和大树山两地。

这两个农业会都企图垄断农业利益，经常发生冲突，最终于 1774 年爆发了一场大械斗。兰芳会大败，罗芳伯率众经坑尾山逃往南吧哇，辗转到东万律地区另起炉灶。正如罗芳伯诗中所说："平蛮荡寇经三载，辟土开疆已两回。"1777 年，他终于在东万律建立以嘉应州人为主、包括大埔县客家人的兰芳公司。[①]

赶走兰芳会后的天地会势力越发强大，它与打劳鹿地区其他矿业团体之间的摩擦也日益增多。天地会的粮糖垄断，终于引起矿工们的强烈不满，结果造成打劳鹿十四家金矿联手对付天地会。1775 年，双方在王梨崇发生激战，天地会大败，刘三伯与五百多名会员伤亡，幸存者被矿业公司

---

① 事见《兰芳公司历代年册》。

瓜分。此后，各金矿公司都有专门人员从事农业生产。1776 年，参战的大港、老八分、九分头、十三分、结联、新八分、三条沟、满和、新屋、坑尾、十五分、泰和、老十四分、十二分正式结盟，在打劳鹿成立"和顺总厅"。① 从此，兰芳公司与和顺总厅就是西婆罗洲最大的华人联盟。

三、罗芳伯创建的兰芳公司

兰芳公司建立后，罗芳伯先把目标对准东万律以北十多里的一个华人商业聚落——茅恩。那里有老、新两埔头：老埔头有店铺二百多间，居民主要来自潮阳、揭阳、海丰、陆丰，首领黄桂伯尊为总大哥；新埔头有店面二十余间，嘉应州客家人居多，其组织兰和营，以江戊伯为首领，号称"功爷"。另举四人协助管理，名为"老满"。罗芳伯先派人联络兰和营，里应外合，迫降黄桂伯，合并了坤日、龙冈、沙拉蛮等地，接着将矛头指向明黄的刘乾相。兰芳公司倾巢出动，罗芳伯亲自督战，一举攻破对方六大寨，消灭了最强劲的对手。

自 1777 年起，罗芳伯领导这个客家人联盟长达十八年之久。他先后联络马来首领，征服了周围的原住民戴雅克族部落；兰芳公司的基本制度，也由他一手制定。法律方面：命案、叛逆等重罪，斩首示众；打架争抢，以藤条鞭打、坐脚骨；口角是非，责以红绸大烛等；在公司体制方面，除了罗芳伯担任总厅大哥，还有一位总厅副头人协助管理公务；东万律埠头也有一个副头人及尾哥、老大共同管理；各地聚落也立副头人与尾哥、老大，副头人领有俸禄，尾哥、老大是荣誉职衔。在罗芳伯辖下，兰芳公司约有两万多客家人，其中以矿工居多，也有从事农耕、手艺、贸易等行业。所有人都向公司总厅交纳税金，作为公共管理费用，以此获取公司的保护。

表二　兰芳公司历代首领年表

序号	姓　名	籍　贯	在任时间（年）	大事记
1	罗芳伯	嘉应州	1777—1795	在东万律地区创建兰芳公司总厅
2	江戊伯	嘉应州	1795—1799	武功卓绝，镇服四周土著
3	阙四伯	嘉应州	1799—1803	与土著时常发生冲突
4	江戊伯	嘉应州	1803—1811	平定戴雅克之乱

①　见 Schaank 手稿第 21 – 24 页。

（续上表）

序号	姓　名	籍　贯	在任时间（年）	大事记
5	宋插伯	嘉应州	1811—1823	荷印政府开始插手公司事务
6	刘台二	嘉应州	1823—1837	受封"甲太"，公司自治权渐受荷印当局影响
7	古六伯	嘉应州	1837—1842	与万那土王战争失利，辞职回中国
8	谢桂芳	嘉应州	1842—1843	年迈无为
9	叶腾辉	嘉应州	1843—1845	第一位不住公司大厅的甲太
10	刘乾兴	嘉应州	1845—1848	与万那王战争
11	刘阿生	嘉应州	1848—1876	与荷印当局关系密切，开发文兰新矿区
12	刘亮官	嘉应州	1876—1880	第一位子承父职的甲太
13	刘阿生	嘉应州	1880—1884	死后公司自治被荷印政府剥夺

资料来源：《兰芳公司历代年册》，高延《婆罗洲华人公司制度》。

罗芳伯临终前（1795 年）的遗嘱确定，兰芳公司总厅的大哥只能由嘉应州本州人士担任，总厅副头人由大埔县人担任，公司管属范围内各地头人可从嘉应州各县人士中择贤而任（他们都必须是直接从中国来的人）。在兰芳公司 108 年的历史上，前期的首领们一直遵守这些规定。直到第五任总厅大哥宋插伯（1811—1823 年）时，荷属东印度政府开始加强对婆罗洲地区的控制。1819 年，荷印政府特使 Nahuys 访问东万律，宋插伯与他签署了在兰芳公司矿区使用荷兰国旗的条约。[①] 接下来的刘台二时期，荷兰人试图进一步扩大他们的影响。

1822 年，政府特使 Tobias 安排刘台二与东万律公司的其他副头人一起到坤甸，殖民地政府授予刘"兰芳公司甲太"的封号，总厅及各地副头人同时受封为"甲必丹"。1824 年三发民政长官 Hartmann 请刘台二到巴达维亚参见荷印总督。[②] 此后的兰芳公司首领均改称为"甲太"，各地副头人也改称"甲必丹"，他们的任免要得到当地荷印官员的认可。末期的刘阿生甲太，甚至直接传位给自己的儿子。也许正是这种与荷印当局的合作态

201

[①]　de Groot 手稿第 26 页注（1）。

[②]　de Groot 手稿第 27 – 28 页。

度，使相对独立的兰芳公司得以维持到 1884 年。① 是年刘阿生故世，荷印军队随即进驻兰芳公司总厅，彻底结束了西婆罗洲独立发展的华人公司历史。

四、罗芳伯的政治理想

西婆罗洲的华人移民基本来自粤东地区，他们中的多数人怀着淘金发财的愿望远涉重洋。然而，罗芳伯不仅于此，这位落第书生深受中国传统文化的影响，他不只是为了淘金才到金山，正如他在《游金山赋》中所说，婆罗洲"地虽属蛮夷之域，界仍居南海之中"。在他的观念中，南海还是中国文明传播的区域，虽因"家贫亲老"，远涉重洋，他仍以宣扬中国文化为己任。

可以想象，1772 年，罗芳伯与一百多名客家同乡远航婆罗洲，他们寻求的是一个新的发展空间。我们知道，清初中国矿禁之争，原因之一就是因为粤东地区无法控制的私营矿业。② 而婆罗洲金山的开发，给了当地矿民一条新的出路。然而，罗芳伯与他的客家同乡还有更高的理想，即他们试图建立一个海外藩国。当罗芳伯发现坤甸"潮州属人多不守礼法"时，他为此感到痛心疾首，率领客属同乡离开这个"不守礼法"的天下，另创纯粹的客家人国度。

以农业团体"兰芳会"起家的兰芳总厅，尽管占领了矿藏最富的东万律，罗芳伯还是十分注重发展它的领地。在西婆罗洲南北一百多公里、东西四百多公里的方圆内，都有它的矿场、农庄与聚落。

罗芳伯始终强调只有嘉应人可以担任兰芳总厅的首领，在他的国度里，极少潮州人介入。客家人的兰芳总厅虽然也使用了"公司"一词，然而它的组织结构与制度却与其他公司不尽相同。兰芳有自己的礼法，它的总厅由籍贯嘉应州的"大哥"统领，并有大埔籍的"副头人"辅佐；各地村落由副头人、尾哥、老大管理，他们的政府基于地方贤人的尾哥、老大管理，这与具有民主性质的"公司"制度不尽相符。③ 此外，虽然身居异

---

① 同时期打劳鹿的和顺总厅（以大港公司为首），坚持反抗荷兰人的控制。1850 年，荷印殖民政府派遣军队征服他们，双方进行了长达四年的"公司战争"，最终消灭了独立自治的大港等公司，唯有东万律的兰芳公司得以幸存。

② 袁冰凌：《潮州移民与早期荷兰汉学》，香港中文大学"饶宗颐学术研讨会"，1996 年。

③ 有关"公司"性质，袁冰凌另有专著探讨。

邦，罗芳伯"实有归附本朝之深心焉"。① 他建立兰芳总厅原是为了像安南、暹罗那样称为外藩，年年向清廷朝贡。②

总之，罗芳伯的儒家思想与客家藩国观念，使他企图在婆罗洲建立一个"小中国"。经过二十多年的苦心经营，他终于实现了这一理想；遗憾的是，由于荷印殖民地当局的消灭政策，婆罗洲客家先民开创的业绩因之淹没。同时由于史料缺乏与某些因素的限制，这位比洪秀全早将近一个世纪的客家领袖的事迹，迄今知者寥寥。

【资料辑录】

兰芳共和国创立者为广东梅州人罗芳伯，当时称为兰芳公司，而未敢称国。因为自立为王，对于大清来说，属于反叛，抄家挖坟毁祠固属难免，派兵征伐也并非不可能。后来，罗芳伯派人回国觐见乾隆皇帝，请求称藩，将西婆罗洲纳入清朝版图，未被理睬。这个兰芳大总制共和国，参照西方国家一些法制，设置了一套完整的行政、立法、司法机构，这在世界历史上堪称第一。因为它比华盛顿1787年当选为首任总统并实现联邦制的美利坚合众国的共和体制，还要早上十余年……英国人初到婆罗洲时，出于依赖兰芳共和国华人的地方实力，于1882年与华人合作，发行了婆罗洲洋元一分钱币。正面4个竖置汉字"洋元一分"，汉字两侧为英文"一仙"，左右缘分别环书英文"不列颠国"和"婆罗洲"，北而英国皇冠的两边，分立两个武士，下缘为发行年份"1882"……至于1886年以后荷兰人入侵并消灭兰芳共和国的详情，目前尚未有史料记载。③

① 载《兰芳公司历代年册》。
② 载《兰芳公司历代年册》。
③ 徐康健：《珍贵的兰芳共和国洋元一分铜币》，《安徽钱币》2006年第4期。

曾恕梅《西婆罗洲华人公司的组织与运作》①

　　18 世纪的西婆罗洲的发展，掌握在华人移民以及以荷兰为主的西方殖民势力手中。因西婆罗洲的苏丹和当地的土著对于开垦西婆罗洲内陆地区缺乏兴趣，再加上没有西方人的贸易考虑，且又缺少华人开垦土地、矿藏的企图心，所以在华人到达之前，西婆罗洲的内陆地区几乎是原始林野。欧洲人来到西婆罗洲这个资源丰富的地区，对于开发土地后的利润有很高期望。但是这些土地上，有苏丹控制土产（如胡椒）交易，欧洲人的商业经营方式对于苏丹不管用；欧洲人面对开发东南亚的难题，意外因为华人参与而有了解决。勤勉刻苦且善于沟通的华人成为荷兰人开辟西婆罗洲内陆金矿的先锋部队。当大量华人进驻一个全然陌生的领域，又是进行劳力密集的开矿工作时，组合零散的力量成为必要的行动，华人公司组织便由此地展开。庞大且严密组织的华人公司，是如何推动开矿产业以及对于婆罗洲地区产生影响的，将成为本文所要探讨的范畴。本文首先说明婆罗洲的发展背景，接着讨论华人开矿公司的发展，以及说明公司②的组成与运作方式及分析华人公司的特质。

　　明代已有许多华人在北婆罗洲居住，这也是西方列强荷兰、英国等国家发展海外殖民地的时期，华人与西方列强在婆罗洲凭着不同优势，寻求

　　① 曾恕梅：《西婆罗洲华人公司的组织与运作》，台湾"国立"成功大学硕士论文，2004 年。

　　② 华人公司绝非单一方言族群或是单一地区的现象，例如在今日马来语中仍保留了几个和公司有关的华人文字，如 Kongsi 意指公司、会社、社集；Kongsi galap 之义为私会党；rumah kongsi 则为工人宿舍或平民的住屋。公司一词用闽南语的发音为Kongsi，潮州话的发音为 Kongsi，客家话发音为 Gungs。因此今日马来语中 Kongsi 一词与相关词汇，应该是由华人方言保留下来的。可参考以下辞典：董忠司总编纂：《台湾闽南语辞典》，台北：五南图书出版公司，2001 年，第 657 页；刘添珍编：《常用客话字典》，台北：自立晚报出版社，1992 年，第 170 页。蔡俊明编：《潮州方言词汇》，香港：香港中文大学中国文化研究所，1991 年，第 210 页。许宝华、宫田一郎合编：《汉语方言大辞典》，北京：中华书局，1999 年，第 141 页。刘居然、王复泰编修：《马来亚语·汉语辞典》，台北：名山出版社，1987 年，第 125 页。

204

最大利益。定居于北婆罗洲的华人，多是以种植胡椒为主。当时华人在北婆罗洲的盛况，可根据巴素记录："文莱有大批中国人，周围山上满布着胡椒园"得知。① 华人种植胡椒是因胡椒是最重要的商品之一，不论华人或是西方商人都以进行胡椒贸易为主。华人收购胡椒采取平等互惠原则，因此购入胡椒的价格，往往比当时西方殖民者所开出的价钱高出三分之一。② 中国与婆罗洲这种友好关系的建立，让英荷的殖民者垄断当地物产的野心受到重挫。之后婆罗洲再度受到荷兰关注，是在 1604 年时由荷兰东印度公司船长范瓦传克（Van Warwyk）在加里曼丹西部苏加丹那（Sukadana）发现了蕴藏的金刚钻。这一发现让荷兰对婆罗洲产生兴趣。1608 年荷兰人相继在马辰（Bandjermasin）、若那（Landak）以及苏加丹那（Sukadana）等地设立代表处。尽管荷兰有心开展在婆罗洲的商业往来，其希望垄断当地胡椒市场的野心却引发苏丹的反感。加上华人在当地经营得法，因而西方势力无法获得苏丹青睐。诚如 1608 年西婆罗洲三发拉都女王班科以"境内商业应公开给任何人"为理由，③ 断然拒绝英荷政府期望拉拢苏丹王，以阻断华人在商业上的强势竞争。除此之外，定居的华人改良了当地胡椒的种植方式，大大提高胡椒的产能；④ 而经营贸易的华人，亦定时带来中国的丝织品，满足当地人的需求。因此，华人对于苏丹而言是很好的合作伙伴。荷兰对此次的挫败并不灰心，但是在北婆罗洲扩张势力确实是有困难的。荷兰人再次对于婆罗洲进行试探性的开发，已是距离 1664 年 56 年的 1806 年，强迫马辰（Bandjermasin）苏丹订约。这个做法，表面上确实是建立商业贸易上往来的共识，但实际上根本无法禁止华人与苏丹的贸易。荷兰人在北婆罗洲的竞争中处于劣势，难与华人匹敌。因为华人对于北婆罗洲的胡椒贸易，既是种植者同时又是贸易者，荷兰人很难从中垄断。不过在北婆罗洲占有优势的华人，在西婆罗洲的情形却又不同。

1698 年荷兰介入婆罗洲苏丹之间的纷争，次年（1699 年）其中一位

① 吴凤斌主编：《东南亚华侨史》，福州：福建人民出版社，1994 年，第 110 页。
② 田汝康：《十八世纪末期至十九世纪西加里曼丹的华侨公司组织》，载《中国帆船贸易与对外关系史论集》，杭州：浙江人民出版社，1987 年，第 56 页。
③ 田汝康：《十八世纪末期至十九世纪西加里曼丹的华侨公司组织》，载《中国帆船贸易与对外关系史论集》，杭州：浙江人民出版社，1987 年，第 57 页。
④ 华人对于胡椒种植的贡献，是改良东南亚胡椒种植的方法。胡椒是藤蔓植物，东南亚种植胡椒时任胡椒攀附树木生长，因此胡椒往往得不到足够的养分。华人根据胡椒攀爬的特质，提供棚架让胡椒依附，如此一来胡椒能够得到足够的阳光，产量大增。

苏丹被荷兰联军所收服，这个结果让荷兰间接接收了婆罗洲西海岸所有王公的主权。这时婆罗洲的情况，西部处于荷兰控制之下，而东部和北部仍享有独立自主权利。荷兰势力的介入大大影响了苏丹的收益，因此当有苏丹因延聘华人在其领地开矿获得较高的产量时，其他的苏丹也随之效法。为何华人会如此受到苏丹欢迎，而荷兰殖民者也不加以干涉？学者温广益认为有三种可能：其一是荷兰和其他西方殖民者的势力还没有进入内陆地区。其二是马来人和布吉斯人这些婆罗洲的早期移民者已在婆罗洲沿海地区建立城邦国家，他们信奉伊斯兰教，最高统治者为苏丹。其主要的产业活动是商业，而非农业。因此对于农业与矿业不擅长的苏丹王国，对于华人前来进行开矿与农业发展，是乐观其成的。因为华人租地必须要缴纳税金给苏丹，苏丹可以增加税收，又可以开垦新的土地。加上苏丹的势力的主要范围是在沿海地带和大河流的中下游，所以华侨到内陆开采金矿，对于苏丹王既有的权力和疆土是没有影响的。其三，广大内陆腹地只有达雅克人居住，他们过去也进行零星的采矿活动，但其成效并不佳。[1] 由于这三个因素，华人进入地广人稀的内地山，自然较易获得自治和自主权。因为对于急欲增加收益的苏丹而言，出让人烟罕至的山区，却能够坐收丰厚的税金确实是好方法，故此对于华人的要求乐见其成。以下将说明华人开矿公司的发展情况。

一、前往婆罗洲的华人

从婆罗洲的对外关系中，可以看出华人于 18 世纪为何能大量前往婆罗洲的原因。而荷兰人对于西婆罗洲沿海贸易的控管亦可说是间接的影响者。荷兰人势力的介入影响了苏丹经营土产买卖收益，其希望通过华人精良的劳动力，利用婆罗洲内陆丰富的矿业资源以增加收入。

1745 年，邻近西加里曼丹的马来王国苏丹们为了增加矿场产量，找来具有良好劳动效能的华人当采矿工人。这些勤勉的华工，凭着勤劳的个性与努力打响名声。18 世纪后半期，西加里曼丹有三个王国，分别是三发王国、嘧吧哇（即曼帕瓦）王国与坤甸王国。[2] 这些王国的统治者为苏丹。各个苏丹间常因土地、矿场经营等营利事业而发生纷争，这也成为西婆罗洲动荡不安与政治混乱的主因。嘧吧哇王国的帕念巴汗（Panembahan）知

---

① 斯蒂文著，潘先仍译：《十六世纪至十九世纪中叶西方殖民主义者侵略婆罗洲的活动》，载《东南亚研究资料》1964 年第 1 期，第 34 页。

② 温广益：《关于罗芳伯所建兰芳公司的性质问题》，载《华侨华人历史论丛》1985 年第 1 期，第 106 页。

悉马来王国苏丹利用华人开矿而大大提高了利润，所以也从文莱招募了二十个华人，在杜里河（Sungal Duri）进行采金。三发的苏丹也不甘示弱，在1760年准许华人可以在拉让（Lara）地区居住，为了让这些移入的华人安心采矿，日后更以租借土地的方式得到采金权，只要支付一年份的土地租金给苏丹，即可自由开采金矿。这股风潮传入中国，自然吸引许多渴望富有、想改善生活的人迁入。自此之后，移入的华人越来越多，以拉让（Lara）为根据地，渐渐向打唠鹿（Montrado）扩展。①

早期苏丹是由文莱引入华人，随着开采金矿的消息传入中国，才有越来越多的华人前来此地。华人移民大多数来自中国东南沿海的省份，因福建、广东地区山多田少，无法喂养过剩的人口，加上西婆罗洲苏丹释放出欢迎华人前往开采金矿的信息，自然吸引了许多华人离乡背井前往婆罗洲打造新天地。这种淘金的渴望和期待，我们可以从兰芳公司开创人罗芳伯所留下的诗句中感觉出来，他说："盖闻金山之胜地，时怀仰止之私衷。"② 可知西婆罗洲开掘金矿的消息，对于当时中国东南沿海环境困苦的居民而言，有一种强烈的吸引力。虽然路途遥远，但是淘金诗中描述"地虽属蛮夷之域，界仍居南海之中"。罗芳伯为了寻找黄金，仍选择在"岁值壬辰，节届应钟"。他下定决心"登舟自虎门而出，南征之马首是东"。这趟寻金旅程不是一个人的旅行，是罗芳伯族人的大迁徙，从淘金诗中"携手偕行，亲朋百众，同舟共济，色相皆空"的记录，可看到乡里漂洋过海的活动，也可看出中国移民对于发展新天地的决心。在荷兰官员高延的记述中也曾提到"华人他们不是单枪匹马，而是成群结队到婆罗洲的"。③ 这种与家族有密切关系的移民方式，日后也影响了华人在西婆罗洲的发展。历经漫长旅程好不容易到达婆罗洲的华人，通常显得精疲力竭、面色苍白。但他们登陆后的第一个活动不是喘口气，先休息一下，而是选择在最快的时间"战战兢兢到苏丹的宫殿之前，俯伏跪拜，恳求苏丹给予他们一小块土

---

① 长冈新治郎著，倪文荣译：《西加里曼丹华侨社会的沿革与变迁》，《东南亚研究资料》1962年第3期，第1页。

② 有关三发苏丹的招募华工，作者长冈新治郎使用了史汗克（S. H. Schaank）撰写的《蒙脱拉脱公司：婆罗洲西海岸华人公司制度的认识及其在历史方面的贡献》中的记录："最初三发的苏丹曾从槟榔屿招募七个中国人来采金，这些中国人的技巧好，被尊称为 Entjek，一种高于自己的尊称。"

③ 林凤超：《坤甸历史》，转引自罗香林：《西婆罗洲罗芳伯等所建共和国考》，香港：中国学社，1961年，第147页。

地，让他们可以安身"。①

华人历经千辛万苦来到西婆罗洲，最重要的目的和最大的希望就是开采金矿，虽然艰苦万分，如罗芳伯的淘金诗所言："欲求此中生活，须从苦里经营。虽云人力之当尽，实为造化之生成。"又有词句云："嗒嗒，早夜披星，满眼之星霜几易；晨昏沐浴，周身之雨汗交流。由郎荡漾于怀中，乍分还合，刮予婆娑于水底，欲去仍留。幸黄金之获益，羡白锱之盈收。予也材本鸠拙，志切莺迁。"② 可知当时华工开矿艰辛，以及对财富之向往。西婆罗洲金矿开矿工作绝非单一人力可以完成，大量引入华人势所必然。不过，尽管苏丹仰赖华人技术，但心态上对于这群勤奋工人仍是采取防御态度，对华人设下多种限制。如将华人职业限定在矿场，禁止其进行农耕，规定华人日常所需之物必须向苏丹购买等。而华人在蕴藏量丰富的婆罗洲矿场中，如何组织人力进行矿场运作？以下先从婆罗洲的矿产来说明。西婆罗洲的金矿，最早发现的有可能是达雅克人，但开采金矿则是来自爪哇的移民。早在 13 世纪，西婆罗洲已成为爪哇的殖民地，而爪哇人在 15 世纪已在三条沟、兰达、马丹附近建立了金矿开采业并且和当地达雅克人通婚。葡萄牙人在 16 世纪末所著《黄金半岛题本》中记录：其地产金，其高山名邦山（Gnuos-banuas）者有金矿，苏加丹那及老伊（Laue），产宝石甚富。③ 尽管西婆罗洲矿脉蕴藏相当丰富，但是爪哇人在当地的采金事业并未持续。可能的原因是因其采金方式较为原始，运用掘土和淘洗河沙的方式。爪哇人这种简易采金方式，如遇浅层矿脉枯竭则无法再进行更进一步的开采作业。西婆罗洲矿藏有两种：一种是在浅层矿脉，只有很浅的表土覆盖；另一种是在平原地区的深层矿脉，却需要较多工作进行挖掘。华人开矿初期是以山区的浅层矿脉为主，而之后才逐渐往平地开展。

根据两种不同条件的开采环境，华人产生两种不同类型的开矿组织，分述如下：

1. 山砂④（开采浅层矿脉之组织）

西婆罗洲的金矿开采最初规模很小，技术也被局限在山区倾斜的地区，而开采的方法是用简单的水淘洗的方法。二十多个人合伙开采一个矿

---

① 高延著，袁冰凌译：《婆罗洲华人公司制度》，台北："中央"研究院近代史研究所，1996 年，第 71 页。

② 李学民、黄昆章：《印尼华侨史》，广州：广东高等教育出版社，1987 年，第 214 页。

③ 《黄金牧地》，引自刘子政：《婆罗洲史话》，诗巫：拉让书局，1964 年，第 12 页。

④ 山砂，也作山沙。

坑，所以公司的名称通常都是以合股人数来命名，例如九分头、新八分、老八分、新十四分、老十四分公司等。而组合的方式大多是以同乡或是同姓为原则。这种小型的开矿组合称为山砂，是公司的前身。山砂的特色是一个自给自足的单位，全部的成员分担所有的工作，而成员彼此之间互称为伙计。① 山砂组织无法在西婆罗洲发展的原因，是因为自 1763 年开始，山区简单又容易开采的矿脉逐渐枯竭，因此山砂组织已无法继续进行开矿的活动，开矿的区域从山区转到平原。而原本的山砂组织的简单成员结构已不敷平原区开矿区的运作，因此联合公司在这样的需求下产生。

2. 联合公司（开采深层矿脉的组织）

联合公司如和顺总厅、兰芳公司等，在 1770 年陆续成立起来。这些平原矿区的开矿团体比山砂组织更加完善，因此苏丹对联合公司来说不具威吓作用。联合公司的成员远较山砂十几二十个的成员多出数倍。一般而言，联合公司的成员大约五百人左右，而和顺总厅旗下的连接公司、新八分公司、新屋公司甚至多达八百人。② 联合公司庞大的成员，使得开矿利益的分配方法也有了改变。早期山砂是采取共享的方法分摊利润。而在联合公司中，则依照成员的身份进行不同比重的利益分享。有关成员的身份说明如下：老客：对于公司的开矿资本有投资，具有股东身份的矿工。老客可享的福利，是每四月洗沙一次的分红，而且有权推选矿井的管理人，对于公司事务有一定的影响力。新客：刚到金矿的矿工，可享有公司的食宿和工资，但无权分红。通常新客要工作一年或是在战争中立功，才可以拥有分红的权力。客头：合伙投资向公司缴纳租税，招工进行开采的领袖称为客头。这种开采的矿区因为不是向苏丹纳税，而是由个人向联合公司承租，相较于华人直接向苏丹纳贡的矿区，这种华人之间承租矿区的情况，被称为私矿。③ 受雇于公司其他成员：联合公司的成员众多，而这些组成分子不完全是矿工，其中也有农业种植者，商店经营者，酿酒、养

① 关于开矿公司以人数当成矿区名的现象，可参见张黎文：《九份口述历史与解说资料汇编》，台北：文建会出版社，1994 年，第 46 页。以户数、人数当成矿区的名称，在台湾也有同样的状况，著名的九份矿区，最早就是因为山领导有九户人家，每次下山采买都要买九份而有了这样的称呼。因此当时西婆罗洲的开矿区，因矿区工人的多寡而有九分领导、十六分领导的名称，也就不足为奇了。

② 田汝康：《十八世纪末期至十九世纪西加里曼丹的华侨公司组织》，载《中国帆船贸易与对外关系史论集》，杭州：浙江人民出版社，1987 年，第 66 页。

③ 田汝康：《十八世纪末期至十九世纪西加里曼丹的华侨公司组织》，载《中国帆船贸易与对外关系史论集》，杭州：浙江人民出版社，1987 年，第 66 - 67 页。

猪、冶铁等工作者。当联合公司渐渐组成，华人体验了团结的力量。在西婆罗洲陆陆续续形成一些大于小型山砂的联合公司，其规模发展最后是以大港公司、兰芳公司形成两个主要的势力，但两者有不同的代表意义。大港公司是和顺十四公司（又称和顺总厅）中最主要的公司，而兰芳公司则是一个兼并其他小公司所凝聚的大公司。以下将以这两个大公司为讨论对象，以呈现当时西婆罗洲华人公司的组合方式与公司运作。

二、大港公司（和顺总厅）

根据袁冰凌的研究，大港公司应是其中较早提出组成联合公司的，而这个联合公司就是和顺总厅。但是公司的合作并不是如此和平就能够互助共存，十四个公司也因利益关系有分有合。1854年6月12日大港、坑尾、新屋公司战争，和顺三公司被荷兰击溃解散。大港公司组织联合公司的时候，连结公司也在招募人马，主要是争取十四分公司加入自己的联盟。为了强化公司的本质，这一次的招募是相当重要的。当大港公司赢了十四分公司的加入，连结公司竞争失败后便对于大港公司产生很深的仇恨，寻求适合的机会加以反击。连结公司的拥护者决定运用本身在坡砌下和三发地方设置的贮水池来进行攻击，计划用大水淹没大港公司的地盘。这个秘密行动被大港公司知晓，大港公司连夜出动四百人，将水道转向对着连结公司。这个事件过后，大港公司与连结公司争斗开始，连结公司惨败，人员败走巴亨。1801年的这一役奠定了大港公司在和顺总厅领导地位。① 因此，此后常以大港公司之名代表和顺总厅。事实上直到与荷兰殖民势力发生公司战争时，大港公司仍由三个公司组合而成，分别是大港、坑尾和新屋三个公司。不过以大港公司为主的和顺总厅，其下的四个公司并非是团结一心的，为了权力和利益，公司与公司间的纷争始终无法避免。

根据袁冰凌所发现的一份《鹿邑先时故事》史料，说明大港公司与下屋公司和新屋公司间也曾因为大港公司的独大而使后者想要脱离。在《鹿邑先时故事》中，这是1837年大港公司的黑暗时期，坑尾公司和下屋公司联手叛乱。他们在坑尾公司的矿屋进行重要事件的秘密协谈，向上帝发誓，彼此效忠。坑尾公司表示：我们能够在协的卢骨建筑大的贮水池和开新矿区。如果大港公司比我们先在新矿区建大贮水池将可以吸引更多的人，那将是一个灾难。因为有许多地方将跟着大港起舞，像三条沟、延

---

① 田汝康的研究指出，由客头负责的私矿，在打唠鹿曾经有一千两百家之多。而开矿的收益分配为：缴纳给苏丹的租金占总收入的四分之一，之后的三分之二分配给客头和投资者，三分之一分配给矿工。

顶、三发、把西、新南、路下等。我们两公司的成员，将必须花更长的时间，才可以反抗大港公司。①下屋公司认同坑尾公司所说的。因此一起在神明面前立誓说，有福同享，有难同当。两个公司达成合作的协议之后，就开始讨论如何分工合作以达成目的，见两个公司的合作细节如下：接着他们便讨论及决定正总令和大统帅的位子。两个公司都有他们特别的任务，调兵官和调粮官，还有精选的陆军领袖和先锋部队。全部的事件整理完毕，就等待白天突击的工作。但是这一次秘密的合作计划，仍被大港公司得知，因此大港公司召集了所有成员，对坑尾公司和下屋公司的计谋召开了大会。与会人士决议遵从大港公司的判断，对于两个公司进行处罚。这次共谋被大港公司发现，他们聚集长老、买办、酒商、赌博商家、鸦片烟馆和铁匠集合在总厅讨论这次事件，讨论之后大港公司命令将坑尾和下屋公司派来的八人代表，关进单人囚室中严格对待。②

坑尾公司和下屋公司的事件，显示公司间的结盟是充满不信任感的，为了取得开矿资源（如水源、土地等），大公司中的成员也会发生分裂。和顺总厅的分合情形显示，并非所有的公司都会愿意持续接受总厅的统治，主要的影响还是因为开矿利益的问题。在1822年原本属于和顺总厅的三条沟公司，因为出现了优秀的领袖朱华凤，而使三条沟公司脱离和顺总厅。在打唠鹿，由十四家公司组成的和顺总厅，最初各个公司相安无事，直到1807年因为地盘的争夺导致内部的分化。和顺总厅中的大港公司和三条沟公司，在这次地盘争斗中，成为两大领导，最后因为争取金矿蕴藏极为丰富的色旁（Sepang）地区而让两者冲突继续扩大。

三条沟公司在1818年到1820年间有两位领袖分别是胡亚禄和朱凤华，接续登上和顺总厅领导人宝座。就在朱凤华仍位居和顺总厅领导人之职时，三条沟公司和大港公司的激战已无法平息。因此朱凤华避走三发，打唠鹿落入大港公司手中。朱凤华心有不甘，趁着在三发的地缘便利与荷兰人互通声息，计划里应外合连手击溃大港公司。但战事不如预期中顺利，三条沟的成员被大港公司打败。这场战役的失败让三条沟的成员因害怕受到大港公司的报复而在1822年让三条沟公司脱离和顺总厅，由朱凤华领导北移至新的矿区。在大港公司与其他公司一起合作的公司争斗过程中，我

211

① Yuan Bingling, Chinese Democracies: A Study of the Kongsis of West Borneo (1776-1884), in The Netherlands: Research School of Asian, African, and Amerindian Studies, Leiden University, 2000, p. 95.
② 林开宗、庄英章：《沙捞越石隆门客家人的十二公司与祖先崇拜》，载《海外华人研究论集》，北京：中国社会科学出版社，2002年，第263页。

们可看出大港公司的眼线几乎无所不在。任何其下公司的反抗行动都脱离不了其掌握，这也显示大港公司的组织较其他公司更为严密。

三、兰芳公司的扩张

如前所述公司的产生是为了因应开采金矿，而人力如何招募聚集则由华人原乡籍来决定。这个状况可由西婆罗洲另一个大公司兰芳公司的《兰芳公司历代年册》中看出。开金矿的地区有东万律，相传是鹤老洲府，开金湖者多潮阳、揭阳人。[①] 这一段《年册》资料使人注意，婆罗洲的华人是由中国不同方言区来到此地。除了开矿族群的描写之外，《年册》还将各区华人势力范围一一说明：东万律上十里许，有茅山（Mao-yien）、猪打崖、坤日、龙冈、色拉蛮（Senaman）等处，开金湖者亦潮、揭二阳人居多。明黄等处，开金湖者多大埔公洲人。有刘乾相者，同堂子弟有五百余人，自立为大哥，为当时最强盛者。由东万律下数里许为山心，开金湖者是大埔县人，董其事者为张阿才。至于嘉应州人，惠、潮属人，亦多杂处其间。在以上这段资料中，可看到不同的采金区，由不同族群乡党的华人所占据。造成这种分布的原因，出于离乡背井的华人的需求是赚钱之后衣锦还乡。因此出洋之时，常常是身无分文赊欠船资，在到达西婆罗洲之后，大都依附同乡亲友，由熟识的亲友代为偿还。新移民称为新客，在辛勤工作偿还完赊账之后，才还自由身成为老客。这种制度不断循环，所以同一方言的移民较容易集结。在这种以语言当成识别标准的情况下，不同公司自然也由不同地域的移民所聚集，而形成同乡人共组的公司状态。不同方言群的华人移民，各据山头领导，纷争不断，这些争战多是为了争夺地盘而起。

根据《兰芳公司历代年册》，这样的例子有两起：老埔领导系潮、揭二阳，海、陆二丰人多，尊黄桂伯为总太哥。新埔领导系嘉应州人居多，以江戊伯为功爷，统率其众，立兰和营，举四人协理，名曰"老满"。罗太哥欲淹有其地，使刘台二伯藏信于笠，入茅恩暗通江戊伯，内攻外合，出其不意，攻其无备。黄桂伯束手无策，只得归降。罗太哥自黄桂伯归

---

① 高延著，袁冰凌译：《婆罗洲华人公司制度》，台北："中央"研究院近代史研究所，1996年，第9页。

服，而坤日、龙冈、色拉蛮等处俱为罗太哥所有矣。① 在这段资料中，罗芳伯找来同属嘉应州人的江戊伯为盟友，联手攻打潮阳、揭阳、海丰、陆丰四地客家人的总太哥黄桂伯。罗芳伯和黄桂伯都属于客家人，但因客语地域性的差距②及对于黄金开采权的野心，罗芳伯仍是进行攻击的行动。另一起地盘争夺战，则是在兰芳公司附近的由刘乾相所主持的公司进行挑衅，但被声势已壮的兰芳公司一举歼灭。明黄刘乾相自恃其强，不但不肯归顺，而且兴兵构怨，战伐经年。自明黄起联营至六份领导，有蚕食鲸吞之意，相距兰芳公司总厅不过数百步。罗太哥忿恨至极，与诸兄弟约，誓灭此而朝食。于是亲抱桴鼓，奋力争先，诸兄弟无不以一当十，呼声动天，一朝而破刘乾相六个大寨，联营尽皆崩溃。刘乾相被赶至阿亦华帝，跳海而亡。

经过许多争战，兰芳公司的规模日渐壮大，东万律一带皆归属于兰芳公司管辖，但是对于罗芳伯这样的开创者而言，这样的领地仍不足够。邻近东万律的打唠鹿也有丰沛的矿藏。罗芳伯几番战役接连获胜，自然希望一鼓作气攻下其他的公司，总揽西婆罗洲的采金权。"居邻东万律者，莫如打唠鹿（Monhado），于是复又起兵至打唠鹿。"③ 而这时的西婆罗洲，并非仅有兰芳公司一家公司进行征伐掠夺。在打唠鹿，小公司以拥戴共同的公司为盟主，而这个联盟就是以大港公司为主的和顺总厅（和顺十四公司）：时打唠鹿开金湖者有七公司，最强者为大港，其次为三条沟公司、新屋公司、坑尾公司、十五分公司、十六分公司、满和公司，又有九分头、新八分、老八分、新十四分、老十四分等公司。兰芳公司攻打之前先探听其虚实，"罗太哥所扎之营，近打唠鹿埠领导之山"。④

213

① 罗芳伯在《兰芳公司历代年册》中被称为罗太哥是因为这份史料是以客家话加以记录，太哥义指为大哥。客家话一地区可分为海丰、陆丰以及四县话等，不同客家话在发音与音节咬字上，仍有差异。同为客家人，对于对方所说客语一知半解的状况，并非没有可能。

② 高延著，袁冰凌译：《婆罗洲华人公司制度》，台北："中央"研究院近代史研究所，1996年，第10–12页。

③ Yuan Bingling, Chinese Democracies: A Study of the Kongsis of West Borneo (1776–1884), in The Netherlands: Research School of Asian, African, and Amerindian Studies, Leiden University, 2000, p. 95.

④ 这个名称来自 Schaank: De Kongsis Van Montrado. kaixiang kongsi 中文的译名田汝康译为开厢公司，而袁冰凌译为开香公司，本文采用袁氏的译法。大港公司成立联合公司后设立总厅来共同管理。在总厅之中，设立有神明祭祀，故此开香公司有分香祭祀的意涵，较为贴近其原意。

和顺总厅是规模庞大，拥有完善武装的公司。面对这样严密的防守，罗芳伯不禁感叹：观打唠鹿之形势如锅，不可急圈，须待釜沸，方可以破其釜，遂引兵而回。至倒河，江戊伯引接济之兵又到。罗太哥言其时势不能骤平，遂合兵而回东万律。至今打唠鹿仍有山名兰芳会崒云。自此之后则形成西婆罗洲两大公司鼎力的局面。大公司出现皆是经过一些争战才拓展开来的。从大港公司、兰芳公司扩展公司势力的过程中，可看出他们所采取的方式是大不相同的。大港公司在与其他公司结盟时，并不以消灭对方公司成员为手段，只有在受到攻击时才加以反击。例如大港公司对连结公司之役：秘密行动，被大港公司知晓，大港公司连夜出动四百人，将水道转向对着连结公司。这个事件过后大港公司与连结公司争斗开始，连结公司惨败，人员败走巴亨。这一役也确定了大港公司的地位。然而兰芳公司所使用的方法是以歼灭对方公司为手段，兰芳公司与刘乾相的作战是杀到片甲不留的生死决战。《兰芳公司历代年册》记载：是役也，杀得刘乾相尸横遍野，血流成渠，为数年来第一血战，亦赖众兄弟之力方能一举成功也。罗太哥复得其土地，扩而充之，而兰芳公司益见富强矣。① 对于扩充公司规模的方法，大港公司和兰芳公司采用了不同的手段，这对于两大公司经营发展也产生不同影响。

四、关于华人开矿公司的组成与运作

1. 公司组成方式

华人公司的组成与壮大与华人移民人数增加有极大的关系。本节将说明华人公司如何运作使华人移民的力量发挥最大的效用。大港公司是所谓的开香公司，这是指称其下囊括众多的公司。开香公司的意义，其实有香火传承意思。根据袁冰凌的研究指出，在当时众多公司组织一个总厅，而联系各公司的是对庙宇的虔诚。以大港公司为主的和顺总厅在选总厅领袖时，看似民主，其实只是在群众的欢呼或鼓噪中通过；而且，通常是由庙宇的神谕产生重要的决定影响。西婆罗洲最主要的两大公司是大港公司和兰芳公司。公司成长壮大的意义，除了本身的资本雄厚之外，也因为其下有较多的附属公司接受大公司的保护。例如大港公司之下，有金和公司、大盛公司、广和公司、六分头公司、八分头公司、赞和公司等公司。这些公司的房舍在和顺总厅的保护之下，水井、市场、工匠都必须缴税给和顺

---

① Yuan Bingling, Chinese Democracies: A Study of the Kongsis of West Borneo (1776–1884), in *The Netherlands: Research School of Asian, African, and Amerindian Studies*, Leiden University, 2000, p. 46, 57.

总厅，和顺总厅在各公司危急的时候，则会派军队保护。早期公司结盟，确实产生实际的影响力。相互连盟的华人公司，能够对苏丹提出要求或者防御不怀好意的达雅克人。① 因此讨论公司性质，将以大港公司和兰芳公司为主。

2. 华人公司的运作方式

（1）公司的组织与领袖的产生方式。

公司既然是一个组织，需从公司的职务区分来讨论。华人公司职务分工状况，依其职称可分为总厅大哥、厅主、先生、税栅、军队、酒郎、佛首、客头、老大九个职务。华人大公司的权责区分，从九个职称来进行管理运作。在讨论公司本质的时候，值得关注的焦点是客头的存在及军队的设立。客头的工作是负责牵引新客来到公司。这个职务的设立代表了华人公司是由移民以及陆陆续续的新移入者所构成。这个状况也说明华人公司的凝聚，在某一个程度上反映了华人在异地团结的情形。

《兰芳公司历代年册》所记述的状况也是如此：开金湖者亦潮、揭二阳人居多。明黄等处开金湖者多大埔公洲人。有刘乾相者，同堂子弟有五百余人，自立为太哥，当时最强盛者。由东万律下数里许为山心，开金湖者是大埔县人，董其事者为张阿才。至于嘉应州人，惠、潮属人，亦多杂处其间，但不能一一枚举焉。是时坤甸埠领导，潮州属人多不守礼法，好以强欺弱，嘉应州属人往往被他凌虐。罗太哥目击时艰，深为扼腕，思欲邀集同乡进据一方者久之。在本段史料中，可以看到当时坤甸一带开垦金矿的客家人相当多，有大埔、嘉应、惠州等。罗芳伯所代表的嘉应人，是其中较为弱势的团体。这也是罗芳伯兴起组织的动机：为同乡的人凝聚势力谋取福利。透过地缘组织联结，大港公司和三条沟公司也是如此，大港公司是一个开香公司，由许多小型公司联合起来。在早期小型山砂中，由于人口稀少，由同一家族或是宗族的数人分持股份而形成矿业公司。但当联合公司的组织出现，股份决定了个体的会员身份。马来统治者可以通过控制采矿的器具以及粮食的供应来牵制矿工，小山砂开始组织成较大的公司。但在公司合并过程中，来自相同原乡，同构型高的矿工为大多数是各联盟公司的特色。这些公司组成，部分成员仍是以宗族为基本的单位，在大港公司中，成员主要是由惠来与隆丰的吴、黄、郑三姓人所组成。而三条沟公司的成员，则由温姓和朱姓组成，这是公司成立在血缘、地缘仍有

---

① 林开宗、庄英章：《沙捞越石隆门客家人的十二公司与祖先崇拜》，载《海外华人研究论集》，北京：中国社会科学出版社，2002年，第263页。

部分关系的证明。但因为大港公司是一个开香公司，在总厅的领袖选举不是全然依靠血缘与地缘。和顺总厅的十五任领袖中，有八任为大港公司担任，但是这八任大港公司成员并没有单一姓氏称霸的现象。而十五任中有两任为三条沟公司，除此之外剩下的四任领袖分别由新屋公司和坑尾公司各有担任一次领袖之外，最早创立的两任总厅领袖所属公司无法查出。

十四个公司组成的和顺总厅，假设无数据的两任领袖不属于大港、三条沟、新屋、坑尾四个公司，而是其他的公司，那么就呈现出一个事实，就是十四个公司只有一半的公司有机会成为众公司的管理者。因此虽然和顺总厅是联合公司，也不代表所有的公司都有机会登上总厅领袖的宝座。这个统领众公司的权力，仍是由势力庞大的公司所把持。例如新屋和坑尾两公司，曾经有实力与大港公司抗衡。所以，新屋公司的刘贵伯曾担任第四任总厅大哥，而坑尾公司则由李德伯出任第九任的和顺总厅领袖。而三条沟公司的壮大，更使该公司连续接管第五、六任的领袖地位。但是随着新屋和坑尾抵抗大港公司失败，以及三条沟公司脱离和顺总厅。大港公司已成为和顺总厅最大的势力，因此从第十任温官寿开始至第十五任郑洪任，大港公司连续五任担任和顺总厅领袖的地位，而没有其他公司再出任总厅领袖。和顺总厅的领袖所属公司的变化，呈现了联合公司彼此之间势力消长。和顺公司属于联合公司，因此总厅可以从各公司中寻找推举最适任的人才来担任总厅首领，这些人才确实具有非常的能力，例如三条沟公司的朱凤华，在即位期间即拓展新的疆域，将三条沟公司从大港和顺总厅分立出来；而兰芳公司虽然也是一个大公司，但其中主要的领导者是以罗芳伯为主，因此在公司传承和发展中自然面对人才不足的问题。和顺总厅是从几个公司中选取适合的人来担当领导人，而兰芳公司所有的领导人都是出自兰芳公司，这也呈现出兰芳公司和和顺总厅的差别。因为兰芳公司在成立过程中，是以地盘战争的方法吞并其他小公司，经过兰芳公司重组的公司，其他公司领袖不再具有领导地位，管理人由兰芳公司所指定。从《兰芳公司历代年册》能够得到证明：有老埔头，有新埔头。老埔头有店两百余间，新埔头有店二十余间。老埔头系潮、揭二阳，海、陆二丰人多，尊黄桂伯为总太哥。新埔头系嘉应州人多，以江戊伯为功爷，统率其众，立兰和营，举四人协理，名曰"老满"。罗太哥欲淹有其地，使刘台二伯藏信于笠，入茅恩暗通江戊伯，内攻外合，出其不意，攻其无备。黄桂伯束手无策，只得归降。罗太哥自黄桂伯归服，而坤日、龙冈、色拉蛮等处俱为罗太哥所有矣。而和顺总厅的联合公司形态，则由最有能力的公司来担任领导者的位子，只要有能力十四个公司其地位是平等的，因此总厅大哥的位子，并非由大港公司独占，十四间公司都有决定权与影响力来担任总厅大哥的职位。兰芳公司与和顺总厅的两种管理方式产生了不同影响。

根据陈约翰所著的《砂捞越华人史》中转引 T. Harrisson 和 Stanley Oconnor 两人的报告指出：在 1820 年时，华人已经在打唠鹿为主一带，最少开办了十三个大矿场和五十七个小矿场。单就这些矿场的生产量就超过整个苏门答腊所产的一倍。主持打唠鹿的采金者为大港公司，它的重要性在 19 世纪初逐渐超过了死对头兰芳公司，原因在于兰芳公司缺乏领导人。① 这段当时的记录，显示兰芳公司管理人员之缺乏，而导致大港公司的发展得以超越兰芳公司。毕竟和顺总厅虽由大港公司领导，但总厅的领袖仍可由其他公司推举，因而人才济济；但兰芳公司是以歼灭方式吞并其他的公司，领导者一人独大，若后继者才干不足，则公司势必走向没落。

（2）华人公司的管理模式。

以上探究华人公司的组成。有了成员之后，管理公司的发展与营运又是如何进行，是以下将要说明的。一般而言，联合公司除了基本的矿工之外，还设有下列九种不同的工作项目：总厅大哥（联合公司的总负责人）、厅主（联合公司各自的负责人）、先生（文书记录工作以及接待访客）、税栅（租税的管理和出入成员的税金缴纳）、军队（武装部队的管理）、酒郎（负责酿酒）、佛首（节庆的负责人）、客头（周旋于各公司的商人）、老大（自治区选出的领袖）。划分出这些不同的管理阶层，主要是为了维持庞大的公司运作。在联合公司中，基本成员不像过去山砂成员享有利益均分的权利。而是根据不同的阶层划分，享有不同等级的利润。初抵矿场的新客由公司照料膳宿，每月领工资两元。但较高的领导阶层例如总厅大哥除每月享有五十基尔德（荷兰旧制中所使用的金币名称）之外，更有鸦片的税收。总厅之下的各厅厅主，每月也有四十基尔德和鸦片买卖的收入。先生担任书记的工作，对于公司内成员子弟担负着教导之责，同时也处理公司内部文书的工作。因此先生的位阶相当高，每月享有十二基尔德的收入。从先生以下的公司领导阶层，就不再享有以基尔德为单位的薪饷，采用比较小的货币单位计算工作的酬劳。从这种不同的给薪方式，也可看出公司阶级划分相当严格。公司组成的最根本还是底层的矿工。

矿工的日常生活是日复一日地开采矿脉。根据袁冰凌的研究指出，华人与当地土著相较之下，开采矿藏能力较强的原因为：①水利设施的运用

217

---

① 陈约翰：《砂捞越华人史》，台北：正中书局，1985 年，第 20 页。

是华人开矿者最有利的工具；②公司是一个为了共同利益的联盟团体，工作努力的工人也享有较高利润；③许多华人在西婆罗洲过着艰苦的生活，最重要的目的是寄钱回家，这种动力更使华人工作勤奋。例如矿工们善用水利建设，堵住公司屋后的山谷，造成一个宽约四分之一哩的大水塘，希望透过水利建设增加产能。来自树林的水源，经过水利设施与水塘连接，因水塘外挖了一条四尺宽的水沟，而水沟连接水塘之处有活门以控制水的流量，另外还有一些小的活门，只让少量的水流出，沟水源源不绝。那些含有金砂的泥土受到水流的冲洗，泥浆与砂随水流出，金砂则沉淀落下，每隔三四个月便清洗沟区一次，淘出所有的金子，扣除所有费用之后，全体工作人员均分金子所得的利润。[①] 当结算收益的时候，矿工将采集到的金子放置在小型的计量工具中，每个磅秤的单位差不多等于中国一两或是两个西班牙币。最好最纯净的金子永远归属于公司，如果移往其他地方，需要文件证明及妥善包装，黄金的纯度是七到九（等同于 19～21 之间）。从公司的日常运作可以看出，婆罗洲华人公司的成员工作量极大，而且几乎没有休息的时间。坚持投入这种辛苦的工作原因，就是华人对于财富的迫切需求。因此，华人公司的成员才能够以不眠不休的态度进行金矿开采。而同时婆罗洲的内陆地区，就在华人的勤勉奋斗之下，从荒原变成人口众多的新市镇。而这些华人公司如何有效管理其成员，以下将说明。

兰芳公司采取的管理政策与和顺总厅比较起来，较为接近传统中国的习惯。与同乡的故人共同合作，为开采金矿奋斗，当人口增加时，需要拓展领域好容纳更多的乡人。罗芳伯对同为客家人的老埔领导争取地盘，而且选择非嘉应客为对象，可看出分属于不同地方（大埔、嘉应）的客家人，除了语言相通外，地缘的亲密度仍是被考虑的。因为罗芳伯本身是嘉应州的客家人，所以在寻找支持时，自然也是以相同的背景的人为主要对象，开矿地域的取得和划分，是公司由单一乡里成员组织，扩充到共同语言皆可加入的状态。大港公司在地盘扩张时，同样也松绑部分的血缘纽带，组成了容纳十四个公司的和顺总厅。但是大港公司对于总厅大哥的位子，仍是有所限制，只有特定族姓宗人才能担任。无独有偶的是兰芳公司也有类似的限制，从这些强化三缘（血缘、地缘、语言）的规定来看，是否华人公司确实是中国传统家族的扩大结盟形态的呈现，在《兰芳公司历代年册》中的一段记载或许可以提供一些解释：罗太哥攻打新港之时，苦心竭力，辛苦备当。尝曰"新港银坑也，银坑开，东万律不患贫矣"。罗

---

① 周丹尼著，黄顺柳译：《砂捞越乡镇华人先驱》，砂捞越华族文化协会，1989 年。

太哥夫人亦有贤德，极力赞襄。偶值粮食不继，自出簪珥等项，令镇平人黄安八，下坤甸采办粮食器用，以济紧急之需。不料黄安八下至坤甸，竟将金银首饰一概枭吞，带回唐山。噫嘻，何大忍心若此，可谓良心丧尽矣。故罗太哥怒气冲天，即说誓曰"此大厅领导人，镇平人及各处人，俱不能嗣位；惟嘉应州唐山而来，择有德者嗣之，以后永为定额"。至今犹世世守之，不敢有负罗太哥一片苦心也。①

从这段史料可知，兰芳公司本来并没有限制固定地域的人来接掌兰芳公司。只因发生了侵吞财产的事件，才导致兰芳公司定下必须由嘉应地区人士才能担任领袖的规矩，但是认定同乡同属之人必定能够信任的想法和中国传统所依存的亲缘关系，可能仍具有影响力。另一个值得关注的是军队组织的设立。华人在西婆罗洲的处境并非太平安乐，苛索无度的苏丹和达雅克人都是华人的危机。华人是相当勤勉乖顺的民族，对于与苏丹订立的契约都是按时缴纳，但是对于超过原订租税的非合理要求也会有所反击。军队的设立是大公司都有的基本防卫手段。而当时的公司军队是具有一定规模的，因当时各大公司是盘踞几个山头的领导，因此军队的强大与否也关切着公司是否能够继续维持。在《兰芳公司历代年册》中，可看出兰芳公司的军队具有强大的攻击力，特别在进行地盘的争夺时：一朝而破刘乾相六个大寨，联营尽皆崩溃。刘乾相被赶至阿亦华帝，跳海而亡。是役也，杀得刘乾相尸横遍野，血流成渠，为数年来第一血战，亦赖众兄弟之力方能一举成功也。或是几次与土著对峙的战役中，都展现出兰芳公司的军备能力：罗太哥引兵接仗，老仕丹亦令黄伯麟带兵助战。唠子不见兵革，势如破竹。邦居兰使打遂退上万那，而沙埧阆港口一带皆平。至今唠子港之名仍存，邦居兰使打王府之基址犹在，但遍地皆蓬蒿矣。

这段史料说明对抗达雅克人的行动，兰芳公司在第一次纷争中得到胜利。而达雅克人自然不会就此罢休，因此兰芳公司又进行第二次战争行动——起兵打新港。我公司筑寨六处，将邦居兰使打之寨困在垓心，相持有九月之久。罗太哥令掘地而攻使打之栅，掘至寨边，寨柱抵塞，锯其柱脚，柱尾摇动。唠子知觉，故使打宵遁。罗太哥挥兵直抵三发地方。万那王与沙埧阆王胆破心寒，有朝不保夕之状，特请坤甸仕丹，到其处说立和约，以三发为界。罗大哥亦姑念穷寇莫追，即允诺仕丹，而与万那王立和约，以三发为地界。仕丹用竹劈开刻字，插地为界。年久竹灭，至今掘地

219

---

① 费斯：《婆罗洲西部》，引自高延著，袁冰凌译：《婆罗洲华人公司制度》，台北："中央"研究院近代史研究所，1996 年，第 112 页。

之空犹存焉。从这三场战役可看出兰芳公司军队的实力。大港公司的军备实力也是不容小觑，一方面是组织和顺总厅，自是免不了一番激战。而在1822年三条沟因地盘问题脱离和顺总厅之际，三条沟与荷兰人互通声息联手袭击大港公司，仍未能动摇大港公司势力，这也显示大港公司的军力强大。这些激烈的战争记录，让部分学者认定，这些海外华人公司必然与中国反清复明秘密会党有所关联。因为大部分的华人公司成员都是东南沿海地区平民百姓，又如何懂得军事争战的技巧？关于华人公司是否是"反清复明"的组织，荷兰学者 Veth（费斯）在当时所做的田野调查中指出：不想就此认定这些公司是三合会或是天地会的分支，虽然已有"兰芳会"之类的说法和猜测。

当华人回归祖国时，他们以庄严的方式解除原先的誓言，收复交付的银圆和炉灰，同时给大伯公的庙祝三十文钱。如果所有的兄弟会实际上都这么做，那么这就证明了这是一种地方性组织，与天地会没有直接的关系。另一位荷兰学者高延则认为"公司是小型共和国，通过不可磨灭的精神把华人秘密地团结在一起"。在这个理论上，高延对于公司的看法是"公司独立繁荣时期，人们可以尽情发展他们的共和倾向，婆罗洲根本不存在什么秘密社会"。[①] 天地会这种秘密组织是否诚如荷兰学者的认定，从未在婆罗洲出现？笔者认为可从兰芳公司的历史资料中求得证据，证明西婆罗洲华人公司与秘密会社的关系。什么是秘密会社？根据 Simmel 的解释，"一个秘密会社是一个群体，其存在也许是公开的，但其宗旨、礼仪、结构却秘而不宣"。[②] 若依照这个定义，兰芳公司可以视为秘密会社，因为其中成员的加入仪式是不公开的。因着这个原因西婆罗洲的华人公司，在过去的研究中通常将其视为天地会的分支。而根据笔者的研究，从两个方向可证明西婆罗洲的两大公司兰芳公司和大港公司，与新马地区的会党公司的天地会形态是相当不同的。两个原因将分述如下：其一为天地会创立的时间有下列几种说法：康熙十三年（1674）、雍正十二年（1734）、乾隆二十六年（1761）、乾隆三十二年（1767）。这些观点中，康熙和雍正年间的证据最为薄弱，因此天地会成立于乾隆年间是较被采信的看法。

从天地会成立的时间，再来推估在东南亚所成立的兰芳公司究竟是否为天地会组织。罗太哥战获新港之时，年已五十七矣。次年乙卯，五十八岁而终。胡天之不愁遗一老，而遽终其天年也。罗芳伯太哥开创东万律兰

---

① 麦留芳：《星马华人私会党的研究》，台北：正中书局，1985年，第10页。

② 庄吉发：《清代秘密会党史研究》，台北：文史哲出版社，1994年，第48页。

芳公司时，是唐前丁酉年，即是 1777 年。从这段史料中可得知罗芳伯五十八岁寿终时为乾隆六十年（1795），而罗芳伯是在乾隆三十七年（1772）出洋，且在乾隆四十二年（1777）时就创立兰芳公司。从这些年代的推算，可以推估罗芳伯离开中国时，或许天地会的组织尚未完备。从时间的估算上，或许还牵涉秘密组织的隐秘性，让天地会出现的时间并不一定准确。但《年册》中的另外一段记录则能更清楚地表现，兰芳公司和天地会无关。罗太哥初意，欲平定海疆，合为一属，每岁朝贡本朝，如安南、暹罗称外藩焉。奈有志未展，王业仅得偏安，虽曰人事，岂非天哉。后之嗣者，当思罗太哥身经百战，才得此东南半壁，虽作藩徼外，实有归附本朝之深心焉。斯罗太哥在天之灵，亦实式凭之矣。① 从这段《年册》中的记录可以看出罗芳伯并没有反清的思想，只是想成立海外王国，而且是尊中国为正朔的藩属国。所以，这段记录可证明罗芳伯并非反清复明之士。因此由《兰芳公司历代年册》中所呈现出来的证据，可知兰芳公司不是反清的天地会，也不是绝对的同乡会团体。就其所表现出的联结弱小族群，是据地结盟的团体。

18 世纪在西婆罗洲的兰芳公司，其性质是一个自律的组织。而大港公司出现的时间，更早于兰芳公司，因此兰芳公司因时间上早于天地会开始的时刻，故此大港公司自然也和天地会无关。而对于华人公司在军备武力上的精良表现，或许只能说是华人适应环境的本能反应。西婆罗洲的华人公司尽管是以开采金矿为主要的活动，但从公司现存的史料中，可以了解华人公司绝非只是一种简单的经济性组织，从公司的运作结构来看，公司具有明确的行政管理权限。从《兰芳公司历代年册》数据中这段抽税的资料"开金湖者居多，亦有耕种、生理、业艺等项经纪。开金湖者有纳脚仿金，功耕种者有纳鸦息米烟户钱，做生理者出口货物无抽饷，惟入口货物方有抽饷焉"，② 可以了解华人公司经济生活的运作情况。从上述资料中可知，西婆罗洲的兰芳公司，没有从事天地会秘密仪式活动。而大港公司因为与荷兰政府一直采取对抗的态度，在公司战争之前就已遭到贸易封锁。这封锁源自荷兰对于华人公司政策的改变，主要的原因是 1841 年英国布鲁克一世占领北婆罗洲。

英国与荷兰的东南亚殖民争斗，已经是正面交锋的阶段。婆罗洲内陆发现煤矿，伴随着蒸汽船的运用，荷兰意识到争取内陆资源的重要性。因

① 庄吉发：《清代天地会源流考》，台北：故宫博物院出版社，1982 年，第 11 页。
② 蔡少卿：《中国秘密社会》，台北：南天书局，1996 年，第 25 页。

此对于华人公司的抗争，采取高压手段处理，其用意是希望早日取得华人所拥有的矿脉资源。大港公司遭遇荷兰的贸易封锁，因此开始与新加坡华人进行接触。新加坡为英国的属地，在 19 世纪中期已有义兴公司在此地活动，没有明确的证据说明大港公司是否与天地会有关，但根据荷兰人 Van Rees 的研究中提出的一份重要公告，这份于 1855 年 7 月 15—16 日晚上所发现的公告是以大港公司为名义发布的，主要目的是鼓动民众加入义兴公司。这份公告的抬头所书写的目的，是鼓励当时的华人加入义兴公司，与大港公司联手对抗荷兰。而这份公告的内容，则以柔性的诉求，希望打动当时的华人，加入反抗的行列。公告的内容如下：

你作为新客到此地，一无所有，举目无亲，随身一卷铺盖，四处飘荡；直到总厅和下屋接纳你，公司招待了你，安排你到矿上做工，你才有机会赚钱，才能实现夙愿；想当初，你愿做工就能做工，想歇息就能歇息，爱去哪里就去哪里；总之，你比在中国的先人活得更自如。①

从公告是由大港公司署名，鼓舞华人加入义兴公司，加上内文对于加入公司描写的美好情景，可以视为大港公司和义兴公司曾经产生某种结盟的证明。由此资料笔者推论大港公司因着荷兰的封锁政策，而向新加坡华人寻求援助时，即有可能取得在新马地区活跃的义兴公司的协助。到底西婆罗洲的华人公司是否是天地会的海外支脉，史料中的证据说明了兰芳公司并没有反清思想。而大港公司与新加坡华人有所接触之后，有了间接的历史证据说明大港公司与义兴公司的联系。从这些迹象，或许能够推测西婆罗洲的开矿公司在未与英属华人殖民地联系之前，应该是与秘密会社无关的自治团体。但因与英属殖民地的互动，进而引进了中国秘密会社的思维，西婆罗洲的华人才受到影响。这个推论也可以从高延的研究中，找到

① 兰芳公司是否为天地会的海外分支，罗香林先生也有详细的考证。他指出天地会始创于郑成功在台湾所遗之部署，故康乾时代，志士之以天地会口号起而抗清者，亦以台湾为著。嘉应州一带之客人，其大批移植台湾，已在康熙二十三年（1758）清朝平定台湾郑氏之后，于台湾天地会所倡反清复明宗旨，初不甚明，故当乾隆五十二年（1787）天地会首领林爽文起义于台湾时，嘉应州人之移居台湾省，反有出而助军官以平灭林氏者。罗芳伯出国，早在乾隆三十七年（1772），于台湾之会党运动亦无牵涉。且自罗芳伯等所建兰芳大总制官制言之，亦无一与天地会各级人员之名号相合者。如天地会组织中之香主、红棍、白扇、草鞋诸名目，兰芳大总制官名中，无一有之，因此可说明，兰芳公司和天地会并无关联性。参见罗香林：《西婆罗洲罗芳伯等所建共和国考》，香港：中国学社，1961 年，第 59 页。

一些蛛丝马迹。高延在《婆罗洲华人公司制度》书中提出：在1855年之前从没有可信的刊物提到婆罗洲存在一个秘密社会，打唠鹿、炉末、乌乐的公司刚刚被暴力消灭后，这类组织就冒出来了，甚至直截了当扮演大港公司在人民中的代理者。秘密会社是在阴暗中产生的公司的孪生兄弟，也就是宗族和村舍的共生物。① 以上的各种证据显示，婆罗洲的华人公司在与英属海峡殖民地华人接触前，的确实是与天地会无关的矿工组织。

荷兰东印度公司对于华人公司的从包容到歼灭的过程，是出于国际局势的改变所造成的。英国和荷兰两国间的海外殖民竞争，在1841年因为英国人布鲁克进入北婆罗洲沙劳越地区，而使荷兰感受到严重的威胁，特别因为大港公司所在的打唠鹿紧邻沙劳越的边界，这表示如果大港公司倾向英国，荷兰东印度公司即有可能失去更多的婆罗洲土地。因此荷兰必须巩固大港公司所在地的主权，渐渐对大港公司的运作加以干涉，希望强化荷兰对于此地的统治。除了殖民地的竞争之外，商业利益是荷兰第二个考量。19世纪中叶蒸气动力船的使用，促成煤矿需求提高。荷兰东印度公司希望可以在既有的殖民地中找到更多的煤矿资源，而过去放任华人公司发展的内陆地方恰好探寻出有丰富的煤矿脉。

基于上述两个原因的殖民竞争和利益考量，荷兰对于公司的政策，从和平共处到尽绝消灭有了很大的转变。而促成荷兰对大港公司战争的导火线是在1850年荷兰向大港公司租借在邦嘎（Pamangkat）一带的土地租约期满，而大港公司向荷兰索讨。但这块土地控制三发海口，荷兰自然不愿意归还，② 大港公司据理力争。荷兰面对这样的情况，以武装战争发动对大港公司的攻击。尽管兰芳公司顺应荷兰政府的要求，没有爆发大规模的公司战争，但是最后仍被荷兰歼灭。

华人在西婆罗洲的处境，因为面对苏丹的租税压力、土著的侵扰，因此必须强化组织联合公司保护自己的权利。但从这三段不同时期的华人公司与土著的相处记录可知，华人公司的发展确实压缩了原来居住于婆罗洲内陆地区的土著生活空间。虽如此华人公司对于西婆罗洲的贡献是有目共

223

---

① 张忠民：《艰难的变迁：近代中国公司制度研究》，上海：上海社会科学院出版社，2002年，第51页。

② 罗香林曾引述荷兰巴达维亚之总督罗赫生（Rochussen）在荷兰与大港公司战争之后的说明，"国家的尊严，已被维持，三发苏丹及达雅克人的权利，已被尊重；而华侨公司，也被一劳永逸摧毁了"。这段记录表现了荷兰假借维护苏丹的权力与达雅克人利益，进而歼灭华人公司。但是最重要的是"国家尊严已被维持"的表达，显示了华人公司如果继续存在将危害荷兰的尊严，这才是华人公司被灭绝的真正理由。

睹的，在华人公司被荷兰消灭后，原本繁荣的街市转眼荒芜。① 或许华人公司的存在，间接地压迫了土著的生存，但就西婆罗洲整体的发展而言，华人公司的历史意义是不容忽视的。

---

① 高延指出，原本繁荣的三发、坤甸华人区，不再是人丁兴旺的矿区，而是人烟稀少，矿业凋零。

梅县《石扇罗氏族谱》对罗芳伯的记载

　　石扇罗四维先生，于民国三十一年（西元1942年），自伊村罗芳伯后裔家，检出其所藏族谱，摘抄寄余。按芳伯于清乾隆三十七年（西元1772年），离嘉应州，经广州，泛海至西婆罗洲之坤甸，组织兰芳公司，从事垦辟采金。以平定地方变乱，至乾隆四十二年（西元1777年），乃创立为兰芳大总制（共和国），被推为首任总长，树立民主行声。凡传总长十人，至光绪十年（西元1884年），始为荷兰人所攻灭，其事迹详见余所著《西婆罗洲罗芳伯等所建共和国考》。此族谱于罗芳伯在婆罗洲事迹，虽全无记述，然足窥见其家世传统，故为转录如次。①

　　　　　　　　　　　　　　一九六三年一月三十日，编者识

始祖开基九清公，由嘉应州白渡前迁居石扇，葬白渡前。
二世祖言赞明公，葬河头岌下。
三世祖韶德公，葬白渡前。
四世祖光裕公，葬白渡前。
五世祖仲兴公，葬回龙庵顶。
六世祖开伸公，葬寨子墟。
七世祖文迁公，葬乌泥岌小汾子。
八世祖光荣公，葬小汾子。
九世祖竹林公，葬塘肚冈。
十世祖任吾公，葬窖子里，也字穴。
十一世祖望相公，葬矮子坑口，男永吉。
十二世祖永吉公，葬坪背。男启端、启瑞、启隆、启宁、启祥。
十三世祖启隆公，葬窖子里。姓杨氏，男芳伯、葵伯、台伯。
十四世祖芳伯公，姓李氏，男子增。（按芳伯配李氏，及其所生子子

---

① 　该族谱编撰于1942年，载于1965年罗香林《客家史料汇篇》。

增，殆未随芳伯前往南洋，故在坤甸一带，未见与子增有关史迹。）

十五世祖子增公，妣郭氏，男元翰、元亨。

十六世祖元翰公，男金华、相华、秀华。

十六世祖元亨公，妣萧氏，男中华、安华、精华、丰华、清华。

王琛发《兰芳憾事的异乡留痕》①

有关罗芳伯的生平，自然已经是史家们所熟悉的。他在 18 世纪以"兰芳公司"名义聚众开辟西婆罗洲，从东万律（Mandar）出发，到坤甸（Pontianak）、喃吧哇（Mangpawa）及山口洋（Sinkawang）等地皆入版图，自称"大唐客长"，纵横数千里土地，在其统治区内实行选贤与能的传统禅让与近代民主制的结合，可说是亚洲共和体制的先驱。罗芳伯为有心研究的后人留下许多尚待讨论发掘的课题，这里已不必细提。重要的是，房汉佳先生文章的大方向虽不是谈忠臣庙，但他对于伦乐华人祭祀罗芳伯的信仰历史，虽然只是短短的几段记载，亦足以让我们清楚，罗芳伯的庙祀并不限于在今日属印度尼西亚的坤甸，而且曾经随着西婆罗洲的华人不堪荷兰人压力，香火相传到今日属于马来西亚领土的砂劳越。

这也就是说，身处马来西亚的客家人，除了把他们从中国的信仰带到马来西亚的土地上，以及在马来西亚本土以崇德报功和慎终追远的心态把他们在地的一些先贤也神圣化，他们也可能会执着原先在南洋某一个地方已经神化的英灵崇拜；随着他们必须拓殖另一片新土地的历史进展，他们亦会把他们数代以来对某位先人的英灵崇拜带到与那位先人生前无关的新家园。这样的情形，其实并不罕见。事实上，像森美兰盛明利化身为神的信仰，就是由他的弟子叶亚来等人带到吉隆坡，以致他的英灵后来被宣告为吉隆坡和许多新开发矿区的保护神。即使在槟城的海珠屿大伯公，也一样在吉打州的亚罗士打出现了维持"海珠屿大伯公"名号的分香。只不过，对罗芳伯的崇拜却是走过领土边界，跨越了过去属荷兰人、现在属印尼管的坤甸，进入过去属英国人、现在属马来西亚的领土。因此马来西亚华人对罗芳伯的崇拜就变成了跨国传播，成为流传到马来西亚的邻国客家人的本土崇拜。崇拜者的祖辈是带着对罗芳伯的崇敬、带着他的神位上路，从一个异乡走向另一个异乡，寻找他乡的落脚地。当他们最终在砂劳越建庙供奉灵位，代代流传，到后来日久他乡作故乡，忠臣庙也成了砂州

① 本文原载于《马来西亚客家人本土信仰》，2007 年，第 103 – 114 页。

历史。我们当然可以肯定它是属于本土的，但追索罗芳伯生前的足迹，这是他异地图谋的大业到了后世功败垂成后，在他意料以外的事。从这一角度来说，供奉罗芳伯神位的忠臣庙当然是外来信仰的本土化。

笔者虽然没有亲自到过伦乐或坤甸，然而根据文章内容，还是觉得方先生文中对罗芳伯信仰的记载，给笔者带来不少的启发，也拓展了思考的空间。

根据房汉佳的记录，忠臣庙是伦乐的四座老神庙之一，在伦乐中华公学后面的这座忠臣庙供奉有三块神牌，由右到左分别是：罗芳伯与徐胜伯的灵位、官云伯的灵位、宋古成的灵位。房汉佳说这三块神牌的大小、颜色、字体都完全一样，据说是西婆华人逃避荷兰兵追杀，越境逃难时一同携带过来的。基于1795年罗芳伯去世时，兰芳故人已在兰芳自治势力的首府东万律立忠臣庙，将罗的灵位入祀。因此，伦乐忠臣庙的渊源背景可能是由于1830年代兰芳公司开始式微，大批华人移居砂劳越的那数十年间。庙史方面，房汉佳的记录是："该庙始建于光绪十六年，公元1890年。建庙的目的，也是为了纪念为民族利益而奋斗的领袖，表彰他们的忠心义胆，所以也效东万律的前例成为忠臣庙，以示不忘所本之意……忠臣庙在十年前已由伦乐中华公会的习俗组加以重修，面貌焕然一新。每逢农历七月十五日（盂兰节或中元节），这座庙都举行隆重的祭拜忠魂仪式。"房汉佳也说："除了伦乐埠之外，英吉利里亦有一座忠臣庙，现已倒塌了。石隆门的将军庙以前亦称为忠臣庙。这三座忠臣庙应是同出一源，香火都是从东万律的忠臣庙传来的。"[1]

从以上的说法，我们可解读到，从当地的历史脉络来说，忠臣庙的存在，配合了房汉佳"伦乐许多华人祖先来自西婆，乃不争的事实，关于这一点，直到今天，仍是有许多人物可以作为佐证"的说法，不只是可以互为佐证伦乐客家先民与西婆原来的华人垦殖史的渊源，而且直接证明他们和罗芳伯的系统相关。事实上，这样的说法也不限于伦乐，像旧时常称为马杭埠的打马庚地区，1960年大埔同乡会采访邑人，当地唯一的大埔族人朱永富一家便自称是祖父参加兰芳公司后期的抗荷战争失败，先退到石隆门，再逃到打马庚，1960年代已在当地子孙百余。[2] 但是在当地，似乎没有相同的对罗芳伯的公共庙祀。

---

① 饶尚东、田英成编：《伦乐华社之今昔》，《砂劳越华族研究论文集》，1992年，第79—82页。

② 饶舜民：《砂劳越边沿的打必禄邑人概况》，载《砂劳越古晋大埔同乡会40周年纪念刊》，1960年，第125页。

对照其他一些资料，我们还可能得出推论，房先生可能已经为砂劳越唯一的作为公共庙祀的罗芳伯信仰留下记录，功德无量。据西婆大港公司领袖黄连怀后人黄光明 2001 年在报章发表的回忆，黄连怀在 1854 年抗荷斗争失败、率部队转进砂劳越时之前，"大港""三条沟""兰芳"三公司早在 1837 年已经在荷境爆发过战争；在砂劳越石隆门的领导十二公司的刘善邦，是从"三条沟"分出去的，刘善邦在黄连怀初初退进石隆门时曾约黄合作抗英不果。① 许云樵在 1979 年曾根据《兰芳公司历代年册》指出，大港公司是在 1850 年击败荷人收复兰芳多年失地，两年后，当时的兰芳总长刘生"反助荷人拒大港同胞，擒其首以献公班衙……始知翁婿皆汉奸"。② 许的说法相当接近黄连怀兵败渡河的时间。另外，刘伯奎则曾在 1983 年发表文章，说明十五分公司主要人员肯定来自西婆大港公司，而刘善邦则可能是离开大势已去的坤甸后才去投靠三发的三条沟公司，不能相容才转向石隆门，之后大港公司也有部分人在荷军进攻大港公司之后到砂劳越加入十二公司。他因此论说，十二公司与十五分公司的人员，虽然来自西婆罗洲，但是派系不同，又不是属于罗芳伯大总制的一系，而明争暗斗。

从上述有关记载，可知英吉利里十五分公司的忠臣庙和石隆门的将军庙，各有各的来历，与当时已经式微的西婆兰芳公司不是直接薪火相传的系统。他们和伦乐的忠臣庙同是出于对已故袍泽兄弟慎终追远的华人信仰传统，但前二庙则个一定与供奉罗芳伯神主有直接关系，"忠臣庙"可说仅是个通用于同一概念的名称。这一点，刘伯奎上述亲访现场的文论，亦说明三义庙是供奉石隆门战争的刘善邦等，而当年十五分公司的营地前端的英吉利里忠臣庙，供奉的是忠于职守和抗荷有功人员的神主。

除非当时是有一整个群体的大部队一起转进，三三两两的个别人等甚至可能需要伪装上路，在面对危难而必须出亡之刻，是难于带着会暴露本人身份来历和群体认同的神主牌的。因此，"据说是西婆华人逃避荷兰兵追杀，越境逃难时一同携带过来"③ 的说法很重要，已足够说明这里是兰芳公司的余部向砂劳越境内撤退之地，也可能是唯一能集体安定下来为罗

① 黄光明：《西婆大港公司领袖黄连怀事迹》，载砂劳越《国际时报》，2001 年 1 月 1 日。

② 许云樵：《客家人士在东南亚》，载《槟榔屿客属公会 40 周年纪念刊》，槟城：客属公会，1979 年，第 365 页。

③ 刘伯奎：《19 世纪中叶砂劳越客家人两大公司组织史迹钩沉》，载刘伯奎编：《砂劳越客属公会 50 周年纪念特刊》，第 134－135 页。

芳伯崇拜在荷印境外留下显著遗迹的地方。兰芳领土的居民部众会集体离开家园，转到砂劳越从头开始，也只能是在兰芳积弱和外敌摧残之后，这是人之常情。1846 年，刘鼎继任大唐总长改"兰芳"纪元为"乾兴"纪元之后，荷兰人与土人形成的外患日多；1854 年，兰芳最后一任总制刘生反助荷兰人对付大港公司，以后又一再和荷兰人密约割地，这时的兰芳领土实权其实已经只剩下东万律；到 1884 年，荷兰人乘刘生举殡进据东万律总厅，撕毁兰芳大总制旗帜，逼刘生家人交出历代印信，兰芳部众梁路义等与荷兰人战，收复总厅又为汉奸出卖；1886 年供奉罗芳伯牌位的东律万总厅被荷兰人所毁，梁路义出亡吉隆坡，兰芳事迹已是尾声；1912 年，荷兰人正式宣布将东万律兼并入版图。① 如果这时期的兰芳旧部有不堪回首之念，到 1912 年后更难适应。1890 年之前，先有其中一个不接受荷兰势力的兰芳系统，掩护故主灵位逃向邻近的伦乐；1914 年引来最后一批离开伤心地的流亡者，翻山越岭朝着故主灵位的方向渡江前进，也是很可能的。

房汉佳先生在文中描述他所见到的罗芳伯牌位时，说："据说徐胜伯实为罗芳伯的别名，因此两人其实只是一位。值得注意的是神牌文字的写法。关于罗芳伯的名字，它的写法是讳芳罗，这是完全正确的。"从文章所附的相片，我们可以见到的是"讳芳罗"三个字在左，"胜徐"两个字在右，夹着中榜正中一个"伯"字，在"伯"底下距开一个字的空格后还有"先生神位"四字。按一般对神主的格式要求，这样的写法，徐胜伯与罗芳伯应当是两个人，而"伯"字也不是他们的名字的一部分，应当是对大家认为德高望重的长辈的一种尊称。

我们看许云樵引用的《兰芳公司历代年册》，里头兰芳历代总长由罗芳伯起依次是江茂伯、阙四伯、宋插伯、刘台二、古六伯，而古六伯前后那些在后人评价中带有瑕疵而且贡献不大的，名字后就少了个"伯"字。② 在和西婆相距了南中国海的马来西亚森美兰州惠州会馆，其先辈任甲必丹之创设人吴长伯、邓佑伯、黄三伯，也都人人名后拖个"伯"字。再看马来西亚一些客家地区过去以来流行在担任乡长的长辈名字后加个"伯"字尊称，因此，南洋客家曾有此尊重长辈的美德习俗，也是不争的事实。一般族谱，本族平辈的命名是第一字论排行辈分，要说他们父母命名时都替他们在名字尾加个叫起来会乱了辈分的"伯"字，在讲究辈分的时代似乎难以想象。即使个别人真有此事，但凡名"伯"不是总长就是甲必丹，可

---

① 王琛发：《惠州人与森美兰》，森美兰：惠州会馆，2002 年，第 91 页。

② 王琛发：《客家尊卑姻亲的称谓》，载《槟榔屿客属公会 40 周年纪念刊》，槟城：客属公会，1979 年，第 544 页。

能也太巧了。因此，虽然也有从后来的墓碑说"罗芳柏"是其原名，但若伦乐的神位是由西婆罗芳伯系统的忠实残部在1890年之前拼死护送到伦乐重新立庙供奉，论年代以及论文物背后的历史脉络，当取房的说法："它的写法是'讳芳罗'，这是完全的正确。"

我们再看客家人的习俗里，对朋友的祖父、祖父的朋友、祖父的同庚，以及换帖兄弟的祖父都称太老伯，对朋友、换帖兄弟的父亲、父亲的朋友文雅则称为伯台。因此，可以说"太伯""伯"原本都是旧式社会极通用的。只不过，这几位"伯"的历史事迹，毕竟难以考证。伦乐忠臣庙的神主之中，也许其中一位即是渡河越岭到伦乐的领导，又或当地的开拓头领，这就有待有心人进一步对照当地、荷兰、西婆官方或民间所能留存的文献。如此便有可能重整一部在枪林弹雨中背着神主牌过河的辛酸史。①

至于"先生"尊称，令人想到了天地会称呼"陈近南先生"的传统。由此可见，这毕竟是一个群体对他们本身方才拥有的历史人物的纪念，而这记忆是从别处带来的。最初成立忠臣庙的意识，毕竟不是面向大众，而是为了自己人安定下来，寻找一处凝聚历史记忆的空间。黄光明谈到其高祖父撤退的历史，是在后有追兵的滂沱大雨中编竹筏，队伍带着渡河的两箱黄金也只能沉在河底，当时大家祭拜天地祝愿"有一天中国人的势力能伸展到三发时，希望这两担黄金会浮起来"，许多分批渡河的人员来不及渡河就丧命当场。这虽不是描写兰芳残部的事迹，但相信逃亡者的命运总是一般。1890年的历史，从西婆延伸到砂劳越，留下的是一间忠臣庙，祭祀着比1890年更早一个世纪的人物，以及一些继承他的已不能清楚其生平的后继古人的灵位，这个人物又比相传早在130～150年前开埠的伦乐历史更早了一个世纪。这是一间由外来变成本土的英烈祠，它拜的是一个人，然而这个人本该是邻国长期历史的象征。当史家们继续讨论兰芳"共和国"的辉煌历史时，是否也应重温它失败的原因？尤其是最后那段刘生父子之间父传子、子死再传父的历史时代。正是在这个人的时代，一段华人在海外"立国"的神话结束，其先烈祠也走到边境的另一片土地上才安顿下来。② 兰芳公司的历史句号，或许竟不该是划在坤甸，而是停留在砂劳越的这个面临加央河、背着加宁山的小地方。

---

① 许云樵说，兰芳大总制案卷未于荷兰人搜刮者，多存于后来居住印尼棉兰的刘生子刘恩官处，刘恩官即后来清廷驻槟榔屿副领事张煜南妻舅。

② 小时听父老言，客家人在作永久而又长期跋涉的集体迁移时，会把先人牌位背负在后，是代表承担以及不忍先人神位在集体离去后无人供奉。又有说，这也是为了在山区走动和战斗的方便。

李欣祥《西加里曼丹考察》^① 兰芳公司新史料

《芳翁懿行像赞》作者郑如塽，乾隆三十六年（1771）辛卯科广东乡试举人，家住嘉应州石扇堡东部的中心约，与大岭约罗氏有姻亲，年龄比罗芳伯略小。这篇像赞是写给罗芳伯家族的，直到1937年才由石扇人肖肇川在罗氏家谱中发现，后载入他撰写的《罗芳伯传略》中，以油印本刊出流传于世。

嘉应州松口堡人张煜南（榕轩）、张鸿南（耀轩）兄弟作为捐修人参与1898年《嘉应州志》编修之事。张煜南之妻刘葵英为刘阿生之女。

肖肇川《罗芳伯传略》为未刊稿，成文时间约在1937年前后，1941年作者将其油印分送，在梅县流传甚广，至今尤有藏者。罗香林《西婆罗洲罗芳伯等所建共和国考》附记的英文提要，李欣祥将其译为中文。

邝国祥、林云谷、李学勤、罗英祥等人有研究兰芳公司的文章。大港公司的首领 tiang ping 可能是福佬话张平的发音，这个提法很好。研究者赴坤甸考察时，搜集到民间有"罗芳伯于乌山象嘴登岸"之说，坤甸新埠头伯公沟华族老人谢官友称，马来人传说罗芳伯与七个兄弟乘船在乌山附近的象嘴登岸。乌山在淡水港一带，靠近笏黎里和米仓，虽然象嘴的确切地点已无人知晓，但仍属坤甸县所辖。

登岸之后，见到一家唐人娶新媳妇却愁眉苦脸，一问才知本地人有个山寨主叫刘乾相，横行祸害乡民，所有娶亲者都要把新娘子送到他那里一夜后才能回来。八个兄弟闻言大怒，化装成轿夫，抬着新娘子混进刘乾相的山寨，半夜起事，为一方除害。

石扇民间传说罗芳伯少年时代敢作敢为，十六岁那年曾将本乡最高峰之"帽山公王"的神位搬移至大岭约罗屋背后之矮寨子供奉。《年册》云：其里居为石扇堡，水口有神坛一座。据查石扇水口确有神坛一座，人称"红宫子"，供奉观音和社官，红宫前峡谷深潭，两岸巉岩高耸，一个隘口宽仅百尺，石扇河急流穿峡而过，河床上一片巨石横卧水中，展开如屏，

---

① 根据李欣祥的博客和专著整理而成。

此即石扇得名之处。

据谢官友说，江北新埠头一带最初是苏丹领土，后因罗芳伯助其平乱，苏丹将江北地方割让给兰芳公司，与公司隔江分治。兰芳公司在新埠头设立副厅，派驻官员。罗芳伯及后来的大哥往来坤甸时亦在此居住，故而又称行宫。刘阿生也是在这里辞世的。

新埠头副厅在刘台二时期改名为兰芳公馆，后毁于战火，后由华人谢官友主持改建为罗芳伯庙。庙前街边有一根残旧的赤铁木旗杆夹，约剩五尺高，身有二孔，表面斑驳陆离，据说仍是二百多年前罗芳伯之遗物。新埠头罗芳伯庙前行至万喇河边，当年罗芳伯祭鳄就发生在这里。

新埠头号罗芳伯庙隔万喇河的对岸为王府肚（即刘焕然所说的苏丹区），当年罗芳伯曾率众在王府肚开凿一条数丈宽数里长的人工运河，以便直达王宫，后人称此运河为伯公沟。每年农历二月初九为罗芳伯诞辰。西婆都有祭祀活动，番人也会参加，已成为一个宗教节日。

淡水港兰芳公馆，也是纪念罗芳伯的。庙门外有一根赤铁木旗杆，高约十米，四周围以木栅栏，旗杆下设有祭台和香炉。据庙祝介绍，此为当年兰芳副厅遗物。细看底座夹木，隐约有"清同治十年辛未□□□"和"总口兰芳公司□□"的字样①，说明此旗杆立于刘阿生执政时期。

据坤甸华族老人说，民间传说罗芳伯去世后，出殡时连八个抬棺人都杀掉，且有疑冢九处，不知哪个是真冢。也有传说罗芳伯墓中是"金打棺材银打盖"，陪葬有许多金银财宝。

据陪同李欣祥考察的罗耀祥先生说，十多年前他也曾陪同万隆罗观汉先生来东万律祭拜罗芳伯墓，顺道考察了兰芳总厅遗址，在瓦砾中翻寻时竟意外寻得一破木匾，带回坤甸找人修复，现存于坤甸罗氏豫章公所。木匾宽约两尺，高约六尺，厚约三寸，由沉重的赤铁木制成，下端被固定在一块硬木底座上，中央竖排"气贯九重"四个行书大字。可惜未按修旧如旧的原则，修整后成为一块新匾，没有题款和时间。

刘阿生的族谱——民国三年（1914）所修《凤岭刘氏族谱》：十五世善亨公讳师锡，为清朝增生，生三子，次子为应台；十六世应台公讳耀南，号寿山，资政大夫，谥友睦畅毅，妣吴氏、邓氏。生三子：长捷元，次捷礼，三恩官。应台后附有小传：公少有大志，壮游婆罗洲，以信义重于侨民，被举为首领，初公未就职时，群夷皆叛。逮公为首领后，开诚布公，恩威兼济，于是群夷慑服，执挚贡献者数十部，故华夷至今犹有讴

---

① 模糊不清的字用方框表示。

颂。捷元，貤赠资政大夫，捷礼，貤赠资政大夫；三子恩官，名奉璋，号碧莪，诰封资政大夫，配谢氏，生子水兴。

梅县梅南镇坝心里江屋的江通巨老人口述史料——《江大刀的传说》：据说上代曾有一位武功极好的前辈，使一柄大刀，可敌五六人围攻，绰号叫作江大刀，双手戴皮套，各挽一顶大竹笠，可飞身跃过两丈阔的山坑。一次晚间回家，在路口遇到老虎，竟将老虎打死。

刘阿生挽救了数万同胞的身家性命，与荷兰人的妥协或许有无奈和权衡利弊的考虑，不能拿今天的道德原则苛求古人。大总制是罗芳伯以来的公司大哥的官衔称谓。据《嘉应州志》载吧城博物馆有"兰芳大总制衔牌"，而《嘉应州志》的参修者张煜南是兰芳公司末代大哥刘阿生之婿，他应知道兰芳公司后期的史实。华人与西婆罗洲的关系：18 世纪的西婆罗洲，除了原住民达雅克人之外，马来人、华人、荷兰人都是后来者。

马来人在沿海地区建立了二十多个小国，既然晚于达雅克人、早于华人到达的马来人可以算是西婆罗洲的主人，为什么晚于马来人、早于荷兰人到达的华人就不能算是主人呢？那些认为（华人）"向马来人、达雅克人提出主权要求是无稽之谈"的说法，听起来似乎颇有君子之风，细想却未免有点书生气，试问今天谁会以反客为主来谴责美国、加拿大、澳大利亚呢？

兰芳诸公司是否为共和国的争论产生的原因之一是对"共和国"的标准的理解有差异。赞成者的理由是"执政者不是终身制的个人独裁""政府在一定范围内行使管治职权"；反对者的理由是必须要由土著居民而不是外来者选举领袖、要有立法、行政、司法机构，要有宪法、法典，要有常备军、海关和外交使团等。

《美理哥合省国志略》极有意思。据竹林勋雄的说法，马来人到达西婆罗洲，始于 13 世纪。他们主要不从马来半岛来，而是从爪哇来。罗芳伯为了科举考试而学习古典文学和诗词——明清八股取士，古典文学不是其考查重点，写成为了科举考试而学习儒家经典及古典诗文或许更妥当一些。

1854 年兰芳公司终于成为荷属东印度的附庸——应在 1824 年刘台二被封为甲太时，就已失去独立地位。郑如埙《像赞》不当作于 1785 年前后。罗芳伯 1795 年去世，生时或不当有像赞；1785 年时只有 48 岁，也不当称翁。

《尚书·大诰》应引原文：厥子乃弗肯堂，矧肯构。将《兰芳公司历代年册》撰作之年定为 1856 年，除了《年册》记事终于此年之外，似乎没有什么依据。范·斯切特，未见此人，或许就是施好古吧。Fober 会不会是 Schets van Montrado in 1861 的作者 FABER，M. von 的误写。

霍夫曼、邝国祥、林云谷、李学勤的文章没看过。运到荷兰去的是"吧城华人公馆资料"，应与兰芳公司没有什么关系。甲必丹的出处不是英语，最早是葡萄牙语，婆罗洲的甲必丹应是荷兰人设立的。第 73 页的之首，或许是元首。

大港公司并非以农业种植为主，和顺联盟也不成立于 1825 年，而是成立于 1776 年，比兰芳公司早一年。长岗新治郎、易仲廷等人都认为有兰芳会，资料出自 S. H. Schaank：*De kongsis van Montrado*。

阙四伯卒于 1803 年，为嘉庆八年。若宣英公于道光年间捐资，则不当为阙四伯。205 页误哇字为洼。206 页，山猪打崖，而不是猪打崖。

达雅人，一般译为达雅克人。番婆放钢头，一般作降头。

易仲廷《鹿特丹民族博物馆藏西婆罗洲及邦加岛华人公司钱币》

　　虽然发表时间早在十多年前，但是内容涉及的领域独特，至今仍不为华语地区一般钱币收集爱好者所知。所幸2005年由作者易仲廷先生征得皇家钱币学会同意提供原文，在俄罗斯学者 Vladimir Belyaev 先生主持的东方钱币数据库网站（ZENO. RU）上公开，终于使得久藏深闺的美文能够广为人知。

　　译者对东南亚华人的历史货币心仪已久，征得易仲廷先生同意将此文译为中文，以供华语圈各位泉友参考。本文所述"公司"并非今日一般意义之公司，而是当时南洋华人的一种自治性组织。关于西婆罗洲华人公司研究的中文资料，早有梁启超先生《中国殖民八大伟人传》，近有福州大学西观藏书楼袁冰凌博士翻译的 J. J. M. de Groot 著《婆罗洲华人公司制度》，可供各位读者参考。虽然对西婆罗洲华人公司的性质各家见解并不一致，但是关于西婆罗洲华人公司的历史至少我们可以通过本文知道得更多一点，这总是一件幸事。虽然不在本文的讨论范围之内，推而广之到沙捞越，与三条沟公司关系密切的刘善邦等人所组的义兴公司（后改称十二公司）、引进自西婆罗洲的新屋公司和十五分公司是否将西婆罗洲的钱币带到沙捞越，又或是他们在沙捞越有铸币的可能性，也是很有意思的课题。希望本文的翻译能够推动这方面的研究。本文地名的中译尽可能采用当时华人对地名的称谓，部分采用目前当地华人的叫法，一小部分无法找到相应中文译名的地名保留了原文。①

历史背景

　　在18和19世纪，中国移民特别是来自中国南方的客家移民来到荷属

---

① 原文由李骏译成中文后发表于《亚洲钱币》2007年第1期；英文版最初发表于英国皇家钱币学会志《钱币年鉴》1984年第153期，第171－196页。

东印度，参与到邦加岛锡矿及婆罗洲西部沿海金矿的开采当中。他们维持着自己的风俗习惯，在各自的村庄中生活逐渐安定，并自发地组织成若干称为"公司"的政治性组织。19 世纪，其中的一些公司基于传统的中国钱币样式发行了他们自己的货币，这些钱币就是本文要讨论的对象。

历史上关于邦加岛华人的记载甚少，大约在 1720 年前后华人开始在邦加西部沿海地区大规模采矿，1750 年到 1780 年之间的几十年是扩展最迅速的时期。① Millies 引用的一份 1821 年的英国报告中提及公司头领有发行锡质硬币，这说明至少在当时从属于旧港苏丹的邦加华人有制造硬币的活动。根据 Netscher 及 J. A. van der Chijs 的说法，② 不仅是采矿的华人团体发行了锡质硬币，中国商人也有发行。尽管 19 世纪中叶的华荷战争期间很多原始资料被损毁，我们仍有不少关于婆罗洲西部沿海的华人公司的资料。例如，东万律地区兰芳公司的历史档案保存了下来并得到翻译，其中的《兰芳公司历代年册》说明了罗芳伯（1777—1795）为兰芳公司的第一任头领。

婆罗洲港口譬如文莱、三发和南吧哇，在 16 世纪欧洲人到来之前很久就已经与中国南方发生商业往来，中国钱币的发现也证实了这一点。③ 在 18 世纪 40 年代南吧哇的巴能帕汉邀请了华人从文莱来到打劳鹿地区的百演武开采金矿，在打劳鹿附近发现的华人墓碑最早为乾隆十年（1745）。在东万律河上游的南部地区也开始了开采，大约 1760 年前后，应三发苏丹奥马尔·阿加慕汀的邀请，在更加靠近内陆的 Teraja 河附近的拉腊也建立了一个华人金矿开采点。④ 关于财富的传言导致了 18 世纪 60 年代和 70 年代更多华人的流入。在 18 世纪 70 年代早期的西婆罗洲可以划分出三个主要采矿区域，包括大约 37 个独立的采矿组织：1 个在东万律地区，12 个在拉腊地区，24 个在打劳鹿地区。

中国移民不仅介入了采矿业，而且也投入到粮食生产和对矿工的支持产业中。这些移民在大约 1770 年前后在东万律附近组成了两个农业联合会——天地会和兰芳会。1772 年到 1774 年在两者之间发生了战争，结果兰芳会败走他处。而天地会越来越滥用其独占地位，特别是在大米的生产上。过去被联合在很多个称为"会"或者"山沙"的小组织中的矿工们开

237

① 杰卡逊：《18 世纪邦加岛的矿业》，《太平洋观点》1969 年第 10 期，第 28 - 54 页。

② E. Netscher and J. A. van der Chijs：《荷属东印度钱币》，1864，VBG 31。

③ T. Harrisson and B. Harrisson：《文莱的石堡》，《沙捞越博物馆杂志》1956 年第 7 期，第 283 - 319 页。

④ 杰卡逊：《西婆罗洲金矿地域的华人》，赫尔大学地理论文，1970 年第 15 卷。

始组织成更大的组织而称为"公司"。在兰芳会失败之时打劳鹿附近有 14
个公司，这些公司向天地会宣战并于 1775 年在王梨崀击败天地会，他们部
分出逃到巴亨而残余的幸存者被各公司瓜分。

在 1776 年打劳鹿附近的 14 个华人采矿公司（大港、老八分、九分头、
十三分、结连、新八分、三条沟、满和、新屋、坑尾、十五分、泰和、老
十分、十二分）结盟成立了一个联盟称为和顺总厅。不久之后，拉腊附近
的华人组织成了 7 个公司（元和、赞和、应和、惠和、升和、双和和下
屋），他们之后与打劳鹿的公司建立了紧密的关系。类似地，兰芳公司也
在东万律的金矿地区组织起来。表 1 总结了各公司的名称。

表1　西婆罗洲各公司的名称总结

	客家话发音	韦氏拼音	汉语拼音	
打劳鹿地区				
*1	Thai – kong	T'ai – kang	Da – gang	大港
2	Lo – pat – foen	Lao – pa – fen	Lao – ba – fen	老八分
3	Kioe – foen – theoe	Chiu – fen – t'ou	Jiu – fen – tou	九分头
4	Sjip – sam – foen	Shih – san – fen	Shi – san – fen	十三分
5	Kiet – lien	Chieh – lien	Jie – lian	结连
6	Sin – pat – foen	Hsin – ba – fen	Xin – ba – fen	新八分
*7	Sam – thiao – keou	San – t'iao – kou	San – tiao – gou	三条沟
8	Man – fo	Man – ho	Man – he	满和
9	Sin – woek	Hsin – wu	Xin – wu	新屋
10	Hang – moei	K'eng – wei	Keng – wei	坑尾
*11	Sjip – ng – foen	Shih – wu – fen	Shi – wu – fen	十五分
12	Thai – fo	T'ai – ho	Tai – he	泰和
13	Lo – sjip – foen	Lao – shih – fen	Lao – shi – fen	老十分
14	Sjip – ngi – foen	Shih – erh – fen	Shi – er – fen	十二分
*15	Fo – sjoen（联盟）	Ho – shun	He – shun	和顺
乌乐地区				
16	Lim – tian	Lin – t'ien	Lin – tian	霖田
拉腊地区				
17	Njan – fo	Yuan – ho	Yuan – he	元和

（续上表）

	客家话发音	韦氏拼音	汉语拼音	
18	Tshan – fo	Tsan – ho	Zan – he	赞和
19	Djin – fo	Ying – ho	Ying – he	应和
20	Foei – fo	Hui – ho	Hui – he	惠和
21	Sjin – fo	Sheng – ho	Sheng – he	升和
22	Soeng – fo	Shuang – ho	Shuang – he	双和
23	Ha – woek	Hsia – wu	Xia – wu	下屋
	东万律地区			
24	Lan – fong	Lan – fang	Lan – fang	兰芳

注：有 * 标记的公司名称曾出现在钱币上。

在黄金储量仍然丰富的时候，各公司之间基本没有出现争执。然而，在18世纪末黄金储量出现了耗尽的征兆，围绕着采矿水车所需用水的冲突也变得频繁，这导致了较小的公司的解散和迁移。大约在1808年和顺联盟从最初的14个公司减少到只剩下7个：大港、满和、新屋、十五分、泰和、坑尾和三条沟（表2）。在1819年初大港和三条沟之间为了争夺盟主的地位而发生对抗，导致后者及其盟友十五分和泰和的退盟。他们转移到Selakau河北部，三条沟定首府于西宜宜而十五分定首府于炉末。和顺联盟就只剩下4个公司。

表2　打劳鹿地区和顺公司联盟的构成（1776—1854）

1776—1807	1808—1822	1822—1837	1850—1854
大港	大港	大港	大港（1854年6月12日被击败）
坑尾	坑尾	坑尾（1837年被击败）	
新屋	新屋	新屋（1837年被击败）	
满和	满和	满和（1830年迁离）	

（续上表）

1776—1807	1808—1822	1822—1837	1850—1854
泰和	泰和（1822年迁离）		
十五分	十五分（1822年迁离）		十五分（1854年6月12日被击败）
三条沟	三条沟（1822年迁离）		
老八分（1808年被击败）			
九分头（1808年被击败）			
十三分（1808年被击败）			
结连（1807年被击败）			
新八分（1808年被击败）			
老十四分（1807年被击败）			
十二分（1808年被击败）			
			霖田（1854年6月12日被击败）

    Temminck 给出了19世纪40年代三个集团武装力量的大致数字：大港能动员 10 000 人的武装、兰芳是 6 000 人而三条沟是 5 000 人。在荷兰控制力最小的所谓忽略期（1825—1847）大港继续吸收和消灭着它的敌手。满和公司离开了打劳鹿地区迁移到万邦。在发现坑尾、新屋与三条沟共谋反对大港之后，大港在 1837 年 10 月 8 日解散了这些公司，使得大港公司与和顺联盟成为同义词，直到 1845 年大港公司都掌握着打劳鹿的绝对权利。坑尾公司和新屋公司的一些成员分别向东移居到 Tajan 或向北移居到

240

沙捞越。^①

1849 年荷属婆罗洲被重组为三个分区，荷兰人开始强迫打劳鹿金矿地域居于其直接管理下。1850 年炉末的十五分公司和乌乐的霖田公司被迫加入和顺联盟，联合大港试图从三发地区把荷兰人赶走。三条沟支持荷兰人，但是 1850 年 10 月他们的整个领土都被大港所占据，西宜宜的住民被驱散而沿海邦加岛的住民则出逃到沙捞越。在荷兰援军到达之后，大港投降并接受了荷兰控制。^② 但是，小的冲突仍在继续，随后 1853 年荷兰政府正式对打劳鹿宣战。这场战争在 1854 年 7 月 25 日以大港公司的投降结束。兰芳公司在其头领刘阿生的带领下在战争期间保持中立，以此保护了它的独立。但是，随着刘阿生在 1884 年 9 月去世，荷兰人试图接管兰芳公司。因此发生的起义被军事镇压之后，兰芳公司也被置于荷兰政府的直接统治之下。

华人公司货币

关于前荷属东印度的华人公司货币的出版物很少，实际上仅有的是 19 世纪 Millies 和 Netscher 与 van der Chijs 的两本著作。^③ 后者更早些，基于巴达维亚艺术和科学学会的藏品现在保存在雅加达的印尼国家博物馆中。今天共有大约 200 枚锡或铅锡合金的西婆罗洲和邦加岛的硬币有记录可查。其中的大多数来自婆罗洲并且是以下面的五个公司的名义发行：打劳鹿地区的大港、三条沟、十五分，乌乐地区的霖田，拉腊地区的元和。前四个收录于此地出版的民族博物馆藏品集中，第五个由 Stephanik 在阿姆斯特丹州博物馆藏品目录中有所描述，其中提及二枚面值为十的没有中央方孔而有名为元和公司的戳记。不幸地，1904 年这个藏品集已被售出而目前这两枚硬币已然下落不明。令人惊讶的是，东万律金矿地区的兰芳公司的硬币目前尚无发现。部分婆罗洲钱币不记公司名称而是有其他面文。EM 藏品集中的二枚（第 20 和 21 号）仅有和顺联盟的面文，或许是在大港公司获得控制权之前发行的。另外三种（第 27～31 号）有成语面文或许是赌博用筹码。

从 1860 年 3 月 3 日的一次 BSAS 会议记录来推断，在 1860 年之前对 BSAS 来说邦加岛的锡质硬币明显是未知的。一位邦加岛的居民 J. R. van

① S. H. Schaank：《打劳鹿的公司情况》，TBG 34（1893），第 498－612 页。

② E. Doty and W. J. Pohlman：《1838 年秋从三发经打劳鹿到坤甸及邻近的华人和达雅克人居民点的婆罗洲旅程》，《中国知识库》1839 年第 8 期，第 283－310 页。

③ P. J. Veth：《婆罗洲西部》，沙波梅尔，1854 年。

den Bossche 先生被请求提供关于岛上流通着锡质"钱"传言的信息，同时还一并被要求提供一些样本给 BSAS 藏品集。① 于是六个样本被寄到 BSAS。Millies 和 Netscher 与 J. A. van der Chijs 的作品中都记录了比婆罗洲更多的邦加岛硬币（在 Millies 中分别为 18 个与 4 个，而在 Netscher 与 J. A. van der Chijs 那里分别为 10 个和 4 个）。② 尽管如此，如今邦加岛硬币在收藏品中更加罕见。在 EM 藏品集中有两个样品：其一的面文指矿名（第 33 号），而另一个的面文是政治口号（第 32 号）。在俄罗斯冬宫博物馆有一枚邦加岛硬币，其正面为"公司"，而背面为"顺兴"。

在 1854 年也就是大港公司被最终击败的那一年，Netscher 的作品中提及大港公司和十五分公司的两个样本，这是最早被提及的婆罗洲公司硬币。更加早期对公司地域的访问者如 1838 年的传教士 Doty 和 Pohlman 并未提及锡质硬币的流通。如同传统的中国制钱一样，公司硬币并不标有日期。因此无法给他们以确切的日期。其可能的发行时期只能从钱币上标明的公司在历史上的活动来推断。据此，EM 藏品集中的面文为和顺公司的两枚（第 20~21 号），大概发行于 1838 年大港公司掌握和顺公司主导权之前。在后述目录中的某些样本（第 22~24，27，33 号）有可能是在 19 世纪初制造的，或者甚至可能是在 18 世纪末。③

还有一些在 Millies 和 Netscher 及 van der Chijs 中并未提及的相关钱币。Lockhart 在其 Glover 藏品集的描述中在"待考品"条目下提及四枚硬币（第 1238–1241 号），背面都是满文"宝济"的镜像，而正面分别为大港公司、三条沟公司、霖田公司和十五分公司。他认为这些是由私人公司发行的代用币而且错误地将十五分公司翻译成"五十分公司"。这些钱币很明显是在中国收集的。其来源和发行日不明。理论上，也许是由因为一些未知的原因在婆罗洲的金矿挣得足够资本后回国的中国人发行的。值得注意的是 Singh 也图录了两个样本，其正面文字分别为大港公司和霖田公司，而背面是满文"宝济"，但这次是正确的。他将它们定为马来亚丁加奴发行的，并将发行期间定为 1877—1895 年。这两个样本很明显与婆罗洲的类似样本不同而有着更加大的重量，大约 23 克。但是，这些被认为的丁加奴钱币在 Shaw 和 Ali 的吉隆坡的马来西亚国家博物馆的 jokoh 藏品的描述中

① C. J. Temminck：《荷属东印度群岛概览》（第 2 卷），莱顿，1847 年。
② Bsas 的 1873 年 11 月 4 日会议记录，由坤甸的 P. D. Vreede 先生捐献西班牙银币的切割币，NBG（1874），第 140 页。
③ E. B. Kielstra：《婆罗洲西部地区历史的投稿》，《东印度手册》1889 年第 11 期，第 342–343 页。

并无提及。它们也许是经由贸易到达了马来西亚，因为众所周知婆罗洲公司从新加坡和马来西亚大规模进口供应品。荷兰人在与公司的战争中所采取的第一个行动就是封锁沿海和三发河。①

各种各样的硬币在公司区域流通，包括荷兰盾和 duit，以及几种银圆（双柱、玛丽亚特里莎银圆等），这些银圆可以切成 1/2，1/4，1/8 甚至 1/16 以供零用。普通的中国铜钱同样也在流通。② 本地的锡质或铅锡合金的硬币称为"锡头"的也有各种规格，最初可价值 5 duit，但之后其价值跌落到 2 duit。打劳鹿的一位前管理员 Schaank 报告称从 1819 年到 1854 年大港、霖田、十五分和三条沟的锡质或铅锡合金硬币以两种面值流通分别为 1 个和 2 个 duit。根据中国人的说明，较小的是伪造，据称系以茶的包装材料熔铸。同样根据 Schaank 的描述，公司只在新年之前铸造其硬币。Kielstra 提及锡质硬币的流通额相当于 12 000 荷兰弗罗林，并且在 1850 年战争以后大量含铅较多的假的大港公司硬币被投入流通。他估计包括官方的和非官方的这些钱币共计大约 40 000 荷兰弗罗林，按照上面引用的兑换率换算大约相当于 800 000 枚。③

后述 X 射线荧光分析显示，公司钱币在金属构成上有相当大的不同。婆罗洲的钱币实质是铅锡合金或铅，而那些少量的来自富含锡矿的邦加岛的钱币则正如估计的那样含有更多的锡。因为较轻的大港钱币的金属构成比更重的更加一致（很明显铅锡比例均衡），很难认为它们是伪造的。总的来说，公司硬币的铸造质量是不太好的，所用的金属原料经常不能填满模具。Netscher 及 J. A. van der Chijs 图录了一个相当原始的模具，在一个木制框架中由铅制成可铸造三枚硬币的模具。在公司最终屈服于荷兰人之后，这些硬币很显然被大规模熔毁用作茶壶和酒罐。因此，现在这些硬币非常罕见，币商几乎没有出售。

243

表 3 总结了已知的存世公司钱币的数量和种类。可以看到很明显鹿特丹民族博物馆的收藏大量而且品种丰富。包括属于莱顿的皇家钱币收藏柜的七枚硬币的小收藏，1970 年也被寄存在民族博物馆。圣彼得堡的俄罗斯冬宫博物馆里有八枚，七枚婆罗洲的和一枚邦加岛的。与民族博物馆的大港硬币相同，冬宫的六枚大港样本可以分为轻的和重的（重量范围从 6.4

---

① H. C. Millies：《东印度群岛和马来半岛本土货币的研究》，海牙，1871 年。

② P. M. van Meeteren Brouwer：《1740—1926 婆罗洲西部华人地区的历史》，《东印度手册》1927 年第 2 期，第 1057 – 1100 页。

③ R. Wicks：《东南亚本土钱币概览》，康奈尔大学博士论文，1983 年。R. Jenkins and J. L. de Vries：《实用 X 射线分光学》，施普林格，纽约，1975 年。

到 13.9 克）。在伦敦的大英博物馆和巴黎的法国国家图书馆没有相关样本。阿姆斯特丹的皇家历史协会有两个样本，雅加达的印尼国家博物馆藏有前 BSAS 收藏（数字不为人所知），最近在阿纳姆的荷属东印度军队博物馆发现的一个包括约 100 枚都是大港公司的收藏，即将另行出版。此外，有部分荷兰的私人收藏中也有一些公司钱币。

表 3　已知公司钱币的总结

币文正面/背面	Millies	Netscher/v. d. Chijs	EM ∗	H ∗	总计
婆罗洲					
大港公司/和顺	5（M259）★	1（N247）	19	6	31abc §
和顺公司/满文 ‖	–	–	1	–	1
和顺公司/光背	–	–	1	–	1
霖田公司/正立	3（M260）	1（N249）	2	–	6d
霖田公司/满文	–	–	1	–	1
十五分公司/利用	1（M262）	1（N248）	2	1	5
三条沟公司/正立	1（M261）	1（N250）	–	–	2e
公平交易/虎 ‖	–	–	2	–	2
一本万利/满文	–	–	2	–	2
永兴合利/满文 ‖	–	–	1	–	1
总计	10	4	31	7	52
邦加岛					
京兆/通用	1（M215）	–	1	–	2
清风明日/古今	1（M222）	1（N235）	1	–	3a
公司/顺兴	1（M219）	1（N234）	–	1	1

注：∗EM，鹿特丹民族博物馆。

　　∗H，圣彼得堡冬宫博物馆。

　　★括号中的数字（M 和 N）分别指的是 Millies 和 Netscher/v. d. Chijs 书中的编号，这种情况下数字 1 是指上述书中只列了 1 枚的图而并无确切存世数量，实际数量有可能大于 1。

　　§简称：a. 有 1 枚在荷兰私人收藏中未列入；b. 约 100 枚在荷属东印度军队博物馆且约 20 枚在作者私人收藏中未列入；c. 有 2 枚在阿姆斯特丹皇家历史学会收藏中未列入；d. 有 1 枚在 Mr. Barrett（Canada）私人收藏中未列入；e. 有 1 枚在作者私人收藏中未列入。

　　‖雅加达的印尼国家博物馆承认和顺/宝桂、公平/交易以及永兴合利的存在。

民族博物馆藏品中的 33 枚婆罗洲和邦加岛的公司钱币将在下面详述，

并且其中的 30 枚将以线描（大约 1 : 1 比例）图示，其中的一部分的彩色照片展示在插图中。这些硬币多数是在 1955 年由博物馆以"永久借用"方式从 W. van Rede（1880—1953）的藏品中获得。他是一位钱币学家，在 20 世纪 20 年代和 30 年代从阿姆斯特丹的 J. Schulman 拍卖购得这些公司钱币。这些钱币原本的出处则不为人所知。

大港公司（第 1~19 号）

正面　大港公司

背面　和顺

1. 重量：15.66 克　直径：32.0 毫米　厚度：5.0 毫米　两枚钱币叠压在一起（参见 19 号）　保管编号 3336（Rede 藏品集）

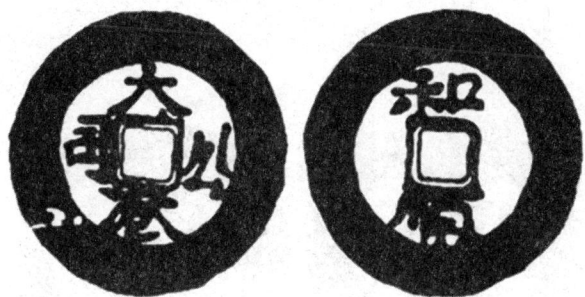

2. 重量：14.28 克　直径：31.2 毫米　厚度：2.7 毫米　保管编号 3340（Rede 藏品集）

3. 重量：14.60 克　直径：32.9 毫米　厚度：2.9 毫米　保管编号 13963（莱顿皇家钱币收藏柜 KPK 保管编号 11669　购于 1890 年）

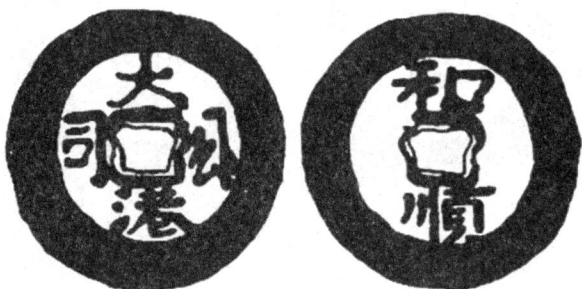

4. 重量：15.50 克　直径：32.9 毫米　厚度：2.3 毫米　保管编号 13966（莱顿皇家钱币收藏柜 KPK 保管编号 11667　捐献于 1897 – 162）

5. 重量：15.01 克　直径：29.6 毫米　厚度：3.2 毫米　保管编号 13967（莱顿皇家钱币收藏柜 KPK 保管编号 11670　得自莱顿 Akad.　收藏柜入藏早于 1881 年）

6. 重量：8.08 克　直径：29.6 毫米　厚度：2.2 毫米　保管编号 3328（Rede 藏品集）

7. 重量：10.71 克　直径：30.7 毫米　厚度：3.0 毫米　保管编号 3330（Rede 藏品集）

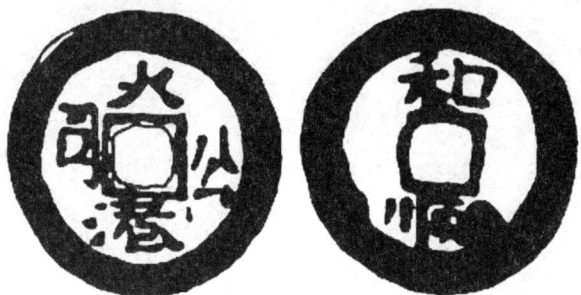

8. 重量：15.06 克　直径：29.7 毫米　厚度：3.0 毫米　保管编号 3331（Rede 藏品集）

9. 重量：11.68 克　直径：30.9 毫米　厚度：2.3 毫米　保管编号 3333（Rede 藏品集）

10. 重量：7.95 克　直径：27.5 毫米　厚度：2.0 毫米　保管编号 3332（Rede 藏品集）（插图 1）

11. 重量：12.38 克　直径：31.8 毫米　厚度：2.6 毫米　保管编号 3334（Rede 藏品集）

12. 重量：6.82 克　直径：25.6 毫米　厚度：2.3 毫米　保管编号 13968（莱顿皇家钱币收藏柜 KPK 保管编号 11671）

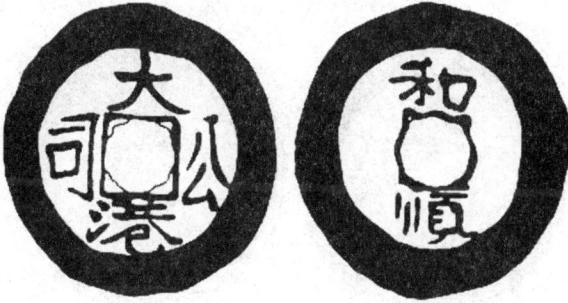

13. 重量：6.84 克　直径：30.7 毫米　厚度：2.0 毫米　保管编号 3324（Rede 藏品集）

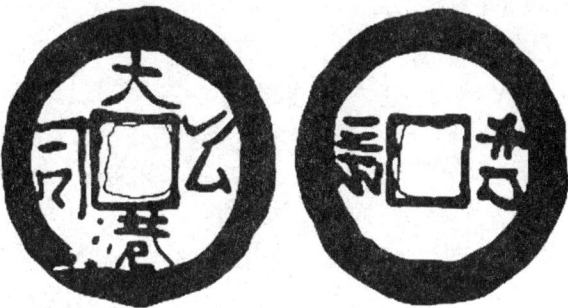

14. 重量：6.00 克　直径：29.7 毫米　厚度：1.8 毫米　保管编号 3329（Rede 藏品集）

15. 重量：7.62 克　直径：32.0 毫米　厚度：2.1 毫米　保管编号 3326（Rede 藏品集）

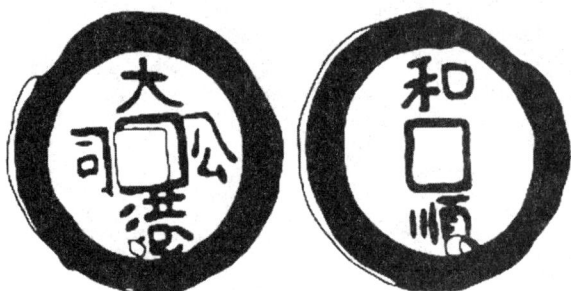

16. 重量：6.33 克　直径：30.7 毫米　厚度：1.6 毫米　保管编号 3325（Rede 藏品集）

17. 重量：14.08 克　直径：33.0 毫米　厚度：2.1 毫米　保管编号 3323　无图版（Rede 藏品集）

18. 重量：7.00 克　直径：32.0 毫米　厚度：1.1 毫米　保管编号 3327　无图版（Rede 藏品集）

19. 参见 1 号（此编号指的是叠压在一起的两枚钱币中的第二枚）

这些正面文字为大港公司背面文字为和顺的钱币主要来自 EM 藏品集。共计 19 枚（三枚未收图），它们的重量分别从 6.00 到 15.66 克，直径分别从 25.6 到 32.9 毫米。可能重量上的区别代表着两种面值，分别价值 5 和 10 枚制钱。直径最小的样本（第 12 号）看上去被压得很厉害。两个小标记的存在说明它曾被作为垂饰使用。较重的一枚（第 1 号）的 5.0 毫米的厚度非常的特殊，其他大港钱币的厚度范围从 1.6 ~ 3.2 毫米。根据它的边来看，很可能是两枚被压在了一起。铸造不良的样本（第 16 号）显示了制造者的粗心大意以至于连这些铸造不良品也被投入了流通。

根据"港"字的形状来看，所有 EM 所藏硬币都属于 Millies 类型 259。从打击痕迹明显的相似来看则可以认为第 10 号大概就是 Millies 图录的那一枚。藏品中没有属于 Millies 类型 258 的。正如第 3 号的"大"字和第 6 号的"公"字的形状那样，钱币上的文字显示了明显的版别区分。

据 Millies 称正面文字大港指在打劳鹿附近的 Raya 河。背面文字和顺指和顺联盟。大港和和顺两个名字同时出现也许表明这些钱币是在 1837 年后当大港成为打劳鹿的主要力量之后所发行的（参见第 20～21 号）。有一枚（第 14 号）的背面文字与正面相比向右旋转了 45 度。有趣的是，冬宫的一枚（H3594）背面文字"和顺"是从右向左书写的（插图 2），这并不是简单地旋转 180 度造成的。这一枚的重量和大小如下：重量 6.56 克、直径 26.0 毫米、厚度 2.6 毫米。而多数 EM 藏品的"和顺"文字是按照通常写法书写的。有两枚不同的虽然不幸受到了腐蚀（第 5 和 14 号），但可以看到其顺字的"页"字旁被写为 天，这比较接近于草体。对荷属东印度军队博物馆收藏的大量大港公司硬币的研究（将会另外出版）显示可以辨认出"顺"字至少有四种书体。

除上述大港背满文宝济者之外，也有关于其他背面版式的报告。J. A. van der Chijs 在其第 177 号描述了一枚大港背面为"宝广"的镜像，而 Schaank 甚至提及存在一枚大港的背面同时有满文和和顺字样。

和顺公司（第 20～21 号）

正面　和顺公司

背面　满文残缺

20. 重量：6.17 克　直径：29.8 毫米　厚度：1.15 毫米　保管编号 3338（Rede 藏品集）（插图 3）

21. 光背。重量：51.20 克　直径：42.4 毫米　厚度：4.3 毫米　保管编号 13965（莱顿皇家钱币收藏柜 KPK 保管编号 11672　入藏于 1897 年）（插图 5）

Millies 或 Netscher 及 J. A. van der Chijs 没有提及这样的面文。背面的满文文字类似于中国清代制钱的背文。这也许是残缺的满文“宝桂”（ ）少了“宝”头上的部分（ ），这是广西桂林宝桂局的厂标。另外，这个样本的正面有一个戳记，可能是汉字“吉”。从 1895 年 11 月 5 日的一次 BSAS 会议的记录可知，显然通过传言已知背面带有满文的锡质钱币的存在。光背的这一枚（第 21 号）格外沉重大样，早先并无记录。

如前所述，和顺指的是打劳鹿附近的公司联盟。这些硬币上没有任何另外的公司的名字也许表明它是在 1837 年大港公司获得控制权之前的。一个可能的类似样本由 Schaank 记录，他提及一个大型锡质钱币被称为 pi-pit（重 43 克），其正面是由若干中文字围绕的“和顺”。据 Schaank 称这些字系指联盟的 14 个成员公司。其中的五个是大港、结连、满和、三条沟和坑尾公司的首字。背面是满文字。这枚应该是在 1780 年到 1808 年间制造的，随后一直流通到 1819 年。1889 年这枚钱币被捐赠给了巴达维亚艺术和科学学会的钱币学收藏，据此推测它现在应该在雅加达的印尼国家博物馆。

霖田公司（第 22～24 号）

正面　霖田公司

背面　正立

22. 重量：12.71 克　直径：34.1 毫米　厚度：3.0 毫米　保管编号 3337（Rede 藏品集）

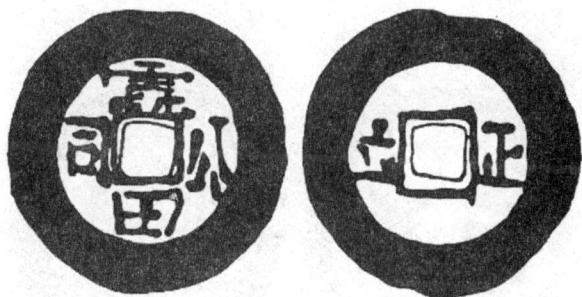

23. 重量：11.48 克　直径：34.2 毫米　厚度：2.2 毫米　保管编号 13964（莱顿皇家钱币收藏柜 KPK 保管编号 11668　捐赠于 1897 – 163）

24. 背面满文。重量：6.99 克　直径：29.1 毫米　厚度：1.80 毫米 保管编号 3335（Rede 藏品集）（插图 4）

这家公司在 1780 年前后由打劳鹿的中国人建立，得名于构成霖田公司

的多数中国人家乡河婆的王爷庙的位置。这个公司位于 Sebangkau 河和 Selakau 河之间，定首府于乌乐。第 22 ~ 23 号类型被 Millies 列为第 260 号。他所知的三个样本，重 11.60 ~ 13.95 克，直径 33 ~ 34 毫米，与 EM 藏品集中的样本基本一致。据 Schaank 称这些硬币一直使用到 1854 年。第 24 号是一个未被列出的版式，其背面文字为满文"宝泉"，这是北京户部宝泉局的厂标。Singh 在丁家奴第 47 号下列出一个锡质硬币写有"霖田"而背面是满文"宝济"（𒀸𒀸）。1825 年霖田被迫加入和顺联盟，改名为新乐并且支持大港公司对抗三条沟。因此，有着霖田名称的钱币应该是在 1825 年之前。

十五分公司（第 25 ~ 26 号）

正面　十五分公司

背面　利用

25. 重量：15.70 克　直径：30.0 毫米　厚度：3.5 毫米　保管编号 3339（Rede 藏品集）（插图 6）

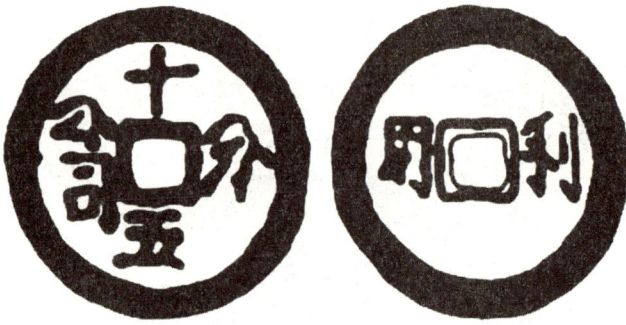

26. 重量：15.01 克　直径：30.0 毫米　厚度：3.1 毫米　保管编号

13969（莱顿皇家钱币收藏柜 KPK 保管编号 1936/423　入藏于 1936）

这是 Millies 类型 262。正面币文指的是在 1819 年前后脱离打劳鹿地域和顺联盟的十五分公司。因此这些硬币应该是在这之后发行的。背面文字为"利用"。

以下三个类型与上述那些不同，这些钱币并不在正面币文中写出某个公司的名称，而且重量更轻些，直径也更小些。此外，其外缘更小。Millies 并未提及这些硬币。打劳鹿的一个翻译 Faber 曾提及在打劳鹿附近有更小的锡质硬币存在，它们并非是被用作货币而是为赌博所用。

公平交易（第 27～28 号）

正面　公平交易

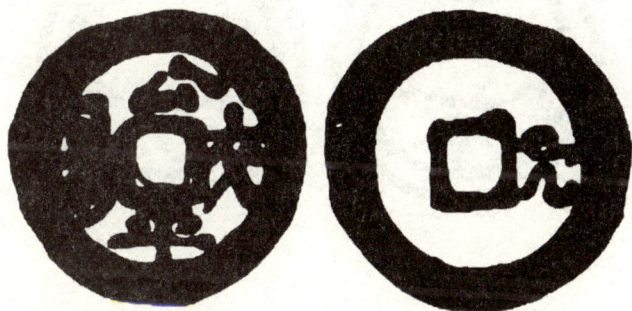

27. 重量：7.08 克　直径：25.5 毫米　厚度：1.8 毫米　保管编号 3315（Rede 藏品集）（插图 8）

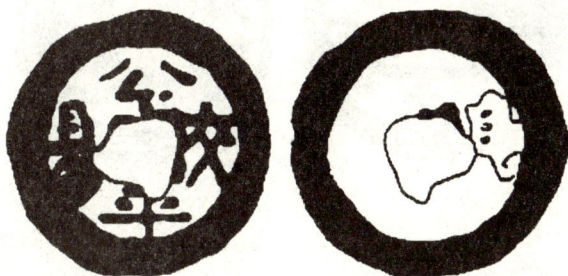

28. 重量：6.23 克　直径：25.3 毫米　厚度：1.5 毫米　保管编号 3318（Rede 藏品集）

两枚中的第一枚在背穿右侧有一个文字。根据 EM 的记录，这也许是

"虎"字。这也许是正确的，因为结连公司的成员经常被称为"虎"。如果这的确是指此公司，那么说明这些硬币应该是在 1807 年结连公司失败之前。另一枚在其背面有一个无法识别但肯定不是"虎"的文字。1896 年修订的 BSAS 藏品集目录中也提及了此类型的钱币，但是没有给出附图。背面的文字被识别为"亮"。

一本万利（第 29 ~ 30 号）

正面　一本万利

背面　未确定的满文，也许是宝云（鿃）

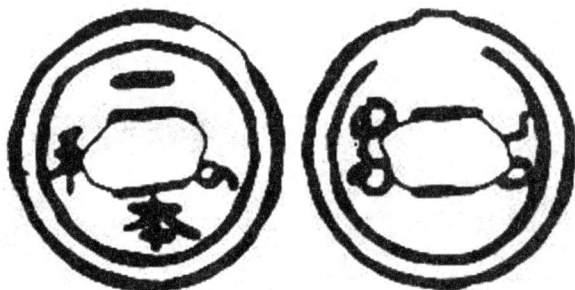

29. 重量：4.56 克　直径：24.1 毫米　厚度：1.6 毫米　保管编号 3317（Rede 藏品集）

30. 重量：4.83 克　直径：23.9 毫米　厚度：1.5 毫米　保管编号 3316（Rede 藏品集）（插图 9）

正面文字"一本万利"经常被使用在花钱上，"万"字经常被写成简体（万）。Netscher 及 J. A. van der Chijs 在图版 XXXIII 中列出了一个模具，可能带有这样的正面文字而背面为光背。在第 218 页有一段不清楚的说明，但是这段说明表明背面有满文。EM 藏品的两枚背面文字可能是残损的

"宝云",指云南省。因为婆罗洲中国人主要来自中国南部的广东和福建省,所以这很奇怪。

永兴合利(第31号)

正面 永兴合利

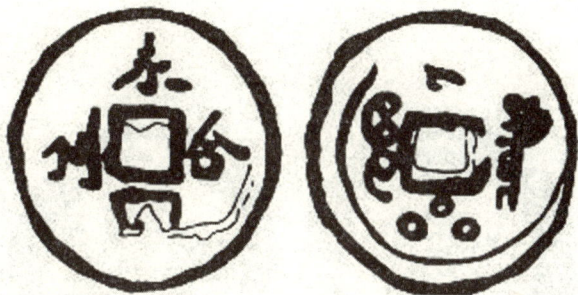

31. 重量:5.93 克 直径:25.6 毫米 厚度:1.8 毫米 保管编号 3314(Rede 藏品集)(插图 10)

背面穿左右的文字可能是残损的满文厂标"宝泉"。穿上是一个无法辨识的文字,可能是数字"七"。穿下的三个圆圈可能是"品"字,或者就是单纯的装饰。

邦加岛发行

清风明日(第32号)

正面 清风明日

背面 古今

32. 重量:6.00 克 直径:31.4 毫米 厚度:1.7 毫米 保管编号 3166(Rede 藏品集)

据 Millies 称，正面面文为"清风明日"。将清朝比作风而将明朝比作太阳，这表达了对外来满族清朝的反感及对于过去明朝的好感。但是，Wicks 将穿左的文字读作"月"而将面文读为"清风明月"。背面的文字为"古今"。

京兆（第 33 号）

正面　京兆

背面　通用

33. 重量：4.18 克　直径：28.5 毫米　厚度：2.1 毫米　保管编号 3167（Rede 藏品集）

据 Millies 称，这枚腐蚀非常严重的钱币的正面文字为"首都"，指的是位于 Marawang 省北区东南点的一个矿。中国矿工在 1770 年前后到达了那个区域，而 1812 年之后华人采矿事业迅速地衰落。因此，这枚的时间大概在这两个日期之间。背面文字为"通用"。

通过 X 射线荧光分析 EM 藏品集的 24 枚硬币和若干枚其他硬币的成分。这是一种非破坏性的无机元素分析技术。样品被 X 射线管产生的 X 射线照射，之后样品会产生 X 射线光子，其能量取决于样品的成分。各种元素（因此各种样品也是如此）有其特定 X 射线荧光光谱。测量光子的能量即可给出样品的定性构成。荧光线的强度取决于样品中特定元素的含量和其他元素的含量（元素相互作用）。通过将线的强度与已知含量的标准样品进行比较，定量分析也是可能的。

分析使用 Philips 的 PW1400 型 X 射线荧光分光仪和 X41 半定量（SQS）分析软件包完成。发射源使用 60 千伏 50 毫安电流下的铬阳极。每个样品的定性扫描结果被记录并自动分析。在去除了干涉线以后净化的光谱被用于与标准样品光谱进行比较并且计算元素含量。分析的准确性和精确性与样品表面的粗糙程度密切相关，因为硬币必须在没有任何表面处理譬如切割和磨光的状态下测量，给出的含量应该被认为只是半定量的。被分析的圆形区域直径大约 25 毫米。穿透的深度根据元素构成而不同大约在 0.1 到 2 毫米，分析的结果列在表 4 中。

表4 X 射线荧光（XRF）分析得出的金属构成

编号	面文	重量（克）	百分比（%）			铅/锡比例
			铅	锡	铁	
婆罗洲						
EM1	大港/和顺	15.66	27	56	2.8	0.48
EM2	大港/和顺	14.28	72	26	0.2	2.77
EM7	大港/和顺	10.71	10	82	0.4	0.12
EM8	大港/和顺	15.06	66	29	0.5	2.28
EM10	大港/和顺	7.95	57	42	0.1	1.36
EM12	大港/和顺	6.82	55	39	0.1	1.41
EM13	大港/和顺	6.84	46	47	1.8	0.98
EM14	大港/和顺	6.00	40	54	1.1	0.74
EM15	大港/和顺	7.62	50	46	0.1	1.09
EM16	大港/和顺	6.33	49	47	0.6	1.04
B103	大港/和顺	13.19	95	2	0.3	47.5
B104	大港/和顺	13.05	94	2	0.6	47.0
B105	大港/和顺	11.30	89	7	0.6	12.7
B106	大港/和顺	12.28	77	20	0.6	3.85
EM20	和顺/宝桂	6.17	22	63	4.6	0.35
EM21	和顺（大）	51.20	99	0.7	–	141
EM22	霖田/正立	12.71	16	74	2.4	0.21
EM23	霖田/正立	11.48	8.8	84	2.6	0.11
EM24	霖田/宝云	6.99	10	83	0.2	0.12
EM25	十五分	15.70	64	34	0.3	1.88

（续上表）

编号	面文	重量（克）	百分比（%）			铅/锡比例
			铅	锡	铁	
婆罗洲						
EM26	十五分	15.01	50	46	0.1	1.09
–	三条沟	13.17	26	71	0.2	0.37
EM27	公平交易	7.08	98	1.2	0.1	81.6
EM28	公平交易	6.23	93	6.4	0.1	14.5
EM29	一本万利	4.56	97	0.9	0.1	108
EM30	一本万利	4.83	95	4.1	0.1	23.2
EM31	永兴合利	5.93	96	3.3	0.1	29.1
邦加岛						
EM32	清风明日	6.00	12	78	0.1	0.15
EM33	京兆	4.18	4.5	88	0.1	0.05
–	清风明日	6.21	17	74	0.1	0.23

注："B"开头编号的是属于荷属东印度军队博物馆的藏品，无编号的是属于私人收藏的藏品。

婆罗洲

首先可以得出的一个重要的结论是这些钱币的成分为铅锡合金，大约半数的研究对象的主要金属元素是铅而不是锡。这与关于这些钱币的文献中总是将其看作由锡制成相矛盾，虽然 Netscher 及 J. A. van der Chijs 在其附录中将这些钱币标为铅质，但是在正文中他们还是将这些钱币描述为锡币。考虑到铅是一个主要组分，并注意到在婆罗洲西部沿海并没有发现大量的铅，因此铅一定是进口的。锡也同样如此。因为铸造这些钱币曾使用了带木框的铅质模具，很显然并没有发生铅的短缺。看一看这其中几类钱币的金属成分，可以发现一些有趣的东西。

大港公司

从最多的一组 EM 藏品的 10 枚大港公司来分析，显示了铅锡比例的显著不同。较轻的几枚（第 10~16 号）的铅锡比例范围从 0.74 到 1.41，而四个较重的（第1、2、7和8号）则有更大的不同（0.12～2.28）。两枚以铅为主要成分而另外两枚是以锡为主。第7号则是所有研究的大港公司钱币中含锡最高的。有趣的是，一些荷属东印度军队博物馆藏品的分析结果非常相似：较轻的钱币的铅锡比例在一个相当小的范围内（0.77～2.59），而较重的则有比较大的范围（0.75～47.5）（完整的结果将另行出版）。更大的重量很明显并不和含铅量高低有关。

和顺公司

另一个值得注意的发现是两枚和顺钱币中的一枚以锡作为主要元素，而另一枚则是铅。而且，更小的那个与另一个不同，含有相当比例的钢和铝，含量分别为4.6和7.0。后者是特别异常的。一般来说，样品受到污染时发生高比例的铝通常伴随着高比例的硅，硅铝比例范围在1到2之间。因为这一枚的硅含量是1.6，铝似乎不太可能是样品污染的结果。这也许说明这是现代仿造，但并未发现现代伪造的铅质钱币中常见的锑。

261

霖田公司

霖田公司的三枚钱币具有高锡含量，而且在铅锡比例上显示了合理的一致性。这方面除了第7号它们与其他的大港公司钱币明显不同。有理由怀疑第7号是否是1825年霖田公司被强制联合到和顺联盟后在其地域铸造的。

十五分公司

考虑到十五分公司这两枚钱币的铅锡比例，它们更类似于大港公司钱币。

三条沟公司

三条沟公司的这枚钱币来自私人收藏（插图7），锡是它的主要元素，铅锡比例为0.37（重13.21克、直径31.1毫米、厚度3.6毫米）。

无公司名称

这些较轻的钱币（第27～31号）含铅高达93%到98%。如前所述，可能还是像Faber那样将它们认为是赌博用的筹码比较合适。

邦加岛

正如猜想的那样邦加的两枚主要成分是锡。另一枚邦加钱币属于私人

收藏（插图11），有非常相似的铅锡比例（重量6.21克、直径31.0毫米、厚度1.7毫米）。

结论

随着有限数量的钱币被准许分析，我们终于可以得出以下结论：中国矿工在婆罗洲西部沿海不仅组成公司，占领不同的领地和发行不同的硬币，而且明显在硬币原料上使用了不同的铅锡组分的合金。其中的一部分，霖田公司也许还有三条沟公司，使用以锡为主要成分的铅锡合金；另一部分，并不归于一个特定的公司，也许是用作赌博筹码之用，以铅作为主要组分。最大的公司大港可能是由于其通过战争占领的大片领地，制造的钱币组成成分介于两者之间。如果可以分辨出钱币是正式发行还是非正式发行，通过金属构成的分析或许可以把这些钱币更加清楚地分类，只是在当前还无法完成。

插图：

1. 大港公司/和顺（EM10，保管编号3332）

2. 大港公司/和顺（H3594，俄罗斯冬宫博物馆）

3. 和顺公司/宝桂（EM20，保管编号3338）

4. 霖田公司/宝泉（EM24，保管编号3335）

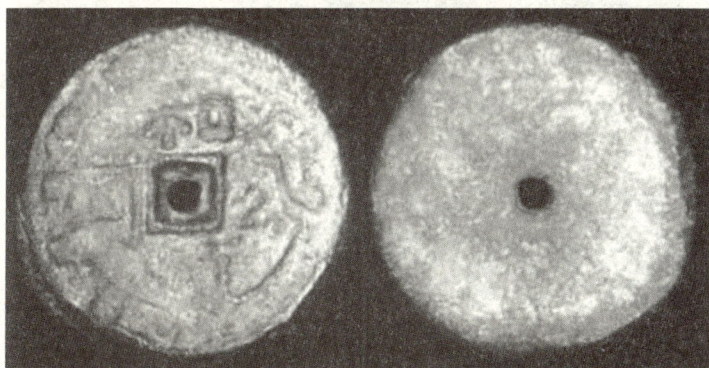

5. 和顺公司/光背（EM21，保管编号13965）

6. 十五分公司/利用（EM 25，保管编号 3339）

7. 三条沟公司/正立（私人收藏）

8. 公平交易（EM27，保管编号 3315）

9. 一本万利（EM30，保管编号3316）

10. 永兴合利（EM31，保管编号3314）

11. 清风明日（私人收藏）

后 记

对于西婆罗洲华人公司感兴趣，缘于五年前带一位学者到梅县石扇镇罗芳伯故居的田野考察之旅。两年前，有幸拜读石扇乡贤李欣祥先生利用数年时间撰写的大作《罗芳伯及东万律兰芳政权研究》，得以结识同为江西老乡的林峰老师。于是，在共同爱好的推动下，我们决定将其掌握的大部分有关西婆罗洲华人公司的资料整理汇编成册，供有兴趣研究海外华人华侨工商企业的同行参考。

从历史上看，在荷印统治时期被定名的婆罗洲，是在1949年底荷印移交政权后才改为加里曼丹，关于名称的说法与海外华人艰苦开拓的历史息息相关：一种说法是岛上蕴藏有丰富的金（emas）和钻石（intan），因而叫作Kalimantan；另一种说法是这个岛上盛产一种特殊的芒果，其味酸甜，名为Kalimata，经演变而成Kalimantan，而华人尤其是客家人在西婆罗洲从事的行业正是采矿和农业。

加里曼丹岛是印度尼西亚群岛中最大的岛，除北端约五分之一划为马来西亚的一部分（沙劳越和沙巴）与文莱国之外，其大部分是印尼属土，因为地域辽阔，所以划分为四个省，即东、西、南、中加里曼丹省。1936年西加属婆罗洲府（首府设在马辰）管辖，1938年改为郡，西加划为西婆罗洲郡。1945年荷兰殖民政府（NICA）统治西加，把它划成联邦，1948年又把它划为西加特别行政区，1949年西加又被划为州，是年在坤甸西加特区区长把职权移交给西加州长，并将西加划为印尼联邦共和国之一，一直维持到1956年，根据1956年25号条例西加才被划为省，于1957年1月1日成为西加里曼丹省自治区。

华人进入西加里曼丹的时间并没有完整确切的文字记载，但据中国的史书记载，北朝魏宣武帝在位年间，就与婆罗王有接触，并经商往来，而婆罗王对中国的朝贡也未中断过。若此记载可靠，则在一千多年前华人就已经来到婆罗洲（加里曼丹）了。马来西亚的金剑先生（1991年12月14日马来西亚《新生活报》刊登）写道："1407年（永乐五年）在吕宋岛的海盗首领林道乾，不敌西班牙的部队，只好率部下南逃至婆罗洲岛北部登岸，土人酋长见林道乾部队衣甲鲜明，不敢抵抗，带领族人投降，之后，林道乾部众在此开荒耕种，改邪归正，与土著女孩通婚，繁衍至今。"这个地区就是现在的"宋公"（Sungkung），它位于三发河上游，到现在该村还保养着林道乾的墓，墓的上面还插有他的宝剑。

随后就有华人乘搭帆船向南来到婆罗洲，一般是每年的春季顺东北风来到西加，要到 6—7 月间有了西南风才回航，当时来到西加的华人都是短暂停留，以经商为主，后变成长期定居，进行采矿、开荒等活动。约 1740 年喃吧哇（Membawah）苏丹向文莱苏丹招得一群华工到百富院开采金矿，从此开采金矿延伸到内地，如民旺（Minwang）、新南（Sinnam）和东万律（Mandor）。1750 年开始有大批华人来到西加，因为三发（Sambas）苏丹批准华人在鹿邑（Mentrado）开采金矿。

1770 年在东万律发现新金矿后，华人来西加更迅速，几乎每年约有 3 000 名华工来到西加。受金矿巨额利润的诱惑，大批华人从喃吧哇转移到坤甸、邦夏、三发等地，后由于开采金矿容不下太多人，华人特别是客家人开始转行，到各处耕田捕鱼，开垦农业和种植园艺，如胡椒、甘密（Gambir）、椰子、橡胶等。

据荷兰作家 Cator 的记载，1900 年西加华人是 41 500 人，20 年后增加到 67 000 人，到 1930 年是 108 000 人。而此时华人的农园地约 120 000 公亩。到 1954 年人口统计时，西加的华人占全省人口的 30%（马来人 30%，达雅人 30%，其他各族 10%）。金矿在 1812 年约有 30 多个矿区，以东万律金矿为最大。全部采矿工人约 3 万。早期来到西加开采金矿的华人，都各自组织公司，主要是梅县（今梅州市梅县区）、大埔人。早期的公司有东万律的兰芳公司、鹿邑的大港公司、三条沟公司、和顺公司等。

逐渐地越来越多的华人前来西加，于是自 1850 年起华人开始转移到农业垦殖，即向西加的市镇以外的森林地区垦荒务农，所以西加各偏僻地区都散居了华人。他们开垦种植椰子园、橡胶园、胡椒园，成立小乡村，甚至有些小乡村全是华人，没有其他族群。在内陆丘陵地带，每个园区都是华人开辟的，即使交通很不方便的地区都有华人的小村庄。华人比较多的城市是山口洋，华人居民占全市人口的 65%，坤甸市华人占 45%。西加华人居住区的房屋建筑格式与中国大同小异，在他们住家四周都种菜、饲养家畜。山口洋、鹿邑和东万律的市区建筑与中国城镇都很相像。

有趣的是，在西加全省，每个森林地带都有华人居住，形成小村庄。有的村庄只有 10 多户人家。他们有的是聚居在一块成为村庄；有的分散居住在各自的胶园、椰园，相隔数百米。第二次世界大战后，西加的华文教育纷纷兴起，都以普通话教学，就连十几户人家、交通不便的偏僻村庄都开设中华小学，散居各园区的村庄也开设中华小学。多数村庄学校只有数十名学生，所以只聘用一两位教师。当时的教师有的须步行几个小时才能到达学校，教师们也一样愿意前去执教，其执教精神高尚可贵。据说当时西加的华校大大小小有一百多间。

1957 年西加省政府下令全省 13 个地区（坤甸、松柏港、喃吧哇、山口洋、邦戛、三发、孟嘉影、万那、上侯、新党、昔嘉罗、富都、道房）以外的地方不准开设中华学校，这个禁令于 1958 年开始实施。华校的数量就大大减少，但原来的华校在地方上的热心人士支持下改为"民族私立学校"，上午教授印尼政府的印尼文课程，下午教授华文，这样一直维持到 1967 年苏哈托宣布禁令后就全部封闭了。在苏哈托掌政时曾下令禁止一切含华人传统的文化节日的活动，如除夕夜到庙堂上香、过春节等。然而在华人传统节日，如春节、元宵节、端午节、中秋节、冬至等，西加华人商业活动照样停业庆祝。

华人占全市人口 65% 的山口洋，曾被喻为印尼的唐人坡和小香港，除以客家话通行于市区外，另一特色是"十步一小庙，百步一大庙"的庙宇建筑群。苏哈托下台后，春节期间华人更是舞龙舞狮，庙宇钟鼓齐鸣，男女老少上香拜神通宵达旦，元宵节各地神仙齐出游，法师坐刀轿、穿口针、踩钉排等巡游全市，热闹非凡。近年来当地的其他族群、军政人员也多参与这一活动，这是全印尼独特的喜庆节日。

之所以用较长篇幅回顾西加里曼丹的华人开拓史，是想让当前华侨华人研究关注西婆罗洲，尤其是西婆罗洲华人公司史料的发掘和再研究。值得注意的是，既往的相关研究确实受限于资料的完整性，存在着各说各话的缺陷。例如梁启超、李长傅等早期研究者，多数采用口碑资料，罗香林的成果主要依据《兰芳公司历代年册》和林凤超《坤甸历史》，田汝康的立论大体来自荷兰和英国方面的材料，后来的研究者不仅在资料的采集上鲜有综合数家的，也未能进行资料的对比和考证，更不要说发掘高延等人提到过的那些或许仍然存在的公司自身的档案材料了。因而二百年下来，这一领域的研究虽然代不乏人，成果也可称累牍盈箧，但始终没有一部系统、完整介绍西婆罗洲华人公司历史全貌的著作面世。

本辑是辑录者十多年来关于西婆罗洲华人公司历史资料和研究资料收集成果的部分展示，之所以将搜集到的公司史料和研究资料罗列出来，目的是为了让研究者能够简单方便地从中发现新的线索，抽拣新的史料，进行观点、结论的比对，以实现恢复历史原貌的最终目的。

本辑大部分是中文资料，间或数篇是前人翻译的外文资料。成书过程中新搜到的外文资料，就只能留待后辑处理了。在搜索资料的过程中，我们通过网络联系到了一些同样对西婆罗洲华人公司历史深有研究的学者和颇感兴趣的朋友，他们为我们指示了一些线索，提供了一些资料，减少了我们的工作量，碍于篇幅，无法一一署名致谢，在此对他们一并表示最诚挚的谢意！

在本研究资料辑录行将付梓之际，我们要特别感谢广东省普通高校人文社科省市共建重点研究基地提供的出版资助，更要感谢嘉应学院创新强校及省市共建项目"梅州客家华人华侨与海上丝绸之路研究"子课题"海外客家工商业发展研究"对本研究的支持，还要感谢暨南大学出版社李艺老师等编辑同志的不懈努力和无私奉献！由于学识见解和时间等多种因素，文中难免存在不足甚至可能有错误之处，本着学习的态度，恭请读者批评指正！

周云水

2017 年 12 月于梅州

嘉应学院客家研究院